广告学专业系列

现代广告策划

新媒体导向策略模式

（第二版）

卫军英　顾杨丽　著

首都经济贸易大学出版社
Capital University of Economics and Business Press
·北京·

图书在版编目（CIP）数据

现代广告策划：新媒体导向策略模式 / 卫军英，顾杨丽著. --2 版. --北京：首都经济贸易大学出版社，2022.10

ISBN 978-7-5638-3392-4

Ⅰ. ①现… Ⅱ. ①卫… ②顾… Ⅲ. ①广告-策划 Ⅳ. ①F713.81

中国版本图书馆 CIP 数据核字（2022）第 140896 号

现代广告策划：新媒体导向策略模式（第二版）

卫军英　顾杨丽　著

Xiandai Guanggao Cehua：Xinmeiti Daoxiang Celüe Moshi

责任编辑　浩　南

封面设计　风得信·阿东 FondesyDesign

出版发行　首都经济贸易大学出版社

地　　址　北京市朝阳区红庙（邮编 100026）

电　　话　（010）65976483　65065761　65071505（传真）

网　　址　http://www.sjmcb.com

E-mail　publish@cueb.edu.cn

经　　销　全国新华书店

照　　排　北京砚祥志远激光照排技术有限公司

印　　刷　北京市泰锐印刷有限责任公司

成品尺寸　170 毫米×240 毫米　1/16

字　　数　379 千字

印　　张　22.5

版　　次　2017 年 7 月第 1 版　**2022 年 10 月第 2 版**

2022 年 10 月总第 7 次印刷

书　　号　ISBN 978-7-5638-3392-4

定　　价　45.00 元

第二版序

广告是一个古老而又历久弥新的行业，相对于其悠久的历史而言，随着媒体和市场的演进，广告从观念到运作模式的变革，都展示出其作为创意产业与时俱进的创新性所在。回眸过去，也许进入 21 世纪以来广告所受到的冲击，超过了其迄今以来在历史上的任何时期，甚至超过了 100 多年来现代广告发展所经历的全部变化。就好像我们今天司空见惯了的视频直播，其即时性和互动性的自媒体特征，在大众媒体传播时代是根本无法想象的。所有从事营销传播的人士，包括业界和学界的专业工作者，以及各种有形无形地涉及营销传播的人士，都不得不面临这样一个现实：广而告之的时代已经结束。如果你还想营销一个品牌、一个商品、一项服务、一种观念、一个组织、一个人，甚至这个人就是你自己，传统的广而告之的方法不仅很难奏效，甚至从投入产出的角度看也得不偿失。而所有这些现象的本源，都来自于市场环境与传播环境的变化。

从 1998 年写作第一部广告策划创意著作，到如今这部广告策划著作的第二版修订，笔者前后写作了三部广告策划类著作，合计修订再版约 10 次。可以说每次广告策划类著作重写和修订再版，都意味着对这个领域的再一次审视和进一步总结。因此眼前这本修订版广告策划著作，可以说是30多年来追踪市场变化的最新思考，而这个时期恰好是中国市场经济波澜壮阔，并与笔者的广告生涯紧密伴随的30年。1992年市场经济初兴的中国，还罕有规范的广告运作，值得庆幸的是，在笔者涉足广告之际，耳提面命启迪笔者的广告营销老师是被誉为“营销大师”的娃哈哈集团老板宗庆后先生。当时，市面上几乎看不到什么广告学专业著作，广告运作很大程度上靠经验和悟性，以至于当1994年笔者踏上大学广告讲坛，并负责浙江大学广告教研室时，连一本可用作教科书的广告策划著作也找不到。那时绝笔者大部分精力都投入到经营校办产业广告公司，只能把少部分时间用于教研室工作和日常教学。虽然也想把负责企业广告运作和经营广告公司的实践融入系统性的广告著作中，但是分身乏术，一拖再拖。好在当时年轻，不在乎透支精力，而时间也如俗话所说的，就像海绵里的水挤一挤总会有的。就这样，大约在1998年的秋天，笔者完成了自己的第一部广告策划创意著作。书出版后受到市场的欢迎，超出了出版社的预期，这可能跟笔者的广告实践有关，而笔者在写作中更关注理论与切身体会的结合，喜欢用生动的文笔取代纸上谈兵式干巴巴的罗列，虽然那时候对理论的把握远不及后来深刻。此后几年，几本广告著作陆续出版，笔者的认识与广告理论素养也不断深化提升，2004年出版的《现代广告策划》，可以看作是对传统广告策划理论与实践的一种系统性总结。这本书的体例和体系性特点，以及书中提出的一些创新性见解，现在看来仍有其独到之处，所以出版后多次印刷，不断修订再版，直到2010年修订第三版后，笔者停止了对其再一次修订。在此要特别感谢多年来一直推动笔者著作出版的学术挚友——首都经济贸易大学出版社社长兼总编辑杨玲。笔者曾提出，广告环境已经发生了彻底改变，传统广告理论显然已经不能适应新的环境，如果还拘泥于原有著作的表述体例，并将其应用于大学广告教材，那是误人误己，不负责任。杨玲社长鼓励笔者用新的视角重写广告策划著作，把品牌与整合营销传播研究，以及网络与社交媒体对广告理论重构的思考，融入新的著作之中。完成这项工作并不容易，新媒体的延伸使研究视野不断扩展，这就要求超越传统习惯，不断用新的视角去审视广告。好在笔者早些年提出的“泛广告思维”意识已经得到市场验证，可以说，这本新媒体导向的广告策划著作，就是在“泛广告思维”引导下完成的。

所谓“泛广告思维”意识，最早参见笔者于2002年主编的“广告传播新视野丛书”(厦门大学出版社出版)，笔者后于2004年在《现代广告策划》(首都经济贸易大学出版社出版)初版前言中，第一次对其做出明确解释：建立一种泛广告思维意识，不仅从传统大众媒体广告着眼，围绕创意策略讨论广告策划，而且综合引入多种营销传播概念，诸如销售促进、公共关系、直接营销以及整合营销传播等，从而构建一个新的广告策划学科框架。现在看来，这种认识方向无疑是正确的。但是，由于时间的局限，笔者当时对网络新媒体的认识明显还有不足，因此，很难对经典广告理论和传统广告观念加以系统性反思。举例而言，传统的被奉为圭臬的经典广告策划理论，从克劳德・霍普斯金到罗斯・瑞夫斯、大卫・奥格威、比尔・伯恩巴哈，甚至是开启新营销时代的定位理论，在本质上都是大众营销时代的产物，其理论建立的前提是大众传媒对受众的传播控制。而网络和社交媒体彻底结束了传统大众传媒对受众的传播霸权，因此，围绕传统大众传媒所建构的广告理论和广告策划方式，显然也必须彻底改变。仅以广告策划中的经费预算而言，过去在广告的执行过程中，绝大部分的投入都是花费在媒体购买上，而网络与社交媒体的发展，不仅大大消减了传统大众传媒的影响力，而且也使得广告的媒体购买成本不断降低，甚至减少到在预算中几乎可以忽略不计。如此以来，再拘泥于传统的媒介计划理论，其结果不仅收效甚微，还很可能成为一种极大的浪费。因此，对于网络和社交媒体环境下的广告策划，任何削足适履式的用传统理论解说新形态的企图，注定都只能沦为一种捉襟见肘的蹩脚包装。正是在这个意义上，我们对“泛广告思维”有了进一步的认识，这就是，它不仅包含了多种营销传播形态的综合应用，而且也是对传统广告执着于“诉求”的一种彻底反思。广告的价值并不局限于说服式的诉求，甚至这已经不是其首要追求，广告作为一种营销传播手段，只是品牌接触的一种方式，其本质在于与用户（而不单纯指顾客）建立一种沟通性的品牌关系。同样的，由于社交媒体对传统大众传媒的取代，这种建立关系的方式也发生了根本性的转变。这就好比在粉丝化的传播语境中，随便一个网红或者网络大 V 的传播影响力，都会超过传统报纸、电视的阅读收视率。更何况其个人品牌的黏性以及与对象的互动，也远非报纸、电视这些传统大众传媒所能比拟。海量的信息冗余和传播渠道的过剩与多样化，面临多节点的参与体验和交互式沟通状态，传统广告所追求的那种大创意还有多大价值？所以“泛广告思维”，在某种意义上就是要去除传统广告追求的自我中心化，转变传统广告策略以诉求为核心的大创意追求，用创造关系价值的品牌意识取代“销售第一”的营销推广意识，在这个过程中，所有的营销传播内容都可看作是广告，而广告也因此跨越了其旧日的藩篱。

打算依照这种思维方式重写广告策划之际，笔者心中隐隐约约又升起一种力不从心之感。“广告是年轻人的事业”，这是一位曾经做过国会议员的早期美国广告人的忠告。在“00后”已经走出大学课堂开始步入职场的今天，如何运用更加容易达成共识的方式与他们对话，对于主要成长于20世纪中后期的学者而言无疑是一种考验。好在长期的学术研究和一直没有放弃的实践积累，再加上营销传播中习惯性地对本质性问题的观照，又使得笔者深刻认识到，不论媒体环境怎么变化，营销传播的对象始终是人，而人的本性具有恒定性，因此只要围绕人，遵循人性的逻辑，就不难适应数字化新媒体形态下的广告策划。记得20年前偶尔看到一份资料，讲到国际科学家研究人类心理发展时提到，从新石器以来，人的心理构造几乎没有什么变化。这个观点立刻使我意识到一个被人们长期忽略的现实——站在自然进化的角度，人类上万年的发展最多只不过是沧海一粟。在人类的文明演进中，科学技术虽然取得了长足的发展，但是其精神和思想范式，却基本上处于一种恒定状态。今天人们在精神领域中的思考，并没有超越孔子、庄子、苏格拉底、亚里士多德等人，更多的时候我们只是在重复着先哲们早已思考过的那些问题。① 为什么会这样呢？

因为人的本质特性早已被设定。这就像是好多年前听过的一个故事，说的是有一个小和尚自小生长在深山中，从没有离开过寺庙，也不曾经历世俗人生，更不知女人为何物。有一天，老和尚带小和尚下山，临行前老和尚告诉小和尚，山下有一种叫“女人”的老虎，千万碰不得。到了山下，熙熙攘攘的世俗社会中女人们花枝招展，千娇百媚，小和尚看了直发呆，问老和尚这是什么。老和尚回答是“老虎”。小和尚竟然说，他想要老虎。故事很简单，却说明了人性使然。联系到营销传播的目的所在，广告营销在本质上其实就是对人性的一种把握，从人的欲望出发，设计出人的需求信息。人虽然生活在千姿百态的社会里，用各种各样的方式乔装打扮自己，但是人性却是千年不变的。

归根结底，媒体和广告千变万化，但是广告策划的终极指向并没有本质性的改变，因此我们唯一要做的，就是如何让自己更加适应新的形态。如何在新的市场和数字化信息环境中，诸如社交媒体、大数据，以及区块链乃至元宇宙的延伸中，有效地实现营销传播价值，显然重新审视广告和营销传播本身，通过对传统理论和操作手段的反思与创新，才可能提升对现实的适应性。因此，本书从对广告的理论反思，到广告策划的一些新方法的应用，都进行了一些创新性的叙述尝试。诸如，广告策划模式与工具变革、媒体裂变与新媒体的应用、创意营销对广告创意的引导等，都涉及理论方面的转化和延伸。而有关数据库运用、环境新媒体中的

---

① 参见《营销的律动：卫军英谈营销传播》，北京：首都经济贸易大学出版社2014，第26页。

体验营销、网络传播与互动广告策略、接触点与植入式广告策略、病毒营销与口碑传播策略，以及搜索引擎与长尾营销策略等，则努力从方法应用上提供一些可资借鉴的尝试。毫无疑问，这也得益于笔者多年来对整合营销传播研究的关注，使笔者能够将这种应用性的营销传播理论，提升为一种系统性的观念和思维方法，并以此为引导不断延伸研究的边界。从媒体创意营销到文化创意产业，从品牌营销深入到东南佛国文化品牌叙事，所有这些都可看作是一种泛广告，一种人类叙述的品牌故事，恰如以色列天才学者尤瓦尔·赫拉利(Yuval Harari)所说的那样，人类社会的发展在很大程度上如同八卦一般，是通过虚构的故事而存在，而且自始至终都不过是在讲故事。① 现在无非是我们要换一换讲故事的方法，但是我们始终不可能改变人性。

正是为了更好地适应全新媒体环境下的叙事方式，顾杨丽副教授成为本书的合作者。她是比笔者更为年轻一代的广告学者，多年来主讲广告策划创意课程，专注于新媒体的研究并获得了相应的成绩。显然在把握数字化媒体以及与年轻一代的交流中，她比笔者更有优势。也正是由于这种优势互补，使我们有理由相信，这本以新媒体为导向的广告策划著作，依然具有对市场和媒体环境的适应性。本次修订再版，主要以案例更新为主，在维护经典理论合理性的同时，导入新的观念和分析方法，尤其是运用新的视角诠释理论并剖析鲜活的案例故事。修订版完成交付之际，正当暑期薄暮时分，烈日渐渐隐去，微云漂浮在蓝色的天空，悠远的天明净而深邃，仿佛是一种期待，又是一种召唤。

卫军英

2022年7月10日

杭州大运河畔

① 参见【以】尤瓦尔·赫拉利《人类简史》，北京：中信出版社2014年版，第25－33页。

目　录

上编:理论篇

上编:理论篇

第一章

广告策划观念与理论嬗变

本章重点及学习要求

1. 广告策划的概念及其基本指向
2. 广告策划的范围和内容
3. 广告策划观念发展演变过程
4. 广告理论发展中的主要奠基者
5. 了解广告策划中的主要方法

第一节　广告策划概念与边界

我们决意用一种新的视角来论述广告策划，这使得我们无法回避一个首要问题，即必须从概念上审视广告及广告策划，并结合市场营销和信息技术发展现实，重新定义广告的内涵以及由此扩展出的外延。在此基础上确定广告策划的边界，及其所包含的内容，从而开启新媒体导向广告策划的序幕。

一、广告及广告策划的理解

广告策划是一种营销策略计划方法。认识广告策划必须从理解广告开始，广告的基本含义是什么？它包含哪些基本内容？这些都是我们认识并掌握广告策划的逻辑起点。

（一）广告的概念与策划的起点

最早为广告定义的大概是20世纪初期被誉为近代广告之父的阿尔伯特·拉斯克尔（Albert Lasker），他是克劳德·霍普金斯（Claude C. Hopkins）入行罗德·托马斯广告公司时的老板，当时其以代理新奇士广告而声名鹊起。他认为，广告是“由因果关系驱使的印刷形式的推销术”。显然当时收音机、电视机以及互联网还没有出现，广告人的认识虽然有局限，但是他们明确地意识到了广告的一些根本要素：媒体（印刷术）、功能（推销术）、方式（因果律）。

随着市场和媒体的发展，广告的定义也在不断扩展。《大不列颠百科全书》对广告的释意是：“广告是传播信息的一种方式，其目的在于推销商品、劳务，影响舆论，博得政治支持，推进一种事业或引起刊登广告者所希望的其他反应。广告信息，传递给它所要吸引的观众或听众。广告不同于其他的传递信息形式，它必须由登广告信息者付给传播信息的媒介以一定的报酬。”① 显然，其中所说的广告不仅仅是商业广告，它还包含了所有的以影响对象为目的的非商业信息传播，它概括了我们传统上对广告认识中的两大基本因素：首先，广告是一种劝服性的商业（或者非营利性）信息传播；其次，这种传播需要通过媒体的有偿付费形式来进行。

---

① 参见《简明大不列颠百科全书》（第三卷），北京：中国大百科全书出版社1985年版，第524页。

有趣的是，在美国著名广告学家威廉·阿伦斯（William F. Arens）的著作中，广告同样被认为"是由可识别的出资人通过各种媒介进行的有关产品（商品、服务和观点）的有偿的、有组织的、综合的、劝服性的非人员的信息活动"。但他却特别强调了一种司空见惯的现实："为了吸引自己的现有和潜在顾客并与他们保持联系，企业运用各种传播工具。促销信函、报纸广告、赞助活动、宣传、电话营销、说明书、优惠券、抽奖等只是其中的一部分。"他也意识到"许多人简单地把它们全都视为广告。但实际上从严格意义上讲，所有这些不同的营销工具应该统称为营销传播（marketing communication）工具，广告只是其中的一种"①。现在我们回过头来看这些对广告的解释，可以明显地感觉到，尽管他们对于利用媒介传播营销信息这一特征确认不移，但是却抱定广告运用媒介传播，一定必须是付费形式的，换句话说，广告的形态必须是在报纸、电视、广播、户外等媒介类型的创作呈现。也许对于传统广告而言，这些都无可非议，但是对于新兴的信息技术媒体，这些还有必然性吗？比如，当我们采用网络视频形态，在博客、微博、微信、优酷以及各种社交媒体中植入广告时，并没有传统媒体那样的付费形式，却一样可以达成广告效果。而当这种形态的广告其传播效果和投入产出比远远超越传统媒体广告时，那么传统的广告观念是否需要做一些改变和调整？显然对广告概念的认识，在一定程度上决定了我们观察问题的视角，而一旦我们对广告的认识做出更宽泛的理解时，也必将进一步影响到我们广告策划创意的思维和方法。

（二）广告策划的基本理解

通俗地说，广告策划就是策划广告。"策划"作为一个引进的概念，其第一次明确提出是在20世纪50年代，最初始于公共关系领域。在1955年出版的一本名为《策划同意》的著作中，爱德华·波纳斯首先提出了这一概念，其后伦敦BMB广告公司的创始人斯坦利·波利坦于60年代在广告领域中率先使用这一概念，很快便使之普及开来。今天在广告领域，"策划"已经成为一个受到最为广泛运用的专业术语，可以说整个广告活动的绝大部分工作都是围绕着"策划"进行的。正因为这样，广告策划的概念显得比较宽泛，并且在实际运用中具有相当广的涵盖范围。

在英文中与之对应的词大约有 plan（计划）、strategy（策略）、campaign（战略）

① ［美］威廉·阿伦斯：《现代广告学》（第七版），北京：华夏出版社2001年版，第7页。

等,在中文表述中基本上都称之为“策划”,也有译为“企划”的。对于“策划”的含义,历来并没有一个确切的解释,如果从它所对应的几个英文词语理解,显然广告策划是一种包括了广告运动方式和广告运作策略的严格的计划程序。我国广告学人在为广告策划进行定义时,提出过各种各样的表述,大都包容广告策划的全部内容和整个过程,虽然全面但有失简洁。我们说,广告策划内容无非是发展广告策略,并寻求实施策略的方法。因此任何基于广告策划外延形态的机械性概括,对于具体广告策划而言都会带来某种限制。有鉴于此,我们对广告策划也具有广义和狭义两重理解。

广义上看,“策划”作为一种人类工作和行动方式,其源远流长的发展历程让人几乎无法探究其始点。比如,在古代军事思想中策划就有所体现,军事活动中许多著名的战例都是经过了严格地谋划和预先设计的,所谓“运筹帷幄,决胜千里”,运筹就是一种策划。显然,在这里军事和战争行动的策划,都具有一定的预设性,即事前分析敌我实力,了解战争进行中彼此双方的优势和不足,以便于周密计划部署,发挥优势,取得胜利。这实际上已经涉及策划的核心内容:即对竞争进行情势分析,根据各种变数提出有利的战略和战术方式。但是我们这里所讲的则是狭义的“策划”,亦即从商业意义上,尤其是从现代营销和信息传播角度所进行的“策划”。从这个角度看,“策划”作为一种严格的商业活动和营销沟通的操作手法,是市场发展到一定阶段的产物,是市场学、传播学和心理学以及媒体技术发展的完美结合。广告策划是现代营销活动中一项富有创造力的工作,虽然广告本身是一项古老的工作,早在18世纪中叶,英国文坛领袖塞缪尔·约翰逊就说:“目前的广告业是如此接近完美,以至于哪怕是一点点提高都是不容易的。”① 但是严格地说,现代商业广告真正自觉地运用,则是开始于广告公司对客户实行全面服务之时,这个时间应该是在19世纪末20世纪初。比如,1907年美国南加州的橘农们开始协作生产橘子时,就聘请了罗德·托马斯广告公司为其策划。著名广告人克劳德·霍普金斯,也曾经为新奇士创作品牌广告,从中可以看出现代广告和品牌策划高超娴熟的技巧。

运用科学的方法策划广告是古老的广告真正步入现代的标志。大约在20世纪20年代,以运用数学统计分析而著名的乔治·盖洛普,又把一种市场调查法引

① Rajeev Batra, John G. Myers, David A. Aaker:《广告管理》,北京:清华大学出版社1999年版,第2页。

入策划广告之中[①]，与此同时克劳德·霍普金斯对这种广告策划方式的大力应用，使其受到了广告和市场营销界的普遍认同，进而引导现代广告策划在操作中更加趋于科学化和规范化。克劳德·霍普金斯是现代广告策划开创时期的标志性人物，他在20世纪30年代成为罗德·托马斯广告公司总裁之后，曾为公司写了本宣传册《科学的广告》，系统地陈述了自己的广告理念，随后这本书也成为广告人的一种专业行为准则。多年之后，另外两位具有代表性的广告巨人大卫·奥格威和罗斯·瑞夫斯，都曾谦恭地自称为霍普金斯的学生，大卫·奥格威称其为一生中最为推崇的广告人，是“创造现代广告学的六位巨人之一”[②]。

可以说广告理论最为重要的就是策划创意理论。在大约一个世纪的现代广告发展历程中，那些广告巨擘们所运用的方法不断为市场所验证，广告策划已经形成了比较系统的理论体系，并且建立了一整套的实践操作方法。但是考虑到市场的变化和媒体传播手段的发展，即便是传统的理论和惯用的操作方法，也面临着一个适应性的问题。这或许不仅仅是广告策划的理论和手段，甚至还涉及我们以往对广告的认识。

尽管不少广告研究专著尤其是中国的广告策划著作中，有很多关于广告策划概念的表述，但仔细考察这些表述大多只是对广告策划的现象描述，很少涉及对广告策划本体的实质性理解。如果一定要从策划本体上为其寻找一个表述，我们更倾向于一个来自于控制论的说法：在可能性空间进行有目的的选择。所谓可能性空间，实际上包括了策划对象市场目标的可能性弹性，区隔并占有市场的可能性弹性，信息战略的切入和操作的可能性弹性。选择是就控制和反馈而言的，是从市场现实出发而确立的广告传播操作战略和操作方法。

二、广告策划的内容与边界

策划是现代广告发展中的一种自觉行为。从宽泛意义上来说广告策划的内容很容易理解，几乎所有关于广告传播的工作都可以归之于策划创意范畴，媒体执行是对广告策划的具体安排，即便有关的测量分析也不过是对广告策划的实际

---

① 20世纪前期，在广告领域运用调查方法已相当普遍。当时不少广告公司和广告人都信奉这种方法，以从事广告调查而著名的还有A. C. 尼尔森，他于1923年创立了全球最大的专业调查公司。

② 大卫·奥格威所称赞的其他五位广告大师分别是阿尔伯特·拉斯克尔（Albert Lasker）、斯坦利·里索（Stanley Resor）、雷蒙·罗必凯（Raymond Rubicam）、李奥·贝纳（Leo Burnett）、威廉·伯恩巴克（William Bernbach）。

验证。当然在实际工作中,广告策划往往被看作是制定策略阶段的工作,因为所有的策略都必须考虑到营销现状对传播策略的需要,但这种广告策略究竟要涉及哪些营销传播内容,很多时候广告人往往并不容易确定,而广告策划的边界也每每因此而变得模糊。

(一)广告策划的内容

按照前文的理解,广告策划所做的是一项前置性工作,即在具体工作实施之前所进行的战略性谋划。因为是预前性工作,所以很多时候广告策划被看作是一种计划,如有英译广告策划为“广告计划”(advertising plan),其实把广告策划等同于广告计划并不全面,“策划”不能被简单看作是“计划”,而且广告策划本身也并不仅仅是做出一个“计划”就可以,如果说计划更侧重于前置性安排的话,策划则更注重达成目标的创造性策略。第二次世界大战时盟军杰出统帅德怀特·D.艾森豪威尔曾说过:“计划没有价值,但策划却是一切。”因此相对于一般广告活动来讲,广告策划所代表的是一种经过精心设计和周密谋划了的广告计划,其基本内容就是发展广告策略,并寻求实施策略的方法。

因此,最简单地归结广告策划的内容,就是创造性地谋划适当的广告策略,并为之确立可操作性实施方法。具体而言无非就是三点:其一是分析市场背景和品牌现状以确立广告传播基点;其二是根据现实分析提出相应的品牌传播战略和可操作性方法;其三是为这种策略制定详细的工作步骤和提供可验证性工具。广告策划作为一种战略性工作,意味着它在实施过程中,必须满足几个方面的要求:限定市场空间、确立战略目标、提出信息策略、完成创意表现、实施有效传播。围绕这些要求所展开的工作,就是广告策划的中心内容。

按照现行的广告策划工作模式,上述广告策划内容按照工作展开的逻辑顺序,通常处在一个策划流程之中,主要包括市场分析、战略规划、计划制订、文本编写四个阶段。作为一种可行性决策和规划,所有工作围绕的核心,就是提出科学可行的战略战术决策。市场分析是为决策提供基本依据,文本编制是对决策进行书面化归结。这种由决策性战略战术规划所达成的规范的文本形式,就是我们所说的广告策划书。广告策划书是有关广告运作的指导性文件,同时作为广告运作的依据,它也是实施工作和管理的具有权威性的广告实施计划。

当然广告策划是一个动态的过程,在策划中会涉及各种参数和多重变量。比如,随着市场的变化和媒体的转变,广告思维也在不断变更,过去广告作为营销沟通的一种手段，是与公共关系、销售促进、人员推销等促销工具相并行的，但是在新的市场格局下，这种区分变得越来越小，在具体策划中彼此之间甚至很难划分界限。另外从技术角度看，经典广告理论基本是围绕大众传媒传播而建构的，随着网络新媒体的发展，传统大众传媒的局限性越来越明显，而以此为前提的传统广告边际效益日趋下降，新的市场环境和新的媒体技术不仅要求转变传统广告方法，而且也向经典的广告理论发起了挑战。

（二）广告策划的边界

我们肯定广告是一种商业信息传播形式，当然也不回避它对媒介手段的依赖。但同时也必须承认，过去的传统营销传播中，诸如广告、公关宣传、销售促进、人员推销等，各种营销传播方法之间的界限正在变得越来越模糊。时至今日，广告对媒体形态的依赖并没有改变，但是媒体本身却发生了改变。我们可以把传统媒体统称为单向媒体，单向媒体形态下的广告只是简单的信息发布，还不能说是完全意义上的“传播”（communication），因为传播本身就包含了沟通，也就是具有互动性。

新媒体对传统媒体的改变，并不像视听媒体对印刷媒体那样只是感官接受形态的改化，而是一种对传播形态全方位的本质性改变。所以，任何把传统媒介形态下的广告方式简单地移植到新媒体之中的做法，都难免缺少对新媒体特性的认识。运用数字化技术和互动性的媒体形态，大大拓展了广告策划的空间和深度，而且由于广告策划中各种营销传播手段的综合运用，我们对广告的认识也越来越宽泛。今天对于网络营销而言，很少有企业或者品牌再委托广告公司去设计简单的视频或者文字图案，他们所要求的往往是一种更富有创意的新媒体营销策略。这就提出了一个明显的问题：广告策划的边界到底在哪里？

在传统的广告视野里，广告的边界似乎不成为一个问题，因为广告策划无非是针对报纸、电视等大众传媒，或者诸如户外、直邮等各种形态的其他媒体，策划出相应的广告信息创意，所以广告人的工作往往就是图文的媒体表现。但事实上当今广告业在承接客户的广告策划委托时，早已突破了传统媒体广告的界限。也很少有客户还会满足于把一项完整的广告策划，仅仅局限于简单的平面或者是视听媒体创意设计，他们对广告策划的要求往往是系统性的品牌传播策略。显而易见，在市场传播环境越来越复杂的今天，任何传统的广告形式都无法适应这种需要。这必然带来以下几点思考。

其一,我们的广告策划创意的形态,是否还能局限在由传统的标题、文案、图像、声响几大要素所构成的那种广告表达格式中?这种格式是否还能适合现代媒体环境下的受众和消费者的接受需要?显然从营销以及就品牌营销传播现实而言,传统的大众传媒广告不仅不是最好的营销传播方法,而且有可能是最浪费的营销传播方法,这从其达成传播效果的投入产出比就可以很容易看出。

其二,如果要适应新的媒体环境,那就意味着营销传播必须突破大众媒介广告形态,广告可能就不是简单的广而告之,而是一种包含品牌对话的营销传播。传统广告方式在传播中无法有效达成与受众的对话交流,只有在新媒体形态下,广告才可能实现与受众的传播互动,达成对应性品牌的信息传播。

其三,显然在这种品牌信息的交流互动,或者是对应性品牌传播中,广而告之类的广告传播方式必然受到质疑。因此广告策划就必须尝试运用多种手法,不仅传统的营销传播方式,诸如公共关系、直接营销、事件营销等会被融入广告策划之中,而且新媒体环境下会延伸出更多的营销传播方式。比如,广告在各种媒介环境中的植入式应用、广告在社交媒体中的即时互动性、广告在网络环境中的"病毒"传播、广告在媒体虚拟空间中的模拟性体验等,这些都大大延伸了广告的边界,为广告策划提供了更加广阔的空间,并带来更多的创新动力。

案例选编

案例1-1:太阳亲吻的新奇士

新奇士公司如今已经取得了家喻户晓的知名度,在全世界范围内不断扩展它的销售范围。新奇士公司成功的背后,有着众多不可或缺的因素。很多人熟悉它背后的专业协会——美国柑橘协会,它是由6 500名果农、61个包装公司自发联合组成的。1893年,60名加州橘农聚集在一起组织了一个农场主协作社,这就是美国柑橘协会的雏形。他们的目的是在市场上赢得更大的份额,并协助相应的分销商。而正是在早期广告人的帮助下,这个民间组织统一使用"新奇士"商标,统一全球售价,为橘农提供全方位的服务,包括运用媒体公关、产品形象策划等现代营销手段进行全球市场推广。

大约在100年前的20世纪初,橘子在人们的食用中远没有现在这么丰富,它只是被当作一种天然果品。但是,随着橘子产量的大规模增加,生产者开始考虑如何进一步增加它的用途,或者是改变它的食用方法。具有划时代意义的是1907年新奇士公司聘请了罗德·托马斯广告公司,从那以后双方建立了广告史上迄今为止最长久的合作关系。他们合作的经典之作比比皆是,值得称道的是,新奇士名称的诞生首

案例选编

开商品品牌策划之先河。当时广告公司为了帮助推广橘子，在广告中营造了许多概念，他们的第一则广告刊登在《伊阿华橘子周报》上，广告强调了水果的保健性，广告中创造性地发明了一个新词"sunkissed"（太阳亲吻过的）。而就是这个词，经过演变，成了新奇士的商标和品牌。最初，大家决定只选择上等的柑橘和柠檬，然后用印有新奇士标志的软纸包装。很快，新奇士的名称便超越了标志的范畴，还成了高品质的等级标尺。而广告宣传使得一个崭新的品牌脱颖而出。

早期的新奇士广告向人们提供柑橘的其他食用方法和建议，到1915年制作一条广告时，协作社的广告预算总额已达每年250 000美元，而1908年只有25 000美元。1916年以前，柑橘一直只是作为一种生吃的水果。但是，当新奇士推出其"喝一个橘子"的广告后，橘子的销售量开始激增。1917年，新奇士又向餐馆和汽水店推出了榨汁机，后来又向家庭推出这种机器，一段时期内新奇士不断利用广告来扩展其产品的用途。比如，它曾向妇女推销柠檬，宣称柠檬是使女性头发更加柔顺光滑的良方。几十年以后，新奇士仍继续突出表现柑橘维生素C的含量。1930年的美国人对坏血病病因与饮食的关系认识并不像现在的美国人那么清楚，因此，在20世纪初期，新奇士利用这条宣传橘汁含有大量维生素C和其他有利健康的物质广告而大获其利。

毫无疑问，1916年"喝一个橘子"的广告，是霍普金斯为新奇士撰写的著名文案。1916年对一般美国人而言，柳橙汁仍是相当新的点子。广告标题相当简单而完美，在"喝一个橘子"的标题下，是第一段文案。文案中霍普金斯将消费者的利益强调出来——风味佳而且有利健康。为了支持这个利益点，他将重点放在产品的特性或特点之上，以产品利益的形式呈现出来——诸如"自然的无菌包装"，另外值得注意的是整篇文案当中资讯式标题的运用。最后，霍普金斯采用"欢迎洽谈"及一项提议做结束。这则广告推出以后，人们心目中形成了一种新的理念。在日常饮食中增加柳橙汁的饮用对健康的帮助逐步深入人心，美国人的早餐习惯甚至从此改变。

案例来源：卫军英主编：《广告新视野丛书》，厦门：厦门大学出版社2004年版。

第二节　广告策划观念的演变

广告在长期的发展中逐渐形成一种比较规范的运作模式，尤其是20世纪初期以来，以策划创意为核心的广告理论体系基本建构完成。广告走向自觉的运作过程，也就是广告策划理论不断丰富和完善的过程，对这个过程的梳理也就是对广告策划理论的系统回顾。

一、广告策划观念的演进

广告策划观念的演进过程不仅是广告理论的形成发展过程，也是广告策划创意手段和方法不断丰富的过程。纵览现代广告业，无论是从理论还是实际应用上，引领这个行业发展的中心，都是商业经济和市场理论得到充分发展的美国。美国广告业不仅仅给我们贡献了市场竞争的示范模式，也在为整个广告业制定着一种严格的规范，即便是进入信息经济和网络新媒体传播时代，以 Google 和 Facebook 为代表的网络和社交媒体，依然昭示着未来广告和商业传播的发展方向。而回溯这种演进过程，有助于我们把握广告策划创意观念演进的内在逻辑，并对其未来发展具有前瞻性洞察。

（一）从感性向理性的过渡

20 世纪初期的广告很大程度上还是广告人的自我感受风格。随着消费型社会的出现，妇女成了消费品的主要购买者，因此当时的广告往往把诉求的对象瞄准了妇女。这种注重暗示和联想的广告风格，也被称作是“情感氛围派”或者是“软性销售派”①，它的代表人物是西奥多·麦克马纳斯（Theodore MacManus）和雷蒙·罗比凯（Raymond Rubicam）。此后，为了使广告更加容易把握，广告专家们在感性手法中不断探寻更多的实证和确定性。乔治·盖洛普和克劳德·霍普金斯，堪称是 20 世纪前期广告理论的代表人物，他们对广告理论的杰出贡献就在于把量化方法引入广告中，用今天的术语就是定量分析。1932 年霍普金斯成为罗德·托马斯广告公司总裁，他为自己的公司写了一本 12 万字的推销宣传册子，以《科学的广告》作为书名出版，这本书一开始便写道：“广告到达科学地位的时代已经到来。”20 年后的 1952 年，广告界著名调查专家波立兹在赞助再版这本书时，曾经讨论了克劳德·霍普金斯的贡献，认为：“在他所涵盖的范围之内，他的种种测定都绝对有效。为了决定广告的价值，他采用销量作为他的测定标准。”②

就在盖洛普和霍普金斯的方法盛行的时候，在著名的智威汤逊广告公司就职的行为心理学家约翰·沃森博士声称已经发现了预告人类行为和操纵人类行为的基本技术，广告商要秘密倾听基本的人类内驱力（如爱情、恐惧和愤怒），并且

① 张金海：《20 世纪广告传播理论研究》，武汉：武汉大学出版社 2002 年版，第 29 页。

② 参见［美］马丁·迈耶：《麦迪逊大道》，海口：海南出版社 1999 年版，第 39 页。

不断地使某种动力因素与他们所广告的产品联系起来。沃森曾进行了一次蒙眼试验，测试结果显示，人们并不能辨别出他们最喜爱的香烟品牌。在这一发现基础上他得出结论，香烟和其他商品一样，不能通过逻辑方法来做广告。沃森在这家公司进行了一系列的使用、智力和表现的测试，把动机和愿望的方式大量引入到广告中，从而导致了多年以后心理学方法对广告的冲击。虽然沃森的方法与盖洛普和霍普金斯一样都属于实证研究，但他却得出了一个感性的结论：人类的行为很难用逻辑方式说明，所以那种表面上很翔实的调查研究，其实很不可靠。现代广告观念在这种感性与实证的交互发展和嬗变中，都表明了一种建立在两个极点上的策划动向，而这也是一个多世纪以来广告策划始终不能摆脱的一对基本范畴。

（二）从产品延伸到品牌

广告不仅帮助企业开发了市场，也帮助消费者了解了新产品，并且开始树立起鉴别产品标识和区别产品差异的意识。大规模的扩大生产，建立在需求差异化尚不充分的前提下，而且不同商品的使用功能也有很大差别，这使得从产品本身出发寻求某种差别变得相对简单。而且对绝大部分产品来说，即便是同样的功能，如果你是最先宣扬这种产品特性的人，那么你仍旧可以取得明显的优势。这种典型的手段可以追溯到霍普金斯，他把这种广告策划手段称之为“预先占用权”。

有一次，霍普金斯到舒立兹酒厂观看啤酒制作工艺，客气地对麦芽与啤酒花点头称赞。当看到先用蒸汽冲洗瓶子，然后再给瓶子装满啤酒时，禁不住精神大振。但是酒厂方面告诉他，所有的酿酒厂都是这样的——这是行业规则要求的标准程序。然而霍普金斯仍旧很有耐心地对他们解释道，重要的并不是这个行业做了什么事情，而是酒厂的广告告诉消费者他们做了什么事情，更何况给啤酒瓶洗蒸气浴从来没有广告宣传过。于是他以“用热腾腾蒸汽冲洗的”这个口号为主题，创作了令人难以抗拒的广告。这种产品至上的观点后来在罗斯·瑞夫斯那里，被发挥到了极点。

产品同质化和市场发展，导致从产品本身寻找差异变得越来越难，而广告不只是给消费者传递信息，它还努力说服人们购买某一个特别的产品，由此产生了与产品观念相对应的品牌观念。品牌观念就是要摆脱单纯对产品属性的依赖，通过赋予产品某种附加属性来形成产品差异。品牌观念作为一种差异化广告策划方式，与其说是在模仿毁灭了产品至上时代之后的一种新的选择，不如说是现代广告本身已有的一种策略方式，只不过它在超越产品时代之后显得更加突出，更加具有表现张力而已。大卫·奥格威是旗帜鲜明倡导品牌形象的代表人物，他在20世纪60年代率先提出了形象至上的品牌主张，从而理性地把广告观念引导到一个更广阔的思考空间。

（三）从实效转入注意力

广告在本质上是作为一种营销手段存在的，它的最终目的是实现销售，因此对广告基本价值的判断是建立在其促销效果之上的，所以早期的广告人不论广告风格或广告见解有多大差异，对广告实效的追求却十分一致。在早期广告人中，伯恩巴克是一个例外，这是因为他在关注广告销售效果的同时，同样非常注重广告的表现形式，认为在广告表现中"还有什么东西比广告所得到注视更加实际？还有什么东西比一项信息用有用的文字与图画来刺激推动它的读者采取行动更重要？"而这些都必须运用创意手段来表现①。在他的看法中，透露出广告观念演变的某种信息，其基本内容就是在广告策略和创意过程中，由对实效的重视转入了对注意力的追求。

1997年，美国经济学家迈克尔·戈德海伯发表了一篇著名的文章，题为《注意力购买者》（*Attention Shoppers*），在这篇文章中，他首次提到了"注意力经济"这一概念。他认为，在以计算机网络为基础的信息社会中，人们每天面对的信息浩如烟海，信息已经不再是一种稀缺资源，而表现为相对过剩，稀缺资源其实是人的注意力，因此新经济实质就是"注意力经济"。显然，从营销传播和广告沟通来看，如何能够吸引人的注意力就变成了一个极其重要的考验。美国埃森哲战略变化研究所所长托马斯·达文波特甚至在《哈佛商业评论》发表文章，把广告与电影、电视、印刷媒体归之为注意力产业②。为了寻求注意力，广告甚至不惜牺牲许多传统的规范，转而讨好迎合受众，试图在众多信息中被关注。

随着技术因素推进，媒体手段的多元化是吸引注意力的一个基本方式，在广告表现上运用戏剧化、娱乐化手段，以及大量的明星，也是一种全新的开拓。但是这里必须明确一个基点，那就是任何广告表现形式，归根结底都服务于营销，因此"如果一个广告无法引起受众相应的注意，那么它也就根本谈不上其他意义。所

---

① ［美］汤·狄龙：《怎样创作广告》，北京：中国友谊出版公司1991年版，第62页。

② ［美］托马斯·达文波特，等：《注意力管理》，北京：中信出版社2002年版，第139页。

以广告信息创造必须要获得受众注意，这是创造有效广告的首要条件。但首要条件并非充分条件，因为赢得受众注意并不能保证广告发生效果，广告信息创造和信息传达还必须在引起受众注意的同时，与受众达成对信息的认同与共鸣，以保证受众能够向信息预定方向发生转化”①。也就是说，注意最终必须转化为一种现实的效果。

第三节　广告策划的基本理论

到目前为止，所有传统的经典广告理论基本上都是围绕大众传媒传播，以创意理论为核心建构的。现代广告学通过市场营销学、大众传播学、行为心理学等理论介入，形成自己独特的理论体系和基本策划模式。这些具有代表性的策划理论，不仅成为普遍性的广告模式，也成为经典性的营销思想。

一、罗斯·瑞夫斯的 USP 理论

以提出“独特的销售说辞”（Unique Selling Proposition，USP）而著名的罗斯·瑞夫斯，是达彼思广告公司的董事长。他曾经做过一些十分著名的广告，如高露洁牙膏、M&M 巧克力、总督牌香烟、阿那辛止痛药等，在这些广告中，他总是在使用一种非常具有特征性的广告语，并且始终坚持运用。他以这种非常现实而又独特的广告个性，在实践中证明了自己对广告理论的贡献。看一看他所做的广告：

高露洁牙膏——“清洁你的牙齿，也清洁你的呼吸”。

总督牌香烟——“有两万个过滤气瓣”。

M&M 巧克力——“只融在口，不融在手”。

1961 年，罗斯·瑞夫斯出版了《广告中的现实》（中文版翻译为《实效的广告》）一书，在这部著作中他提出了一个著名的广告主张，也是达彼思广告公司的理念：“独特的销售说辞”（Unique Selling Proposition），并将其浓缩为众所周知的三个首字母 USP，从而构成了广告发展中第一个充分而有价值的理论。按照罗斯·瑞夫斯的方法，一个产品要进入销售，就必须找到它的独特之处，这有些像现在所

① 卫军英：《广告经营与管理》，杭州：浙江大学出版社 2001 年版，第 133 页。

讲的“卖点”。在罗斯·瑞夫斯的所谓USP观念中，必须要找到产品超越性事实，他做出这样解释：“消费者只从一则广告中记取一件东西——一个强有力的许诺，或者一个强有力的概念。”在他的强销方式中，广告的腔调似乎非常简单，只要平平地说明“购买此物，你将得到特别的实惠”就可以了，因此他的广告往往看上去很没有品位。对此罗斯·瑞夫斯的解释是：“我并不是说富有魅力、机智或温馨的广告不能促销，我只是说我的确见到过成千上万这样的广告没有达到目的。”①

一个很突出的标志是，每当罗斯·瑞夫斯找到了一个极有个性的USP时，他总是不厌其烦地重复它。比如高露洁牙膏，“清洁你的牙齿，也清洁你的呼吸。”这个USP曾经被用了几十年之久。USP是典型的产品至上时代的产物，它立足于产品本身，认为只要找到产品突出的个性，就尽可能把它坚持下去。

二、大卫·奥格威的品牌形象理论

但是在模仿和同质化产品层出不穷的时代，试图为单个产品寻找突出特点变得越来越难，于是广告行业的另一位英雄大卫·奥格威又提出了品牌形象的观点。奥格威比瑞夫斯小两岁，是著名的奥美广告公司的创始人。奥格威和他的广告公司形象特别，充满了一种知性和华美的灵气。他认为，从长远来看，哪怕是牺牲一些很有吸引力的短期方案，也要尽量维护产品的形象。他的看法是：

> 每一个广告都应看作是对品牌形象的贡献。如果你采取了这种态度，当今的很多问题就能得到解决……品牌越相似，理性思考在品牌选择中就越薄弱。威士忌、香烟或啤酒的不同品牌间并没有明显的不同，它们几乎一样。糕饼混合料、洗洁剂、人造黄油也一样。广告越能为品牌树立一个鲜明的个性，该品牌就越能获得更大的市场份额和更多的超额利润。②

奥格威运用这种方法做了很多成功的广告，诸如哈赛威衬衫、劳斯莱斯汽车以及他最引以为豪的为波多黎各共和国所做的观光广告。大卫·奥格威的品牌形象理论是对瑞夫斯观念的一种发展，他认为，随着产品和竞争的发展，仅仅从产品本身寻求独特因素并不足以为品牌建立个性形象。而最大的威胁是

① [美]罗斯·瑞夫斯：《实效的广告》，呼和浩特：内蒙古人民出版社，1999年版，第33页。

② [美]大卫·奥格威：《一个广告人的自白》，北京：中国友谊出版公司1997年版，第89－90页。

大量同质化产品充斥市场，已经很难从产品本身寻找到什么差异性了，因此必须建立一种属于产品自身的个性形象。大卫·奥格威认为，产品就像人，也有自己的个性，如严谨、开朗、贵族气息等。奥格威的理论虽然有别于瑞夫斯，但作为早期的广告传播思想，本质上都是要为产品寻找一种独特因素，只不过瑞夫斯认为这种独特因素建立在产品的物理特性之上，通过对产品自身属性的挖掘就可以找到；而奥格威则认为，这种独特性可以由人们追加给产品，在某种意义上它可以是超越产品具象而存在的，显然这种认识深深地带有产品时代的烙印。

三、伯恩巴克的 ROI 理论

在迄今为止的广告历史上，威廉·伯恩巴克(William Bernbach)堪称是最令人赞叹的广告天才。20 世纪 60 年代被称作是广告史上的创意革命时期，伯恩巴克则是这场创新变革的旗手。他认为仅仅有“独特的销售说辞”还远远不够，销售说辞只是广告的起点而不是终点。当大卫·奥格威强调广告“说什么”比“怎样说”更重要时，他则认为广告的处理方式与所要说的内容同样重要，而且按照伯恩巴克的观点，处理方式具有决定意义。

虽然伯恩巴克并没有具体解释“处理方式”，但是却确定不移地指出这种处理方式来自于“创造力”或者“创意”(creativity)，在此基础上他又延伸出一个“原创性”的概念。伯恩巴克的观点被总结为 ROI 理论。他认为，一个好的广告必须具备三个基本特质，即相关性(relevance)、原创性(originality)、冲击力(impact)。所谓相关性是指广告与产品以及消费者之间的关联；原创性就是要突破常规，与众不同；冲击力是指广告对消费者强烈的心理刺激。这些都直接表现为广告“怎样说”上。

在伯恩巴克的“处理方式”追求中，体现了几方面特性：其一，尊重受众，相信他们的智力。因此广告方案要求真诚，戒浮夸、陈词滥调和过多重复；其二，要尽可能简洁、一语中的，以最经济最具创意的方式吸引受众注意，然后展开销售力；其三，广告必须具有自己的特色；其四，幽默可以给消费者带来愉悦，其作用不可低估。这一点作为芝加哥广告学派代表的李奥·贝纳也很认同，他本人就十分强调广告要挖掘内在的戏剧性，强调通过内在的趣味吸引人。伯恩巴克以自己独特的方式创作了许多著名的广告，其对戏剧化和幽默手段的运用，别致而又恰到好处。在他早期代表作品中,为奥尔巴克百货所做的广告就表现了一种高超的娱乐价值,“我发现了琼的秘密”“慷慨的以旧换新”等广告,充满了戏剧性幽默和悬念式娱乐色彩,至今还为人津津乐道。

四、定位理论

传统广告理论大畅其风20余年,一直到定位理论出现之前,几乎没有什么值得推崇的新贡献,所以乔治·盖洛普认为:“这就是为什么自第二次世界大战以来,广告进步不多的原因,因为广告只针对产品本身,完全忽略了可能购买的消费者。”①定位理论就是在这样的背景下,由美国广告学家艾尔·里斯和杰克·屈劳特正式提出的。

定位观念认为,对于一个产品来讲,最重要的是产品在消费者心目中处于什么样的竞争地位,而广告的主要任务就是完成产品在消费者心目中的地位塑造,它改变了过去那种从产品出发的广告策划模式。也就是说,以往营销沟通强调的是“我具有某种特性”,现在定位所倡导的是“我可以满足你某种要求”。在定位战略中,有关品牌的价格、分销、包装以及产品实际特征虽然也起重要作用,但定位的获得却主要靠广告宣传来获得。这正如定位概念的倡导者所说的,定位不是要对产品本身去做什么,而是要对消费者的认识做些什么。从广告策划战略管理上讲,欲达目标就必须实现细分市场与广告定位的有机配合,这就是对于一个品牌的定位,必须能够最有效地吸引我们最希望获得的目标群。

定位的一个核心内容,就是心理占位,即在潜在消费者的心目中为产品或品牌确立一个确定的位置。除了心理占位这个核心概念外,定位的创新贡献还包括“第一位”和“极其简化信息”等策略。定位作为迄今最具有影响力的广告营销策略,我们在后面的章节中还将进一步介绍。

五、整合营销传播理论

整合营销传播(Integrated Marketing Communication,IMC)是20世纪90年代兴起的一种营销传播理论,最早在理论上提出这一概念的是美国西北大学的

① 乔治·盖洛普提出这个见解的时间是1970年。按照他的看法,在此期间各种广告观念虽有不同,但并没有多大发展。原文转引自[美]D. E. 舒尔茨:《整合营销传播》,呼和浩特:内蒙古人民出版社1999年版,第12页。

唐·舒尔茨（Don E. Schultz）教授。其后经过科罗拉多大学的汤姆·邓肯等学者的进一步发展，逐渐成为继定位理论之后，21 世纪最受关注的营销传播理论。

早在 1993 年整合营销传播作为理论思想提出时，一个新的认识起点就是"营销即传播，传播即营销"，即要结合信息经济时代的多元传播手段，通过有效的品牌和顾客关系实现新的营销价值。相对于传统广告管理而言，整合营销传播的视野更加开阔，效果也更加明显。加之不同的广告手段越来越分化，广告与各种营销传播手法的结合和交互运用在拓展和提高广告接触效果的同时，也使得传统广告概念渐渐变得模糊。比如，T 恤衫上印刷的企业名称，购物袋上的宣传口号，遮阳伞上的商标图案等，这些都是广告与各种媒体形式和不同促销工具相结合的产物。大多数情况下，传统广告变成了一个配角，它按照自己的可能承担着营销传播中相应的接触任务。企业或者品牌在选择营销传播工具时，既要考虑不同传播形式的特点，又要考虑其在营销传播中的边际效应。所以早期的整合营销传播观念，就是强调通过集合各种传播形式，统一运用以传达"一个声音、一种形象"，进而强化营销传播的声音。

汤姆·邓肯在对整合营销传播观念的发展中，提出整合营销传播的终极追求在于提升品牌资产，而关乎品牌资产的对象也不再仅仅局限于顾客或者潜在顾客，它还包括了一切与品牌关联的"关系利益人"。因此整合营销的范围被大大扩展，除了作为营销传播的工具外，也成为品牌资产的管理工具。可以说，在整合营销传播状态下，实现营销价值的核心指向已经发生了根本转变，不再是传统的基于产品主体的通路促销模式，而是消费者对产品或者品牌的认同与关系。比如，在传统广告的诉求中，消费者也许注意到了产品或者品牌的信息，但是在购买的最后一刻又放弃了这种产品或品牌；消费者也许已经购买并且使用了这种产品或品牌，但是使用经验和接触感觉却导致其在再次购买时重新选择。甚至有时依靠大量广告和促销所建立的消费者认可，很可能由于消费者亲友之间轻描淡写的一句话便改变了。这揭示了一个现实，仅仅凭借传统广告促销方式，如果没有与消费者实现良好的沟通，营销价值也无法实现。

因此我们认为无论从战略层面还是从具体运作角度看，"整合营销传播首先是一种观念"①，所谓观念，就是说整合营销传播首先不是一种固定模式，而是一

① 卫军英：《整合营销传播作为一种观念》，《中国传媒报告》，2004 年第 4 期，第 57－64 页。

种具有指导意义的观察方法和指导思想。换句话说，只要从整合营销传播观念出发，随时随地都可以将其贯彻到具体操作中①。这种观念转化改变了长期以来有关营销传播的各种思维定式，至少有几点必须关注②。

其一，整合营销传播观念对营销传播的目的给予重新审视。以往的广告和营销传播的基本目的无外乎销售，广告促销策划的基点大都建立在“售前考虑”，即开发或者增加新的消费；整合营销传播观念则认为，品牌价值的核心在于“售后考虑”，即把保留和稳定顾客作为第一位要素，因此广告以及任何营销传播在战略上只是一种保持和消费者接触并达成沟通关系的传播方式。

其二，整合营销传播观念对实施传播的方向有所变化。以大众传媒广告为主导的传统营销传播方式，无差异化地向传播对象单向度传输信息，从而形成了以“千人成本”等一系列要素组成的效果评价体系。而整合营销传播的一个关键，就是在双向交流中达成一种互动性，注重建立客户关系以实现营销目标。因此在整合营销传播过程中，通常采用的是从外到里的传播方式。

其三，整合营销传播观念中接触概念超越了媒体时空限制。接触在对象范围不仅是客户和目标消费群体，还有不同层级的关系利益人，他们都可能对品牌价值发生影响。与此同时接触的方式也可能是各种各样的，它打破了传统媒体传播管道所设置的信息沟通壁垒和沟通障碍，拓宽了传播沟通的形式，同时展示了营销传播过程中信息的自我属性，信息除了目的性设计之外，还具有自我传播属性。

究其本质而言，整合营销传播既是对传统营销传播观念的延伸，同时又有所扬弃，甚至颠覆了传统营销传播的许多基本追求。它在继承传统营销传播手段的同时，也改变了我们对营销传播的许多传统看法，甚至挑战了一些由广告大师们所建立的经典理论。可以确切地说，整合营销传播本身所采用的沟通工具与传统营销传播并无二致，而其在营销促动和信息传达层面上，又与传统营销传播所追求的诸如一致性、集中性等信息目标极为相似，正是因为这种严格的继承性引发了二者之间表层意义上的相似性，但是其间的核心差异不容忽视。凡此种种都表明，整合营销传播观念的确立并不是对传统广告理论的全面否定，相反它是对传统营销传播观念的一种延展和综合，既有对传统营销传播模式的继承，同时也表现出了自己前所未有的创新价值。

---

① 卫军英：《整合营销传播：观念与方法》，杭州：浙江大学出版社2005年版，第438页。

② 卫军英：《整合营销传播中的观念变革》，《浙江大学学报》，2006年第1期，第150－157页。

案例选编

案例 1-2:英特尔的品牌整合传播策划

英特尔(Intel)以生产电脑的中央处理器而众所周知,在全世界 80% 的个人电脑使用的是英特尔生产的微处理器芯片,它已经成为当今世界 IT 产业最为著名的品牌之一。虽然生产一系列微处理器是英特尔多年以来始终如一的业务,但是市场最初对它的品牌认同并不像今天这样。早期英特尔的微处理器是通过它的数字代码标识的,早在 20 世纪 80 年代个人电脑开始流行时,人们就知道 286、386、486——英特尔用不同的数字表示相应的科技水准,它的微处理器横扫整个电脑市场。然而英特尔却并没有为这些"×86"申请商标注册,事实上数字本身也不能成为一种商标,"×86"也仅仅代表了一种产品的科技含量,因此许多类似的公司都不约而同地在自己生产的微处理器上,标示出"×86"的字眼。英特尔巨大的市场份额受到了蚕食。于是,一场经过精心策划的有意识的品牌运动开始在全球推广。

这项运动就是著名的"内有英特尔"(intel inside)。英特尔的整合营销传播活动是从 1991 年开始的,做法是要求众多的电脑生产商,如 IBM、康柏(Compaq)、戴尔(Dell)、通路电脑(Gateway)等,在所生产销售电脑的说明书、包装和广告上都增加"intel inside"商标。作为报答,英特尔将从它们的销售额中划出最高达 3% 的返利给这些电脑生产商,作为联合广告补助,而如果同业将"intel inside"商标印在售出的电脑包装上,那么它们将获得的回扣高达 5%。可以说这种双管齐下的整合策略,远远超出了一般广告运动的影响,它不仅极大地提高了英特尔的知名度,也使得英特尔的形象从单纯芯片制造商转变为质量领袖。当每一个下游电脑生产商在它的产品或者包装上注明"intel inside"标识时,实际上都在向消费者传输着这样一个信念:购买内有英特尔处理器的电脑,无论从技术含量上还是稳定性上都是一个深思熟虑的选择。英特尔通过这项整合运动,不但稳定了他和下游生产商、经销商的关系,而且也与消费者达成了一种默契,这些都直接反映到了它的品牌价值之上。

为了扩大这项活动的影响面,英特尔同时还斥巨资开展了一场声势浩大的广告运动。它运用了电视、报纸以及大量的印刷广告等形式,并把"intel inside"设计成为一个有特色的商标,向整个社会集中宣传。从一开始这项计划的广告预算就是每年一亿美元,明显的结果是在短短 18 个月内,仅仅出于这项计划之下的"内有英特尔"广告,总量就高达 90 000 多则,如果把这些广告份数换算成曝光次数,估计可能高达 100 亿次。根据调查,就在这短短 18 个月里,电脑的商业用户中,知道英特尔的人数,从原来的 46% 蹿升到 80%,这个巨大的增长幅度相当于其他品牌数十年的努力结果。然而最重要的还不在于此,最根本一点是英特尔的品牌价值得到大幅度提升的同时,

案例选编

其市场份额也大幅提升。仅仅在1992年,即"内有英特尔"广告推出之后一年,英特尔的全球销售额就增长了63%。就在采用英特尔处理器电脑风靡全球时,那些因为没有采用英特尔处理器的电脑只能折价出售。这项持续的运动给英特尔带来了巨大的利益,在运动推广开始的1991年,英特尔公司的市值仅仅是100亿美元;到10年后的2001年,它的市值增加了26倍达到2 600亿美元。2002年国际品牌公司Interbrand根据权威调查进行评估,美国《商业周刊》(*Business Week*)评选出年度最有价值的"全球品牌100强"(Top 100 Global Brands),英特尔的品牌价值为306亿美元,居于可口可乐(696亿美元)、微软(640亿美元)、IBM(512亿美元)和通用电器(413亿美元)之后,名列全球最有价值品牌第五位。

在"内有英特尔"活动之后,它的整合营销传播活动一直没有停止。几乎在后来的每一次战略性营销中,英特尔都在强化着自己的品牌。从"英特尔有颗奔腾的心"到迅驰无线移动平台"英特尔无处不在"。正如英特尔首席执行官克雷格·巴雷特(Craig Barrett)所说的那样,公司将积极寻找PC之外的商业机会。也许未来英特尔的芯片将会出现在各种数字设备中,从手机到平面电视,再到便携式影视播放器和家庭无线网络甚至是诊断设备。如果能够进一步开发这些新的市场,将为公司带来新的收益。一切都来自于品牌的整合与创新。

图1-1　苹果"内有英特尔"

"内有英特尔"是一个典型的整合营销传播案例,尽管1991年整合营销传播还没有得到大众充分的认识,大众也没有意识到英特尔实际上所做的是一项地道的整合营销传播创举,但事实上它的操作过程却完整地体现了整合营销传播的精髓:它通过一致

案例选编

性的信息传播突出了英特尔品牌，不仅巧妙地把自己从同类产品中区隔开来，而且使这种隐藏在电脑里面的部件，跳出个人电脑的框架，进入到消费者的视野中。它不仅大大扩大了自己的市场，而且通过强化品牌增加了产品附加值，使消费者心服口服地愿意付出更多的价钱去购买它。在这项整合营销传播运动中，每一步都可以看出英特尔的精心设计。

其一是对品牌价值的确认。英特尔认识到，要想建立自己的竞争优势，必须强化品牌资源与营销链中的各个环节保持稳定的关系，尤其是得到个人电脑的终端用户认同，为此第一步是确立品牌商标。最初英特尔曾打算保护它的产品编号，使自己不再受到竞争对手的侵犯，但是这种试图把编号变为品牌商标的做法被联邦法院驳回，最后那些“×86”编号只能作为芯片发展水准的代名词。因此英特尔必须为自己创立一个商标，这个商标不仅能够使自己与其他产品区分开来，而且还必须能够有效地实现一种品牌资源的整合，为此它创立了“intel inside”。这个商标的好处就在于它突出了英特尔品牌本身，同时它不仅仅是一个简单的区分符号，还明确地传达了一种信念，包含了对营销价值链的整合意识。也就是说，这个商标的确立本身就是基于对市场以及未来开发策略的考虑。

其二是渠道和技术传播的有力推动。对此英特尔采取了两个方面的策略：一方面通过营销渠道，实现多层级的渠道传播；另一方面借助渠道宣传，强化消费者对这种技术产品的认识。电脑微处理器是一个高技术性产品，它和电脑的其他许多组件一样，隐藏在电脑中并没有真切被消费者感觉到。英特尔要求电脑生产商在自己的包装和说明中特别强调“内有英特尔”，这不仅突出了英特尔的品牌，也相应地强调了这个组件对电脑的重要性。而且渠道传播对于技术性产品具有特别的引导价值，当普通的电脑购买者冲着所谓“奔Ⅲ”“奔Ⅳ”而来时，绝大部分的购买者并不十分清楚，这个被称作是“微处理器”的电脑部件其具体工作程序是怎样的，而英特尔的微处理器与其他品牌又有什么不同。尽管不断有技术人员在解释，事实上还是有很多消费者依然不明白“微处理器”到底是什么东西。从消费者角度分析，一个简单的理由可能是：这些电脑制造商，如IBM、康柏等，它们花那么多钱做广告，告诉大家自己采用的是英特尔处理器，这些电脑公司显然不是笨蛋，这个被称作“微处理器”的东西一定很重要。

其三是媒体和各种接触点的整合。“intel inside”这个商标被完整地套用在各种营销传播活动中，英特尔一方面通过各种广告不断强化它；另一方面专门为它设计了公关、促销以及各种内外传播活动。可以说无论是生产商、渠道商、消费者、媒介、金融机构，还是股东和员工，都对此认识十分清楚，并且各方面统一认识也有助于形成

案例选编

合力。这样英特尔就首先完成了操作层面上的整合,即有利于创造出“一种形象、一个声音”的整合形象,并且在此后的媒体策略中使之不断延伸,体现了整合营销传播的一致性原则。

当然,如果说英特尔的整合营销传播仅限于此,那还只不过是形式意义上的整合。事实上英特尔所做的是整合营销传播从形式到本质的整合。正如舒尔茨教授所说的那样,这项计划跨越了多项传统的销售与营销范畴①。英特尔在这项活动中,尽量发展与电脑制造商、渠道商等各个方面的关系。通过优厚的激励措施,有效地保证了营销链中各个环节的利益平衡,并以此与相关利益者建立了良好的品牌关系。这种激励措施不仅体现在合作广告中,还体现在对整个下游环节的推动中,如果没有这些使生产商和渠道商完美结合的措施,英特尔的整合计划必然会大打折扣。因此直到今天,无论是在电脑制造商、渠道商那里,还是在电脑消费者那里,英特尔的微处理器都占据着不可动摇的地位。

整合营销传播是一项综合性的战略运作,很多情况下它会超出单纯的营销或者传播范畴,如实施整合营销传播涉及的组织层级和财务支持。从英特尔的案例中,这些都得到了良好处理。从内部来说,英特尔通过最高层的坚定决心,有效地把研究、生产、管理、物流整合起来,使每一个环节都成为对“内有英特尔”的强大支持因素,使整合营销传播不只是一个单纯的营销传播计划,而是一个关乎整个企业运营的品牌发展战略。最后为了保证计划实施,英特尔提供了坚实的财务支持,在这项活动推进的1991—1993年,英特尔为了建立品牌资产耗资5亿美元进行市场推广。对于整个市场而言,推广的受益者不仅是英特尔,也不仅是电脑生产商和渠道商,更重要的还有消费者。当消费者从不同的传播渠道获得英特尔品牌信息时,便坚定不移地相信英特尔就是最好的微处理器品牌,并在购买中获得了相应的价值满足,因此英特尔在创造品牌价值的同时也为消费者创造了消费价值。

案例来源:卫军英:《整合营销传播典例》,杭州:浙江大学出版社2008年版。

① [美]舒尔茨,等:《整合营销传播:创造企业价值的五大关键步骤》,北京:中国财政经济出版社2005年版,第37页。

第二章

广告策划模式与工具变革

本章重点及学习要求

1. 广告策划的思维方法特点
2. 广告策划的基本原则
3. 广告策划的主要工作流程
4. 广告策划的四大基本工具
5. 广告目标工具和策略创意工具

第一节 广告策划原则与流程

虽然市场环境和技术手段的变化不断引导广告观念及其传播方式的变革，但是作为一种有价值的营销传播手段，广告策划在长期发展中所形成的一些基本原则和工作流程则，虽然也在不断充实和完善，但基本上具有相应的稳定性和规范性。

一、广告策划的思维方法

广告策划建立在三个支撑点之上：目标市场确认和广告目标确定、信息战略战术、媒体战略战术。在现实工作中，广告策划往往不仅仅体现为一项具有指导性的策略计划，它还是一份具有操作性的工作方案，表现了突出的应用性特征。作为对广告活动的总体关照，广告策划在思维方法上具有其鲜明的特征。大体而言，进行广告策划，在思维上必须具备几种规定性。

（一）以事实为基点

广告策划不是一种纯粹思维性工作，也不仅仅限于文字材料的组合。广告策划直接面对的是企业、产品、市场、消费者，面对着众多的竞争对手。一个策划一旦付诸实施，就需要一定的资源（包括人力和财力等）投入，因而也就承担了一定的市场风险，这样一来有效性就成了衡量策划是否成功的一个铁的标准。而一个有效的广告策划，绝对不可能凭主观臆想产生，也不是闭门造车就能够完成的。从策划模式看，建立策划的每一个支点都对事实有着明确的要求：必须确切了解产品的特点与性能；必须熟知价格及销售途径；必须洞察消费对象和潜在消费群；必须充分掌握市场资料和竞争情况；必须找到关键的营销沟通环节；必须制定切实可以量化的广告目标；必须有效地实现媒体传播等。

这一切决定了在广告策划中策划思维必须牢牢地建立在事实的基础之上，每一项措施、每一个指标都必须从事实出发，受事实的制约。同时，策划的最终指向也具有事实的规定性，要符合实际，具有实在的内容。广告策划所做出的各种结论，都必须是在对现象充分把握之后，经过细致周详地分析才能够得出，不做无事实依据的结论与判断。

（二）统观全局系统思考

广告策划是一项宏观性的市场战略，涉及许多方面，这些方面既具有各自相应的独立性，又彼此交错，形成复杂的关系，所以策划实际上是一个系统工程。就这点而言，在思维方法上，必须具备系统思想，从宏观上把纷纭复杂的各个方面看作是一个有机协调的整体。在横向面上，对涉及的各种内容，诸如市场和产品资料，创意和表现策略，不同媒体的合理配合，各项经费的投入预算等，都必须统一观照；在纵向操作上，策划的每一个组成部分和每一项步骤，也都必须协调一致。比如，客户执行人员必须全面准确地与客户进行沟通，保证广告主营销战略和营销意图得以完整的理解和贯彻；调研人员要结合具体情况做出翔实可信、具有针对性的市场结论；策划人员和创作人员则要制定出具有可操作性的策略，并能够使创意策略延伸和细化，形成具有影响力的鲜明表现形式。除此之外，其他诸如媒介执行、公关宣传、财务管理等，都必须在系统思考之中。

按照系统工程思想，整个广告策划是一个大系统，它由多个子系统组合而来。母系统在统摄各个子系统的同时，自己又隶属于一个更大的系统，系统之间各自独立又互相关联、互为作用、互相制约。这就要求在广告策划中，不能只做孤立的静态思考，还必须抓住彼此之间的关联性，从彼此关系和互动过程中去认识，要掌握全局，同时也要把握发展趋势。

（三）抓住关键突出主导

一个完整的广告战役涉及的头绪极多。比如，市场调研中对营销环境的分析、对消费者行为的分析、对产品状况的分析、对竞争对手的分析等，每一项都具有极为宽泛的延伸面。但任何一个策划，都不可能在各个方向上做到面面俱到。很多广告策划人员往往会犯一些习惯性错误，有时为了保证收集多方面完备的资料，反而使自己迷失其中而忽略了核心所在。有时候会冒出很多策略，不知道如何决策。出现这种情况，原因就是没有把握关键所在，从而使自己陷于其中不能自拔。这就要求广告策划必须站在一个制高点上，找到统贯全局的主导所在。一般来说，在广告策划过程中，从营销战略出发，对广告运动的要求就是广告所承担的任务。

依据这一要求，广告策划对市场提出了自己的分析结论，找出了问题和机会，解决问题把握机会，就成了策略的中心，也就是其关键所在。前期准备如市场调查、情势分析是为了建立策略；进一步工作如实施广告定位、发展创意策略、具体组合媒介等,也是为了贯彻策略。所以广告策划的关键和核心主导就是制定出切实有效的可操作性策略。一个好的广告策划,不是资料和数据的堆积,更不是空泛无稽的纸上谈兵,而必须是主题清晰、策略突出、便于操作的行动纲领。其间有一条贯穿主线,纲举目张,统一于一体,使其看上去脉络清晰,重点分明。

二、广告策划的基本原则

在长期的发展之中,广告运作总结出自己的基本策划要求,这些要求是保证广告策划科学有效的基础。为此在对广告策划工作进行总结中,提出了几项必须遵守的工作原则,这些原则要求客观上反映广告策划的专业特性。

(一)目的性原则

这是对广告策划决策进行控制管理的基本要求。目的性原则对策划工作而言,有两层含意:其一,广告策划决策是实现营销沟通目标的一个选择过程,必须按照确切目标进行;第二,策划工作必须按照确切目标提出自己的工作进程和任务细分。失去了目标的策划工作,永远无法达到合理的规划和既定的效果。

任何一次广告活动,在其展开之时,不论采取什么方式,都必须明确自己的目标——或者是为了直接促销,或者是为了提高产品知名度,或者是出于公司形象考虑,或者是要解决营销中某一具体问题等。目标代表了广告策划的一种方向,是公司营销目标在广告沟通中的具体体现。

(二)整体性原则

由于广告策划是一个由多方因素相互配合的系统工程,其每一项工作既有相对独立价值,又彼此环环相扣。如果丧失了对全局的把握,没有从整体上协调各个广告环节,致使各项因素无法和谐统一,广告也很难发挥其效益。

当整体性考虑出现脱节时,往往一次广告活动,或者找不到好的策略,或者虽然提出了一个很好的策略方向,但是在具体创意和传播中,这个策略没有得到有力的体现,甚至是创意的符号表现形式削弱了策略本身,那么策略所代表的广告目标就不可能实现。在广告策划中常常看到这种相互脱节现象,诸如,信息的设计有违目标受众的接受习惯;媒体形式不能很好地把信息传达给目标消费群体;广告的成本超出了预算承受的范围等。所以整体性原则强调了一条铁的定律:广告策划需要协同组织、合理分工、密切配合。

（三）效益性原则

广告是一项直接的功利性活动，它是通过付费手段对目标效果的追求，而作为企业的一种投资行为，要求广告投入取得合理的收益回报是其本质所在。从投入——产出角度来看，广告策划必须保证广告能够达到或者超出预期效果，否则就是对广告投入的浪费。

如果一个广告策划失去了对效果的追求，这个策划本身就毫无意义。广告运作的效果应该如何确定？这一点在设定广告目标时就应该明确，必须明确一系列可以具体测量的量化指标，任何一种通过主观臆想的判断和预测，都不是科学的态度。这里需要注意的是，广告主往往把销售上升看作是衡量广告效果的唯一依据，这一看法并不全面。有时候广告的成功并没有直接影响销售，而销售的上升也完全可能不是因为广告的因素。广告活动只要圆满达成了广告策划所提出的目标，即可以看作实际效果的实现。

（四）集中性原则

这是针对广告活动范围和广告信息目标指向而言的。广告策划决策中，来自各种不同的干扰，往往企图让一次广告策划完成多重任务。这一点并不足取，因为目标众多必然要影响策略的针对性，分散广告诉求重点，给受众造成混乱印象，最后导致每一个目标都无法完成。集中性原则是广告策划对目的性和效果性的贯彻：集中优势各个击破。

从广告信息传达和目标受众接受角度看，集中性原则的提出具有必然意义，它的基本背景就是竞争性产品大量同质化，与此同时消费者的需求却变得越来越具有个性色彩，而由于信息重复和信息过剩，以及信息传播渠道的多元化，进而导致消费者在选择性接受中的被动状态。如果丧失了集中性原则，很可能会导致产品形象模糊不清、广告目标群体毫无反应、广告信息被淹没在大量信息之中。

（五）操作性原则

广告策划不只是做出策略性决策，它同时也是一系列计划的实施。操作性原则要求它必须符合市场环境和现实条件的许可；符合广告主实际负担和产品销售可能，而且广告实施人员在具体执行时方便可行，这样才能保证广告活动的有效展开。

有些广告策划往往脱离实际，提出一些理想化的方略，表面上看非常完备甚至富于蛊惑性，但是却超出了市场环境和现实条件的允许，或者是与客户的负担能力有距离，或者是与产品或营销的实际状况有出入，或者是超越了广告执行者的实施能力等。最后导致广告计划无法具体执行，或者是执行之中多方大打折扣，结果面目全非导致失败。比如，从宏观上讲，广告法规对广告活动就有所限制，而每个国家的广告法规又各不相同，这样有些适合于某一个特定国家的广告创意在另一个国家就很可能无法发布，如果一定要在另一个环境中保持这种形式，则不具备可操作性。

三、广告策划的工作流程

我们把一个规范性的广告策划周期，分为市场分析、战略规划、计划制订、文本编写四个阶段。在这四个阶段中，由于每个阶段的工作侧重点不同，所以工作对象、内容、目标也各自有所差异。

（一）市场分析阶段

这一阶段的基本工作就是进行市场调查和相应的分析研究，其工作内容是收集相关的资料数据，对这些数据进行分析评论。广告调研中要求对营销环境、产品状况、消费群体、企业及竞争对手、同类产品的广告战略分析等各种市场要素进行系统性的收集和分析，在此基础上思考如何与消费者沟通，寻求促成广告信息与消费者态度行为趋于一致的途径。因此，广告调研实际上就是要帮助确立广告目标，提出广告策略，并决定支持这种策略的计划措施。

由于可以借助营销计划的指导，广告调查一般从一开始就是有侧重地进行。根据公司实际和营销状况，有侧重于产品和偏重于问题之分。偏重于产品的调查分析，以产品为中心搜集资料，通过对产品各个方面的分析，了解产品目标消费者的认知状态，对产品进行综合评价分析，确立其独特的性能和竞争优势，以便于准确传达产品信息。偏重于问题的调查分析，力图从现存的诸多现象中找到形成沟通突破的关键和问题之所在，并提出发展趋势。这些都是广告策划中有针对性策略建立的前提。

（二）战略规划阶段

这是广告策划的核心部分。它集中并总结归纳了前期调查的成果，对各种数据资料和研究结果进行选择。需要特别注意的是，同样一个调查数据，由于观照角度不同往往会有不同或截然相反的策略判断。所以在进行战略规划中，“识见”是一项极具价值的能力，策略高下之分不仅是逻辑模式和貌似科学的演绎，它还往往是建立在经验和翔实分析之上的宏观把握能力和灵敏市场感觉的折射。

所以策略规划就是以策划创意人员为中心，结合对广告目标的深入细致分析，根据广告定位和广告诉求，进而发展创意和表现策略，根据产品、市场及广告特征提出合理的媒介结合策略和促销组合策略等。

战略规划阶段是广告策划工作的主体。前期所有工作都是战略规划的准备，后期各项工作是对战略规划的细化和应用。战略规划中，不仅完成了产品及广告信息向市场推进的基本方针策略，同时也限定了贯彻这一策略总体的方式方法，这就是相关的诉求、表现、媒介、公关等基本策略要求。在任何一个广告策划中，战略规划都举足轻重，往往是策划成败的关键所在。

（三）计划制定阶段

把战略规划加以具体细化，并运用系统形式使之规范化，这就是计划制定阶段的工作。制订计划的依据，首先是战略规划和具体战术的应用，此外各种调查所提供的客观依据也很重要。计划在媒介方面的工作，包括对媒介组合和媒介实施的详细陈述，怎样适用媒介才有利于达到最佳效果？广告频率如何？用多少预算才能支持这样的频率等。

在一个完整的广告策划中，如果没有一系列详尽的计划，那么再好的策略也只能是空泛的议论而不具备实际操作价值。正因为计划的制定，使得广告策略具备了付诸实际的条件，所以广告策划中好的计划不仅保证策略执行，而且也完善和补充策略的某些欠缺和不足。另外，如果把广告策划作为一项工作过程看待，计划本身是对策划工作的一种检视和管理，它规定了每一步工作的具体任务和发展节奏，能够确切地调控广告策划运作过程中所出现的各种游离和偏差。

（四）文本编写阶段

广告策划在完成了一系列策略和方案之后，需要一个系统全面的文本来说明整个策划，这种文本形式通常叫作广告策划书。广告策划书是对广告策划思想、广告信息战略以及广告实施计划的集中表达。

文本编写的重要任务是撰写广告策划书。它不仅集中体现了广告策划的结果，也是策划人员向上级主管或广告客户说明工作争取业务的本钱。广告策划书作为策划中各个阶段工作的系统整合，必须脉络清楚、层次分明，自始至终贯穿着一条主线，这就是广告的基本策略。调查分析是为了提出有效的策略，各种战略战术规划是要具体强化策略，计划制定是为了保证策略实施，最后策划书文本也是为了说明策略。

第二节　广告策划的路径依赖

在广告策划中,外在因素尤其是宏观环境的影响,涉及广告思维和策略方式的整体变化,广告策划模式在一定程度上也随之出现相应的调整。从这个意义上说,以往的经典广告理论和策划创意模式虽然仍然具有指导意义,但也面临着对新的市场环境的适应性。因此在现代广告策划中,必须清醒地认识新的市场环境和新技术发展带来的变化。

一、传统的广告策划程序

传统广告策划通常在工作展开之际,为了保证广告策划工作的顺利进行,大致上按照一个比较程序化的模式展开工作。这个程序化的工作流程和操作路径,在专业性广告经营机构中显得更加突出。

(一)组成专门的策划班子

策划班子一般称之为策划小组,人员包括客户执行、策划创意、设计制作以及媒介公关人员等。这些人通常由一名策划总监或者是策划主管之类的负责人统一领导。

(二)规定任务,设定各项工作的时间进程

这是进行策划前期工作的落实,主要任务是搜集信息和相关资料,为进一步工作做好准备。

(三)调研和资料分析

这是对部分市场资料的归纳和汇总,要求能够描述市场、揭示市场发展趋势,并为进一步制定广告策略提供依据。

(四)基本决策研究

在调查研究基础上,根据机会和可能,对广告策划提出基本策略构想,包括在市场细分基础上确定目标市场,并行成广告定位等。

(五)发展创意策略

在全部市场研究结果和基本广告策略基础上,根据广告方向和信息特征,经过细化和充分展开,形成具有独特性的广告表现形式。

（六）编制广告策划文本

把全部市场究和广告策略，以及广告创意具体的表现形式、操作实施方案，用文本形式加以规范表达，便于客户认识和对广告策划结果进行调控。

（七）与客户进一步沟通

把前期研究成果，包括已经形成的策略和创意向客户阐释，并且吸收客户对广告策略和创意的建议，最后就广告策划方案达成一致。

（八）计划实施及监控

组织人员具体落实广告策划所涉及的各环节任务，包括创作、设计和媒介发布，对整个过程进行监控并根据实际需要进行必要的调节。

（九）广告策划效果评估

按照既定目标对广告运作结果进行评价或者总结，效果评估可以是事前评估、事中评估，也可以是事后评估。

由于广告策划的不同阶段工作性质和工作重点有所不同，加之广告策划工作涉及营销传播的多个层面，而其每一个方面都具有一定的专业色彩，因此一个比较完整的策划往往是由不同专业人员完成的，团队精神和协同作战是广告策划运作的一个特色。通常为了完成一项策划任务，具有不同广告操作背景的专业人员，采用策划小组作业的形式是一个比较好的选择。策划小组一般由以下几类人员组成。

1. 小组负责人。一般是策划经理或总监，负责广告策划的统筹工作，并对策划进程和策划质量总体把关。

2. 调研人员。具有专业工作素质，有能力对市场资料进行总结和、分析，并对广告策略提出相应的建议。

3. 创作人员。主要负责对广告表现策略加以具体细化和决策，其工作任务是广告创意、方案写作以及设计制作等。

4. 媒介人员。为策划提供媒介建议，提供媒介分析和媒介选择意见，在策划中对媒介策略发挥主要作用。

这种方式是广告公司实践运作的经验积累，虽然不同公司在具体划分上各有差异，但所遵循的基本路径则大同小异。然而广告策划在本质上是营销传播策略对市场和媒介的一种适应，今天在新的市场环境和媒体技术背景下，广告策划的路径不但要紧跟市场的需要，也要跟随媒体技术的变化。

二、广告策划环境的变化

现代广告的经典理论在20世纪70年代以前都已经基本确立，自罗斯·瑞夫斯、大卫·奥格威、威廉·伯恩巴赫以来，其理论基点几乎都是建立在创意理论之上的。尽管他们的观点各有差异，但是以创意追求为核心的广告理论，有一个很大的特点便是把关注的重点放在了广告的产品之上，特别强调广告中的产品和品牌表现和自我诉求，而对广告传播工具的认同则是以大众传媒为前提。这一切在过去的市场状态和信息环境下无疑是有效的，但是随着经济和市场全球化以及信息技术的发展，媒体和市场等都出现了变化，广告在新的环境中面临着前所未有的挑战。

（一）媒体环境的变化

媒体环境的变化是对广告策划创意影响最为直接的因素，它不仅影响广告策划的基本思想，也影响具体的广告创意方法。媒介环境变化的核心是媒体的大规模增量以及新媒体的产生，进而导致了媒体的多元化和信息的大量过剩。它对广告策划的直接影响就是，在广告运作中广告主对媒体的把控能力大大降低，以往广告策划只需要占领少数媒体就可以传达广告信息，现在则变得很不切合实际。而信息量的增加形成了大量的信息堆积和信息过剩，许多精心策划的广告信息很容易就被淹没在信息海洋之中，乃至于根本没有受到关注。

（二）受众环境的变化

受众环境的变化也是伴随着市场多元化和媒体多元化而来的，它的基本标志是分众化和信任危机。在以往的市场模式下，受众被假定为一个大量的群体，虽然也有一些细分市场的观念，但传统广告基本上还是借助于大众媒体进行无差别的广告信息传播。新的环境下受众本身出现了分化，所以建立在大众媒体广告创意之上的思维方式，由于缺少相对应的个性传达也必然受到挑战。与此同时，受众在接受广告信息时，还有一个明显的变化就是对媒体信息尤其是广告信息表现出某种怀疑。广告作为一种商业促销手段，其专注于利益的诉求方式，使它的信息表达越来越缺少公信力。

另外，媒体形式的变化、受众环境的变化，这些都直接反映到受众作为消费者的信息接收形态之中，受众的接收方式也发生了变化。由于众多媒体和大量的信息存在，受众对于大多数的商业信息，已经不可能也不愿意再去悉心分辨和有意储存。他们往往更加乐意接受一些简单的信息，以减少信息处理和储存过程中的个人付出，在这种状态下任何过于复杂的广告创意，或者是忽略了产品和品牌的策划创意，都很难产生预期的营销价值。受众对信息简单化的追求，有一个形象的说法就是我们进入了“读图时代”，受众接受视觉形态信息的容易度超越对文字形态信息的接受，因为视觉信息更加简单和直观。

（三）传统广告的瓶颈

正如我们前面所说的，传统广告是建立在大众传媒基础上，以创意为核心的一种商业推销方式，所有的广告专家不论怎么各执己见，但是对广告效果的评价则必须归结到广告的影响力，以及它在促销过程中所发生的边际效益。然而新的环境下广告对消费者态度和行为的影响力越来越小，它所产生的营销回报也大大降低，广告投入的边际效益递减，这也对广告策划创意提出了新的挑战。

我们还必须看到传统广告追求也有自己的误区，以及对新的社会经济环境和信息技术的不适应性。比如，传统创意理论对广告原创性格外崇拜，但是在新的媒体形势下过分强调原创性往往会使广告创意陷入猎奇之中。这就像各种流行的国际广告竞赛大奖一样，许多创意人员为了表现自己的奇思妙想，最后不是去寻求广告对受众的信息促动，而是沦落为一种自娱自乐的自我表演。另外还有一个特别值得关注的问题是，传统广告与大众传媒相一致的一个特点是，它们在设计信息以及传达信息的过程中，都是立足于信息的单向传输，即把消费者看作简单的信息接收对象，没有顾及消费者自我表达的要求。实际上信息传播应该是一种互动和沟通，消费者在接受信息的过程中，也需要一种平等的对话和交流，而这点恰恰是传统广告方式的一个致命弱点。

认识到这些变化和挑战，是为了更好地适应现实，以便于广告策划更加具有可行性以及更好的回报。我们提出这些挑战并不是说以往的策划方式没有价值了，而是强调现代广告策划创意过程中，在运用传统模式时必须考虑媒体变化因素、受众变化因素以及广告本身的变化因素，只有这样才能够更加自如地运用策划模式。

三、广告策划的两大路径

通常情况下，按照其运作周期和覆盖范围，广告策划都可以区别为整体策划、局部策划或者细部策划。由于策划对象和规模的不同，策划人员在经验及工作方式上的差异导致广告策划在具体操作中也各有所异。但不论采取什么模式，广告策划在进入策略阶段时的思路及其所遵循的展开路径不外乎两种：一种是循序渐进、垂直深入的方式；一种是核心突破、枝节辐射的方式，两种方式在思维方式和切入口上略有差异，但对整个策划的形成，却殊途同归。

（一）循序渐进、垂直深入

这是我们通常惯用的策划思路。这种方式与一些科学的定量分析方法不断引入广告策划有关，它强调的是对市场和数据的分析，通过确切的分析，一步步地使策划深入全面。

1. 研究策划对象。按照这种方式进行策划，我们在接受策划对象之后，首先是研究对象，包括把对象置于一种广阔背景之下的相关分析。这是一个什么样的产品？它处在一个什么样的市场状态之下？竞争情况如何？消费者对它是如何认识的？可能的消费群是如何构成的，有什么特色？等等。这种研究为产品选择和进入市场提供了一个比较明晰的背景，在这样一个背景中，比较容易发现机会和问题，也容易把握广告策划的指向。这一部分在常规策划中，一般统称为市场分析研究，市场分析研究的目的是为策略的制定提供依据，在完成了这项工作之后，广告策划就进入第二阶段——确定目标阶段。

2. 确定目标。广告的目标与整个营销的目标不同，营销目标是对整个营销意图的归结，广告目标所要解决的仅仅是沟通问题，也就是为了实现营销目标，所必须达到的沟通效果。广告目标的制定要与行销目标相结合，实现营销目标，但更重要的是必须从前期的市场分析研究出发，提出适当的产品以及与消费者沟通的指标。有些策划往往不顾广告的任务和作用，不切实际地把广告目标与销售目标混为一谈，提出要什么，多少销售目标；或者把广告目标不加区分地等同于营销目标，结果使广告策划失去了确定性，这些都是广告目标之大忌。

3. 确定策略。目标一旦确定之后，广告策划就进入了实质性的策略阶段。这个阶段要制定广告的主题，要进行定位，要提出系统的广告策略，包括广告创意策略、广告表现策略、媒介组合策略、具体实施步骤等。策略阶段使广告策划具体化，往往能够极大地体现广告策划的创造性和能动性，广告策划的高下之分往往就是从这里体现出来的。

4. 预算与控制。根据目标和既定策略，提出策划的相应预算以及对策划的有效控制。预算和控制是保证策划能够切实执行，并且能够得到有效监督的必要措施。

根据这样一种策划方法进行策划，是当今广告策划中最为流行的一种模式，它的最大优点是基础扎实细密，依据充分，策划完整，富有层次，科学性和逻辑性都很强。但也暴露出很多不足，最大弊端就是很多情况下使最要求创造性的广告策划沦落为一种数据的堆积和教条的套用，对此很多大师都曾经给予过相应的批评。比如，伯恩巴克甚至认为没有必要进行广告研究，其只能使竞争者之间的广告大同小异。因为人们都做同样的研究，用同样的方式解释，并从中产生同样的对策。

（二）核心突破、枝节辐射

这是一种更显创造性和爆发力的策划模式。这种方式非常强调策划人员的经验和直觉。广告策划一般是策划人员根据客户的营销需要所提出的沟通策略，因而公司通常已经对自己的产品和市场进行了研究，在提交给策划人员时，往往已有了一个比较明确的营销意见。在此情况下，策划人员以广告专家的身份为客户提出广告建议，大多从广告的职业角度单刀直入。因此与前一种模式不同的是，它舍弃了那种循序渐进的做法，在深思熟虑之际，产生一个突如其来的异常强烈的策略，这个策略就构成了整个策划的核心。需要强调的是，这种策略的产生，与广告策划人员的策划经验积累，以及对市场的调查和把握有关，绝对不是少数创意人员闭门造车、搜索枯肠所能得来的。现在习惯称这种核心突破的策略为"点子"。所谓"点子"就含有机谋、方法的意思，如同开启神秘古堡的钥匙。运用这种策划方法进行策划，往往是在实现了核心突破之后，再由此发展和延伸。主要向两个方面：一面是从实证和数据中分析验证，看看这一突如其来的核心策略是否具有充分依据；另外则不断丰富和完善它，通过发展创意策略，使之全面系统，从而使策划全面、科学、合理。这种策划方法的运用在广告策划中已不鲜见，它的最大优点是，便于抓住核心，切中要害，在策划中往往极具创造性和独特性，具有相当的个性魅力。

对广告策划而言，运用什么样的方法进行策划并没有一个僵硬不变的要求。但是根据两种不同模式的特点，在大体情况下，一个完整、系统的广告策划，在运作中大多采取循序渐进的模式。这是因为市场环境和产品竞争复杂多变，即便是一个确定的广告策略，在对既定目标对象的传播中，也面临着多样选择和多方干扰，而经验和直觉虽然非常宝贵，但是其所包含的容量往往有限，因此必须依赖大量的市场分析研究，才能够得出比较恰当的结论。相对而言，核心突破的方式往往运用在一些局部性策划或具体细部策划中。这类策划大多附属于整体性策划。

策划人员在进行具体策划时,大多已经对整体有了一定的把握,或者前此已经积累了相关的经验,因而当出现局部问题时,会很快形成一种全面的思维观照,从而引发有针对性的策略。需要注意的是,任何一个策划,在最终的完善和形成中,两种模式会或多或少地相互兼容,从中也可以看出两者之间的互补性。

第三节　广告策划的工具模式

所谓广告策划的工具模式,这里主要是指广告策划中已经形成的具有方法性的手段和技术。这些模式性工具既有纯粹技术性的分析工具,也有来自经验的策略程序。任何工具都是一种应用手段,所以工具模式往往随着市场和技术的变化而不断变化。我们根据工具特点,将其分为几个大类。

一、广告调研与分析工具

广告调研与分析工具,主要用于广告策划前期和中期的执行中。它包括进行市场调研以及确立市场目标的方法等,其目的是帮助公司找到问题的症结所在,以及解决问题的方法,从而有助于进一步有效地明确广告策略和创意表现。

(一)广告调研

广告调研是为了了解竞争状况和营销环境,更加清晰地认识细分市场和目标市场,在此基础上提出广告目标和广告定位。广告调查的过程中,往往需要收集大量的第一手资料,相比二手资料(已存资料)的简单易得而言,第一手资料的收集较为不易,需要采取多种方法来收集原始资料,所需成本较高。在这里,我们介绍几种最常用的调查方法。

1. 观察法:指通过观察被调查者的行为获取资讯。可由相关调查人员到现场执行(如观察消费者的购买决策过程、同类产品的销售情况等),也可以通过仪器进行观察,由仪器连续记录消费者的行为过程。

2. 试验法:指通过对试验样本的数据分析,得出对总体的推断。在广告活动中,用得比较多的是在广告发布前的预测试和广告活动展开前的市场反应测试。在广告发布前,将广告的目标消费群样本置于一个特定的环境中,通过试验装置观测其对广告的反应。在广告活动开展前,选择局部市场做一次广告的投放试验或在销售点做一次销售试验,以检测市场反应。

3. 调查法:主要包括小组访谈法(将受访者集中在一起,由主持人负责组织深度讨论)、问卷访问法(以问卷形式要求受访者作答)、面访法(调查者与受访者当面就某些问题进行交流)、电话访问法(以电话为媒介对受访者进行调查)、邮寄调查(将问卷寄出,受访者填好后回寄给调查者)。

(二)分析调研数据

在广告调研资料和数据汇集之后,进一步的工作就是分析研究这些数据。广告本质上是对人们行为的一种诉求,而人的行为在很大程度上具有感性色彩,所以这些评价工具本身也有量化和质化之别,也就是通常所说的定量分析和定性分析。

1. 定量分析。定量分析是用数学和统计学的方法,对使用定量调查得到的数据和资料进行精确的数理统计,在统计结果的基础上对提出的问题做出客观的判断,即是对一定数量的有代表性的样本进行封闭式的访问,关于定量调查的方法(如面谈法、电话调查法和邮寄调查法)我们在以下章节会做详细介绍。企业采用定量分析法有助于避免管理决策层的主观倾向性,实现对客观问题精确而且客观的分析,但数学统计学方法的使用,又限制了定量分析法对宏观问题的把握和预测,因此比较适用于对微观问题进行分析。

2. 定性分析。定性分析是用较少的抽样数据,以决策者的经验分析为主对使用定性调查的问题做出有一定主观倾向性的判断。定性分析是一种以小样本为基础的探索性的研究方法,目的在于对问题的定位或启动提供比较深层次的理解和认识。企业采用定性的分析方法有助于预测宏观问题,也能帮助他们理解消费者内心深处的动机和感觉,如消费者对产品的使用感受和评价。此外,与定量分析方法相比,定性分析的结果能更生动地帮助企业决策人员理解定量调查的各类数据结果。

二、广告目标确立工具

确定广告目标是广告策划进入策略阶段的首要任务。一项广告活动,如果失去了目标也就丧失了方向。在具体策划过程中,每一项工作归根结底都是为了保证广告目标得以实现。所谓广告目标,从宽泛的角度上讲可以有两层意义:其一是广告策划的目标指向,即广告的受众以及所代表的市场,这属于市场分析中进行市场细分和区隔问题;另一个指的是广告活动具体的影响方向,也就是广告所要抵达的传播效果,这属于狭义的广告目标,亦即我们这里所涉及的广告目标。

广告是在消费者做出购买决定之前,对其所进行的宣传、劝服活动。因此,在确立广告目标时,要切记一条简单的格言:“营销是卖,广告是讲”(Marketing sells, advertising tells),也就是说,广告目标虽然与销售业绩直接相关,但是它首先应该与传播效果挂钩。常见的广告目标确立方法有:

(一)广告金字塔

广告金字塔是最为传统的广告目标与策略设定方法。它界定广告的任务首先是要告知、说服、维护消费者在一个尽可能长的时间内对公司、产品或服务的良好态度和行为,并进而间接影响消费者的购买决策。按照受众对广告信息的接受理解过程,综合广告行为反应的几个变量,广告目标通常分为几个阶段,这些需要都可以用一个“广告金字塔”来加以梯度性说明,如图2-1所示。

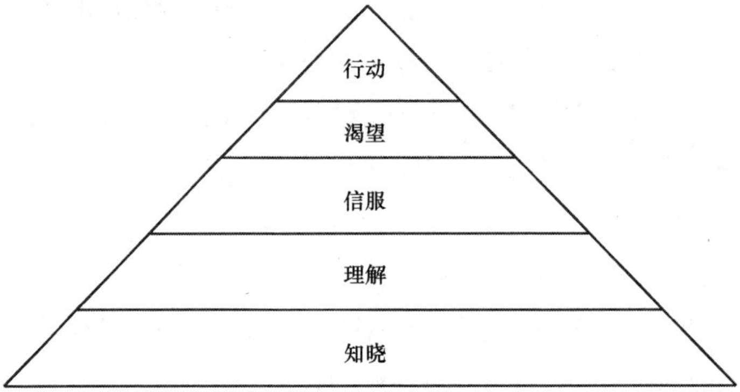

图2-1 广告金字塔

图中的第一层级是知晓。知晓就是要让一些不知道的人认识到公司、产品或服务的存在,也叫品牌认知。将其贯彻到量性目标中,就是创造知名度,知名度就是送达信息给受众的认知程度。对于吸引新的顾客,知名度尤为重要,顾客只有在知道的情况下才可能购买。有关研究表明,对于一些重要性不大、消费者购买心理反应比较简单的产品,我们称之为参与度比较低的产品,如口香糖、香皂、啤酒之类的,消费者做出选择时,常要看谁最流行。广告创造知名度,很重要的一个任务,就是要使一个品牌在人们意识中的位置更加突出,把人们的购买决策变成一种不假思索的选择。比如,一则保健品广告为了强调人们购买时不假思索的行动,或者是减少人们购买选择的决策过程,反复强调的就是一个信息点:“送礼就送脑白金。”

第二层级是理解。理解就是告知那些已经知道其存在的群体足够的信息,使他们全面了解产品的用途、特征、形象以及在市场中的位置。理解是认知的进一步延伸，如果说认知只限于外在和表层，那么理解则进入内在的更深层次。对于一些比较复杂的产品或者品牌，消费者不仅要知道它，还要更进一步地理解它，只有在理解基础上才会做出正确的判断和选择，因此品牌理解源于对其特点的深入推介。比如，IBM 公司在推出其用于微机的 OS/2 操作系统时，其关键宣传点是它为什么优于现有的微软公司的 Windows 软件。

再进一步的是信服和渴望。信服和渴望确切地说是一种态度，它与认知和理解不同的是已具有一种明确的倾向性。在追求这一目标时，仍需为受众提供足够的信息，使受众对品牌确信不疑，并进而随着对其价值的认可而产生出对产品的渴望。在这种对品牌的态度中，有许多复杂的因素，需要靠进一步的广告信息来创造。比如，品牌形象和个性是指其与人或同类事物的联系，品牌感觉和使用经验是使用者切身体会的反映等。由于其中已经具有明确的态度倾向，那么如果受众购买力许可，就很容易做出购买反应。这就导致了目标的最后行动——结果。

广告金字塔所涉及的相关因素体现在三个方面：时间、资金和人。广告结果的体现需要时间，特别是一些价格昂贵或者消费者购买频率比较低的产品。只有在经过一段时间之后，随着企业广告发布的持续性和频率的不断提高，在知晓产品的人数不断增加的同时，了解产品、信任产品、渴望产品的人也越来越多，于是采取最终行动、购买产品的人也自然上升。正因为这样，在金字塔中，时间代表了广告的持续，资金包含着广告投入资金和消费者购买支出资金，而人则是指对广告认识并受到广告影响的消费群体。这里有一个情况必须注意，这就是在整个金字塔模式中，随着广告时间和广告资金支出的不断增加，虽然广告影响的受众在总量上也呈上升趋势，但是在金字塔所表现的目标反应层级中，作为广告目标指向的人却呈现出越来越少的趋势。也就是说，从知晓到最终行动，遵循广告意愿的人数在逐步递减。

运用广告金字塔设定广告目标，要看到在某些情况下，广告预测行为的发生，通常需要有两个或更多的广告反应。在这种情况下两种目标导致任务复杂化。一般而言，当活动能够以单纯明了确定目标焦点时，广告任务就相对容易一些；当涉及多个目标时，就会面临追求面面俱到却最终导致广告活动无效的危险。策划创意人员认为，“简单”在其中是至关重要的，如果试图说得太多就有可能失去重点，从而导致没有效果。另外，有研究表明，致力于一个最大目标的广告，在达成其他目标上常常效果不佳。比如，一个在吸引人们注意力方面很成功的广告，有可能在劝导方面并不理想。因此当有必要处理各个目标时，就需要多条广告，它们的顺序组合即是广告战略的一部分。多种目标可能针对的是多种受众，否则容易出现使用混淆。

作为一种传统的广告目标设定方式，广告金字塔代表了广告效应的认识—感觉—行动模式，它假定人们能够理智地采取购买行动，当人们对某种商品感觉良好时，他们自然便会采取行动。这种理论的出发点是广告影响态度，态度导致行为。从消费者购买心理角度看，对一些参与程度比较高需要理性决策的商品，这种情形比较符合现实。但是对于一些参与程度比较低，或者是冲动型购买的商品，则未必如此。比如，在众多消费者抢购一种商品时，很多人往往会不假思索地加入抢购。在这种情况下购买决策过程可能正好颠倒过来，变成了行动—感觉—认识。从营销沟通角度看，广告金字塔所代表的广告信息传播模式，反映了一种传统的大众营销模式，即由广告主讲，消费者只是在听。但是随着信息传播手段和市场背景的变化，尤其是整合营销传播观念的提出，这种模式也显示出自己的不足，因此广告的目标设定方式也在不断调整。

（二）DAGMAR 法

20 世纪 60 年代，广告效果的衡量是广告经理们十分关心的问题，但是由于广告与销售关联的间接性，使得广告运作中对广告投入的可控性很难把握。1961 年，罗斯·科利在美国“全美广告人联合会”的资助下，完成了一项名为“制定广告目标以测量广告效果”（Defining Advertising Goals for Measured Advertising Results）的研究。其中介绍了后来被称作“为可量度结果而确定广告目标的方法”，广告界按照其缩写简称为 DAGMAR（达格玛）法。DAGMAR 法可以简单地概括为“明确一个广告目的”。其具体含意指在一个给定时限内，针对特定群体所确定的特定沟通任务。这个任务不同于营销任务，广告目的是为宣传沟通而设定的，包括明确的任务、明确的受众、明确的时间期限。广告作为一种宣传沟通，其作用和任务就是创造认知、灌输信息、发展态度或引导行为，只有在这个范围之内，广告才能够发挥效用。DAGMAR 方法把广告的任务根据宣传沟通过程描述为一个特定的模型，参见图 2－2。

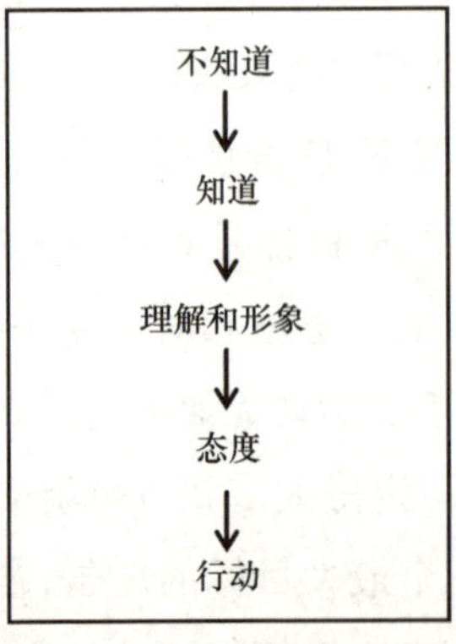

图 2－2　宣传过程效果层次模型

这个模型与我们前面提到的“广告金字塔”模型颇为类似，类似的层次模型还有一些，如20年代发展起来的AIDA模式认为，一种有效的人员推销应当能够引起注意（attention），激发兴趣（interest），创造欲望（desire），导致行为（action）。再如由社会学家所提出的“新顾客层次模型”，总结了顾客消费决策的五个阶段，即认知、兴趣、评估、试用和采纳。这些模型的共同特点是受众的意识作用将按顺序经历一系列步骤，是一种“效果层次模型”。罗斯·科利的模型显示，在一个产品或品牌开始进入的一系列阶段中，受众在最初并不知道产品或品牌的存在，所以最初的宣传沟通任务是让受众有所认识，并使其在意识阶段中上升到更高一层。第二步是对品牌有所理解，如品牌特性和吸引力具有哪些特性与相关的形象感觉，与竞争者在哪些方面不同？对哪些消费者益处最大？接下来第三步是处于理解和购买行为之间的一种意识强化，它表现为态度（或确信）。DAGMAR法首先确认上述各项有关广告作用于受众意识中，最后导致行为的步骤才是广告的宣传沟通任务。

三、广告策略创意工具

相对于调研和目标工具偏重于技术依赖而言，策略与创意工具更倾向于建立在创造性思维基础的创新发现，虽然它也看重翔实的技术分析，但是毋庸置疑的是，所有策略性创意本身都是非技术性的创新呈现。由于广告策划中策略与创意工具都是基于前期市场调研基础之上展开的，所以我们将其分为两大类，并择要介绍其中有代表性的工具。

（一）工具—结果链式模型

在广告信息战略实施中，寻找利益点是一种有效的信息促动方法。利益点是在广告信息沟通中，介于产品和受众之间的特点、信念和价值的统一性所在。只有在广告诉求和消费者需求达成一致的情况下，消费者才会产生一种自然而然的购买行为。所以广告策划就需要了解在一个特定市场中，什么样的特点、信念和利益点是最重要的，特别是在它们之间又有哪些因素对品牌选择具有决定作用。“工具—结果链式模型”作为其中一种方法，对解释产品特点、消费者结果和个人价值之间的联系非常有用。这个模型通过一个“阶梯形”过程，将产品特点、消费者结果和个人价值相连接，如图2－3所示。

在这个模型中，价值代表预期的结果状态，它们可能有一种外在倾向，诸

图 2－3　工具——结果链式基本模型

如“感觉挺重要”“感觉可接受”；或者与人的自身感受相关，诸如“自信”“高兴”“安全”“想法”“成就”等。产品特点包括可衡量的物理特征和具有某种主观意味的感觉特点，如“时速”“弧形板面”以及“味道香浓”“时髦”等。消费者结果则是指该产品发生在消费者身上的任何效果，可能是功能性的，如“省钱”“洗发护发合二为一”；或者是自我感觉的效果，如“特别有趣”“更受人关注”等。在这个模式中，产品特点和消费者结果是用来代表达到希望的结果状态——个人价值——的工具。这是一个比较普遍的反应模式，通俗地说，就是某一产品只有在它具备了某种特征，能够满足消费者某种特定需要时，这个产品才会在消费者态度上引起转变和促动的结果。

工具—结果链式模型指出，广告在发布信息内容时，必须要了解包括特点、结果和价值的关联网络。一个有效的广告应该对这三个方面都加以重视，而不是只关心产品特点，关心一个方面。那些主要的积极的消费者结果，应该在文案或视觉图像上给予说明，并且在广告之中包含对价值实现的驱动力。

（二）杠杆作用和关键特点

一个产品或品牌可以影响消费者态度的特点往往很多，但在广告信息组合中，要尽量识别那些在影响态度结构上有最大杠杆作用，或与品牌选择和行为联系最为紧密的特点。虽然这是一个非常浅显的道理，但是影响态度结构最大杠杆作用的特点，在很多情况下并不是直接显示出自己的重要程度。

从认识结构而言，有时一种特点并不仅仅单纯是自身的外在表现，它也可能与其他特点相关联，并进而影响其他特点。每当此时，基于此一特点所产生影响的宣传，也可能对彼一特点形成影响，并进而对整个态度结构发生作用。比如，智能型手机虽然包括了很多功能，但是消费者在使用过程中，往往会忽略其中70%以上的功能。在这种情况下进行智能手机宣传，就必须关注到底是哪些功能最终打动了消费者的行为选择。所以在广告促销中，要着力去寻找具有杠杆作用的关键点所在。杠杆和关键点有时并不明显，在诸多特点的比较中，它或许并不比其他特点更加突出，或者更加值得广告主为之感到骄傲，但是它们可能引发的受众态度转变却要大大强烈于一般特点。衡量杠杆作用的一种方法，就是要测量某种特点与其他特点之间认识连接的强度。

有时候某些独立的、与其他特点无联系的特点，虽然重要程度可能较高，但这并不能表示其具有很大的影响。如某经济型轿车在进行市场推广时，曾大力宣传其0～100公里加速如何如何的快。其实这虽然可以说是一个很突出的优势，但是却无论如何激发不起普通消费者更加激烈的愿望和更多的联想。相反，另一家轿车做了一些很关键的宣传：出租车60万公里无大修。这是一个引人注目的关键点，极具杠杆作用。与它相联系的许多特点都有可能因此浮出，诸如质量好、性能优越、使用寿命长、安全可靠、省钱等。这说明，一种特点只有在其与别的特点产生较强的认知连接倾向时，它才具有比其自身更为重要的杠杆作用。衡量杠杆作用的方法还有一些，比如，系统地有步骤地在一定范围内改变某一产品或品牌的认知特征，并借以观察总体态度的变化，对总体态度作用最大的特点其杠杆作用最大。

（三）FCB 栅格

这是美国福康贝尔（FCB）广告公司在广告策划中总结出的一个行之有效的栅格模型，因为它采用象限式栅格表示，所以被称作 FCB 栅格。FCB 栅格侧重考虑广告策划中消费者与产品或品牌的关系，这个模型的基础有两个核心概念：消费者参与度和产品认识（有关产品的知识、含义和认识）。

消费者与产品或者品牌参与度的改变，有消费者自我内心和情势上的原因。另外，不同的知识、含义和信念，可以在消费者对产品或者品牌进行评价和选择时被激活。有些产品主要是从理性意义上考虑的，注重产品的功能性结果。这种产品在栅格模型中被称作思考型产品，这类产品如照相机和汽车蓄电池等，消费者的购买选择行为主要是出于它们的功能性结果；相比之下，感觉型产品主要是出于消费者在非语言印象方面（如视觉或其他敏感印象和情感因素）的考虑，注重于心理结果和价值观。这些被购产品的选择主要是出于它们被感觉的质量，也有受到感情支配的产品，如冰激凌、软饮料、古龙香水、鲜花或珠宝等。

由于消费者与产品或者品牌的关系在栅格的四个象限中区别很大，所以 FCB 栅格也可以被借鉴用来制定有创意的广告战略，衡量广告效果，以及帮助选择广告媒体。适当的促销战略往往取决于栅格中产品的定位。当然，很多情况下，栅

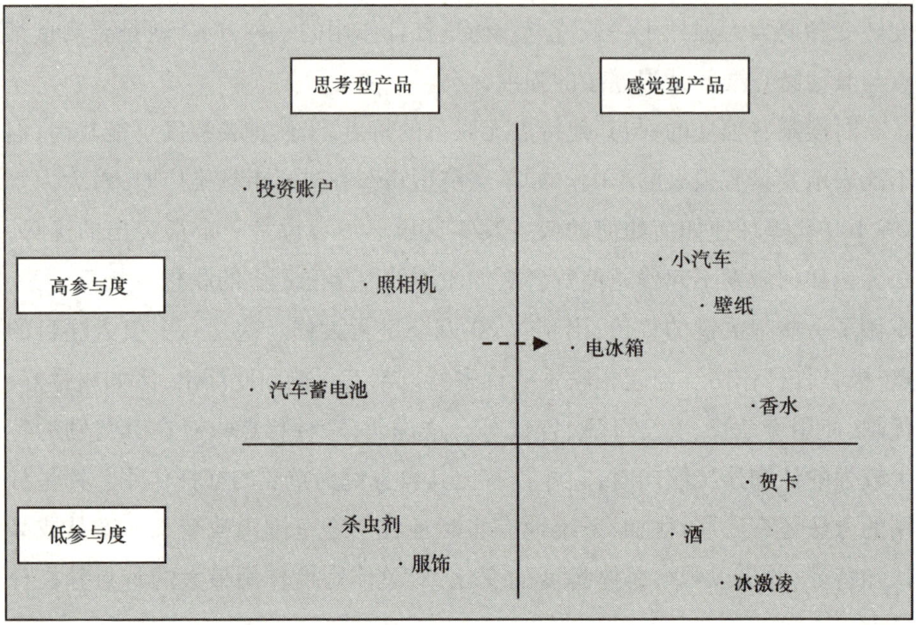

图 2－4　FCB 栅格

格中的产品也可以移动位置,图 2－4 中,电冰箱的位置就因为战略需要,从思考型产品转换成感觉型产品。当时的市场背景是 FCB 在南美的一个客户有5 000台丑陋的绿色冰箱积压在仓库难以销售,而竞争品牌却能够提供一些特别的功能特征,诸如有制冰器等。电冰箱本来是一个高参与度的产品,主要靠功能性结果来促进销售,但是这批积压冰箱却没有任何合理理由。于是 FCB 就设想把冰箱从思考象限转移到感觉象限的战略,设计了以委内瑞拉世界小姐为特征的广告,把冰箱称为“另一个委内瑞拉美女”,结果仅仅 90 天 5 000 台冰箱一售而空。显然,FCB 栅格模型有助于分析消费者和产品的关系,同时它的使用方式也可以灵活变化。

四、传播与评估工具

所谓传播与评估工具,主要是广告信息在向受众传达中所采用的传输方式及其效果评价。传统广告理论以大众媒介作为传播渠道,曾经总结出许多复杂而又细小的考量方法,诸如最佳重复频次、到达率和覆盖率、千人成本和毛评点等,这些方法在新媒体时代有些具有参考意义,有些则基本上已经失去其存在的价值。

比如，在传统大众传媒时代，由于广告主要借助于报纸、电视等媒体形态进行发布，所谓千人成本成为一个很重要的媒介评估概念，但是在新媒体时代，很多行之有效的传播如病毒营销，往往影响甚广但却是零成本，这就打破了所谓千人成本的认识局限。

（一）到达率考量

到达率的基本含义是，广告信息在多大程度上送达它的受众或者目标顾客。比如，在一个为期一个月的时间周期中，在一个大约 10 万人口的目标市场上，有 80% 的人至少一次看到了某一广告，那么其到达范围是 80 000 人，或者称到达率为 80% 。到达反映的是受众暴露于媒体信息前不重复的程度或范围，它代表了至少视听一次以上信息的百分比，最高不超过 100% 。到达仅表示受众与媒体接触的机会和程度，并没有考虑到媒体暴露的质量，也就是说注意或接触到广告信息的受众可能仍然并不知道广告的含意，因此对到达概念的进一步引申就是有效到达。有效到达表示受众接触广告信息并对其内容有所了解的人数或比例，它不仅说明了媒体暴露的数量，同时也包含了媒体暴露的质量。

到达或者到达率与视听率、目标覆盖率等具有重合性，如果将其进行成本换算，则能够折算出所谓毛评点或者千人成本。这个概念之所以在今天仍旧有效，是因为任何一种形态的信息设计及其效果达成，都是建立在受众或者消费者信息接触基础之上的，所以不论是采取传统媒介，抑或是采取网络、手机等传递渠道，欲使信息发生作用，都必须努力保证信息的有效到达。

（二）效果评估方法

在发动广告活动之前，最担心的就是广告效果究竟会如何，是否能达到预定的目标，所以对广告效果的测定不仅包括广告效果的事后测试，还包括广告效果的事前测试。

1. 常见的广告效果事前测试方法。

（1）数据统计法。

$$\text{印刷媒体阅读率}=\frac{\text{接触（注意）广告人数}}{\text{媒介发行量}}\times 100\%$$

$$\text{电波媒介视听率}=\frac{\text{接触（收视）广告人数（户数）}}{\text{电视机（收音机）拥有量}}\times 100\%$$

$$\text{广告记忆率}=\frac{\text{对广告节目有印象人数}}{\text{收看广告节目人数}}\times 100\%$$

（2）仪器测量法。主要是借助一些专门仪器对广告效果进行测定。如视向测定,可以测定出眼睛的移动,记录下印刷广告中目光每秒停留 60 次的视点,从而得知读者看到了什么,视线主要集中在广告的哪一部分;皮肤触电反应,可以用来测定广告受众在听到广告之后因刺激所引起的注意与记忆等情绪反应。其他的诸如节目收视记录器、测瞳仪,都是测试广告效果的仪器。

(3)问卷测试法。通过一种精心设计的问卷,要求受众对其中的问题做出回答,以便测定消费者对广告的反应,进而判断哪种信息最能够传达广告的关键内容。问卷测试也包括直接提问,这对从多种广告方案中比较选择尤为有效。

(4)等级测试法。让受测者把所测试的广告,根据自己的评价一次排列出来。比较常用的是以广告的说服力为依据,进行由高到低的排列。

2. 常用的广告效果事后测试方法。

(1)认知测试。认知测试主要是了解受众对广告所传达信息的知晓程度,通常用于有关知名度的调查。完成认知过程是有效广告的必要条件,也是最基本的条件。如果一个广告在被调查中没有被消费者认知,那么它就不可能发生作用。如著名的斯塔奇测试法,在对印刷品广告的调查中,要求浏览过广告的人回答三个层次的问题:

第一是注目率:指读者在特定印刷品中曾经看到过某一广告的频率。

第二是阅读率:指读者看到广告后在何种程度上阅读了广告,并且能够明确指出广告的品牌或服务。

第三是精读率:指将广告中的文案已阅读了一半以上的读者比率。

(2)回忆测试。回忆测试比认知测试更进一步,它能了解广告的冲击力和对消费者的渗透程度。回忆有两种方式:一种是辅助回忆,给测试者某种提示以便其能据此说明广告内容;另一种是无辅助性回忆,提出名称请测试者通过回忆说明广告信息的内容。

(3)态度测试。主要是测试广告在受众心理上的效果,测试内容是消费者对广告品牌的忠诚度、偏爱度以及对其总体的印象。在方法上可采用多种形式进行,如问卷、检查表、语言差异、等级测试等。

(4)购买行为测试。这种测试是对消费者购买选择的实际考察,它强调了购买行为的改变,试图在产品销售量与广告有效达到之间建立起某种数学模型。比如,受广告影响的实际购买率测算、广告产生效益测算、广告促进增长速度测算等。

有关广告效果测试的方法还有很多。必须指出的是,没有任何一种方法能够完全满足广告研究的所有需要，因此各种测试方法应该综合运用，合理选择，但最基本的一点，是看这些方法是否有效而可靠。

案例选编

案例2－1：阿迪达斯08奥运影视广告测评研究

2008年6月，在第55届戛纳广告节上，由上海腾迈广告公司为阿迪达斯公司所做的名为“一起2008，没有不可能”的系列广告（图2－5），摘取了中国广告参节13年来的第一个金奖。研究该广告可以管窥戛纳广告评奖规律，进一步推动中国广告第一金之后的戛纳进程，同时对该广告的传播效果也是一个检测。虽然该广告获得的是户外广告金狮奖，但对它相应的影视广告作品进行研究，更能挖掘其价值所在。

图2－5　阿迪达斯“一起2008”系列广告

本次测评以在线“阿迪达斯08奥运广告”视频广告为检测目标来完成问卷检测工作。问卷涉及“总体评价”“传播特性分析”“表现分析”“镜头分析”“动画元素分析”“文化意义分析”6个部分。最终的有效问卷资料为56套，经过统计分析，结果如下：

案例选编

一、总体评价

根据国际广告协会和国外广告界"5P"、"5I"和"优秀影视广告作品的标准",测试组攫取"给消费者愉快的感受""要有首创、革新、改进""明确的主题""直接的即时印象""生活的趣味""冲击力""发生兴趣""感染力"等8个指标,来检测"阿迪达斯08奥运影视广告"给人的总体印象。

1. 愉悦度、情趣度和兴趣度检测情况。"这则广告给你愉快的感觉程度"问题的检测结果是:认为"很高"的占16.07%,认为"高"的占57.14%,认为"一般"的占26.79%——1/4强的人对此广告没有愉悦感。"你觉得这则广告是否有情趣"问题的检测结果是64.29%的人回答说"有",35.71%的人回答说"没有"。对"这则广告是否能引起你对阿迪达斯的兴趣"回答说"能"的比例是26.79%,回答说"不能"的比例是32.29%,介乎"能"和"不能"之间"说不清"的比例是33.93%。

2. 首创性和传播主题检测情况。在"这则广告你认为它的首创性"问题上,60.71%的人认为"很有创意上的首创性",35.71%的人认为"创意上的首创性一般",3.57%的人"不觉得有创意上的首创性"。可见,六成人肯定该广告的首创性,而四成人不肯定它的首创特性。对"这则广告是否有明确的传播主题"问题,"很明确"者占27.27%,"明确"者占50.91%,"没看明白"者占21.82%。

3. 即时印象和冲击力检测情况。对"这则广告是否有直接的即时印象"问题的回答情况是:72.73%的人认为"有",27.27%的人认为"没有"。对"这则广告是否有强烈的冲击力"一题,64.29%的人认为"冲击力很强",28.57%的人认为"冲击力一般",7.14%的人认为"冲击力不怎么强"。

上述7个指标的统计数据显示:人们对阿迪达斯08奥运影视广告的总体评价存在着争论性,而作为"感染力"这样"一种持久的张力、内在的力量"的"综合能力体现"的指标,该广告的测评结果是:"感染力很强"占58.93%,"感染力一般"占33.93%,"不怎么有感染力"占7.14%。

二、传播特性分析

1. 品牌标志。"一起2008,没有不可能"这则阿迪达斯08奥运影视广告,总时长30秒,在90分钟的检测中,被试对其产品(品牌)的观察效果并不一致。

表2-1 品牌出现的时刻与观察数据

产品(品牌)出现时刻	1	2	3	5	7	16	21	22	25	26	27	28	29	30
观察到的人次	11	5	3	1	2	1	1	1	7	5	1	4	13	2

案例选编

上述标志统计只是目测效果，不免有些差异。但只有1人次说明出现过两次品牌标志。针对测评对象对“产品(品牌)”概念于广告中的表现并不是很熟悉的情况，本检测还对此做了再一次的测试。问题直接标注为“本广告产品标志出现在本广告的”，选项分别为“A. 开头；B. 片中；C. 结尾”。统计显示：选择片头出现阿迪达斯标志的占3.70%，选择片中出现阿迪达斯标志的占5.56%，选择片尾出现阿迪达斯标志的占90.74%。

2. 广告目标分析。测评组用对比方法来测试阿迪达斯消费主体和本广告目标定位的差异变化，以探测在该品牌广告运动中本广告所发生的目标变化。测试者在“阿迪达斯产品消费人群主体应该是”和“这则广告所表现出来的定位人群(即：广告锁定的目标受众)主要是”这两个问题上，留下了自由式留言。测评组提取这些留言中最频繁出现的七个关键词及其出现频率，以图表标示如下：

表2-2　关键词及出现频率数据

关键词提取	运动	年轻(含青年、青少年)	体育	时尚	休闲	活力	奥运
阿迪达斯产品消费人群主体	46	45	5	5	3	1	0
这则广告所表现出来的定位人群	22	28	6	0	0	3	14
变化方向	↓	↓	↑	↓	↓	↑	↑

阿迪达斯产品消费人群主体第一指向是“运动”“年轻”，第二指向是“体育”“时尚”“休闲”，第三指向是“活力”。而这则广告所表现出来的定位人群，第一指向(“运动”“年轻”)没有产生变化，但第二指向却发生了变迁，直指“奥运”，然后才是“体育”和“活力”，“时尚”与“休闲”荡然无存。从纵向来看，“奥运”“活力”“体育”含义获得正向变化，尤其是“奥运”含义，增幅高达140%，真可谓达到了2008北京奥运赞助商之奥运广告的传播目的。

对于阿迪达斯产品消费人群主体，典型的说法是：“14~25岁，包括了初中生、高中生、大学生以及刚毕业的青年人群，以及25~35岁，有一定的经济收入，对生活要求质量，事业有成，对休闲生活有概念的人士。”而阿迪达斯08奥运影视广告所表现出来的定位人群典型的说法是：“充满激情、热爱运动的年轻人”“热爱体育、享受奥运的年轻观众”“具有积极生活心态，愿意尝试新事物，不怕冒险的年轻人。”

案例选编

对阿迪达斯广告运动战略定位和阿迪达斯08奥运影视广告战术定位是否发生偏移，测评组在测试中专门设置了一道题：“上述二题的定位人群是否完全一致？”表示“完全一致”的比例是32.93%，认为“完全不一致”的比例是8.93%，徘徊在“好像有点说不清”的高达57.14%。

三、表现分析

对阿迪达斯广告表现进行检测，主要围绕该广告主题表现的三个要求、表现类型和诉求方法三个方面展开。

1. 广告主题表现。“对广告主题的表现、展示的要求，主要有三点，即：①准确、鲜明；②独特、统一；③易懂、易记”。以此三点来检测阿迪达斯08奥运影视广告，结果是：

表2-3　广告主题表现数据

	高度评价	肯定评价	“一般”认可评价	否定性评价	其他评价
是否准确、鲜明	1.79%	67.86%	12.5%	17.86%	—
是否独特、统一	5.36%	73.21%	—	21.43%	—
是否易懂、易记	—	69.64%	58.93%	19.64%	1.79%(弃权)

从上述统计中不难看出，阿迪达斯08奥运影视广告不论是在主题“准确、鲜明”，还是主题“独特、统一”，抑或是主题“易懂、易记”要求上，都存在着一定的争议性，尤其是主题“独特、统一”“易懂、易记”上，都受到1/5强的质疑。如“（主题）不是很明确，表现得也不是很鲜明，看了半天才能反应过来”“第一遍看不懂要表达什么主题，不易让人记住”。也许正是因为预测到该影视广告有“场景太多，太复杂，变换得太快，没有哪个能在人头脑里留下深刻的印象”这样的缺陷，上海腾迈广告公司最终将平面广告作品提交给戛纳广告节，可谓在媒体表达上独具匠心而最终夺魁。

2. 广告表现类型和诉求方法。在测评组给定的七种广告表现类型选项中，阿迪达斯08奥运影视广告表现类型认可率最高的是“动画与电脑绘画型”，高达87.5%，其次是“名人推荐型”，比率高达83.93%，且此两种广告表现类型并举认可程度达到76.79%。而对于该影视广告的诉求方法，认为其应该是“感性诉求”的比例很高，占45.45%，只有5.45%的人认为其使用的是“理性诉求”方法，而“感性诉求和理性诉求兼顾”的比例为最高，几近一半（49.09%）。

四、动画广告元素分析

1. 总体评价。按照“影视广告动画设计”内涵，测评组从三个方面七个指标对阿迪达斯08奥运影视广告的动画广告元素进行检测评估，总体情况如下：

案例选编

表 2-4　关键词及出现频率数据

评价范围	评价指标	品评态度(%)		
		肯定性评价	否定性评价	其他(折中)
设计要素	造型简洁,抓住品牌特征	91.07	8.93	—
	角度准确且变化多端,创造出冲击力	82.14	8.93	8.93
设计要素	夸张(形体造型、创作思维、人物动作、色彩)处理程度	87.50	12.50	—
	画面简单有立体感	92.86	7.14	
形象设计	人物设计与品牌相关性	87.27	10.91	1.82
动态设计	人物造型比例(主角与配角)处理	80.39	19.61	—
	力度夸张变形(强调动作特征,突出动作效果)处理	96.43	3.57	—

从上述统计中可以很直观地观察到:三个指标("造型简洁,抓住品牌特征""画面简单有立体感""力度夸张变形处理")均在优秀之列,而"角度准确且变化多端,创造出冲击力"和"人物造型比例处理"这两个指标,后者表现出"主角多了点,没有唯一""不是很好,角色很多,运动员相当多,没有主次"等弊端,但上海腾迈广告公司提交给戛纳评委的是户外平面作品,而不是该影视广告,因此规避了缺点,更突出了优秀指标,获得戛纳评委的青睐就在情理之中了。

2. 存在的问题。尽管阿迪达斯08奥运平面广告荣获金狮奖,但其影视广告中否定性因素同样浓缩在其系列平面作品中,其中以夸张处理程度、人物设计与品牌相关性、人物造型比例(主角与配角)处理负面因素居多。阿迪达斯08奥运平面广告的问题主要是背景问题。背景色彩上"色彩有点暗淡,没能更好地体现出运动的活力""在色彩方面,可能稍微不尽如人意,因为整体色调比较暗淡,让人看起来比较费力"。灰色一直是阿迪达斯logo的主色调,在阿迪达斯的网站、专卖店、广告作品,甚至专卖店里的每一张DM宣传画,都是冷峻的黑色和灰色,这种格调与来自中国的李宁大相径庭。李宁显然比阿迪达斯更懂中国人,它的主色调是红色,无论李宁走到哪里,以何种形式与受众互动,都是一片灿烂的红。中国人喜欢红,红色代表运动、活力和张扬,更符合本土审美价值。

背景造型上,"在形象上确实不美观,以黑白灰的颜色处理容易让人产生反感"。色彩背景连带着造型背景,"色彩方面,诚然突出主角没错,但群众的灰色给人一种很压抑的感觉",乃至"有些不当,人都是平等的。踩在别人身上,并让多数人像是去朝

案例选编

拜似的，这点宣扬的理念有些不妥”。但从另一角度来理解，这样处理未必不是“处理得很好，人物造型采用素描手法，新颖但是有灰暗消极的成分，整体给人一种悲壮的感觉，动作夸张缓慢，色彩暗淡，只能说沉睡已久的中国龙要苏醒了”。同样，乐观来看，“千万普通人和他们的手臂托起运动员，突出了团结一致的重要性和中华民族团结向上的精神”。诚如丁俊杰先生在《聚焦55届戛纳广告节》一文中对该广告的评价：“我个人认为是非常好的，这组广告具有非常强的震撼力和感染力，自推出以来，也深受中国消费者和老百姓欢迎。这组广告以奥运作题材，用著名运动员，以虚幻的方式说明奥运赛场不是一个人的赛场，出类拔萃的奥运健将背后依靠的是一个强大的民族，他们实际上背负着一个民族的希望。”

案例来源：袁筱蓉，等：《中国广告戛纳第一金测评研究》，《艺术探索》，2009年第2期。

第三章

市场环境与个性消费行为

本章重点及学习要求

1. 市场环境变化的几大特点
2. 市场角色构成及市场动力所在
3. 消费者行为变化的主要动因
4. 市场细分理论与细分方法
5. 差异化营销与个性化消费

第一节 市场环境与市场动力

广告策划作为一种策略性的规划,要尽量避免那种玩弄噱头的伎俩,要立足于战略与战术统一的视角,认识到这是针对市场状况和消费行为所做出的一种信息选择。因此只有深刻地洞察市场环境,并深刻理解推动市场发展的动力所在,才可能使广告策划更加具有现实意义和可行性。

一、市场环境及其变化

所谓市场环境是一个很宽泛的概念,它是指企业经营所置身的社会经济环境,而这些环境作为客观形态,通常表现为企业不可控制的因素,包括政治法律,经济技术,社会文化,自然地理和竞争等。从市场营销和广告策划的角度认识市场环境,侧重于了解的是和营销相关的各种因素,包括我们所说的市场及媒体技术的变化,可以从几个方面加以认识。

(一)市场格局的变化:全球化与一体化趋向

宏观看待整个世界经济社会格局,自第二次世界大战以后一直到20世纪中后期,整个社会形态笼罩在冷战阴影之下,并参照一种军事化模式而构建起来。严密的权力组织和自上而下的管理方式是社会的结构模式,世界市场也根据政治和军事利益需要被分割得支离破碎。由各种强权集团所控制的传播管道,采取一种标准的“上令下达”方式,实行信息控制和信息封锁。直到20世纪90年代随着“冷战”的结束和全球政治集团的解体,一个全面开放的全球社会和全球市场才逐渐形成。与世界形势相一致的一个基本特征是“权力下移”,这意味着各种经济和市场壁垒随着政治军事对峙的崩溃而逐步被打破。媒体和传播通道也开始走向多元化,人们不再从单一传播渠道了解各种资讯,也不仅仅只满足于对各种资讯具有充分的选择权,而是可以在对这些资讯进行选择和比较的过程中,形成一种回应并把这种回应反馈给对方。

(二)媒体环境的变化:信息多元与信任危机

媒体环境变化的一个显著标志是,在传统媒体延伸的同时新兴的信息媒体以惊人的速度进入千家万户,而且媒体形式多种多样。这种变化包含着一个不能忽视的现象:媒体增加不只是简单的传统媒介数量的变化,还意味着各种新型媒介的加入,尤其是互联网的崛起。互联网的出现,也许不仅仅是一种媒体形式的介入,更重要的还是一种生活方式的到来。几乎可以肯定地说,在不远的将来网络媒体将会成为营销传播的主导。一个基本的依据就是,在大众媒体日渐衰微并为许许多多的分众媒体所取代的过程中,互联网不仅具有媒介特点,而且它还具有一种独特的交流和互动效应。

过去大众传媒统治时期的显著特点是,媒体具有充分的操控权。一个简单的事实就是主流媒体对大众的信息统治,由于信息不对称和绝对的传播主导地位,导致受众对媒体信息的遵从和驯服。在这样一个背景下,营销组织和广告商的做法基本上是简单地运用资金操纵媒体,轻而易举地发布相关广告信息。广告主和广告代理们习惯上认为,大众都是漫不经心不用脑子的,加之他们本身接受信息的限制,广告只要经过巧妙的传播处理,便可以迅速地为受众所接受。然而现在这种情境发生了变化。

(三)消费环境的变化:个性追求与消费文化

与媒体日益分众化相对应的是消费市场的个性化时代真正到来。流行的说法是我们正处在一个碎片化的时代。所谓碎片化是和价值多元、文化多元、行为多元以及消费方式多元化个性化相伴随的,是现代社会发展和媒介生存状态下的必然现象。大众传媒霸权时代的结束,信息渠道的多元化和海量信息的存在,导致处在这种环境中的消费者或者媒介受众,从过去对信息的驯服与盲从转而到对信息的漠然和怀疑。

当下消费者拥有充分的信息掌控权和消费选择权,而消费也不再是简单的满足所谓"使用价值需要",本身包含了更多的社会化因素。在这种状态下,营销价值的核心指向已经发生了根本转变,不再是传统的基于产品主体的通路促销模式,而是消费者对产品或者品牌的认同与关系。如果说传统的营销是开发出好的产品,并给予适当的定价,辅以相应的销售渠道并配合强力的促销,营销价值就可以基本实现,那么现在凭借这些则远远不够,甚至难以行得通。因此,基于消费者符号价值的需要,营销将更加趋于适应消费者的品牌化和个性化特征,对此我们在第三节将进一步论述。

二、市场角色与市场动力

所谓市场角色是指构成市场的核心参与者,它们自身以其行为追求推动了市场,因此也就自然成为市场发展的动力来源。市场环境和媒体技术的发展,直接促成这种力量和角色的变化,自上而下的权力下移也成为市场动力的一种运行形态。按照舒尔茨和凯奇的研究,市场驱动力量的转化是与营销传播需求并行的,他们将其归结为四种类型:制造商驱动的市场、分销商驱动的市场、交互式市场以及全球化市场①。然而就市场本身历时性演化的逻辑规范性而言,实际上这种说法所表达的只是三种形态,这三种形态也就是参与市场的三个核心角色:制造商、中间商、消费者②。

(一)由制造商驱动的无反馈式市场

原始的市场即制造商驱动的市场,产品制造商和服务商拥有绝对的市场权力。它们将其产品推向市场,顾客只能根据这种产品状况进行购买。消费者只能被动的选择,他们对自己不能满足的需求无能为力,而卖方却因为控制着供应也就相应地控制着市场。这种简单化的市场控制模式可以用一个图式加以表示(图3-1)。

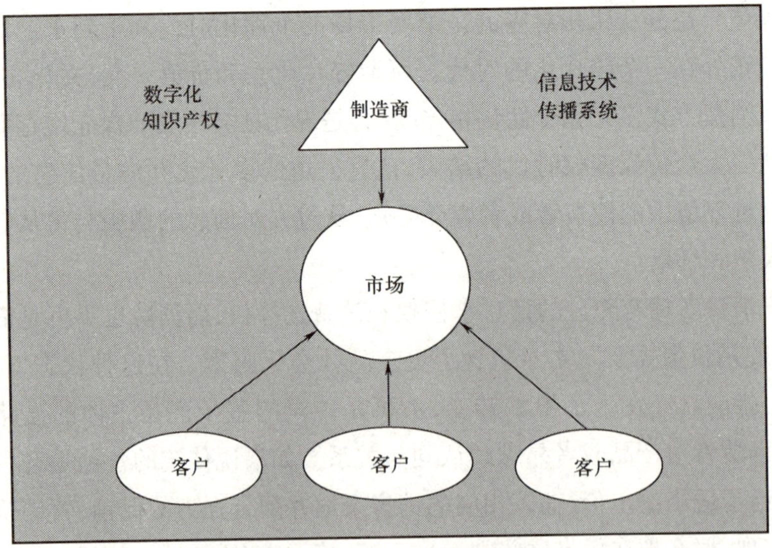

图3-1 制造商驱动的市场

从图中可以看出,在市场上制造商几乎完全控制了传播系统,买方只是被动

① 参见[美]舒尔茨、凯奇:《全球整合营销传播》,北京:中国财政经济出版社2004年版,第6页。

② 参见卫军英:《整合营销传播:观念与方法》,杭州:浙江大学出版社2005年版,第5-12页。

地到市场上寻找商品，而这种寻找是否能够满足需要完全取决于卖方。换句话说，卖方同时也控制着信息，并可以根据自己的需要发布其认为合适的信息。因此在这个营销传播系统中，传播处在一种线性结构中，没有形成反馈回路，卖方在发出信息的同时几乎没有收到任何反馈。

（二）由中间商驱动的部分反馈市场

市场的复杂化和不断裂变，使得传统的制造商驱动的市场逐渐发展为分销商驱动的市场。分销商和分销渠道虽然早已存在于市场结构中，但其早期对市场的影响力并不明显，只有到了市场规模越来越大，营销系统呈现出复杂层次的时候中间商才壮大起来。因为相对于制造商来说，中间商与消费层更加接近并且具有更加稳定的联系，这使得中间商更加了解消费者状况，包括对产品性能、售卖价格、购买规律等多种关键要素的深入了解，它们可以根据顾客情况制定有效的库存和分销计划，并清晰地形成自己的分销流向，以此向上向下影响制造商和顾客。所以我们说这个市场是部分反馈的市场，这个反馈主要指的是信息沟通，如图3－2所示。

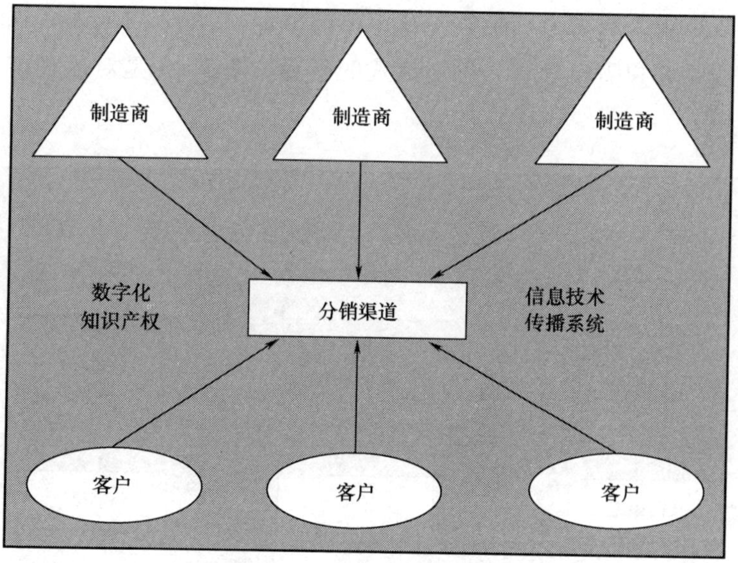

图3－2　中间商驱动的市场

虽然制造商仍旧一如既往地保持着对消费者的传播，并且运用多种方法试图强化这种传播，但不可否认的是长期以来它们惯于运用的大众传媒方式，在交流过程中的使用变得越来越艰难，而本来就缺少反馈的线性传播又因为渠道商的介入其效果进一步衰减。因此在通常情况下，制造商只有通过分销渠道，才能把产品或服务的功能以及相关购买信息传递给最终消费群体，从而在传播过程中设置了一个新的中转层次。一个明显的变化是以往通过制造商的信息传播，传播管道上主要依赖大众传媒所存在的弊端，在渠道商驱动的市场传播中有所改变，一些有效的更加有利于渠道商的传播手段开始受到注意并得到快速发展，诸如直邮、服务电话、会员制等。渠道商为此做了大量投入，在信息技术支持下，一些相应的数据库和目标传播管理模式开始建立，于是随着市场格局的演变，新的市场传播体系也逐渐形成。

（三）由消费者驱动的信息交互市场

新型市场体系是建立在信息技术飞速发展的背景之上的。数字化以及网络和电子商务的大规模介入，使以往市场的基本构架发生了改变，这种转变最为突出的标志是传播手段的改变。其突出特点是权力真正开始下移，即原来由制造商和渠道商所垄断的市场控制力量，成为市场各个部分共有的权利，而权力平衡则是维护市场健康发展的前提。如果说过去控制权一直都集中在市场的上部或者中部，那么现在很大意义上则是集中在市场的下部，并很大意义上必须是消费者说了算，至少是客户需要分享一种对话式的平等。图 3－3 是对这种市场体系的一种基本展示。

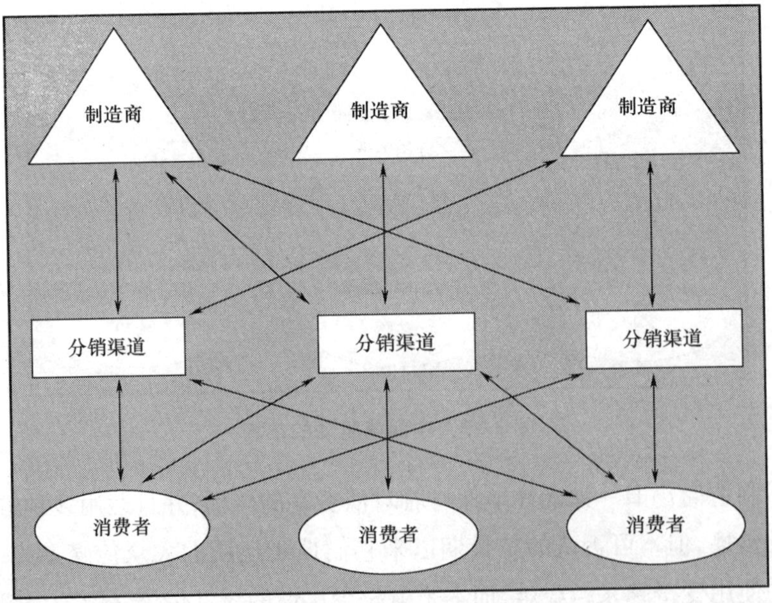

图 3－3　交互式市场

很明显，在这个市场体系中原有的线性营销模式不复存在，取而代之的是一种全方位的交换流向。消费者不仅和渠道商联系也和生产商联系，而且这种联系具有多重性选择，丝毫不局限于某一特定的对象。这种全方位的交换流向，形成了交互式市场格局。对此舒尔茨的看法是："所谓交互式就是指：产品和服务的信息流在整个系统中无所不至，而不只是输出系统，就像制造商驱动的市场和分销商驱动的市场那样仅向一个方向输出。信息是基于各种成员的需求流动、组合、分拆。"① 毫无疑问，这种控制权的变化也导致了营销传播的革命。如果说以往的营销沟通都是单向的线性传播，那么现在则是一种双向的沟通，其间包含着各种沟通层面的互动式交流。

从这种市场动力和市场角色的变化中我们可以看到，一个突出的事实：整个市场在权力下移的过程中，出现了相应的权力平衡的趋向。也就是说从生产商、中间商到消费终端，形成了一个完整共享的价值链，在这个价值链中，真正引导市场发展的动力，不是来自生产商和中间商，而是来自于其终端，也就是消费者的需求，消费者的需求才是推动市场的原始动力。因此广告策划在很大意义上就是要把握消费者的需求所在，并了解与此相关的消费者行为，以及影响消费者行为的基本动因。

第二节　消费行为的变化动因

广告策划因其核心指向是消费者行为，所以认识市场环境很大程度上要落脚在消费者行为上。在一个确定的市场环境下，任何消费者的购买决策都不能被看作是一种孤立的行为，他们在购买决策制定过程中，往往要受到很多外部因素的影响。因此对消费者行为动因的认识，则涉及消费者行为发生过程中的动态和开放模式，而且其间诸种因素对购买行为往往具有决定性作用。

一、人际因素对消费行为的影响

社会学和消费行为学是紧密交融，相互渗透的两个学科，在对消费者社会角

① ［美］舒尔茨、凯奇：《全球整合营销传播》，北京：中国财政经济出版社2004年版，第16页。

色和消费行为的研究中,它们提出了这样一种认识:每个人都处在一定的社会环境之中,不同的社会构成和不同的环境因素,决定了消费者不同的角色行为,并导致了相应的消费倾向。这种影响可以归为人际因素和非人际因素。在人际因素中,最为显著的就是文化和亚文化、社会阶层以及家庭和相关群体。

(一)文化和亚文化

作为宏观社会环境的最主要方面,文化是影响消费者行为的最广泛和最抽象的外部因素。然而虽然关于文化研究的成果不胜枚举,但是对于文化的概念却有多种多样的理解。我们赞成把文化定义为"一个社会群体里大多数人共享的生活方式"[①]。也就是说,文化所影响的对象往往是一个社会群体,在这个群体中的所有社会成员,其生活和行为方向都认同一定的文化规范和价值观念,当然也包括其消费行为,这种文化具体表现在各种风俗、时尚、种族、地域、宗教等形式中。比如,春节是中国人和全球华人一年中最隆重的节日,家人们习惯一起吃年夜饭、燃放爆竹,张灯结彩喜庆团圆,这种节日的气氛往往要延续到正月十五闹元宵,因此这段时间往往是中国人的一个消费高潮。

亚文化是同一文化背景之下的分支。在一个给定的文化中,一般都有一小群人或一部分人,他们的信仰、行为、习惯以及价值观念等,相对于同一文化范畴中的其他分支有着明显的差别,这些建立在年龄、地理、宗教、种族以及民族等差别基础之上的文化被称为亚文化。比如,温州是中国的一个特别具有地域色彩的城市,温州人喜欢走南闯北且非常抱团讲义气,所以无论是在中国国内还是在世界各地,诸如法国巴黎、西班牙巴塞罗那等地,勤劳吃苦善于经营的温州人成为中国移民和商人的出色一族。

(二)社会阶层

不论是什么社会形态,无一例外地都存在着某种形式的社会层级或者类别,处在这个社会中的每一个人也都将按照一些相应标准被划分到这种层级或者类别中。社会阶层是指一个社会中那些比较同一的一部分,每个部分都是由有相近的生活方式、价值观、规范、兴趣和行为的人所构成。虽然社会阶层有各种不同的确定方法,但大多数情况下这种阶层结构都是以职业、地位、受教育程度以及经济收入为基础划分的。在美国,社会学家通常把社会阶层划分为三个层次:上层阶

---

① [美]J. 保罗·彼得,等:《消费者行为与营销战略》,大连:东北财经大学出版社2000年版,第318页。

级(14%)、中产阶级(70%)和下层阶级(16%)[①]。在中国这种划分又有很多不同,如根据职业情况把消费者划分为经理阶层、白领阶层、打工族等。一般情况下,对社会阶层的划分,主要是以其文化水准和受教育程度、所从事的职业以及经济收入等因素作为参照的。

社会阶层对于营销和广告策划是一个重要概念,因为每个社会阶层中的消费者通常在价值观、生活方式和购买行为上都具有相似性。不同社会阶层中的消费者,在使用各种产品和服务程度上,以及他们在工作交往、休闲活动、购买模式、媒体习惯等方面,都有着明显的差异。因此,这种社会阶层划分实际上提供了细分市场的基础,营销和广告策划可以根据这种差异需求,对不同的社会阶层实施产品或品牌定位,并采取相应的广告诉求策略,运用不同的媒体形式实现自己的沟通任务。

(三)家庭及参照群体

人们在日常生活中受到的影响来自于与其接触最为密切的相关群体,可以说群体是影响学习和社会化的首要因素之一,同时群体情境对购买决策有直接影响。群体是指"为了一定的社会目的而从事共同活动的人们组成的集合体""群体的成员要遵从一定的行为规范,具有相同的价值观念、需要和兴趣,群体的成员在群体中各处于一定的地位,承担一定的任务,彼此之间发生着直接或者间接的关系"[②]。在相关群体中,最值得注意的是家庭、参照群体和意见领袖。

一个人从出生开始就受到家庭的影响,这些必然引导和培养其对待许多产品的态度和购买习惯。同时家庭成员之间在做出购买决策时往往要承担不同的角色。比如,一对年轻夫妻打算买一辆汽车,作为汽车主要使用者的丈夫可能是出于以车代步需要,所以他多方面搜集的信息偏重于价格和性能,而妻子则可能更注重对款式和品牌的选择,最后两个人决定购买一款性价比相对较高的新款车。在这个例子中丈夫是购买者和使用者,具有一定的决策权,而妻子则是购买的参与者,对购买决策可以产生明显影响。所以研究家庭与消费行为的关系,要注意几个方面:①家庭的购买习惯;②不同家庭成员在购买中的角色;③谁是购买决策

---

① 三个层次是一种比较普遍的划分方法,也有划分为四个层次的,如 Richard P. Coleman 划分为社会上层、社会中层、工薪层和社会下层。参见[美]乔治·E. 贝尔齐、麦克尔·A. 贝尔齐:《广告与促销:整合营销传播展望》,大连:东北财经大学出版社 2000 年版,第 377 页。

② 马谋超、陆跃祥:《广告与消费心理学》,北京:人民教育出版社 2000 年版,第 304 页。

者。营销和广告要针对家庭中做出购买决策的那个人,同时适当地考虑其他参与角色。

参照群体和意见领袖也是这样。前者是指个体在与群体接触中被尊崇或者对比的榜样。消费者非常看重某一群体的意见,甚至有意识地模仿这个群体中的某种行为。后者又叫作舆论领袖,"是指在信息传递和人际互动过程中少数具有影响力、活跃力,既非选举产生又无名号的人"①。参照群体和意见领袖表明,在群体生活中,每个消费者都在渴望群体的认同,所以他们的行为和购买决策往往带有明显的群体特征,并且对群体之中意见领袖的示范表示广泛尊重和普遍效仿。比如,迈克尔·乔丹是中学生最崇拜的篮球明星,受他所做广告的影响,"耐克"运动鞋在中学生中非常流行,甚至成为中学生最为追捧的穿着标志,于是不少中学生都渴望得到"耐克"运动鞋,甚至把拥有"耐克"运动鞋作为一种骄傲。营销和广告策划,要适当地迎合群体需要,规避某种群体的否定,同时合理地发挥意见领袖对消费者的引导作用。广告中经常采用的工作和生活模式、专家推荐和明星代言等表达方式,就是对群体行为理论的具体应用。

二、非人际因素对消费行为的影响

非人际因素影响在消费行为决策中属于外部因素,这种外部因素一般情况下都不以消费者意志为转移,且往往是营销和广告策划能够控制的。我们把这些因素主要归之为情境因素,包括时间、场所、环境等。如今随着移动互联网和电子商务的发展,我们发现人们的消费行为和消费习惯,又在很大程度上与网络化环境密切相关。

时间可以是一个相对确定周期中的比较宽泛的概念,如午餐时间、周末、夏季等。时间对消费者的行为具有很大影响,这是因为消费者在某一特定时间往往对某种需求特别强烈。中餐时间走进饭店,会发现就餐的人特别多;夏季炎热时候往往空调需求比较旺盛;周末或者是节假日,商场的销售额总是明显上升,这些都是因为时间对消费影响所导致的结果。时间影响反映到营销和广告策划上,就是要了解消费者的时间消费特点,把握有利时机。当然,消费者的需求特点在随着时间变化而变化的同时,也会因为对时间的敏感而呈现复杂状态。比如,有时候

---

① 邵培仁:《传播学导论》,杭州:浙江大学出版社 1997 年版,第 349 页。

一些时尚商品在特定时间往往价格不菲，于是消费者就会选择其他时间购买。所以有些反季节促销也很有效果，如冬装夏卖。

在消费者的购买过程中，有很多可能产生的随机影响因素，这些因素主要是购买情境，包括购买场所、环境等。发生在购买场所的问题很多，如果消费者已经决定购买某种产品，但是他们却不知道在哪里买，或者是无法在自己方便或自己偏爱的地方买到，这也会导致消费者犹豫不决。同样，当消费者一直认为某一品牌属于一种特别商品，但是有一天却发现这种品牌到处充斥，那么品牌在其心中的特殊感就会荡然无存。

还有很多消费者在购买过程中，会受到购买环境的影响。这种环境因素既有广义也有狭义，包括社会环境和物质环境。大的环境如经济低谷、股市大涨等，小的环境则是指购买决策中的具体环境，我们这里侧重讨论后者。就具体购物环境而言，涉及的主要是商品和商场关系（如产品品牌、商场信誉等）、销售空间关系（如商场位置、商品的陈列等）以及销售中的人际行为（如大多数顾客的购买倾向、售卖者的态度等）。有很多消费者非常注意购买环境，这些往往决定了其购买意向。比如，很多人去餐厅、休闲场所，有没有 WiFi 免费开放往往成为重要的关注点；有些小朋友喜欢吃肯德基，但是同样的食品，他们认为把外卖带回家吃的感觉远远不如在肯德基店里吃的感觉，这就是明显的环境影响。有时候，一个消费者原本打算购买一个既定的品牌，但是在商场突然发现另一个品牌包装更出色或者是货价陈列更铺张，这也许会导致他改变购买决定。

网络营销和电子商务的发展，在很大意义上延伸并强化了人们的消费习惯和消费行为。比如，在淘宝上购物打破了原来时间对购物的限制，过去那种一定要去商场才可以购物的习惯模式，被随时随地的移动互联所替代。在这种消费环境下，消费者具有比在传统购物环境中更多的自主权，其可以很简单地便实现对整个市场信息的把握和商品比价，也可以随时和上游的商品供应者交换信息。由于具有多元选择的消费者是最终的购买者，所以广告和营销策划本质上就是，把握消费者网络环境中的行为规律并维护这种选择关系。在某种程度上，我们所说的交互式市场，也就是这种与消费者充分对话的市场，这只有在充分信息平等的网络营销环境下，才能够得到技术性的保证。

在现实中，由于社会环境和物质环境是由一系列因素构成的，往往营销和广告策划中很难区分影响消费者感情、认知和行为的最重要因素，而且对其中大多数因素无法控制。虽然如此,但是营销和广告策划却可以对环境的某些方面施加影响。而事实上营销和广告策划中的每一个市场战略,几乎都会对各种环境有所影响或改变。比如,促销战略(如商场 POP、导购牌等)、产品战略(如附送包装、外观设计等)、价格战略(如展销价格、批发价格等)、分销战略(如商场出样的位置),都可以对消费者的情感、认知和行为产生影响。所以从某种意义上说,营销和策划人员也是环境的管理者。

第三节　个性消费时代的市场

所谓个性消费时代的市场,主要指的是在数字化信息化环境下的市场状况,它在本质上并没有超越既有消费市场的本质性规律,但是由于市场本身在信息和渠道上的变化,改变了原有市场角色尤其是消费终端的地位,一些固有的市场理论,比如市场细分概念,也许需要做一些相应的调整。因此广告和营销策划,在很大程度上更多的是如何适应个性化需求,并在这种适应性沟通中帮助建构品牌关系。

一、市场细分方法的应用

市场细分又叫作市场区隔(market segmentation),是相对于大众市场而言的一种市场划分概念,最初由美国市场学家温德尔·史密斯(Wendell R. Smith)在20世纪50年代提出,此后在营销及广告理论与实践中产生了巨大影响。

(一)市场细分概念及其作用

所谓市场细分,就是按照消费者欲望与需求把因规模过大导致企业难以服务的总体市场划分成若干具有共同特征的子市场,处于同一细分市场中的消费群被称为目标消费群,相对于大众市场而言,这些目标子市场的消费群就是分众了。市场细分理论基于一个最为普通的观点,即所有的消费者并不是同一的,一个公司在市场营销中或者为消费对象中的不同群体制订不同的营销计划,或者是只展开一种营销活动以专对某一确定群体。市场细分承认了在多元选择的市场背景下,消费者由于各种因素的区别,本身也呈现多样化,任何的以单一策略来对应所有不同的消费者的策划,都不是一种优秀的战略选择,而市场细分在本质上为迅速提高大型多元化的组织管理水平提供了实际的可能性。

市场细分的主要作用表现在几个方面:其一是确立目标市场;其二是发现市场机会。此外,对于企业集中营销资源和针对性提升市场管理能力都有很大作用。这里最为重要的就是在细分市场中发现市场机会。可以说在市场营销和广告策划中,市场分析的基本途径就是运用一系列数据,对消费者需求和购买行为进行研究,寻找相应的细分市场,从中发现有利的市场空间,也就是市场机会。我们把公司最终确定的,并准备进入的那个细分市场或者是细分市场组合,称之为目标市场。所以探讨目标市场也就是探讨如何寻找市场机会,这也是广告策划中策划在建立策略阶段所遵循的常规路径。可以说进入具体策划中的定位,在某种意义上也是对细分市场和目标市场的行为心理确认。

(二)市场细分的基本方法

既然细分市场是基于对消费群体的一种认识,所以通常将这些消费特征按照地理、人口统计、行为方式和消费心理进行分类。这种细分的目的具有双重性:首先是识别有可能做出反应的人;其次对这些人进行充分的描述,以便于更好地了解他们,针对他们进行营销组合。虽然人的社会属性具有无数的外延,任何一种属性都可能是一种细分标准,但是人的行为和行为方向的变化却取决于一些基本的规定,所以在对细分方法的具体运用中,要注意一些具有代表意义的细分标准。我们主要介绍以下几个方面。

1. 利益细分。利益细分是美国营销学家拉赛尔·哈里(Russell L. Haley)提出的一种细分方式。他认为,市场细分的方法是建立在人们在消费某种特定产品时所欲获得利益的基础上的,这才是市场细分得以存在的基本原理①。因此,这种方法意在估量消费者价值体系以及消费者对同一档产品的不同品牌感觉。

2. 心理细分。心理细分是依据消费者的社会阶层、生活方式或者个性特点,将消费者划分为不同的消费群体。一般来说,即便是在相同的人口统计背景下,消费者也可能因为生活方式和个性特点等方面的不同,表现出迥然相异的心理差异,这种心理差异也进而导致了消费模式的不同。比如,服装制造商为了满足不同生活方式的女性,设计了具有不同个性的服装,如“简朴型女装”“时髦型女装”“男性气质女装”等。

---

① 参见[美]J. 保罗·彼得、杰里·C. 奥尔森:《消费行为与营销战略》,大连:东北财经大学出版社 2000 年版,第 428 页。

在进行心理细分时，一般说来消费者首先被问及有关他们生活方式的各种问题，然后再根据他们回答的相似性进行分组。消费者被问及的生活方式的范围与他们的活动（如工作、爱好、休假等）、兴趣（如家庭、事业、社团等）和见解（如社会争端、政治、商业等）有关。除此之外，还有一些问题与具体产品相联系。心理细分研究经常包括数以百计的问题，以及提供有关消费者的数量惊人的信息。它的思想基础是“你对消费者知道和理解得越多，你就能更有效地和他们沟通”①。

当然，心理细分也有缺陷，最大的不足就是迄今为止在整个世界范围内，究竟有多少种心理细分方式尚没有人可以说得清楚。而心理学研究中，关于生活方式数量和性质的种类，其所得出的结果也不尽相同。因此心理细分在比较难以把握的同时，其有效性也常常受到质疑。不过，这并没有妨碍心理细分方法的应用，而且这种细分方式显然已经获得了很大的成功。

3. 地理细分。这是细分市场中最为简单的方法，即按照消费者的地理差别加以划分。地理细分要求把市场划分为不同的地理区域单位，如国家、省、市、县等。公司可以根据需要在某一个或几个限定的区域展开营销，也可以面向全部地区。当然，由于地理区域的不同，人们可能会有不同的需求和购买习惯，这就导致了不同的消费特性。比如，一种号称杭帮菜的餐饮模式，以制作讲究、价格低廉著称，在上海受到精明细致，比较讲究的上海人的欢迎，但是在北京就因为消费上的差异而不尽如人意。这就是细分市场在地理上的明显区别。

因此，营销者在分析地理资料时，虽然可以按照地区（国家、省市等）大小、特别位置以及广告配置等进行大致划分，但是必须注意，同样的产品即便是在同一个地区也会有差异，而这种差异有时候甚至并不小于不同地区之间的差异。比如，温州是一个经济比较发达的市场，白酒消费量比较大。但是就在这样一个市场上，也有一个很明显的差异，在酒店里人们常常喝一些中高档白酒，在大排档里人们更多的是喝简装白酒。至于同一地区城市和农村之间的差异，则更是判然有别。

4. 人口统计细分。人口统计细分指的是以人口统计标准作为变量来划分市场。人口统计特征主要指的是性别、年龄、教育、职业、收入、家庭人口、民族、宗教等可以量化的指标。人口统计细分是区分消费者群体最常用的方法，其中一个重

---

① ［美］J. 保罗·彼得、杰里·C. 奥尔森：《消费行为与营销战略》，大连：东北财经大学出版社2000年版，第430页。

要原因就是消费者的欲望、偏好和使用情况等常常与人口统计变量密切相关。而人口统计变量相对于其他各种类型的细分变量来说，更加确定也更加容易掌握。在通常情况下，对于目标市场的描述，即便是并非按照人口统计因素（如性格、行为等），但为了确切把握市场的大小和有效地达到市场，也必须要考虑人口统计因素。

人口统计细分中，由于各种细分变量较多，大多数公司在采用这种方法时，往往是采用两个或者两个以上的变量作为细分标准。比如，一个装修公司要对家装市场进行细分，它很可能从人口统计角度选取几个要素，如户主年龄、家庭人数以及收入水平等。通过这几个方面指标的衡量，确定自己服务的规模与标准。

二、差异化营销中的类同质化

无论是细分市场营销还是目标市场营销，实质上都代表了一种差异化的营销追求。而从过去到现在经典的营销和营销传播理论，几乎都在关注为什么要差异化和如何差异化这个问题，USP 是这样，细分市场是这样，品牌理论是这样，定位思想是这样，整合营销传播理论也有这种倾向。迈克尔·波特甚至认为，创造竞争优势的途径无非是两条：总成本领先和差异化。事实上当传统的无差异式的大众营销时代过去之后，从市场本身发展以及满足消费者需求来说，这种差异化的追求既是公司满足消费需求的趋势，也是品牌赢得独特竞争优势的路径。所以当我们对差异化提出怀疑时，似乎和流行的看法格格不入。然而反思我们在寻求差异化过程中的方法和路径，有时候连自己也不得不感到沮丧，因为在追求差异化营销的过程中，有太多的品牌或者产品，采用的几乎是毫无差异化的方法，也是所谓的"差异化营销传播中的类同质化现象"①。这无疑体现了必然性趋向。但是在市场营销以及广告策划的实践中，不能回避的问题是，我们在追求所谓差异化的同时，往往又坠入了某种新的类同质化，我们将其称之为"差异化营销的陷阱"②。

差异化营销本身可能成为一种新的营销陷阱，这与当今市场营销中的模式化追求大有干系。因为按照模式化的操作方法，虽然每个公司甚至产品，尤其是那些试图创建自己个性的品牌，都在试图构建差异化特性，但是这些产品和品牌在

---

① 吴超超：《差异化营销传播的类同质化现象研究》，杭州：浙江大学传播学硕士论文，2008 年。

② 卫军英：《营销的律动：卫军英谈营销传播》，北京：首都经济贸易大学出版社 2014 年版，第 17 页。

寻找差异化过程中的路径却几乎如出一辙。简单地讲一下这个逻辑可能更容易理解:首先是大家所信奉的差异化理论本身毫无差异,你得在细分市场中寻找目标市场,你得根据细分市场和消费者情况进行定位,然后按照这个定位方式再进行有针对性的营销传播。而随后新的陷阱就可能在这个时候产生,因为从一开始在细分市场的时候,你所运用的细分方法就可能和你的对手完全一样,最常见的以人口统计为基础的细分模式,大家都按照这个思路进行,得出的结果大概是没有多少差异的。你分析了市场,分析了消费者,甚至分析了竞争对手,最后你的结论却和你的对手没有多少不同,于是你就很有可能在追求差异化的时候,又陷入了另一个新的类同质化泥潭。举个例子来看,同样是著名的运动品牌,在"耐克"(NIKE)和"阿迪达斯"(ADIDAS)之间,除了品牌名称的差异之外,谁能说得出它们到底有多少不同?宝洁的洗衣粉"汰渍"和联合利华的"奥妙"又有多少差异?还有佳洁士牙膏和高露洁牙膏……即便是这些以品牌形象鲜明著称的产品,也很少有消费者能说出它们的差异化特征。即便如此,它们照样可以实现自己的营销价值。这就提出了进一步思考的问题:第一,差异化营销虽然意图是实现差异化,但却未必就能够创造出差异化品牌认同;第二,执着于差异化追求甚至过于迷信,很可能会落入差异化偏执的陷阱。

当然,这并不是否定差异化理论,应该说到目前为止,差异化仍旧是市场营销和营销传播中最为有效的方法和路径,而问题的核心就是在于营销策划中如何去运作。市场营销和营销传播是一项富有创造性的工作,它的创新很大意义上来自于天才的灵感和经验的积累,而我们现在的操作中模式化的东西太多,就是那么一些理论,在管理学院和MBA课程上颠来倒去,受到熏陶的那些营销精英们大都在用同样的方式在做同样的工作,这样一来你想不落入新的陷阱都不可能。这些都提醒我们要关注一个问题:市场营销的终极对象是人,而人不是简单的数据,而是可感的丰富的变化。维克多·雨果说:"世界上最广阔的是海洋,比海洋更广阔的是天空,比天空更广阔的是人的心灵。"营销最重要的是如何把握人性,有时候即便是表面上很同质化的两个品牌,虽然并没有多少差异化,但是人们对其仍旧会有不同的选择。这是因为他们除了对自我利益的认同外,自身也给予对象某种差异化,这也许是同质化产品在品牌感知上的某种差异化吧。

简单地说,差异化是符合个性化消费需求的,但是因为我们创造差异化的路径过于类同,一不小心就会落入陷阱。因此营销和营销传播中,最重要的不是关注方法和模式，而是关注终端所在的“人”。这就涉及在市场碎片化的个性消费市场中，如何把握消费者的行为特征和消费特点。

三、消费者的个性化追求

在对差异化营销中的类同质化反思中，也许我们不得不承认，包括细分市场理论在内的各种差异化追求，表面上看似乎都是在区隔市场，实际上其营销指向仍旧是某种无差异市场群体。究其原因一个很重要的因素就是，所有这些市场分析方法本质上还没有完全摆脱对以往市场角色的转换，也就是说在营销主导力量下移的过程中，这些方法无非都是如何从自身出发的适应性调整，本身还没有从生产商和中间商的角色行为上转换到消费者主导的角色行为上。在市场日渐成熟的同时，信息技术的发展无疑为个性化消费提供了极大的便利。比如，在电子商务的发展过程中，由 B2B 到 B2C、C2C、C2B2C 的延伸，都是一种明确的昭示。显然从市场发展趋势来看，更应该关注的是现代消费市场的个性化发展，并寻求适合这种市场需要的营销传播方式。

（一）个性化消费兴起的原因

个性化消费兴起的基础和前提是市场呈现出充分的多元化和一体化状态，在长期的经济发展和消费推动下，市场供应已经处在完全饱和状态，而消费者的一般性消费需求也早已得到满足。与此同时社会的发展也加剧了人的疏离感和孤独感，促使人通过不同形态进一步强化自我的存在，因此作为个体对象的消费者也自然发展出更多的个性化消费需要，并以此满足自己的心理归依和社会交流。

（二）个性化消费的基本特征

所谓个性化消费，实质上是指消费者需求打破了群体性市场特征，呈现出对产品或者品牌的某种个性价值追求，这种个性化的价值既包括功能特征也具有符号象征。当务之急并非简单地定义这种现象，而是努力寻找这种个性化消费所呈现出的一些基本特点。毫无疑问，个性化消费与整个社会经济环境密切相关，但它更多是诉诸消费者个体的精神和心理需要，因此在其发展中至少会使得一些营销趋势更加突出：诸如消费者对个性化特点、个人品味的关注，消费观念日趋绿色环保和对生态性消费的青睐，营销中对品牌化和泛品牌化的追求，整个营销过程和营销环境的非居间化倾向，消费者参与及其共创式的娱乐性体验等。

（三）个性化消费的对应方式

虽然个性化消费表面上比之于过去的营销更加复杂，但事实上营销的本质并没有变化，它只不过更加倾向于满足消费者需求这一根本落脚点。显然要满足这种个性化消费需求，必须依赖数字化和新媒体技术下的市场方法。当传统的目标市场营销渐渐越来越感觉力不从心的时候，也许对应于个性化消费者市场更加有效的方式是，通过数字化技术和新媒体技术的运用，在营销中实现不同消费角色的对话和交流；同时借助于日益发展的智能技术，通过现代物流的细密辐射，完整形成满足个性化需求的营销空间。

在这个过程中我们会惊奇地发现，古老的定制方式将在扩展中不断焕发生机，而消费过程中的感性化及其对体验营销的倚重更加诉诸消费者的精神世界，而产品以及消费过程包含的娱乐化和趣味化追求，则大大延伸了消费者对商品的功能认知等。当此之际，所谓大数据观念、长尾理论等都将助推个性消费不断走向完善。比如，在以往营销中我们已经在追捧的新型数据库营销方式，当从一般数据库的运用过渡到大数据运用时，其更大的营销意义似乎就不仅仅是在做简单的细分性区隔，而应该是寻找某种对应性的满足。就好像我们虽然将消费行为与消费习惯加以个性化区别，但总是试图把这种习惯性消费给简单归类，这种归类性思维从某种意义上讲都是旧的营销观念的残余，它的出发点都是基于产品或品牌本身的营销传播需要，而不是首先从消费者的欲望和需求返回品牌。所以有人迷惑于大数据的庞杂，实际上大数据对于个性化消费更是一种福音。哲学家休谟说：“习惯是伟大的人生指南。”人的行为基本上都是在习惯指导下进行的，所以过去的习惯和未来的前景并不矛盾，关键是怎么运用这些数据，以及它在多大程度上可以表现出相关性。

第四章

媒体裂变与新媒体的介入

本章重点及学习要求

1. 媒体的概念及基本形态
2. 传统广告媒介的三大分类
3. 新媒体以及广告的互动性
4. 新媒体对传统广告观念的考验
5. 广告策划中的三重新的认知

第一节　媒体概念与媒体形态

营销传播本身是一种信息沟通，尤其是在今天“营销即传播，传播即营销”时代，没有良好的传播也就不可能实现相应的营销价值。而欲传播则无法回避媒体，迄今为止，任何形态的传播都没有摆脱媒体这一中介，即便是口口相传的人际传播。当然媒体本身是一种物质或技术形态，因此物质技术的延展必然也会导致媒体形态的发展。

一、媒体概念与广告媒介

媒体是信息传播的介质，所以也称作媒介。广告媒介是广告实现沟通的桥梁，在广告价值实现中媒介充当信息传达的角色，广告是广告主向目标受众传达信息并影响其行为的一种方式，这种广告行为只有通过媒介才可能走向大众，所以我们把一切负载广告信息并能够达成与其受众沟通的物质载体，统称为广告媒介。

媒介本身并不是一个新的概念。按照传播学家的研究，“媒介”一词早在唐朝就已出现，《旧唐书·张行成传》谓：“观古今用人，必因媒介。”在这里“媒介”是指使双方发生关系的人或者事物。在英语中“媒介”(media)一词大约出现于19世纪中期，值得注意的是“媒介”一词从一开始就与广告密切联系，当时伦敦街头佩戴标志或者散发传单的儿童被称之为“广告媒介”。1909年出版的《韦伯斯特词典》对“媒介”一词的解释是：“工具，例如广告媒介。”早在第一次世界大战期间，英国的一些广告机构就已经设立了“媒介部”，以挑选、比较各种媒介，将广告信息传播给其顾客。“媒介”一词在翻译和使用中也常常与“媒体”通用。从概念上来说，所谓媒介，就是指介于传播者与受传者之间的用以负载、传递、延伸特定符号和信息的物质实体，它包括书籍、报纸、杂志、广播、电视、电影、网络等及其生产、传播机构①。

而所谓广告媒介，就是传播广告主讯息的媒体介质，是“连接生产产品或提供服务的企业与打算购买物品的潜在顾客之间的重要桥梁”②。按照这种理解，广

① 邵培仁：《媒介管理学》，北京：高等教育出版社2005年版，第13－15页。
② [美]威廉·阿伦斯：《当代广告学》，北京：华夏出版社2001年版，第111页。

告媒介的类型几乎可以是无限外延的，不仅仅有我们常说的电视、报纸、广播和杂志等这些大众媒介，而且还有各种类型的广告传播中介，诸如路牌、直邮、展板、招贴、横幅等；随着新技术的发展，新的媒介也在不断涌现，诸如互联网、手机、光盘等；与此同时，各种可以传递广告信息的媒介形式也在不断开发，如充气模型、楼宇电视、手机短信，甚至是航天火箭等。可以说，媒介的发展和广告媒介的不断开发过程，也是现代广告的发展演变过程。

二、媒体多元化的基本形态

正如我们所理解的，媒体本身是一种传播介质，这在更大意义上表明这种物质形态的传播介质具有很强的技术属性，因此在物质和技术的延伸过程中，媒介也在不断地延展。这种延展有两层意思，一种是同一技术阶段上不同媒介种类的增加，另一种则是不同技术周期中不同媒介的替代。正是这种变化和发展，才使得媒介形态千姿百态，而广告所表现的形式也多种多样。正如李奥·贝纳广告公司所做的一个调查那样，在今天的公众眼里广告形式超过了100多种，几乎所有的促销形式都被公众看作是广告①。

因此我们如果还使用传统的大众媒介划分方式，将媒介简单地划分为印刷媒介、电子媒介、户外媒介等形态，显然已经很难概括今天的媒介现实。所以我们尝试从媒介的演变和共存形态中，对媒介形态做一个大致区分，可以概括为三个大的类型：一是以报纸电视为代表的传统大众传播媒介，这是我们以往最为关注的媒介形态；二是针对不同区隔对象的分众媒介，其中包括传统的户外媒介和一些新兴的环境媒介。诸如大型显示屏、公交车体、楼宇电视等；三是体现信息交互的数字化和网络媒介，诸如交互性网络社区、移动互联网等。这三种不同的媒体划分，大致可以概括我们现有的广告媒介形态。值得注意的是，在这三种媒介形态的划分中，虽然包含了一定的共时性存在空间，但总体上来看却体现了媒介以及市场的演进节奏，也就是说其所针对的对象不断地在集中，由无差异的传播指向而趋于越来越明晰的传播对象；由单向度的信息传递转为更加平等的交互式的双向沟通。

当我们从信息交互视角看传播时，会产生出一种对传统意义上媒介概念的扬弃式否定，这就是接触。在营销传播中，实现品牌与顾客以及相关利益者接触的

---

① ［美］Larry Percy：《整合行销传播策略》，台湾：远流出版事业股份有限公司2004年版，第13页。

渠道通常是媒体。媒体就像是一个从发送者到接收者之间传送信息的桥梁，为品牌和它的所有利益相关者之间进行接触提供了可能。一般地说，媒体是指"一种能使传播活动发生的中介性公共机构。具体点说，媒介就是拓展传播渠道，扩大传播范围或提高传播速度的一项科技发展"①。但是，随着品牌和相关利益者之间关系的日趋复杂，侧重于物质和技术形态的传统媒介认知观念，越来越多地限制了我们的思考，于是我们在营销传播中开始从对媒介物质形态的重视，转向对信息传播中彼此之间达成经验与感知的现象本身，这就是我们采用接触这种新视觉的原因所在。所谓接触就是品牌与相关利益群体趋向某个具体接触点上的行为和体验过程，在接触中重要的不是媒介形态本身，而是信息行为的各方在生成传播界面的过程中发生了一定程度的信息共享。

第二节　从传统媒体到新媒体

我们今天所讲的传统媒介与新媒介，实际上只是一种相对的概念。任何一种传统媒介，在它诞生和应用之初也都是新的媒介形态。比如，在印刷媒介的长期发展过程中，传单、招贴、报纸等都曾是新的媒介形态；而诸如广播、电视这样的电波媒介相对于各种印刷媒介和户外媒介，也曾经是一种新的媒介形态，但在数字化网络时代，这些曾经的新媒介又渐渐成为传统媒介。

一、传统媒介及其广告形态

（一）印刷媒介及其广告

印刷媒体广告是最为传统的广告形式，它包括了报纸、杂志、期刊、黄页号簿以及其他纸质形式的各种媒体广告。这是迄今为止生命力最强和影响力最为久远的一种媒体形态，它在长期发展中，形成了自己的鲜明特色。比如，利于收藏和反复阅读的持久性、可以根据主题进行分类、具有方便可携带性、广告效果以及发行量便于掌握等。即便到了今天，随着电子媒介的冲击，尤其是互联网的发展带来的影响，传统的以报纸作为主要形态的印刷媒介渐渐失去固有的受众，但是印

① [美]约翰·费斯克，等：《关键概念——传播与文化研究词典》，北京：新华出版社2004年版，第161页。

刷品作为一种广告形态依然显示出其顽强的生命力。

一个明显的标志是，作为大众传播形态的报纸虽然不可回避地日渐衰落，报业广告份额也在不断下降，但是其他的印刷媒介却未必受到连带影响，诸如杂志和投递广告、印刷样本、目录广告等。这说明在新的媒体环境下，传统印刷广告要想保持生命力，就必须通过创意实现自己的创新，而创新的核心在于围绕消费者的接受和认知习惯，同时努力融合于新的媒介形态之中。

（二）电波媒介及其广告

电波媒介主要是指广播和电视媒介。广播的最大特点是受众面广、受众总量比较大，而且相较于报纸和电视，广播几乎不受任何时空的限制，受众几乎不需多少代价就可以随时随地收听广播信息。除此之外，广播广告的相对成本要远远低于报纸和电视。广播在当今社会明显不足之处是，它只有声音效果，从受众注意力来讲，比报纸和电视要低许多，加之广播广告展露时间较短，不像报纸那样可以反复阅读和保存，因此在广告效果上稍有不足。但不论怎么说，如果考虑到广播低廉的收费价格和几乎不受时空制约，也许从广告投入产出成本上讲，广播广告媒介并不逊于其他媒介。

电视与广播同样属于大众电子传播媒体，与广播不同的是，电视除了输出声音外，还利用电子技术输出图像。电视因其通俗化、大众化、普及化及可感性强的特点，比之于报纸这一传统的广告媒介形式，具有更大的传播影响力。而且电视相较于广播属于视听两用媒体，电视传播的信息是声音和画面的结合，可以同时传播文字、声音、图像、色彩。与其他媒体相比，电视的现场感更强，形象更真实，在展示产品时也更具说服力和感染力。但是必须看到的是，这种取代报纸而占据第一广告媒体的媒介形态，近年来在网络的冲击下也成为一种日渐萎缩的传统媒体。究其原因是，比之于网络而言，电视在互动性、方便性、丰富性等方面，都有自己不可回避的局限。所以认识这种广告媒介兴衰变化的内在动因，除了观察其技术性的因素之外，更重要的还是要看这种媒体的传播对象，在多大程度上认同这种传播形态。世界正在进入一个由 80 后、90 后主导的时代，而这一代人无论从接受方式还是接受习惯上，都更加倾向于新的技术形态，在此背景下我们还奢望电视占据家庭空间的中心位置，无疑是不切实际的。

（三）户外及分众媒体广告

户外及分众媒体是针对报纸、电视等大众传媒时代的主流媒体而言的。以往它是传统大众传媒的一种补充,但是在大众传媒日渐式微之际,户外及分众媒体由于对受众的细分和明显的传播效果,却呈现出自身特有的魅力。而且由于这类媒体投放价格远远低于大众传媒,因此越来越受到营销者的关注。这类媒介主要包括:户外广告媒体、交通广告媒体、售点广告媒体、直邮广告媒体、赠品广告媒体、黄页广告媒体等。

户外广告媒体主要指在露天或公共场合传播广告信息的物质载体或工具。常见的户外广告媒体有路牌、灯箱、霓虹灯、店面招牌、电子翻板、户外液晶显示器、报亭、橱窗等。相对于其他形式的广告,户外广告的突出特点表现为广告的高到达率与重复率,并且它所传播的广告内容一般都主旨鲜明、形象突出、主题集中,能够不受时间限制地对行人产生持续作用和反复的诉求。如果将现代电子技术应用于户外传统广告媒体,还可以推陈出新,设计出更具冲击力和吸引力的广告,起到意想不到的传播效果。

交通广告是一种以流动性的受众为传播对象的媒介形式,它一般利用公交车、地铁、飞机和轮船等交通工具及周围场所发布广告,如火车或公交车车内的广告牌,公交车车体两侧或后端的喷绘广告,火车票或汽车票背后印刷的小广告等。由于交通广告具有很强的流动性,所以它在传播方式上最为积极主动,也更容易吸引受众的注意。如公交车体广告,庞大的广告面积和绚丽多彩的画面不仅能让受众接触到全新的广告信息,还能感受到视觉上的愉悦。公交车的高流动性和长时间的暴露,使得它轻轻松松地覆盖了城市的绝大多数地段。

售点广告即 POP 广告,英文全称为“Point of Purchase”,泛指利用销售现场的相关设施所做的广告,如招贴画、小旗帜、货架陈列、悬挂海报、室外霓虹灯、横幅、灯箱等。从命中率来看,售点广告要远远高于其他媒体广告。由于消费者从大众传媒上看到广告到实际购买的过程中会受到很多因素的干扰,所以 POP 广告关注的就是这种“临门一脚”的效果,从另一层面上来说也是为了防止前期的巨额广告投入付之东流。

直邮广告(Direct Mail, DM),具有针对性强,能比较准确地选择传播对象的特点。随着数据库的广泛使用,广告主可以对消费者的资料进行分门别类处理,根据其不同的消费特征提供有针对性的信息,DM 广告则是这些信息传递的有效渠道。此外,DM 广告也能为消费者提供更加详细的商品信息和服务信息,让消费者购买时更具主动性。

黄页和目录广告实际上是一本按照一定顺序编排的电话号码或者商号地址广告,经常出现在酒店以及一些旅游场所。黄页实际上是一种商业性很强的媒体,具有查询地址号码和广而告之的双重功能,它能方便地把买卖双方介绍到一起。虽然我国的黄页和目录广告发展并不充分,但黄页独有的商业价值应该为广大企业所认同,企业在投放广告时应根据黄页的特点设计广告——在有限的空间里提供详细适度的广告信息,刺激消费者的欲求。

二、新媒体及其互动广告

我们现在所讲的新媒体,主要是指相对于报纸、电视、广播等为代表的大众传媒以及生命力持久的各种印刷和户外媒体等,新兴的以网络为主体的数字化信息媒体平台。伴随着技术手段的发展,由于市场变化和技术手段的提升,许多在传统媒介中没有被运用的广告形式被开发出来,并在广告传播中得以广泛运用,这种区别于传统媒体的广告就是我们所说的新媒体广告。新媒体广告意味着广告传播在媒体构成的基本要素上发生了变化,这种变化的基础是技术手段的创新。

传统媒体广告的一个最大共性,就在于它们基本上都采用一种单向的广告信息传输方式,受众的接收成为一种被动式的强迫,这就大大地降低了广告的影响效果。与之相对的是,新的广告媒体正在改变这种现实,其把与受众的互动交流引入到广告信息传播之中,这就是我们所说的互动媒体广告。互动媒体广告作为新型广告形式,其区别于传统媒体广告的最大特点是,改变了传统媒体广告中受众只是作为被动接收者的单向传输状态,把广告信息传播变成一种相互之间的信息对流。精确区分互动广告似乎并不像定义互动这个概念那样容易,这是因为很难截然把哪些媒体划入互动范畴。因此我们赞成把互动广告定义为:

> 一切让使用者(而不再是传统被动沟通模型中的接收者)能够控制自己从商业信息中获取信息数量或速度的媒体。……使用者与商业信息处于一种默读层次上的对话状态……在所有情况下,使用者和信息源都是在互相交换信息——这是一种交流而不是简单的传输和接收。①

按照这种理解,典型的互动媒体广告包括,如虚拟现实、数字电视、网络、移动

① [美]特伦斯·A. 辛普:《整合营销沟通》,北京:中信出版社2003年版,第385页。

互联以及交互式免费电话等。这些交互式广告媒体有些是新兴的，也有些是传统媒体形式的改进。其中绝大部分都是基于计算机和网络技术而建立的，而移动互联和免费电话则是对电话营销的进一步完善。

虚拟现实在一些游戏场所经常看到，其最大特点是顾客通过触摸可以与动画物体互动，从而具有与现实中一样的感受。一些展示式的虚拟现实目前已经得到大量的运用。比如，房产商在楼盘完成之前，运用模拟方式展示不同户型的三维构造。数字电视是传统频道电视和有线电视在网络技术基础上的进一步发展，它构建了一个可以形成交流互动的传播平台。电视作为大众传媒曾经在一个时期处于相对的媒介垄断地位，电视广告也对受众形成了无法回避的信息渗透，但是由于电视广告本身的单向性质，遥控器给予受众相对的主动权，使得受众有可能在电视广告过程中主动进行接收选择。数字电视的发展，不仅大大拓宽了电视的包容空间，而且最大的诱惑在于它就像是一个大卖场那样，所有的电视频道最终都将成为这个大卖场中一件被消费者挑剔的商品，传统的电视台和电视频道只不过是一个节目提供商而已。对广告的直接影响就是，受众可以像选择节目那样去选择自己需要的商业信息，而且还可以通过数字平台反馈自己或者订制商业信息。免费电话作为一种传统营销形式，我们在数据库营销中还将继续涉及。而移动电话的普及无疑是一个全新的广告媒体形式，它的突出特点就是在互动性的同时实现了广告信息的准确送达，在某种意义上移动电话代表了一种新的媒体形式的崛起。

互联网在借助于计算机的互动媒体中，可以说最具代表意义。它把全世界的电脑连接成一个巨大的网络，信息可以通过这个网络进行电子传递，并且具有极大的互动性。而现行互联网上的所谓广告横幅、弹出广告以及赞助广告，只不过是传统广告形式在网络媒体上的一个翻版而已，远远不能代表网络广告的特征和发展趋势。互联网广告作为一种极具潜力的广告形式，目前正处在方兴未艾之时，其所特有的创意特征和传播方式尚未得到充分挖掘。网络媒体的最大特点是信息存储量大和互动性强，商业广告正是基于这种特点在互联网上发展自己的空间，这种发展不仅仅是简单的移植传统广告，而是从内容到形式都形成自己的突破。比如，网上商城、网络交易市场、电子邮件、聊天室等，都成为新型网络广告的传播空间。几乎可以肯定地说，随着互联网和个人计算机的日渐普及，网络在不断延伸。似乎已经有征兆显示，伴随着智能手机的发展，移动互联正在成为今天最有影响力的媒体形态。在这样的背景下，也许媒体发展的趋势将不仅仅是所谓电话、电视和互联网简单的三网合一，而是一个全新的媒介生态环境的形成。

媒体形式的延伸与广告形式的发展是相互并行的，不同的媒体特性决定了不同广告形式与受众接触的特点，也决定了这种接触的效果和成本。因此如何选择广告媒体形式，就成为实现广告价值的一项重要任务。

第三节　新媒体变革广告观念

媒体形态的变化必然带来传播形态的变化，正是由于新媒体的出现，使得我们不得不重新审视以往的广告观念。也许这种变革是一次深刻触及广告本质的脱胎换骨，它包括了对我们传统广告思维中策划创意理论的反思，对媒体传播方式与传播效果的反思，以及对广告与受众关系的反思等。

一、广告传播中的媒体边际效应

广告费用越来越大，但是广告效果却越来越小。大多数企业仍旧认为广告是一项投资，而这种投资主要用于媒介购买。因此，控制广告成本，很大意义上就要从媒介战略着眼。作为整体广告战略的一个组成部分，媒体战略所关注的问题是，为实现信息传达目标，对基本媒体形式进行评价和运用，并据以创作有针对性的信息模式和限定有效的媒体投入，究其根本就是要真正取得媒体投入效益。

在广告运作中，主要的费用就是媒体支出，可以说广告媒体选择直接影响广告费用。因此分析广告的边际效应除了衡量广告创意效果之外，还必须对广告传播中所运用的媒体形式加以衡量，况且媒体形式从某种意义上也决定了创意形式。广告的预算决策理论是建立在经济学边际分析理论基础之上的。在微观经济学理论中，边际效益意味着公司的每一次投入都应该获得与之相应的增加值，当一项投资所获取的市场回报或价值增长减缓或低于投资额时，这就是边际效益递减现象。广告作为一项投资如果其边际效益大于广告投入，那么公司就应该考虑相应地增加广告费用，以保证边际收益的增长。当竞争加剧或者其他原因使公司广告投入的作用在不断减少时，广告投入就应该相应的减少。简言之，广告在媒体选择中必须保证费用投入的有效性。

对于媒体边际效应的分析关乎两个方面:其一是媒体在广告信息传播中受众的接受状况和影响程度,其二是不同媒体所特有的接触特点和接触效果。从媒体边际效益角度分析广告信息对受众的影响,会涉及一些量化的因素,因此必须了解有关媒体传播的相关概念,并运用这些概念和公式对媒体边际效果进行评价。在传统媒体广告评价中,曾经出现了一系列评价标准。比如,用到达或到达率计算在一个特定时间里广告信息达到目标消费者的比例或者总数;用目标覆盖率计算媒体所覆盖的对象中有多少人属于广告的目标消费者;用毛评点即总的视听率测量某一广告媒体在特定时间所送达的视听率的总数;用千人成本计算在某一媒体发布广告送达1 000个对象(个人或家庭)所需的成本费用,等等。但是这些分析方法在新的媒体环境下,渐渐失去了有效测量的价值。

我们可以做一个新媒体状态下的案例比较。比如,有一个微信公众账号,它的订阅者为10 000人,每次信息显示送达对象也是10 000人,而实际情况是信息虽然确切无疑地送达各个终端,但是真正阅读信息的人数却不到20%。在这种情况下,那种简单的目标覆盖、毛评点、千人成本等量化测评方法,基本丧失了其存在的意义。更重要的是从媒体购买成本角度考量,很多具有影响力的媒体,在信息传播过程中迥异于传统媒体,其传播效果与成本并不一定表现为正相关状态。这一点可以从微博、网络社区、微信等网络口碑传播和病毒传播中得到充分证实,大多数情况下,这些网络事件的传播往往是一种无成本传播。对这种传播边际效益和传播成本的考量,自然引导我们进一步地反思,即我们传统的广告策划创意理论,应该如何适应新媒体传播环境。

二、对传统广告策划创意理论的反思

我们在第一章和第二章中对传统广告策划创意理论进行过介绍,它所涉及的范围比较广,我们只能就其一些核心问题做一些反思。

传统广告策划创意理论建立的基点是大众传播,影响尤其深广的是围绕报纸媒介和电视媒介所形成的策划创意理论。它强调了广告对目标群体的诉求,即对应性说服。因此在策划创意过程中,往往采用USP(独特的销售说辞)、ROI等方法。这些经典的广告策划创意方法,今天虽然仍旧有一定效果,但毫无疑问已无法适应新的媒体形态,也不能满足实现广告策划效果的需要。比如，微博是一种不断更新的互动媒体，它虽然也有影像等附随，但其核心却是140个字的文字表达。微博形态下的广告，如果还是运用传统的方式则很可能因为其本身的“广告”属性而立刻被受众所抛弃，因此在微博上进行广告和品牌传播，就必须从这种媒体形式和受众特点出发，策划设计相应的滚动话题，在吸引受众关注的同时，赢得持续性传播。这样一来那种片面注意标题、文案、插图、版式、音响、影像等表现元素的创意形态，显然必须让位于话题的设计、文字的表达、互动的穿插等沟通性传播形态。创意创新的本质要求虽然没有变化，但是对创意方法则有新的主张。

三、广告策划观念变革的方向

广告效果与广告策划创意理论的反思，直接引导我们对广告观念变革的思考。这种思考除了前面的不完全列举之外，最重要的是要重新审视广告与传播对象的关系，通过这种审视进一步认识广告策划观念的变革方向。对此我们可以从三个方面加以认识。

（一）重新认识广告的媒体形态

显然必须清醒地认识到，传统的大众传媒正面临着日渐衰落的现实，无论是报纸还是电视，其长期以来的媒体霸权地位已经不复存在。在新的传播空间中，传统媒体的影响力也日趋边缘化，尤其是对更为年轻一代的受众和消费者，几乎丧失了所有直接的传播影响力。在这种情况下，虽然建构于报纸电视等媒体的广告形式依然存在，但都无可回避地越来越没有价值，新的媒体形态必然要求与之相适应的广告形态。

（二）重新认识广告的创意形式

创意形式无法脱离传播方式，所以新的广告形态自然也必须结合新的媒体技术。而新媒体形态的最大特点，就是网络化、数字化、终端化、多元化、互动性、体验性等，所以在广告策划创意中，必须结合具体传播形态，创意设计恰如其分的传播广告内容。比如，在网络社区中进行品牌宣传，就要尽量避免直接广告诉求，而要善于进行话题引导，以此激发网络受众的品牌感知。

（三）重新认识广告与受众的关系

在传统广告思维中，广告的目标受众被看作是诉求对象，所有的策划创意都在于说服或引导受众行为朝着广告预期的方向发展，因此不论广告策划创意如何表现，本质上都是广告主对受众的某种信息强迫。新媒体环境下，信息资源和接触点的多元化，改变了过去那种被动的受众局面，在广告传播中双方都是平等的信息终端，任何广告无非都是品牌与受众的一次接触，如果期待消费者接受就必须首先考虑消费者的利益所在。

案例选编

案例4-1：媒体裂变时期的“破格行动”

2014年12月29日，苏宁联手国内其他6大主流空调品牌美的、志高、海尔、海信、奥克斯、长虹，发起声势浩大的“破格行动”，把矛头直指格力，为2015年空调江湖奠定格局。这种“6+1”围剿一个品牌的情况，在中国空调史上十分罕见。

董明珠以“棋行天下”而闻名，但她走的却是一条非同寻常的路：四处出击。被董明珠炮轰的，不仅有格力的竞争对手，还有原本八竿子都打不着的雷军，甚至还有作为格力空调“上帝”的消费者——董明珠称全球70亿人，不买格力产品的都是“脑子有病”。这种“董氏做派”，对于抢占媒体头条，增强曝光率，提升知名度，确实大有裨益，但硬币的另一面则是容易让企业陷入“十面埋伏”，被群起而攻之，以至疲于应付。

一、“破格行动”

以前掐架都是在两个竞争对手之间展开。在苏宁还没有跳出来之前，对格力发动的战争，大家都还只想袖手旁观。美的称“大姐，你玩你的，我做我的，咱们相见不如怀念”；海尔称“阿姨，不约，我们不约”；志高称“女侠，你继续演”。但苏宁的介入，让其他6大品牌空前团结。

6大品牌的战书十分“高大上”，体现了集体的智慧和力量，每个品牌攻击一个格力的要害。这份战书，创造了耐人寻味的“你行我行体”，与董明珠之前点评竞品针锋相对。美的的是“做梦一统天下，你行！省电一晚一度，我行！”；志高的是“大姐站台，你行！大哥代言，我行！”；海尔的是“侵权盗版，你行！自主专利，我行！”；海信的是“变脸比火气，你行！变频拼冷静，我行！”；奥克斯的是“要高价产品玩假摔，你行！高质省钱真功夫，我行！”；长虹的是“十亿任性赌局，你行！十分军工品质，我行！”

让各大品牌抛弃之前成见，采取集体行动的，无疑是董明珠的“清场论”。董明珠在格力内部的最近一次讲话中，对国内各主流空调厂商逐一做了点评，炮轰美的空调“一晚一度电是虚假宣传”，称海尔伪造国家政府机关媒体，海信科龙已垮，志高没有出息，并表示要以价格战“清场”，要“通过清场真正把那些烂品牌、假冒伪劣、偷工减料的品牌全部消灭掉”。

格力和苏宁，一个是生产制造商，一个是渠道销售商，应该只有共同利益，应是荣

案例选编

辱与共，利益攸关的关系。出现这种你死我活的竞争格局，出乎大家意料。其实深究起来，双方战争并不意外。格力是自建销售渠道，有着全国最大的空调销售网络。并且格力与苏宁合作极为不愉快，格力产品甚至退出了苏宁渠道，并且与苏宁死敌国美在2014年3月签订了80亿元的年度销售协议。

这次格力“清场”运动，苏宁靠边站，捞不到一毛钱好处。如此一来，苏宁牵头来应对格力清场运动，全在情理之中。或许也只有苏宁发动“破格行动”，才能打破格力董明珠“清场”美梦，让苏宁和国内其他主流品牌突破“格力”的价格战围剿。

二、美的与小米：新旧“敌人”

空调领域曾经是格力一家独大，美的只是一个追随者。但现在，两者势均力敌。这个过程，美的用的时间很短。所以，董明珠的炮落在美的身上的格外多。

最近董明珠炮轰美的“一晚一度电是虚假宣传”就是力证。

美的是董明珠格外关注的企业。小米和美的合作，这本来不关格力什么事，但董明珠都不忘攻击道：“两个骗子在一起，是小偷集团。”这让雷军跟着倒霉，跟着郁闷。

小米不是空调生产制造商，本来与格力没有直接竞争关系。小米的主打产品是智能手机，第二个主要产品是电视机。但或许在董明珠看来，你帮我的敌人，你就是我的敌人。美的产品覆盖几乎所有白电、小家电、厨房电器产品。而小米的电视机业务正是美的唯独缺少的。双方合作，让业界期待。特别是美的有传统优势，而小米有互联网思维。双方合作，有利于线上线下整合。这种双方牵手后的可怕前景，正是让董明珠坐卧不安的地方。

当然，董明珠与雷军之间，也有宿怨。2013年年底，在中央电视台“中国经济年度人物”颁奖典礼上，董明珠与雷军有场十亿元“赌约”。节目中，董明珠和雷军在谈到小米营销模式时发生分歧，雷军认为小米模式五年内将战胜格力，并表示“如果小米营业额击败格力的话，董总输我一块钱就行”。董明珠则将战火烧大，说：“一块钱不要在这里说，第一，我告诉你不可能；第二，要赌不是一个亿，我跟你赌十个亿。”

说这话时，缘于董明珠对互联网不了解，对格力过于自负。但一年过去，小米的发展势头让董明珠大惊失色。现在小米已经跻身世界智能手机五强。且小米盒子、小米电视机、小米移动电源均已经开放销售。在五年内营业额超越格力的可能性越来越大。这让董明珠倍感压力，最近在接受媒体采访时，董明珠称，跟雷军10亿元赌局是个小插曲，打赌时毫无准备，且格力与小米其实不是同一行业，没有可比性。

案例选编

有网友认为董明珠此言论，已经“明显认怂”，是为届时败局提前找台阶下。

三、志高：崛起的新力量

在董明珠最近的系列发言中，笔者认为最有意思的是把志高界定为“没出息的企业”。志高有没有出息，不能由董明珠说了算，而是由企业实力说了算。如果董明珠说话像占卦一样灵验，那就不用发动清场价格战了，直接用言语把竞争对手一个个说死不就省事多了？

董明珠不喜欢的一个职业经理人跳槽去了志高。他就是现在的志高空调董事长郑祖义。董明珠十分情绪化地曾公开宣称：“不喜欢你，你就没出息！跳到哪里，那里就没出息。”这种思维，如果从小孩口里说出，可以称其童言无忌。但从一个企业家口里说出，确实让人无语。

但被董明珠否定的郑祖义，在志高却做得风生水起。这位清华大学第一代制冷博士，领衔研发并于2012年推出了世界上第一台云空调，打通了产、供、研、销与用户之间的界限，其自定义睡眠曲线让冰冷的机器具备人性。现在由志高倡导的云空调技术标准已经成为世界云空调行业标准，用“掌握智能云核心科技”全面对飙格力的“掌握核心科技”。

有意思的是，从志高“很小的时候”，董明珠就对它有看法了。早在多年前，董明珠曾经放言要“把志高干掉”。事与愿违的是，董明珠越想干掉志高，志高越是茁壮生长。

志高“小时候”与格力不在一个重量级别上，之所以能进入董明珠法眼，或许是其远大志向——“造世界上最好的空调”。

志高最近还做了一件让董明珠感觉不爽的大事——花巨资请成龙代言，并在北京召开规模浩大的发布会，称要向千亿俱乐部进军。本来请巨星成龙代言与格力和董明珠没有什么关系。但关键请的是成龙，而成龙刚刚停止了为格力代言，因为董明珠嫌其代言费太高。

从2010年开始，成龙为格力代言，帮助格力从零增长实现迅速提升，短短3年时间，营业额从400多亿元扩张到1 000多亿元。而志高请成龙代言，无疑会对格力造成巨大冲击：一是因为为格力代言几年，成龙已成高端空调代名词，志高请成龙代言向高端进发，事半功倍；二是将对格力潜在用户造成巨大分流。当然，成龙代言效果如何还有待市场进一步检验。但可能让董明珠郁闷的是志高的互联网思维。

格力比其他企业高人一等的并非格力掌握了核心科技，而是那张让人望而生畏的营销大网。为配合云空调销售，志高推出了“全民营销”概念，无论你是不是志高员

案例选编

工，只要你愿意，都可以成为志高代理商，通过网络代理销售志高产品。这种互联网思维或许是竞品抗衡格力营销大网的唯一途径。互联网创造奇迹，改变格局的事情在不断发生。饱受董明珠诟病的雷军，正是利用互联网思维创造了智能手机的神话。或许互联网思维正是改变空调行业现有格局的唯一利器。而志高正在把握这个千载难逢的契机。如果志高目标达成，那空调行业将打破目前格力、美的双寡头格局，进入格力、美的、志高三足鼎立时代。届时，董明珠要消灭志高，将变得更加不可实现。

案例来源：改编自云浮：《董明珠身陷十面埋伏》，原载《法治周末》，2015－01－07。

第五章

新媒体的基本类型与特征

本章重点及学习要求

1. 如何全面认识和认同新媒体
2. 新媒体的技术内涵和现实包容
3. 网络广告媒体的基本形态与特点
4. 手机终端与移动互联的媒体特征
5. 网络技术对媒体广告有什么深化

第一节　新媒体概念及其界定

广告形态与广告观念的变革源于新媒体以及与之相伴的市场环境，因此要认识并把握这种新的广告发展形态，就必须对新媒体有所了解，并由此理解广告形态发展的必然动因，以及与媒体发展的内在关联。

一、新媒体概念及其发展背景

联合国教科文组织对新媒体所下的定义是："以数字技术为基础，以网络为载体进行信息传播的媒介。"此外，还有不少学者对新媒体做了概念性的勾画，并在此基础上对新媒体加以定义。尽管如此，这些关于新媒体的认识中，还是忽略了一个本质性的问题，这就是新与旧都属于时间演进过程中的周期性存在状态。任何新所代表的都是事物在其初始阶段所呈现的发展形态，在这一阶段中原有的形态还没有完全被取代，或者仍旧并行发展，那么相对于原有形态而言，我们称初始发展事物为新的表现形态。由此看来新媒体也不例外，它只是新的媒体形态在发展初始阶段的指称。这就好比电视相对于报纸也曾经是新媒体，但是在今天却和报纸一样，被我们归于传统媒体之列。所以就概念而言，所谓新媒体并不是一个严格意义上的媒介概念，也并没有一些恒定的内涵，新媒体只是相对于旧媒体或者传统媒体而言的，因其所具有的阶段性特征决定，新媒体本身就是一个不断变化的概念，从这个意义上来说任何新媒体最终也将成为传统媒体。

那么如何理解我们今天所说的新媒体？这就必须给其一个比较确切的界定范围和界定基础。我们今天所说的新媒体，主要是基于20世纪90年代后期所形成的一些新兴媒体形态，这些新兴媒体形态形成的背景是市场环境的新变化以及信息技术的新发展。市场环境的变化，带来的一个确切事实就是，消费者在市场中的决定地位越来越重要，市场需求也越来越趋于个性化，因此要求企业或者品牌满足需求的方式也要做出适应性调整。于是各种新型的媒介形态也应运而生，它们既有原有媒体形态上的提升和延展，也有新技术基础上的媒体形态的创新性发明。可以说信息技术的发展，既是市场对技术的一种推动，也是技术自身适逢其时对市场需要的一种回应。

二、新媒体认同的基本前提

正如我们前面所说的，认识新媒体必须关注其所产生的前提，以及这种媒体形态的创新性特点。这里既涉及技术的因素，也涉及市场的因素，如果忽视了市场因素而单纯从技术出发认识新媒体，则可能陷入一种片面的工具主义陷阱。市场的要素主要表现在两个层面：一方面是在多元化和极度丰富性的市场中，消费者日趋个性化的消费需求，以及个性化的接受特征；另一方面是，具有物质形态的媒体介质与此相对应，符合消费者多元化的媒体接受和沟通要求，并在一定程度上满足消费者的个性化需求。

用这两个条件看待新媒体，我们会发现新媒体的概念更加宽泛和具有包容性。结合新媒体发展的阶段性特征考察，新媒体的内涵包括广义和狭义两种认识。所谓广义的新媒体，是针对传统的以报纸、广播、电视、杂志等大众媒体而言，在市场发展和变化条件下，所涌现出来的所有新兴媒体状态。广义的新媒体既包括前面所讲的以数字化和网络化为核心支持的信息技术媒体，也包括传统媒体经过发展和改造所延伸出的媒体新形态。相对于前者更加侧重于信息技术而言，我们把后者称作环境新媒体。所谓环境新媒体，指的是在市场和媒体发展中，适应于市场需要，有效地运用自身特有的介质资源，针对比较明确的对象承载特定的信息，达到具有传播和广告优势的信息沟通。相对于传统的大众媒体而言，环境新媒体与消费终端的关系更加密切。比如，有开发垃圾桶的媒体介质，在垃圾桶上做有关环保和卫生的广告，它的传播目标就很清晰，许多好的创意往往令人会心一笑，取得意想不到的效果。

在大众传媒称霸的时代，新的媒体形态往往很少有自己的生存空间，即便是一点点的创新延伸，也会很快湮灭在大众传媒气势磅礴的浪潮中，所以环境新媒体实际上也缺乏有利的生存发展环境。环境新媒体发展的动力主要来自于市场力量的下移，由于消费终端日趋分众化和个性化，以往大众传媒所代表的无差异传播显得捉襟见肘。为了改变这种千人一面的表情，环境新媒体在为传统大众传媒补缺的过程中，也成就了自己的创新和发展。从环境新媒体中既可以看到传统媒体的影子，也可以找到新技术运用的特色。比如，户外电子显示屏（LED）、公交广告、楼宇电视、终端呈现等，所有这些虽然也是传统媒体的某种延伸，但相对于传统的媒体和广告形态，都具有一定的创新性和对新技术的吸收。如楼宇电视、车载移动广告，就是对传统电视广告的一种改造和延伸，它把受众区隔于更加确切的传播空间之中，不仅有利于对消费者进行区分，而且能够集中受众的注意力。正因为这样，我们也将环境新媒体归之于广义的新媒体范畴之中。当然在进一步的论述中，我们关于新媒体的论述，虽然也涉及环境新媒体，但更多的则是指狭义概念上的新媒体，即以数字化网络化为特征的信息技术新媒体。

第二节　新媒体的分类与特征

正如上节所说，这里所指的新媒体分类主要是指数字化和网络化新媒体。建立在数字网络新媒体基础上的新型传播，彻底改变了以往的媒介传播方式，自然也产生了其自身所特有的各种媒体类型，形成了传统媒体所不具备的传播特征。

一、新媒体的技术内涵和现实包容

很显然，我们所说的狭义的新媒体，就是指以数字化和网络化为支持的信息技术媒体，也是现今人们提及“新媒体”时所特指的对象。正如我们前面所说的，对于媒介理论而言，数字化和网络化新媒体的诞生，带来的不仅是媒体信息传递方式的变化，也改变了整个媒介生态系统。

信息技术发展的核心支持就是数字化和网络化，数字化和网络化由最初被作为信息传递渠道，进而上升成为整个信息处理系统，这不但大大扩展了媒体的功能，也相应地改变了我们传统所形成的媒体内涵。传统媒体仅仅被看作是传播渠道和传播工具，是信息由此及彼所通过的载体。但新媒体显然不仅如此，它还关联着整个数字化信息系统，换句话说，新媒体不仅具有载体功能，还具有信息识别和信息处理功能。比如，我们运用网络数据库系统进行营销传播，只要在信息参数设定上进行简单的技术处理，就可以确切地识别和选择传播对象。更为贴近的是，我们在日常信息传播和交互中，运用博客、QQ、微博、微信等技术媒体手段，无论是在内容分享还是在用户筛选上，所体现出的都是信息处理的综合优势，而不仅仅是简单的符号信息传递。

数字化和网络化的新媒体形态正处在方兴未艾阶段，虽然它已经以前所未有的速度渗透到我们生活的各个方面，但是我们对它的认识还相对很肤浅。就目前的技术层次而言，数字化网络化的信息技术赋予新媒体前所未有的功能，它包括了对信息的海量储存和智能处理，对应性的信息检索和定向传播、信息互馈和双向沟通等。与此同时，新媒体包含了传统媒体所拥有的一切形式因素，在很大程度上数字化网络化的新媒体，是对传统大众传媒的一种取代。所有大众传媒的传播任务，在这种新的媒体形态下都显得微不足道。也许对于未来，网络本身就是一种泛义上的"大众传媒"，但它同时又颠覆了大众传媒固有的概念，也许在网络环境下，所谓"大众传媒"已经失去存在的意义。所以从营销传播的角度看待这种新媒体形态，要跳出传统大众传媒所营造的那些营销传播概念，不必囿于简单的市场细分、媒介定位等概念，新媒体状态下的营销传播已经突破这种简单的目标定向方式。

网络本身是一个无涯的信息宇宙，在这个信息宇宙中，海量信息虽然冗杂，但是由于信息技术的存在，其本身却可能被做出适应性的有序化处理。所有关于数字化网络化新媒体的特征都是基于以上认识而来的。对网络新媒体特征一般认识是：交互性与即时性，海量性与共享性，多媒体与超文本，个性化与社群化。这种媒体特性，自然形成了网络广告不同于传统媒体的特点所在。所以要进一步认识网络化新媒体的特点，以及广告在网络新媒体状态下的应用特征，就必须结合网络新媒体所表现出的形式特征加以分析。

二、新媒体的基本分类

我们这里对新媒体的分类主要是与营销传播相结合，所以侧重于新媒体广告的基本分类。以新媒体分类，意味着广告传播中媒体基本要素的变化，这种变化的基础是技术手段的创新。随着信息技术在媒体应用领域的不断延伸，新媒体广告形态也会不断地发展。目前常见的新媒体广告主要有以下几种。[①]

（一）电子菜谱新媒体

以中高档餐厅里平板电脑、Pad、iPad 电子菜谱为媒体，通过高清大图、3D 效果、视频效果、音频效果、超链接效果、电视节目效果来增加品牌的公众认知度；面对的受众都是高收入人群，使品牌传播达到最佳效果，充分利用时尚概念。这是到目前为止最年轻、最时尚的新媒体。

---

① 参见【百度百科】"新媒体广告"：http://baike.baidu.com/view/2110492.htm。

（二）户外新媒体

目前在户外的新媒体广告投放包括户外视频、户外投影、户外触摸等，这些户外新媒体都包含一些户外互动因素，以此来达到吸引人气、提升媒体价值的目的。

（三）移动新媒体

以移动电视、车载电视、地铁电视等为主要表现形式，通过移动电视节目的包装设计，来增加受众黏性，便于广告投放。

（四）手机新媒体

手机媒体是到目前为止所有媒体形式中最具普及性、最快捷、最为方便并具有一定强制性的平台，它的未来发展空间非常巨大。智能手机的普及，手机媒体将成为普通人在日常生活中获得信息的重要手段。

（五）网络新媒体

网络新媒体主要是指通过网络发布，以网络名片为代表的新媒体广告形态。通常是指加载在新闻页面上的浮动广告，它通过关键词匹配可以快速实现全网覆盖，是传播效果最好的新媒体广告形式。

正如我们前面解释环境新媒体时所说的那样，在这些新媒体广告中，有一些广告形态其实就是传统媒介形态在新的媒体环境下的延伸，但是由于媒体环境的变化，这种延伸同样也带来了媒体的创新和广告的创新，如楼宇广告和公交广告。流行的楼宇广告有楼宇电视和楼宇平面框架广告，这种广告形态其实就是电视广告和平面招贴延伸到楼宇空间的一种尝试，它以最低的成本最精准地到达目标消费者。那些在高层写字楼办公，或者居住在高层时尚住宅楼的用户，每人每天至少3～4次上下楼梯，而楼梯旁边的平面广告至少3～4次闯入他们的视线，因此具有其他媒体所不可能具有的广告阅读的强制性。公交广告也是以同样形式延伸传统广告，从而使公交本身也成为一种新的媒体形态。公交车与乘客的相互流动性是公车广告最具魅力之所在，由于乘客在车内停留时间长且处于休闲状态，车内亮丽的广告、翔实的文字图案能够引起乘客的注意。车内聚集的人群是产品宣传的受众，它具有较强的广告冲击力和其他媒体不可替代的广告授众率。当然，这种对传统媒体手段的延伸，并不是我们所说的新媒体广告的主体，从媒体革命的角度来看，真正具有代表意义的是以互联网为基础，建立在新的信息技术基础上的新媒体广告。

第三节　广告中的新媒体应用

以互联网为代表的新媒体，具有传统大众媒体所不具备的传播特性，这种新的传播个性的建立有赖于网络技术，所以新媒体广告很大程度上也是一种网络广告。从网络角度看媒体广告最具代表意义的就是互联网和手机，因此我们从广告的发展和应用角度出发，选取互联网广告和手机媒体广告加以论述。

一、互联网广告媒体形态

网络媒体是发展潜力巨大的新兴广告媒体。网络传播正对人类社会产生越来越大的影响，互联网已经成为继报刊、广播、电视之后的第四媒体。它可容纳的精细全彩画面、大容量信息传递和 24 小时在线传播模式使得它很方便地在广告主和广告受众之间进行双向的信息交流。

（一）互联网广告媒体的特征

除了拥有海量信息，网络媒体信息传播的交互性才是它最显著的优点，也是最吸引广告主的地方。以往的受众在广告传播中只能被动地接受信息，即使有信息的反馈，但与传统媒体所实行的单向推动模式比起来仍显得微不足道。互联网的出现，使受众根据自己的喜好和兴趣获取信息成为可能，在互联网中，受众第一次在真正意义上成为信息传播的主导者。网络广告的交互性决定了广告对受众的选择性越强，则广告受众对广告的反馈率也就越高。

互联网作为一个向公众开放的平台，消解了传统媒体之间的边界，也消解了国家与国家之间、社群与社群之间、产业与产业之间、信息发送者与接收者之间的边界。在互联网中，广告主和广告商可以提供几乎无限制的空间供受众查询，其即时发布、即时传递的特点让广告主在信息发布方面几乎不受时空限制。网络广告所具有的文字、声音、图片、色彩、动画和音乐也能满足众多消费者，特别是新一代消费群体的需求。

与传统大众媒体相比，网络媒体具有明显的“分众化”特点。不同的网站和虚拟社区把受众划分为不同的群体，受众在网上获取信息时的针对性，使得广告主可以准确地选择投放广告的目标市场。而网络的“即时检测功能”也可以为广告主提供关于广告达到率的最新报告。这种权威的点击率统计系统，可以精确地统计出广告的浏览量以及网络客户点击时的时间分布和地域分布情况，从而为广告商准确评估广告效果，及时调整广告决策提供客观依据。

此外，网络广告比传统媒体广告在价格上要便宜得多，因此，企业在选择网络媒体发布广告时所承担的资金压力要比传统媒体小得多。当然，网络媒体权威性的缺乏也会影响到受众对广告的信赖度；网络对硬件设备的要求和一定文化水平的要求也限制了上网人员的社会构成，他们往往集中在有一定学历的城市年轻人口当中，其他人由于主观或客观条件的限制被排除在“网外”，这也限制了某些类型的企业选择网络投放广告；同时网络法规建设的滞后也影响了网络广告的规范化发展。

（二）网络广告媒体策略

尽管网络广告传播范围广、交互性强、受众数量可准确统计等优势已是有目共睹，但要使其真正发挥作用，还得靠企业周密的网络媒体策略。毕竟网络媒体与其他传统媒体不同，企业需要深入地挖掘网络的商业潜力，增强广告的效果。一般而言，企业有两种方式在网络上投放广告：一是利用已有的网站投放；二是自己建立网站投放。我们这里主要研究前一种情况。

首先，企业在选择投放广告的网站时，要考虑网站的访问量。众所周知，网络最吸引人的地方就在于其信息的海量和无边界性，要把网民吸引到一个网站上来是很不容易的，所以企业需要选择知名度高和点击频率高的网站，这也是衡量某一网站作为广告载体是否合适的两大指标。除此之外，企业还要对站点访问者的构成进行分析，通过站点或第三方提供的资料来判断访问该站点用户的基本情况，看其是否与广告所希望的目标客户相吻合；同时还要根据访问者的登陆情况分析他们的活动规律，在有条件的情况下可以对他们发送有针对意义的广告信息，做到有的放矢。

其次，虽然网络为人们提供了一个自由发布信息的场所，但是与此同时也给网民留下了一个信息可信度不高的印象。因此，企业在网上发布广告时务必要提供真实可信的信息，以免损害企业的产品形象。另外，网络服务的快捷性和搜索引擎功能的强大使消费者获取真实信息变得越来越容易，在这种情况下，即使企业想进行不实宣传或掩盖产品缺陷也变得异常困难。

再次，企业在网络上投放广告时还可以辅之网上资讯、网上销售等一条龙服务。这样做的一大好处就是“趁热打铁”,让网络广告及时产生效果,同时也为消费者提供更多的便利。在网络上投放广告时也要注意与传统媒体的配合,因为网络广告自身的一些局限性,使得它并不一定能覆盖企业全部的目标消费群体,所以,企业还得借助传统大众传媒的力量进行宣传,让它们相互配合,相得益彰。

最后,在发布网络广告时,企业要注意加强广告表现形式,以争取给网民带来更强的视觉冲击。选择在同一网站上投放广告的企业越来越多,特别是由于国内运作成功的商业网站不多,所以很多广告都集中在三大门户网站上(新浪、网易、搜狐),这样视觉干扰就比较大了。所以企业在设计广告时要尽可能地突出自己产品的特点,必要时可以避开主页上广告传播的高峰,选择聊天室、BBS 等虚拟社区投放广告。

二、手机终端与移动互联网

如果仅仅从对终端媒体的占有量而言,手机可能是当今最具影响力的媒体设备。以往的任何媒体形式,似乎都没有手机那么快得到普及,也没有像手机那样直接进入个人终端。尤其是智能手机的发展,使其从单纯的移动电话发展到移动互联,大大地开拓了这种新型媒体的传播功能和想象空间。

(一)手机媒体的发展

在手机刚刚进入人们视野的时候,还是被看作一种奢侈品和身份地位的象征,那时候它的“学名”叫移动电话,而通俗的称呼则是“大哥大”。后来手机在移动通话之外,又衍生出一种短信功能,当短信作为一个新生事物走进人们生活时,手机广告就以燎原之势发展起来。由于各种群发软件的配备,手机短信不管是在技术上还是在规模上,都已经具备了成为一种全新广告形式的标准。然而必须注意的是,随着移动互联的发展,社交媒体成为手机的新宠,多年来风行一时的手机短信,时至今日在用户使用中不断地沦落,而借助于手机群发的短信广告形式,在用户接收中也每每毫不犹豫地被当作垃圾短信处理。

以往由于手机媒体拥有广泛的用户群和开发商强有力的数据库支持,与传统的广告形式相比,它的相对成本要低廉得多,通过计算机的分类,还可以实现数据库化广告投放,保证广告的达到率。而手机广告的点对点传播模式,使得它可以根据客户的需求定制有个性化的广告信息,真正做到“一对一营销”。不足之处在于由于技术的限制,手机短信多少有些“强制性接收”的色彩,受众很容易产生反感心理,甚至感觉到自身的隐私受到了侵犯。所以在运用手机媒体进行营销时,一定要抛弃简单的信息说服方式。可以肯定地说,手机作为一种终端媒体,未来将更加富有前景。而手机短信广告形式衰落的原因,并不能归之于手机本身,它只是反证了那种试图把大众传媒广告形式,简单地运用于新兴媒体之时,在终端对媒体自主把控能力面前,已经失去了其本身的广告价值。因此有效地运用手机媒体,就不能把它看作是单纯的接收终端,而应该置于整个移动互联网的视域中,处在移动互联网中的手机,毫无疑问是最有价值的一个终端。

(二)手机终端与移动互联网

所谓移动互联网(Mobile Internet,MI),就是将移动通信和互联网二者结合起来,成为一体。它通过智能移动终端,采用移动无线通信方式获取相应的业务和服务,移动互联包含终端、软件和应用三个层面。终端层包括智能手机、平板电脑、电子书、MID 等;软件层包括操作系统、中间件、数据库和安全软件等;应用层包括休闲娱乐类、工具媒体类、商务财经类等不同应用与服务。

智能化移动产品的推出,使我们发现与媒体受众和消费者直接相关的,似乎已经不仅仅是终端层面。比如,在软件层面我们可以通过各种 App 选择自己的消费需求,使得移动终端的应用更加自我、更加富有个性化。恰如微信的推出,不仅融合了互联网在 Web 2.0 时代的所有特点,而且通过跨屏、跨网等多种文字、图像、语音、视频形态,实现用户的信息推送、定制、共享等。终端用户在微信状态下既可以完成一对一的个性互动,也可以完成一对多的多元互动,另有各种娱乐功能以及群组圈子,再加上其所开通的微信支付和查询工具等,大大改变了手机和各种终端用户的网络体验,已经从本质上颠覆了我们对手机媒体的传统理解。

(三)移动互联网的特征

相对于开放性的网络平台而言,移动互联网既具有传统互联网的基本特征,也有它自己的特点。这些特点表现在以下几个方面。

首先,移动互联网是一个相对封闭的网络体系,具有较强的终端管控能力。这种体系带来两大规范性传播特征:其一是终端的确定性很大程度上促使用户对自身行为和信誉负责,因为信息传播很多依据网络用户之间的社会关系,诸如朋友、同事、同学,QQ 好友和电话号码簿中的成员等,这在很大程度上增加了信息传播的可靠性和信誉度。其二是每一个移动终端都具有更加便利的管控能力,由于用户从一开始就明确这种管控能力，所以其使用态度也不同于一般网络。比如，用户对信息接收的自我控制，就不仅仅像对待短信和广告电话那样，只能被动删除或挂断，在封闭系统里这些都比较容易避免，而且用户也可以通过运营商协调对此加以处理。

其次，移动互联具有一种广域的泛在线和永远在线特点。所谓广域的泛在线是就空间范围而言的，是指网络随身携带，无处不在，如影随形，用户无论处在什么地方，都有一个双向交流的网络存在。在这样一个广域的泛在线状态下，任何网上信息都会第一时间汇入个人的终端。永远在线则是指网络的在线时间，现在的智能手机通常都是24小时在线，这在PC状态下的网络是不可想象的。另外像微信、移动QQ这样的媒体软件，还打破了一般网络消息接收的限制，不仅具有信息提醒功能，而且即便是在离线情况下也可以保证消息接收。这种广域泛在线和永远在线的特征，大大保证了对终端消费者碎片化时间的占有，人们在吃饭期间、谈话间歇、公交车上甚至是在厕所间，往往都会有手机刷屏的举动。

再次，个人化的身份和私密性特点，以及便携性与使用方便性。以手机为代表的移动终端媒体，与有史以来其他任何媒介形式的一个很大不同，就在于它完全属于个人终端媒体。这使得它不仅区别于各种传统媒体，也区别于一般网络媒体。个人化带来两大明显特点：其一是个人身份定位的实现，不仅具有身份识别而且还可以进行身份定位；其二是安全性和私密性，确定的终端个人化必然对个体隐私和信息安全提出更高要求，尤其是在网络支付和身份识别中，隐私保护成为信息沟通的首要选择。便携性比较容易理解，不论是智能手机还是平板电脑，都是我们可以随身携带的轻型设备，现代人进入网络时代之后某种程度上已经患上网络强迫症，每一个孤独的灵魂都对网络化生存有一种依赖感，而移动互联网恰好改变了PC状态下网络无法随身的不便，使得网络终端可以随身携带，随时随地方便使用。

三、网络技术对媒体广告的深化

作为一种勃然而兴的信息技术媒体，我们对互联网的认识还处在初始阶段。而由这种媒体形态所延伸出的广告形式，也还仅仅处于初级开发阶段。也许囿于传统营销传播观念的束缚，我们对网络广告认识一直局限在大众传媒广告的桎梏中，往往简单地把网络看作一种如同报纸、电视那样的信息载体，总是简单地复制大众传媒广告中所惯用的方法。现在看来,在信息媒体的功能不断放大之际,网络终端由 PC 进入移动互联,未来进一步的物联和智能化构建,大数据、云计算等都给网络媒体广告打开了无限的想象空间。

(一)网络媒体形态的营销传播需求

正如我们今天所看到的那样,10 年前当 Web 2.0 开始之时,以 BBS 和博客为主要代表的"一对多"和"多对多"的传播模式并存发展,如 RSS、博客、播客、维基、P2P 下载、社会书签、SNS、社区、分享服务等。这些都打破了早期网络媒体以门户网站为特征的信息垄断,有效利用消费者的自助服务和算法上的数据管理,从而使其能够将个人触角延伸至整个互联网,延伸至各个边缘而不仅仅是中心,延伸至长尾而不仅仅是头部。由此一种去中心化、开放、共享的网络社区模式基本形成,在这种社区中用户可以不受时间和地域的限制分享各种媒体信息,在得到自己需要信息的同时也可以发布自己的观点。由于信息的不断聚合和积累,消费者只要借助于网络形式就可以获得各种信息满足,正所谓"内事不决问百度,外事不决问谷歌",一句流行语,尽显网络时代的受众信息生存环境。

在这样一种信息技术导向下,显然不能抱残守缺地坚持固有的广告思维。或许我们可以说,在网络和信息技术状态下的广告,其本来面目就不应该是传统大众传媒所展示的那种广告模式。我们可以设想一下,当所有人都可以简单地在博客上、微博上、微信上、QQ 上,在各种各样的网络空间里,自由展示自己营销信息的时候,传统广告那种自我标榜式的夸张、完全自我利益式的推销,那种一览无余的广告图像和推销文案,该是一副多么令人厌烦的嘴脸。在这种情况下,还坚持把过去的广告方式奉为圭臬,无疑是对消费终端的漠然无视。

(二)网络长尾对帕累托定律的颠覆

过去我们在进行营销传播时,总是牢记帕累托定律的二八法则①,但是网络的延伸使长尾营销成为对帕累托定律的一种颠覆。长尾(The Long Tail)这一概念是由美国《连线》杂志主编克里斯·安德森(Chris Anderson)在 2004 年提出的,他发现在网络营销中只要产品的存储和流通的渠道足够大,那些需求不旺

---

① 帕累托定律是 1897 年由意大利经济学家帕累托发现的一种财富和收益模式,即社会上 20% 的人占有 80% 的社会财富。后来人们发现这种微妙关系一再出现在各种领域,而且在数学上呈现出一种稳定的关系,如在市场营销中就认为 80% 的营销收益是由 20% 的消费者所贡献的。这种现象又被称之为二八定律。

或销量不佳的产品所共同占据的市场份额，可以和那些少数热销品的市场份额相匹敌甚至更大，即众多小市场汇聚成可产生与主流相匹敌的市场能量。因此营销关注点不仅在于传统需求曲线上那个代表“畅销商品”的头部，更要关注那条代表“冷门商品”经常为人遗忘的长尾。这就是长尾理论，对于营销传播而言，它意味着过去以成本和投入产出比作为考量的媒体传播理论，现在也必须重新审视。

这就比如，在病毒性的信息传播中，由于网络和移动终端的无间隙渗透，实际上已经不存在传统媒体传播中常见的那种单位成本概念，换句话说，在网络的病毒性信息传播中，信息传递到一个终端用户所消耗的时间空间以及货币成本，与它传递到成千上万个移动终端所承担的成本没有任何区别，在这样一个前提下，是否还有必要像过去那样去进行帕累托分割，确实应该是一件值得考虑的事情。站在这种认识的基础上，我们再回顾网络媒体及其广告形态，也许从创意思想到表达方式上，都会激发出更多、更有价值的创新性想法。显然针对博客、QQ、微博、微信、BBS 等社交媒体和移动终端用户，如果欲尝试病毒性营销传播，还是采用过去的广告方法。毫无疑问，这就要求我们的广告策划创意，调整自己的思路，做出适应性的创新。

(三)网络媒体时代的受众和消费者

我们需要对数据有一个清醒地认识，截至 2014 年 1 月，我国移动互联网用户总数达 8.38 亿人，在移动电话用户中的渗透率达 67.8%；手机网民规模达 5 亿人，占网民总数的八成多，手机保持第一大上网终端地位。[①] 我国移动互联网发展进入全民时代，对于很多网络用户来说，网路尤其是移动互联网络几乎成为他们与外界、整个社会互相沟通的最重要渠道。移动互联网的渗透，还超越了传统社会阶层的划分，从知识阶层、高端管理到普通白领乃至农民工，它的覆盖率基本没有什么差别。更为值得注意的是，在所有这些阶层之中，年龄成为一个很显著的划分标志。简单地说就是随着受众和消费者年龄的增长，呈现出负相关的分布，流行的说法是“年龄越大屏幕越大，老年人看电视，中年人看电脑，青少年看手机”。这一现象对我们进行营销传播具有很大的启示性。

互联网时代的用户群是从上而下的，最早的用户群是有知识的人、有钱人，年

---

① 资料来源：《中国移动互联网发展报告(2014)》蓝皮书，参见《人民日报》，2014-06-12：14 版。

龄也相对较大。而移动互联网的用户群是一个很不同的用户群,最早使用移动互联网的人群是有非常高的传染性和黏着度的三低人群——低学历、低年龄、低收入。这个人群正是因为手机学习门槛较低,价格也较低,也有通信功能而紧密地联系在一起,对于手机有非常大的依赖感。对于很多在外地打工的农民工来说,他们需要交流、沟通、帮助,他们需要爱,需要正常的性生活。把他们和世界联系起来的唯一工具就是手机。智能手机让他们拥有了了解世界的更多机会。因此,他们是最有黏性的移动互联网用户。

所以从企业进行网络广告和营销传播来讲,必须了解受众与消费对象。在中国,出生于20世纪80年代以后的消费群体,其生活环境和消费理念迥异于他们的父母,也不同于此前的70后一代。他们不仅文化水平较高,而且崇尚自我,在消费习惯上追求新奇快捷,消费能力也大大高于其他代际,是广告传播中理想的目标受众。今天90后一代又渐渐成为社会中最为年轻活跃的一代,这一代人从小便浸润在信息化环境中,对于他们而言,网络新媒体远远不止停留于电子商务和网络营销,他们更适应于由各类社交媒体所建构的网络社区,以微信、微博、QQ、淘宝、移动支付等交互构成的移动互联,俨然成为他们日常生活和媒体接触的主体。

鉴于此,企业在利用网络或手机对用户进行信息发布时,首先要注意保护用户的隐私,选择那些已经和运营商签署过许可协议的用户,且遵循适时适量的原则进行广告和营销信息投放。同时针对传统手机广告形式单一的特点,与其他形式的网络广告业务进行适当的捆绑,这样可以达到降低广告整体发布成本和提升发布效果的目的。例如,英国移动电话的使用者平均每天会收到3条短信广告,参加这些广告促销活动可获得慈善捐献的相关信息、购物或电话账单折扣等。另外,企业还要充分发挥移动互联网"一对一"的特点,多设计具有互动性和体验性的广告活动,这样不仅可以吸引更多的用户参与其中,还能通过用户的反馈提升产品和服务质量。如麦当劳公司就曾经与专业的广告代理商合作,往顾客手机上发送关于麦当劳产品的有奖问答,答对的可以免费享用某种产品,如薯条、汉堡等,领取时只要出示手机短信即可。这一活动不仅吸引了众多顾客的热情参与,也让麦当劳的各种产品销量大增,毕竟人们去麦当劳进餐不会只吃一样产品。当然更为重要的一点是,企业和品牌要研究网络和移动互联网的特点,真正实现营销传播对其终端用户的自然渗透。

新媒体对广告的改变是全方位的,不仅仅改变了媒介形态和传播手段,更重要的是改变了广告策划的创意观念。举例而言,在传统广告策划运作中,媒体是一项十分重要的资源,其重要性不仅仅表现在不同媒体的信息方式上,而且还表现在媒体的可得性上。换句话说,任何广告策划在实际运作中,最重要的投入实际上是媒体购买的投入,因此所有信息设计,诸如电视广告怎么拍摄播出、平面广告如何制作标题文案等,都是广告策划中的核心问题,因为它直接涉及广告的投入—产出。但是新媒体所带来的一个最重要的改变就是,媒体作为一种公共资源已经失去资金成本上的门槛,因此那种针对原有媒体形态的诉求式信息设计,同样也失去了对消费者的吸引力。在媒体多元化和信息多元化背景下,任何营销的关键在于能不能获得消费者认同,而要获得消费者的认同,除了运用各种媒体形态吸引消费者注意力之外,更重要的就是与消费者建立良好的沟通关系。从这个意义上说,传统广告观念中的许多经典理论,都面临重新审视和深刻反思。因此新媒体时代的广告哲学,特别强调广告策划创意的品牌导向,以及具体操作过程中的创意营销手法。

案例选编

案例 5-1:奥利奥×朕的心意·故宫食品:启「饼」皇上,奥利奥进宫了

执行时间:2019.5—2019.6

企业名称:亿滋食品企业管理(上海)有限公司

品牌名称:奥利奥

代理公司:蓝色光标数字营销机构

获得奖项:2019金旗奖全场大奖

一、项目概述

奥利奥携手东方IP“朕的心意·故宫食品”推出联名款产品,用经典西式饼皮包裹中式风味夹心,让中西味道完美融于一饼。

二、项目调研

奥利奥诞生于1912年,为亿滋国际(Mondelēz International)的明星品牌,招牌的黑白夹心、雕刻花纹与“扭一扭,舔一舔,泡一泡”的魅力吃法,风行全球。

近年来,奥利奥玩转花式营销,在社交媒体上大放异彩,成了年轻人心中好吃又好玩的超级零食IP。

品牌秉持“玩在一起”的理念,与中国流量IP故宫食品首次跨界合作,突破次元壁,推出联名款产品,用经典西式饼皮包裹中式风味夹心,让中西味道完美融于一饼。

案例选编

三、项目策划

1. 目标:当西方头号玩家遇上东方文化当家,奥利奥的目标是颠覆传统IP合作的模式,不仅要玩出内涵,更要玩出高度。

2. 挑战:故宫作为中国文化传承的最强见证者,近年来广受各路品牌的青睐。面对大波故宫联名,奥利奥如何从众多佼佼者中脱颖而出,笑傲江湖?

3. 受众:Oreo People。

4. 策略:中西合“饼”行动。超越包装等形式上的合作,立足双方品牌基因,以文化致胜,打造真正的深度融合。

四、传播内容

1. 文物海报,全线预热。将故宫文物巧妙搭配中华六味、精美古风插画,实力玩转中西结合。不仅满足品牌粉丝的喜好,更吸引大批国风爱好者,扩大活动触及圈层。

2. 史诗大片,话题引爆。用10 600块奥利奥,真实比例还原故宫,体现天圆地方、阴阳月相,引爆话题热议。

3. 互动视频,深度结合。“一饼融尽天下味”,趣味揭秘奥利奥与故宫的百年渊源。遵循史实,还原众多故宫元素,完美平衡诙谐与严肃风格,使品牌既有趣又有益。

4. 圆桌会议,舌尖论道。美食家与品牌代言人直播圆桌会议,畅谈当今饮食文化现象,科普古代宫廷饮食趣味史实,实力打造“古今中外大融合”的盛宴,强化品牌社会价值。

五、项目执行

第一阶段:5.13—5.20官方首发新品吸睛。5.13“悬念”视频发布,粉丝好奇心爆棚。5.14—5.20官方首发地表最美古风系列海报,视觉吸睛,蓄足新品热度;外围KOL接力,掀起奥式古风晒图热潮。

第二阶段:5.21—5.30系列物料重磅引爆。5.21官方发布奥利奥史诗大片,活动热度瞬时爆发;明星带头“观影”,引流粉丝电商尝新;12位“大V”乘势入局,转发大片,强势扩散话题热浪;“自来水”巨量涌入,史诗大片挺身出圈。5.22御点诞生H5上线,全民探索口味背后的故事。5.23圆桌综艺开播,奥式天团畅谈舌尖上的文化;携中华御点出海纽约,海外热传好评不断;外围大号整合式传播。

六、项目评估

1. 史诗视频播放量超过1.1亿次,互动视频H5与圆桌视频浏览量均超过百万次,商品首发当日狂卖76万包,增粉26万人。

2. 关键KOL大量报导扩散,相关话题阅读量突破12.9亿。

3. 整波活动深获消费者口碑好评,赞誉声更扬名海外。

七、项目亮点

1. 十足有内涵。中西 IP 文化碰撞,形式之上文化致胜;史诗大片＋海外快闪＋圆桌综艺＋御点诞生互动＋古风包装,360°诠释新品关于传统文化的一切。

2. 点状式引爆。重磅物料全盘托出,持续感官冲击。

第一阶段:官方首发新品吸睛——合作大号接力扩散——外围“大 V”自发转载传播。

第二阶段:系列物料重磅引爆——合作大号分阶段扩散——多类型媒体“大 V”争相约稿转载——海量“自来水”涌入话题涟漪出圈扩散。

八、项目照片

图 5－1　奥利奥×朕的心意•故宫食品”项目图片(一)

图 5－2　“奥利奥×朕的心意•故宫食品”项目图片(二)

案例来源:资料由蓝色光标数字营销机构提供,经中国公共关系网 17PR 授权,金旗奖获奖作品 https://www.17pr.com/news/detail/204432.html。

第六章

以品牌观念引导广告策划

本章重点及学习要求

1. 广告的销售观念与品牌观念
2. 品牌理论发展的主要特征
3. 促销广告与品牌广告的异同
4. 营销传播中促销与品牌的统一
5. 广告策划如何实施品牌定位

第一节　广告传统与品牌观念

所谓广告传统指的是长期以来所形成的广告理念，在这种传统理念中，广告就是一种销售工具。即便今天，大多数营销者对此仍旧坚信不疑，尽管力所不支的广告日渐显出疲态，已经明显无法担承这种使命。因此我们有必要再一次反省广告的历史，结合广告发展进程清理我们对广告的认识。

一、广告的销售观念与品牌观念

我们在前面章节中已经提及，以往的广告和营销传播观念，不论出于怎样考虑其基本目的无外乎销售。这一点已经被传统广告大师们一再强调，从克劳德·霍普金斯、罗斯·瑞夫斯、大卫·奥格威一直到威廉·伯恩巴克莫不如此。霍普金斯认为："广告的唯一目的是实现销售。广告是否赢利，取决于广告引起的实际销售。"① 以注重表现形式强调引起注意而著名的广告天才伯恩巴克也是同样看法，他坚定地认为："广告界中的任何人如果说他的目的不是销售所广告的商品，他就是一个骗子。"② 但是在整合营销传播过程中，这个多年来被坚信不疑的理念受到了严峻的挑战，销售仍然是广告和营销传播唯一正确的目的吗？回答似乎并不肯定。其实早在 20 世纪 60 年代，作为创意革命的旗手，伯恩巴克虽然也和瑞夫斯、奥格威等人一样坚持广告的销售理念，但有所不同的是他认为仅仅是"独特的销售说辞"还远远不够，销售说辞只是广告的起点而不是终点。在广告表现中"还有什么东西比广告所得到注视更加实际？还有什么东西比一项信息用有用的文字与图画来刺激推动它的读者采取行动更重要？"③

传统广告理念最为倚重的是广告的促销功能，事实上在过去的市场环境中广告确实也可以明显地促进销售，这使得人们过于迷信和依赖广告的力量。其实在传统广告理念的发展过程中，奥格威也曾经提出品牌形象的概念。奥格威在广告

---

① ［美］克劳德·霍普金斯：《科学的广告》，北京：新华出版社 1998 年版，第 180 页。
② ［美］丹·海金斯：《广告写作艺术》，北京：中国友谊出版公司 1991 年版，第 6 页。
③ ［美］汤·狄龙：《怎样创作广告》，北京：中国友谊出版公司 1991 年版，第 62 页。

实践中发现，广告完全可以更加灵活地赋予产品某种人性化的成分，从而使产品像人一样具有自己的个性，即便是外形、功能、价格甚至品质一样的产品，也完全可以由于个性的不同而显示出自己的差异。正是在这种广告意识指导下，那些过去看来很难区分的产品，诸如香皂、饼干、面粉，由于包装和广告，已经变成可以明确区别的并可以随着个人意愿购买的商品。在奥格威的广告创作代表作中，著名的哈撒威衬衫广告很能说明他的这种追求。

值得注意的是，奥格威并没有完整地界定什么叫作品牌形象，只是认为它既是产品的代表又非产品本身，与产品相联系又有区别，在他的论述中品牌与形象是作为两个概念提出来的然后才合成一体。他对品牌形象的一些基本特征描述，相对于后世复杂的品牌理论，只能说还是一个雏形。虽然如此，他所代表的创作倾向和全新视角已经为广告理论发展开创了广阔的发展空间。直到今天，在营销和广告策划中，品牌仍旧是一个历久弥新最为令人关注的话题。也许在很大意义上不论是制造者还是消费者，对它的钟情更多是来自于它蕴含丰富却又具体无法备述的特性。

奥格威和他的广告公司具有特别的形象，充满了一种知性和华美的灵气。他认为，从长远来看，哪怕是牺牲一些很有吸引力的短期方案，也要尽量维护产品的形象。他的看法是：

> 每一个广告都应看作是对品牌形象的贡献。如果你采取了这种态度，当今的很多问题就能得到解决。……品牌越相似，理性思考在品牌选择中就越薄弱。威士忌、香烟或啤酒的不同品牌间并没有明显的不同，它们几乎一样。糕饼混合料、洗洁剂、人造黄油也一样。广告越能为品牌树立一个鲜明的个性，该品牌就越能获得更大的市场份额和更多的超额利润。①

奥格威运用这种方法做了很多成功的广告，诸如我们曾经提到的哈赛威衬衫、劳斯莱斯以及他最引以为自豪的为波多黎各共和国所做的观光广告。大卫·奥格威的品牌形象理论是对瑞夫斯观念的发展，他认为，随着产品和竞争的发展，仅仅从产品本身寻求独特因素并不足以为品牌建立个性形象。而最大的威胁是大量同质化产品充斥市场，已经很难从产品本身寻找到什么差异性了，因

① ［美］大卫·奥格威：《一个广告人的自白》，北京：中国友谊出版公司1997年版，第89－90页。

此必须建立一种属于产品自身的个性形象。大卫·奥格威认为产品就像人,也有自己的个性,如严谨、开朗、贵族气质等。应该说从瑞夫斯到奥格威,其所确定的广告和营销沟通观念,代表了一种早期的传播思想,虽然他们之间本身也有一些差异,但是本质上还是有很多共同之处。其共同点都是要为产品寻找一种独特因素,只不过瑞夫斯认为这种独特因素是建立在产品的物理特性之上的,通过对产品自身属性的挖掘就可以找到;而奥格威则认为这种独特性可以由人们追加给产品,在某种意义上它可以是超越产品具象而存在的。值得注意的是,从思考的出发点来看,无论是瑞夫斯还是奥格威,他们的出发点都是产品,把产品看作第一要素。

显然这种认识深深地带有产品时代的烙印。从市场本身的状况来说,由于早期的市场形态相对比较单一,媒体形态和消费者的信息接收也相对单纯,所以只要通过好的广告创意方式,就可以比较简单地完成对某种产品的形象塑造。在奥格威的广告理念中,其所关注的主要还只是限于品牌形象。所谓品牌形象,也就是通过广告所塑造的品牌个性与品牌气质,它直接关系到消费者对这种气质与个性的认知。在单纯的产品诉求时代,运用这种广告方式无疑具有极大的品牌拓展空间。正因为这样,奥格威所倡导的广告理念作为一种策划方式,在受到市场关注的同时也获得了极大的销售成功,它显示了在广告策划中,品牌对消费者的心理暗示和行为影响。事实上那个时期很多优秀的广告人,虽然没有提品牌形象的概念,但是他们的推广手法却很有品牌形象色彩。

比如,李奥·贝纳(Leo Burnett)为万宝路香烟所做的著名广告。在20世纪前期,传统的过滤嘴香烟一般都是女性用品,万宝路(Marlboro)名称的由来就是一句针对女性的广告诉求的缩写:“仅仅是由于罗曼蒂克男人总是记住女人的爱”(Man always remember love because of romantic only)。早在20年代,为了迎合女性消费群体,万宝路曾经推出了白色包装,并制作了一种红色的“亮丽过滤嘴”,以掩饰女性口红的痕迹,当时的广告口号是:“像五月的天气一样温和。”但是都没有真正成功。针对这一传统,李奥·贝纳大胆进行了挑战,认为有必要重塑形象。他着力把万宝路发展成为一种男性香烟,重新设计包装、大胆改变颜色,最有意义的是为万宝路设计出一个具有文化偶像意义的人物——男子汉气质十足的万宝路牛仔形象。这个骑着马的著名形象,是从美国历史中挖掘出来的神话般的人物,粗犷而充满阳刚气息,他极大地刺激了公众的潜意识,树立了男性世界的一种典范,进而使之成为品牌广告史上的一个不朽的经典作品。时至今日人们想到万宝路香烟,最先想到的并不是其他,而是那个具有独特魅力的西部牛仔品牌形象。

品牌形象策划方式所带来的突破就是,原来我们对产品进行品牌推广时,并不需要僵硬地依照产品本身的特性和细节来展开诉求,而完全可以更加灵活地赋予产品某种人性化的成分,从而使产品像人一样具有自己的个性,即便是外形、功能、价格甚至品质一样的产品,也完全可以由于个性的不同而显示出自己的差异。

二、品牌理论的发展与观念的多元化

20 世纪 80 年代被称作是品牌时代。随着全球化时代的到来,品牌和品牌观念得到了又一次大规模的发展,著名的《经济学》杂志甚至认为 1988 年是品牌年。有趣的是这次品牌大潮,在强化品牌意识的同时,也改变了很多人对品牌的传统认识,品牌观念以品牌基本理论和品牌运作理论为线索,在现实的运作中日趋丰富和多元化。企业界运用品牌不断延伸自己的竞争版图,营销传播领域尤其是在品牌操作领域,诸如精信广告、奥美广告等,也都大张旗鼓地自我标榜为品牌导师。如果说在奥格威以前品牌理论还着重于品牌标识和品牌形象的话,那么在这之后品牌理论的发展,则进一步体现为由基本理论向运作理论的延伸,并逐步达到在实践中的相互统一。

(一)围绕品牌功能延伸的品牌价值理论

对品牌理论做出进一步发展的,是担任先知品牌战略咨询公司副主席同时兼任加州大学伯克利分校哈斯商学院教授的大卫·艾克(David A. Aake)。大卫·艾克出版了三本畅销全球的品牌著作:《品牌价值管理》(*Managing Brand Equity*)、《建立强势品牌》(*Buiding Strong Brand*)和《品牌领导》(*Brand Leadership*),这就是著名的"品牌创建和管理三部曲"。艾克在对品牌个性进行系统研究中首先提出了品牌个性尺度理论、品牌个性要素理论以及品牌关系理论。在对品牌关系的论述中,他认为品牌形象不仅仅是产品或者服务形象本身,还包括了产品或者服务的提供者和使用者的形象,在此基础上艾克建立了一个"品牌—顾客"的关系模型。此后在 20 世纪 90 年代又进一步过渡到品牌资产(品牌价值)以及品牌认同上,提出了品牌价值和品牌资产以及品牌认同的理论,并在此基础上对品牌运作进行了系统论述。大卫·艾克的观点在市场竞争中不断得到印证,今天在全球化的市场格局中,企业竞争的表现形式似乎仍旧是品牌的竞争。

伴随着全球市场一体化的到来,跨国经营和企业兼并成为一种潮流。在全球化营销中品牌成为最为有效的手段,许多国际性公司凭借着品牌优势,有效地开发市场并创造出相应的市场领先地位,诸如宝洁、可口可乐、大众汽车等,从而使企业竞争上升到品牌竞争阶段;而在企业重组和并购过程中,品牌资产也成为最受关注的价值。虽然在通行的企业资产负债表中,品牌资产并没有明确地体现出来,但是品牌本身的溢价却在重组和并购中得到了充分的体现。比如,软件业巨头微软在 2008 年 2 月 1 日突然宣布,以 446 亿美元收购互联网著名品牌雅虎的全部流通股,其开价相当于每股 31 美元,较前一天 1 月 31 日的雅虎股票收盘价 19. 18 美元溢价达 62% ,虽然此后又再次加价仍然流产,但是从中依然可以看到品牌本身的溢价能力。20 世纪后期以来,很多著名的评估机构都开始为品牌进行价值评估,各种品牌排行榜也纷纷出现,前期传统产业可口可乐的品牌价值一直居于首位,估值曾一度高达 830 多亿美元。现在以网络和数字技术为代表的新兴产业品牌后来居上,在世界品牌排行榜中高居前列。有关排行榜显示,2014 年世界品牌排行榜前五位是:苹果 1 170 亿美元、谷歌 1 070 亿美元、IBM 760 亿美元、微软 720 亿美元、可口可乐 650 亿美元。这个品牌排行不仅凸显了新兴产业对传统产业的超越,而且提醒我们数字化和网络化产业中所包含的新媒体内容,在未来的市场发展中将具有越来越重要的价值。

(二)注重品牌关系运作的品牌整合理论

继大卫·艾克之后,在品牌研究领域卓有成绩的是被誉为品牌研究集大成者的凯文·莱恩·凯勒(Kevin Lane Keller)教授,以及继舒尔茨之后对整合营销传播给予新的理论提升的汤姆·邓肯(Tom Duncan)博士。凯勒是一位对品牌进行全方位综合研究的学者,他的研究主要是基于消费者行为改进广告和品牌策略,提出了系统的品牌战略管理理论。邓肯在进入美国科罗拉多大学从事营销研究工作之前,有过长达 18 年的营销传播经历,他在对整合营销传播的研究中,进一步发展了有关品牌关系的理论,并把提升品牌资产作为整合营销传播的终极价值,因此整合营销传播在很多时候也被称之为整合品牌传播。凯勒和邓肯都是从营销传播角度研究品牌的专家，他们对品牌的研究有一个共同点，就是都非常强调品牌与消费者的关系。所不同的是，凯勒更侧重于品牌理论的完整性建构，而邓肯把品牌看作是整合营销传播的终极追求，从广告和营销传播角度，邓肯的理论对策划更有现实指导性。

随着整合营销传播理论的兴起，作为新一代的品牌传播观念，它不仅抛弃了传统广告僵硬的诉求方法，而且也超越了对品牌形象的简单化处理。与此同时，它从营销传播层面审视品牌，将日趋复杂的品牌理论界定在营销传播层次上加以整合，并付诸可操作性的实践。应该说整合营销传播是通过品牌信息传播，强化品牌与顾客及相关利益者关系，并最终提升品牌价值的一种途径，因此它所关注的重点是品牌接触传播和品牌关系方式。邓肯认为，传播和沟通是改善品牌关系，最终提升品牌价值的关键所在，为此他提出了一个相应的品牌资产方程式（图 6－1）：

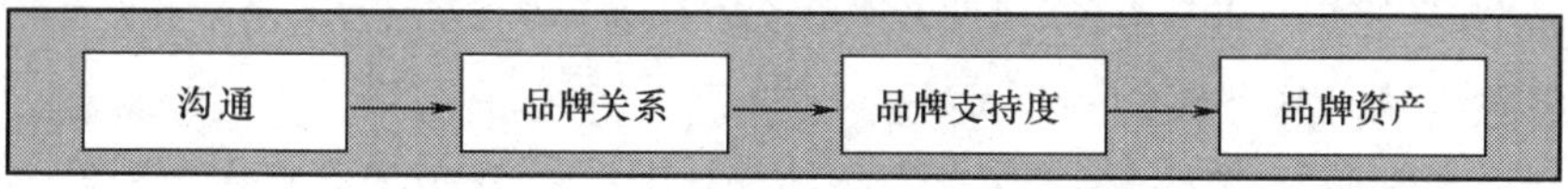

图 6－1　品牌资产方程式

在这个方程式中，沟通和传播是建立品牌资产的前提，是品牌关系的驾驭者。他认为品牌并不是如很多公司所侧重的那样，只是通常意义上的包装名称和商标。这些公司忽略了一个真相：真正的品牌其实存在于关系利益人的内心和想法之中。换言之，即公司拥有品牌名称和商标所有权，但品牌的真正拥有者却是关系利益人。而关系利益人心目中的品牌，由其本身整合诸多品牌讯息而成，因此凡是没有主动进行品牌讯息整合的公司，无异于是将这个过程的决定权让给了它的关系利益人①。邓肯的品牌观点强调了在品牌价值中，具有决定性的因素乃是品牌关系，因此只有提升品牌关系才能进而提升品牌资产。由此可见，整合营销传播或者是整合品牌传播，在本质上不单纯是品牌理论思想，更是一项品牌运作途径。

① ［美］汤姆·邓肯、桑德拉·莫里亚蒂：《品牌至尊》，北京：华夏出版社 2000 年版，第 11 页。

案例选编

案例6－1:奥格威的哈赛威衬衫广告

这是奥格威广告生涯中最有代表意义的广告创作之一,也是对其品牌形象理论的一次实践验证。那是1951年,缅因州哈赛威(Hathaway)衬衫厂的老板埃勒顿·杰蒂找到了奥格威,那时候其亲任创意总监的奥美广告才刚刚开业三年。这家衬衫厂老板对奥格威说:“我们准备做广告了。我们的广告预算每年还不到3万元。但我可以向你保证,如果你肯接受,我决不改动你的广告文案一个字。”奥格威接受了这个动人的建议。面对如此理解广告公司的客户,奥格威使尽了浑身解数。他决心要为哈撒韦衬衫做一套比乔治·葛里宾作的箭牌衬衫经典之作更好的广告,尽管他知道乔治·葛里宾广告预算是200万元,但他手头只有3万元。他需要一个奇迹。奥格威想起自己在盖洛普博士手下工作时,曾见过一个调查报告,上面说:能吸引读者的是那些能引起读者好奇心并促使他们探究的东西。哈罗德·鲁道夫把这种东西称之为“故事诉求”,并证明在广告中故事诉求越多,献计献策也越多。奥格威决心用“故事诉求”做好这个只有6 000元利润的广告。

奥格威曾经苦思冥想了很多种“故事模板”,其中一种就是让模特儿乔治·蓝吉尔戴上一只眼罩,这源自奥格威幼年时崇敬的一位小学校长和一位大使的真实形象。最初奥美否决了这个方案而赞成另外一个看起来会更好些的方案。某个阴湿的星期二早晨,在去摄影棚的路上,奥格威顺道去药店买了一只一元多钱的眼罩。拍出照片后,那张蓝吉尔戴着眼罩,穿着哈赛威衬衫,左手支腰的独特姿势吸引了所有的奥美人。他们一致决定用这张照片配上以“穿着哈赛威衬衫的男人”为标题的文案。广告最后刊登在《纽约客》杂志上(图6－2)。这则戴眼罩男人的广告使哈赛威衬衫一炮走红。世界各地的报纸都刊登谈论这则广告的文章。几十个厂家把同样的创意用于他们的广告,奥格威说仅在丹麦就看见过5种不同的版本。接着奥美又将蓝吉尔用于不同场景的系列广告中:在卡内基音乐厅指挥纽约爱乐乐团、演奏双簧管、开拖拉机、击剑、驾驶游艇、购买雷诺阿的画等。为了克服乔治·蓝吉尔在摄影机前摆动的习惯,他们甚至用铁管帮他固定住。这则广告是如此成功,当埃斯顿·杰蒂将哈赛威公司卖给波士顿一个金融家仅6个月后,这个金融家转手卖给别人,获利数百万元。这是第一批成功的品牌形象之一。奥格威回忆说:“迄今为止,以这样快的速度、这样低的广告预算建立起一个全国性的品牌这是仅有的一例。……那是我事业的第一个转折点。”

图 6－2　哈赛威衬衫广告

这则广告的标题是:穿“哈赛威”衬衫的人。文案:美国人最后终于开始体会到买一套好的西服而被穿一件大量生产的廉价衬衫毁坏了整个效果,实在是一件愚蠢的事。因此在这个阶层的人群中,“哈赛威”衬衫就日渐流行了。第一,“哈赛威”衬衫耐穿性极强——这是多年的事。其次,因为“哈赛威”剪裁——低斜度及为顾客定制的衣领,使得你看起来更年轻、更高贵。整件衬衣不惜工本的剪裁,因而使你感觉更为“舒适”。下摆很长,可深入你的裤腰。纽扣由珍珠母做成——非常大,也非常有男子气。甚至缝纫上也存在着一种南北战争前的高雅。最重要的是“哈赛威”使用从世界各角落进口的最有名的布匹来缝制他们的衬衫——从英国来的棉毛混纺的斜纹布,从苏格兰奥斯特拉德地方来的毛织波纹绸,从英属西印度群岛来的海岛棉,从印度来的手织绸,从英格兰曼彻斯特来的宽幅细毛布,从巴黎来的亚麻细布。穿了这么完美风格的衬衫,会使你得到众多的内心满足。“哈赛威”衬衫是缅因州的小城渥特威的一个小公司的虔诚的手艺人所缝制的。他们老老少少的在那里工作了已整整114 年。你如想在离你最近的店家买到“哈赛威”衬衫,请写张信片到“C. F. 哈赛威”缅因州渥特威城,即复。

案例选编

奥格威描述这个广告开发过程时说:“我设计了18种不同的方式,以便给广告注入故事诉求的神奇魔力。第18种方法便是眼罩的使用。起初我们想采取一种更明显的构思。但在去工作室的路上,我走进一家药店,花1.50美元买了一副眼罩。我也不明白它怎会如此成功。在默默无闻的116年后,‘哈赛威’又成为人们视线的焦点。很少有国家品牌在时间如此短、耗资如此少的情况下被开发出来。”① 显然,如果就产品属性来看,戴眼罩的独眼男人和“哈赛威”衬衫之间并没有联系,而奥格威也不是经过深思熟虑的市场分析之后才选择这个形象的。这中间有一种偶然性因素,只是这种偶然选择的形象,具有相当的视觉冲击和巨大的想象空间,当广告把他和“哈赛威”相结合时,一种奇妙的关联性便随之发生。于是,这个衬衫便具有了其他同类产品所不具有的特别之处,尽管这种特别之处并不来自产品的物质属性,而是来自于消费者的心理认同。这就是品牌的魔力所在。

所谓“故事诉求”实际上就是品牌形象诉求,就是现在常说的为品牌讲故事。而讲故事需要有情节、有细节,需要抓住受众的关注点,必须赋予广告在产品或品牌之外的进一步内涵,在广告中传达出一定的情节内容或者故事想象。这点在“戴眼罩的男人”广告中体现得很充分。广告照片中选用俄国贵族乔治·蓝吉尔男爵作模特儿,这位戴黑眼罩、仪表非凡的男人穿着“哈赛威”衬衫使人产生了惊人的印象。模特儿高贵的身份和潇洒的神态表现出“哈赛威”的高级品位。他身后的背景是一间豪华的制衣车间,这就巧妙暗示出“哈赛威”衬衫精良的制作工序。尤为重要的是他所戴的那副眼罩,这是一个非常具有冲击力的视觉记忆点,同时也是注入“故事诉求”的核心所在。眼罩、独眼、高贵富有男人气质的形象,都寓示了某种非同一般的人生阅历,制造出一种令人追究的悬念感。“哈赛威”衬衫广告刊出后,一时间这个广告形象风靡美国,成为高贵气派、风度非凡的象征。在广告刊出的第一年,“哈撒韦”销售量就增加了三倍之多,而创作这一广告的奥美广告公司也名声大振。

这则广告的成功是多种因素的综合,它在一定意义上集中鉴证了“奥格威”的品牌形象理论。首先是超越具体产品功能,而赋予其一种拟人化的色彩,品牌像人那样具有气质和情感内涵;其次注重个性化的品牌塑造,如同李奥·贝纳为万宝路香烟塑造的西部牛仔形象一样,体现出品牌特有的个性风范;第三通过记忆点营造强化品牌的视觉冲击,广告中有不少细节表现,但眼罩犹如一道强烈的闪光,抓住受众目光并刺激受众的兴奋神经,调动其进一步的想象。

案例来源:参见大卫·奥格威:《一个广告人的自白》,北京:中国友谊出版公司1997年版。

① [美]大卫·奥格威:《一个广告人的自白》,北京:中国友谊出版公司1997年版,第93页。

第二节　促销广告与品牌广告

在前面的叙述中我们已经发现，传统广告观念所追求的是促销至上，这与现代品牌观念并不完全吻合，即便是倡导品牌形象的奥格威，他对品牌的关注也还停留在简单的销售层面。我们提出促销广告和品牌广告的区分，如果从广告作为营销传播的视野中考察，这种区分方法的应用意义并不大，但是考虑到我们在现实的广告策划中，有一个具体的步骤就是确立广告目的，所以提出促销广告和品牌广告的概念，在观念上有助于我们广告策划中展示品牌追求的主动性。

一、促销广告及其特点

尽管传统广告人格外强调广告的销售目的，但广告策划者在广告策划中规划广告基本目标时，还是意识到广告达成的目的有两种：一是销售产品；二是贩卖形象。当然，正如奥格威讲的那样，品牌形象是一种长期投资，这种长期投资的收益最终还是要归之于销售回报。在广告策划中我们把直接销售产品的广告称之为促销广告；把主要贩卖形象的广告称之为品牌广告。可以说在定位理论出现之前，形形色色的广告理论本质上都是促销广告理论。

所谓促销广告就是以销售产品为直接目的，通过发掘产品对顾客有吸引力的利益点，刺激消费需求，激发购买欲望，短时间内达成销售量的上升。促销广告对于初创期的品牌有十分重要的意义，它能够使消费者快速知晓品牌和产品，了解产品的功能和特性，鼓励消费者选购本品牌的产品。促销广告中商品被置于核心地位，商品的各种功能和特性，以及带给消费者的利益和价值被反复地强调，帮助消费者更好地了解品牌与商品的相关信息。消费者只会购买自己熟悉的品牌，陌生的品牌可能潜伏着很多危险与陷阱，促销广告可以建立消费者对品牌和产品的熟悉感。

促销广告使品牌和商品在渠道方面也会获得一定的有利因素。代理商、批发商、零售商希望商品能够尽快流通出去，销售量越大、流通越快意味着可以节约更多的运营成本，带来更多的利润。在超市里，最畅销的产品往往被摆在最显眼、最容易被注意到的位置，越是知名度不高、不畅销的产品在渠道商那里越会受到冷遇。促销广告迎合了渠道商的需要，能够强化渠道商对品牌的信心，帮助企业顺利完成铺货的任务。通常在促销广告策划中，比较注重的问题有以下几点。

其一，突出产品利益点。促销广告以推荐产品为重点，关键是为品牌和产品挖掘出有吸引力的卖点。促销广告的卖点设计往往来源于产品的各种属性，如产品的功能、特性、款式、价格、服务等，从这些基本属性中找到消费者感兴趣的内容，在广告中加以强化传播。按照USP(独特销售主张)理论的要求，促销广告中的利益点必须是独特的，是其他品牌不能够提供的，否则它就没有足够的吸引力。促销广告中的利益点还必须能够令消费者动心，必须是消费者所看重的利益，否则它就不具备很好的诱惑力。

其二，直接刺激消费欲望。促销广告通过创意表现品牌和产品的功能和性能，展示的具体细节，把商品最有价值、最具戏剧性、最富吸引力的一面展现给消费者，借此激发消费者的需求和购买欲望，实现产品销售量的增长。消费者需求常常是模糊的、潜在的，可能消费者自己也意识不到；或者消费者对产品的需求非常微弱，并没有达到切实采取行动的程度；或者消费者虽然意识到了需求，但是并不愿意承认，更不愿意采取相应的措施来加以满足。促销广告可以通过描述、展现消费者的某一问题或困境，对其需求进行告知和暗示，从而刺激其产生购买欲望。

其三，注重提供行动导向。促销广告要为消费者提供解决问题和困难的行动方案，当消费者处于类似的情况下和场景中的时候，他们会按照广告的提示采取相应的购买行为。例如，曾志伟代言的"康恩贝肠炎宁"广告中，提示消费者使用"康恩贝肠炎宁"的三个场景："吃辣椒拉肚子""吃油腻拉肚子""喝酒海鲜拉肚子"；脑白金在广告中传播了"孝敬爸妈脑白金"等。促销广告暗示、提示、号召消费者采取消费行动，广告中的场景、情节、人物、广告语都在引导消费者做出购买行为。

二、品牌广告及其特点

品牌广告起始于奥格威所主张的品牌形象诉求，它以贩卖形象为主，并不以直接的增加销售为目的，这是它与促销广告的最大区别。在品牌广告策划中，品牌成为广告的主角，而产品则居于次要地位，很多品牌广告中甚至找不到产品的影子。品牌广告不以短期的销售刺激为目标，追求长期的传播积累效果，致力于构建品牌与消费者稳定的品牌关系，塑造、完善适合消费者心理需求的品牌形象，提高品牌美誉度，培育顾客对品牌的忠诚。品牌广告策划中比较注重的问题有以下几点。

（一）展示品牌的独特利益点

与促销广告一样，品牌广告同样需要向消费者提供一个利益点，这个利益点必须具有吸引力、具有独特性。不同的是，品牌广告的利益点主要是心理利益，而不是具体的物质利益。品牌带来的是消费者情感和心理的满足，提高品牌的心理附加值是品牌广告的功能之一。品牌广告多诉求与品牌有关的某种情绪、情感和体验，期望在消费者那里得到认同和共鸣。例如，红蜻蜓皮鞋形象广告将消费者的诸多第一次与红蜻蜓品牌联系在一起：第一次登台、第一次邂逅……“每个第一次都以为拥有了全世界，但继续前行就能发现更美丽的风景。在路上，因你更美。”

（二）传播品牌的观念形象

品牌广告并不直接进行贩卖式推销，而是注重于在广告中传达企业和品牌的价值观，传达企业及其品牌独有的文化、哲学、传统和理念，向消费者阐述它们对世界的理解和认知。品牌广告对目标消费群的价值观、生活方式、情感、情绪等进行鼓励和确认，迎合消费者的心理需求，以赢得消费者的信任和好感。每个人都不喜欢被否定，品牌要建立与消费者之间的友好关系就不能悖逆目标群体的价值观，品牌虽然需要有自己的定位和个性，它的定位和个性塑造必须以目标群体的价值观为基础。例如，以年轻人为消费群的美特斯邦威服饰形象广告提出“不走寻常路”的生存哲学，迎合了年轻人崇尚独立、追逐个性的心理需求；才子西服的“观心知天下，不露也锋芒”广告语是中青年成功人士的写照。

（三）维护品牌与消费者的关系

在整合营销传播的视野里，品牌广告是品牌与消费者的接触手段之一，广告本身负有沟通和维护消费者关系的责任。所以品牌广告致力于使品牌更富亲和力，消除消费者对品牌的陌生感和距离感。品牌广告配合相应的公关、营销活动，能够增进消费者对品牌的认知，拉近消费者与品牌的距离，使消费者感受到品牌的关爱，相信品牌就在自己的身边。比如，危机公关中的品牌广告，当企业和品牌处于突如其来的危机之中时，品牌广告能够帮助品牌消除误解、降低危害，挽回品牌信誉，重新建立品牌与消费者之间的信任关系。如今，随着广告应用于新媒体的手段不断丰富，传统广告的边界也在不断突破，这与品牌广告注重品牌关系的思维导向有关。

传统促销组合中强调四个主要构成：广告、公关宣传、销售促进以及人员推销，这些常见的促销手段在运用过程中强调的是单向度的对销售对象的促销，注重于“推”（push）。从广告策划导入品牌关系建设而言，着眼于品牌传播的广告策划，则注意到了这个过程中使双方达成共识的沟通过程，而且大大地扩展了这种沟通的手段。沟通过程和沟通手段的变化，模糊了传统广告与其他促销组合的边界，也扩展了广告的内容。这就比如我们在社交媒体的变化中植入品牌广告，简单的品牌 logo 或者是品牌诉求，显然很容易被消费者屏蔽，那么就必须坦诚地与消费者进行对话。这种对话既是一种动态的品牌广告，也是一种典型的网络公关。

在这里我们必须再一次强调“营销传播”这一概念，在早期的广告策划中营销传播包括各种不同的促销手段，广告只是其中之一。但是在现代营销传播实践中，这种陈旧的观念早已被打破，广告策划完全跳出了传统手段的应用，成为一种综合性的营销和品牌信息的传播，作为一个传统而富有新意的概念，营销传播自然也一直都在发展之中。营销传播的源头和主体构成无疑是促销（promotion），包括广告和各种销售促进方式，其中就系统性而言，广告则是更加具有模式化的理论规范。早在 20 世纪前半叶，新兴的市场营销理论与广告观念的结合，逐渐使得广告摆脱了单纯的叫卖状态，而导入一个不断规范化和理性化的发展轨道。在经典的市场营销著作中，营销组合（marketing mix）的一个重要构成就是营销沟通，也叫营销传播（marketing communication）。毫无疑问，这个概念是对传统意义上促销认识的发展，随着新兴的传播学理论的进一步引入和渗透，现在广告和营销领域的许多专家和专业人员更加喜欢运用营销传播而放弃使用广告与促销这个术语。

三、促销转向营销传播

营销传播是营销这一大概念之下的次级概念，而广告其实只是一种营销传播手段，所以广告策划中必须考虑到营销传播的终极追求。为了认识这个问题我们很有必要做一些概念回顾，即什么是营销与营销传播，它们的基本指向是什么。

理解营销传播这个概念，显然就必须关注它的两个组成部分：营销和传播。所谓营销是指企业或者其他组织用以在自身或者客户之间创造价值转移（或交换)的一系列活动;传播或者沟通,是指思想传递以及不同个体之间或组织与个体之间建立共识的过程。将这两个概念综合加以认识,可以说营销传播就是指在一个品牌的营销组合中,通过建立与特定品牌的客户或者用户之间的共识而达成价值交换的所有要素的总和。[①] 由此可见,营销传播是实现营销和品牌发展的基本要素,它的职责是在公司产品或品牌与其消费者之间建立某种共识,进而实现彼此之间的价值交换。所谓共识也就意味着双方之间不只是单纯的信息转移,还必须形成一种相互协调的意见平衡,因此营销传播不论采取什么形式,它都不能摆脱对信息交流的依赖。

由此可见,营销的核心就是价值转换,这是营销本质之所在。但是过去我们理解价值转换时,往往单纯地从销售视角看待问题,把营销追求和营销目的简单归之于销售利润。而传统广告理论一直在强调的广告销售目的,无疑也是这种认识的体现。也许仅仅从营销本身的经济利益属性来考察,这一认识并不为过。但是从营销以及营销传播现实及其实际可能来看,这种单纯直接的利润追求似乎并不乐观,这是因为更多时候直接利润追求只是营销价值的衡量方式之一,但却并不能保证营销价值的有效性和稳定性。尤其是在现代市场环境下,营销的经济目标很大程度上是通过一些中间目标来完成的,这些中间目标不仅更有直接性,而且较之于简单的利润考察更加合乎营销发展的长期逻辑。这也就是奥格威所说的,每一个广告都应看作是对品牌形象的贡献,从长远来看,哪怕是牺牲一些很有吸引力的短期方案,也要尽量维护产品的形象。而广告越能为品牌树立一个鲜明的个性,该品牌就越能获得更大的市场份额和更多的超额利润。

营销传播观念是社会经济形态的折射和反映,它的发展是与市场演进相伴随的。长期以来广告在营销传播中担当着主要角色,几乎可以说 20 世纪 70 年代以前的营销传播理论主要就是广告理论。其在发展过程中主要体现了三个阶段的演进:20 世纪初直到 50 年代产品推销时期的广告理论模式;20 世纪 60 年代以创意革命为代表的转型期理论;以及 20 世纪 70 年代之后营销与传播整合期的现代广告理论模式。这种理论演变与 20 世纪前半叶整个经济和市场状况密切相关,它表现了不同市场模式下的营销追求。

从 20 世纪初期是一个典型的产品经济时代,市场状况基本呈现为供不应求。

---

① [美]特伦斯·A. 辛普:《整合营销沟通》,北京:中信出版社 2003 年版,第 4 页。

制造商为了提供更多产品，控制生产、集中管理，并且对市场销售和社会购买力进行预测，从而使生产和营销规模得到了空前的发展。这是典型的产品时代。生产商考虑最多的是如何不断扩大生产规模，满足人们日益膨胀的需求；销售商则更多的是考虑怎样才能够吸引更多消费者，促使其增加购买总量。直到30年代世界性经济危机爆发，市场购买能力下降，导致商品过剩，销售积压。第二次世界大战后，世界范围内经济全面复苏并飞速发展，商品日益丰富，市场格局也迅速由卖方市场转向买方市场。市场营销在这个时期先后经历了生产观念、产品观念到推销观念的演进。

20世纪60年代后市场环境发生变化，真正意义上的买方市场正式形成。随着报业的发展，尤其是广播电视的高度普及，媒介环境变得更为复杂。加之运用广告来参与市场竞争的企业越来越多，专业从事广告代理的机构发展迅猛，使得广告业的产业环境也变得错综复杂。在这种情况下，营销传播的效果受到相当的环境限制，其不可控因素日益增多。这个时期的营销传播实质上是对传统推销观念的沿袭、拓展和深化，风靡一时的创意革命也在这个时期应运而生。显然，这个时期的广告理论已经由单纯销售信息诉求，渐渐地向协调的信息表达方式过渡，它代表了营销传播理论对简单产品认识的提升。

从20世纪70年代开始，全球经济一体化与技术革命给社会经济和市场带来了巨大的变化。其一，社会商品无限丰富，社会商品消费的需求和欲望被空前满足；产品生命周期缩短，更新换代加快。其二，产品同质化现象严重，同类产品之间差异越来越小，甚至根本无法区分；科学技术的进步以及市场利益的驱使也使得高速度仿制产品成为可能。其三，社会生产规模化造成市场空间范围极大拓展。这一时期的市场营销发生革命性变化，由传统的产品本位转向以消费者为本位的营销观念，把消费者的需求视作营销传播的出发点。虽然市场营销的内涵在不断丰富，但是广告作为一种营销手段，却一如既往地服从于整体营销这一本质。所以在市场营销环境及其观念不断变革的背景下，进行广告策划就必须再一次审视市场营销的根本追求，并从品牌价值的角度认识广告策划。

第三节　广告策划的品牌意识

把品牌意识应用于广告策划之中，是现代广告进入21世纪之后越来越迫切的需要，它既反映了营销现实的变化，也引导了广告策划思维的转变。几乎可以肯定地说，在复杂的市场和信息环境下，狭隘的广告本身已经逐渐丧失了直接促销价值，只有把广告置于品牌的整合传播之中，才可能保证其发挥有效的作用。

一、品牌价值的营销体现

所谓品牌价值、品牌资产等，是20世纪80年代以后兴起的最为流行、也最有潜在价值的营销概念之一。著名品牌学研究专家凯文·凯勒在谈到这个概念时曾说："品牌资产概念的出现，对于营销人员来说可能既有利也有弊，有利的一面在于：品牌资产提升了品牌在营销策略中的重要性，同时为管理和研究活动提供了重心。不利的一面在于：品牌资产的概念因为不同的目的而有各种不同的定义，从而导致混乱和概念上的混淆。"[①]概念的复杂多样说明其本身丰富的内涵和多元性包容，过于纠缠于概念本身显然非广告策划的重心，我们无非是要说明，现代营销的核心工作就是建立具有影响力的强势品牌，因此它对作为营销传播的广告策划也具有明确的导向性。

那么什么是强势品牌，或者说什么样的品牌才算是有价值的品牌？我们在本章的第一节中曾经列举了流行的品牌排行榜中关于品牌资产的估值，位于前列的都是高达数百亿甚至上千亿的著名品牌。按照品牌资产专家们的说法，品牌资产取决于品牌的价值。英国的国际品牌集团(Interbrand)和美国的《金融世界》杂志是世界权威的品牌资产评估机构，这些机构每年都推出各种的品牌资产评估榜单。大卫·艾克在他的《品牌价值管理》一书中也提出了品牌资产评价的十大要素，通过五个大类十个小项来评估品牌所具有的资产价值。他认为，品牌资产价值主要来自于品牌的知名度、品质认同度、品牌联想度和品牌忠诚度，其中最核心的是品牌忠诚度，参见表6－1。

表6－1　品牌资产评估要素

品牌忠诚度评价	1. 价差效应 2. 满意度/忠诚度
品牌认定/领导性评价	3. 品质认定 4. 领导性/受欢迎程度

① ［美］凯文·莱恩·凯勒：《战略品牌管理》(第三版)，北京：中国人民大学出版社2009年版，第34页。

续表

品牌区隔/联想性评价	5. 价值认识 6. 品牌个性 7. 企业联想
品牌知名度评价	8. 知名度
市场状况评价	9. 市场占有率 10. 市场价格、通路覆盖

根据这个评价方法，品牌经营的目的就是通过不断提高品牌知名度、品质认同度、品牌联想度与品牌忠诚度，把作为无形资产的品牌有效地转化成为一种可以具体可感的价值。这一点在整合营销传播理论中得到了相应的发展，按照整合营销传播观点，无论是知名度、认同度还是联想度、忠诚度，归根结底都是顾客和相关利益者与品牌之间所表现的一种关系方式，因此品牌资产价值说穿了就是品牌的关系程度。整合营销传播研究专家汤姆·邓肯认为：

> 来自各种相关利益者的支持程度越深、范围越广，该品牌就会越强大。品牌的股票价格由顾客而定，即以顾客忠诚度为基础；同样，品牌的价值以公司利益相关者来定，即以不同利益相关者的忠诚度为基础。在此意义上，利益相关者关系就是另一种形式的资本（相对于银行中的资金而言）。关于盈亏状况、销售收益和股价（假定是上市公司）的升降都取决于顾客、股东、媒体、金融界和其他相关利益者行为。①

在通常的市场营销中，公司或者品牌最为关注的都是顾客，所以沟通传播的设计都是以获取和保持顾客为前提，这当然没有错。但是在当今市场格局下，对于品牌经营而言，越来越多的影响不仅仅来自于顾客，更重要的是来自于其他各个层面。过去的公司最高决策者工作中心可能是生产管理，后来有一段时间工作中心是营销管理，如今大多数公司决策人的关注重点放在了公司与相关利益群体的沟通之上。这是因为并不是任何时候一个公司或者品牌的顾客影响都处在第一位，不同的利益相关群体在不同情况下，对品牌的影响程度并不一样。比如，在遇上突发事件时，最主要的相关利益者可能就是媒体；在公司兼并重组过程中，员

① ［美］汤姆·邓肯：《整合营销传播：利用广告和促销建树品牌》，北京：中国财政经济出版社 2004 年版，第 55 页。

工利益可能就是首先要考虑的因素。已经有调查资料证实了同时关注多类相关利益者的好处，当公司同时关注三种团体——员工、投资者和消费者时的效果，远远优于只关注其中一个或者两个团体的效果。

之所以会这样，是因为在现行传播体系中接触无处不在，各种利益相关群体所接收的信息并不仅仅是公司或者品牌的计划信息，所有的利益相关者都存在于自己的关系网中，这些关系网错综复杂相互交织，他们彼此之间也在相互影响，而且这些传播方式多种多样难以控制，比公司或者品牌专门设计的营销传播信息更加具有影响力。正是在这个意义上，把品牌价值界定在公司或者品牌与顾客和相关利益者的关系上，就具有必然意义。正如我们所说的，品牌价值就是品牌与顾客和关系利益者的关系程度，这种关系程度也有一系列相关的评价指标，通过这些指标我们可以解构和分析品牌资产的价值，这些指标主要是信任、强度、忠诚等。所谓信任，即一个公司在顾客和关系利益者那里所取的信用程度。在竞争性市场上，顾客对特定品牌的选择往往依赖于信任，选择了品牌也就意味着选择了信任。而强度则指的是品牌与相关利益者之间可以衡量的关系程度，这种关系程度往往取决于顾客和关系利益者对品牌的情感认同度，这种不同程度可以被划分为几个不同等级。而忠诚则是在顾客关系中处于较高层级的品牌关系，这种关系超越了简单的交易关系。所谓忠诚就是指顾客和关系利益者对品牌的持续性认同。

在现代营销中，因为品牌的成功建立在对顾客的保留之上，而不是仅仅争取顾客，所以只有维持相应的品牌忠诚，才可能保证顾客对品牌的持续关注。现代管理学之父彼得·德鲁克有一句经典名言：企业的唯一目的就是创造顾客，而不是其他。现在看来，企业要实现其营销价值，最为核心的工作就是培养愉快而忠诚的顾客。因此广告策划也要转变观念，处理好获取新顾客与保留老顾客的关系。以往的营销和广告理论，大都注重于开拓而忽略保持，其实品牌关系获得成功的真实情况正好相反，这就是保留比获取更加重要，因为广告策划不能仅仅停留在信息传递和诉求点的设计上，还必须延伸到品牌的建构和品牌关系的维护上。

二、定位观念的品牌内涵

事实上在广告观念发展中具有划时代意义的定位理论，从一开始就是一种品牌营销策划理论。我们在第一章介绍广告策划基本理论时，曾经提及定位理论，广告由“推销”到“沟通”的革命性角色转变，显著的标志即是始于定位概念的提出。其与细分市场最大的一个共同点就是，定位同样强调的是着力于特定方向而不顾其他。从某种意义上讲，定位是市场及市场学发展的必然产物，是在市场细分化与目标营销背景下的一种特定传播策略，其关键在于使消费者对产品或者品牌代表什么有清醒的认识。

（一）核心是品牌定位而不是产品定位

作为一种广告策略，定位的关键思想是要使消费者对我们的品牌代表什么有清楚的认识，那种试图让一个产品式品牌成为人见人爱的“大众情人”的做法从根本上无法形成清晰的定位。在定位战略中，有关品牌的价格、分销、包装以及产品实际特征虽然也起重要作用，但定位的获得却主要靠广告宣传实现。这正如定位概念的倡导者所说的，定位不是要对产品本身去做什么，而是要对消费者的认识做些什么。从广告策划战略管理上讲，欲达目标就必须使细分市场与广告定位有机地配合，因此对于一个品牌的定位，必须能够最有效地吸引我们最希望获得的目标群。

定位观点的核心价值就在于，在当今这个传播和信息泛滥的时代，公司太多、产品太多、品牌太多，市场上的干扰和噪音也太多，因此一个产品或者品牌如果要想取得市场认同，最重要的就是在人们头脑中定位。而进入头脑的最容易办法就是争做第一，如果当不了第一，就得针对已经成为第一的对象（包括产品、政客、人等）来给自己定位。这是因为在我们这个传播过剩的社会中，人们已经学会了在头脑中的小阶梯上给所有商品①打分排级，如果一个商品或者品牌能够进入这个头脑阶梯并占有位置，那么就可能得到注意。有人这样解释定位：

> 定位从产品开始，其可能是一件商品、一项服务、一个机构，甚至是一个人，也许就是你自己。但是，定位并不是要对产品做什么事情。定位是对你预期的顾客所做的事。换句话说，你要在预期客户的头脑里给产品定位。②

显然，这里表明了定位的特性，它虽然是建立在产品之上的，但却不是对产品本身进行改变，而是改变受众对产品的认识。就是说定位的着力点是受众心理，

---

① 这里所提到的商品概念也许已经超越了经济学上对商品的界定。事实上，如果用营销学的眼光看待问题，一切对象凡涉及某种具有价值的交流和交换，都具有商品意义。当然，在很多情况下，这种价值表现得比较隐蔽，不是以简单的货币符号表示的。所以艾尔·里斯和杰克·特劳特在《定位》中把这种手段推广到政治、个人，甚至是恋爱。

② ［美］艾尔·里斯、杰克·特劳特：《定位》，北京：中国财政经济出版社 2002 年版，第 2 页。

所以他们立即对这个定义进行补充:“所以说,把这个概念称作产品定位是不正确的,因为你对产品本身实际上并没有做什么事情。”因此定位不是产品定位,而是品牌定位,即把你的品牌定位于顾客以及相关利益者的某一个特定的心理空间。它不仅为广告所要传达的核心信息找到基点,而且也对这种信息的传播途径提出了限制性要求。从市场竞争的背景上看,任何一个产品或品牌在消费者心目中的定位都是一种相对的概念,是消费者对该产品或品牌与竞争产品或品牌的差异性比较评价。在消费者的大脑中有一幅产品类别概念图,某一品牌在这幅图中的位置(当然是与竞争对手相比较的位置)就是该产品的定位,而这种位置是由消费者所认为的各品牌之间的联系所决定的。这进一步说明了定位虽然依据产品或品牌本身的一些有形因素,但更重要的是凝结在这种品牌之间的消费者的认定意识和品牌内含,所以对于定位而言,运用广告比改变产品重要得多。

(二)品牌定位的特点与方法

20 世纪 80 年代以来,艾尔·里斯和杰克·特劳特不断推广定位观念,虽然也是对广告思想的一种继承和扬弃,但是思考问题的出发点显然大不一样。与以需求为导向的营销理论相一致的是,作为一种广告策划观念的定位思想之中,明显地转换了传统广告策划中的策划视角。定位的核心就在于,由过去那种从产品出发的思考模式,彻底改变为从消费者出发的思考模式。在以往以广告为代表的营销传播中,营销者及其产品强调的是“我具有某种特性”,而现在定位所倡导的是“我符合你的心理预期,可以满足你某种要求”。这种意识与其后劳特朋倡导的 4C 理论完全吻合,不仅包含着古典经济学中对消费者主权的认同,更重要的是树立了需求第一的价值观念。毫无疑问,需求是导致人们动机和行为的基本依据,只有真正把握需求才可能在信息过剩状态下,实现营销沟通中的主动把握。这一点也正好符合整个市场系统中权力下移时期的营销和传播特征。

作为市场营销和广告策划中一个具有革命性的概念,定位概念在今天已经得到了广泛的应用。当企业把市场作为核心追求时,几乎每一步都存在着定位问题。似乎不仅仅是产品、品牌,包括企业自身、企业在竞争中所处状态,都存在着一个定位问题。定位简直就成了新的市场环境下,达到与目标对象沟通的必然手段。实施定位战略有各种各样的方法。但不论什么方法,其目的最终都是发展或强化品牌的某一特定形象在消费者心目中的地位。由于定位在实质上是使产品与目标顾客的心理需求在特定状态下达到一种吻合,因而定位方法的两个极点就是作为实体的产品与代表心理状态的观念,由各种方式所形成的定位最终都可归于实体定位、观念定位或者市场竞争定位。

实体定位是从产品本身出发,其特点是突出产品本身的新价值,强调其与同类产品的差异性所在,从而突出产品个性,或者其在某种意义上的不可替代性。实体定位因为主要着眼于产品的功能与价值,所以定位角度有许多方面:主要是品质定位、功效定位、市场定位、外观定位以及价格定位等。观念定位着眼于消费者的心理和认识习惯,其特点是通过对消费者的心理诉求,为产品树立一种新的价值观,借以改变消费者的习惯心理,形成新的认识结构和消费习惯。在具体操作过程中,观念定位通常有几种模式:重要的有心理定位、逆向定位、是非定位以及观念转化等。如果说前面所讲的定位方式基本上还属于一种静态的定位,那么着眼于市场竞争中的竞争定位则更接近一种动态定位。在市场定位中,各种静态定位方法大都需要根据竞争情况加以优化和整合,最后根据竞争需要形成一种综合性的全面定位策略,这种策略主要是着眼于对竞争对手的认同上。其主要定位方式有:领导者定位、跟进者定位以及为竞争对手重新定位等①。

(三)定位的超越价值

表面上看定位观念与流行的细分市场和目标市场理论,似乎具有很大的一致性,它们都强调在营销选择中,要着力于特定方向而不顾其他。但是如果考究其本质,还是有很大差异性的。虽然从某种意义上讲,定位是市场及市场学发展的必然产物,市场竞争及市场营销的演变,迫使我们从早期无差别营销转向目标市场营销。目标市场营销的最大特征就是利用市场细分方式,确定一个或一组可供运作的有利于发展的差异市场。在这个市场上,消费者按照某种共性被组合成一个群体,他们具有同样的利益追求或者同样的心理倾向,为了最大可能地获得这一市场的认同,产品或广告也就按照这一方向进行设计。

如果仅仅从定位的针对性来说,其恰好符合了市场细分化与目标营销背景下一种特定传播策略,使消费者对产品或者品牌代表什么有清醒的认识。但是如果从思考问题的出发点来考察,我们就会发现定位于细分市场以及目标市场的出发点并不完全一样。细分市场和目标市场还是以静态式的产品对应来区分市场的,而定位则改为以动态式的消费心理来考虑品牌策略。结合市场营销观念的发展

---

① 有关定位策略的具体阐述可以参见卫军英:《现代广告策划》第七章,北京:首都经济贸易大学出版社 2004 年版,第 145 - 167 页。

过程可以说，细分市场和目标市场还停留于4P时代，从企业和产品角度思考问题，而定位则显然已经过渡到从消费者的角度思考问题，这也是典型的4C营销观念的思考方式。正因为这样，我们认为定位作为一种思维方式具有某种超越性价值，它更应该被看作是一种具有普遍意义的指导思想，而不是简单的广告策划方法和营销管理模型，所以运用定位策略的方式大可以灵活多样。

就在20世纪开始之际，2001年美国营销学会评选有史以来对美国营销影响最大的观念，最后的结果出乎意料。不是罗斯·瑞夫斯的USP、大卫·奥格威的品牌形象，也不是被称为营销之父的菲利普·科特勒所构建的营销管理和消费者"让渡"价值理论，以及被称为是战略管理之父的迈克尔·波特的竞争价值理论，而是艾尔·里斯与杰克·特劳特所提出的"定位"理论。看上去这个评选结果似乎有点令人吃惊，但是如果脱离简单的营销理论框架，从市场变革和社会思潮发展中审视一种观念对人行为的影响，那么"定位"可以说当之无愧。确实，从它提出后的二十年间，定位理论已经逐渐超越了最初的广告和营销领域，它甚至成为一种哲学理念和社会行为模式。因为从定位开始，市场营销或者说是营销传播彻底改变了自己的角色定义。如果说过去只是简单地进行线性推销，目的在于卖出产品，那么从现在开始，市场营销或许就是发现需求，努力寻找可以提供给市场的某种满足状态。因此相对而言，过去的营销传播中着重于信息供应，而现在则必须要有信息交流，甚至随着信息流量和各种信息干扰的不断增加，营销传播必须采取某种信息整合以强化自己。

案例6－2：艾维斯出租车广告"我们只是第二"

案例选编

虽然严格说来定位是艾尔·里斯和杰克·特劳特在20世纪90年代之后，才开始倡导的一种广告观念，但是正如曾与特劳特合作创作著名"牛哥"广告的乔治·路易斯在其《蔚蓝诡计》一书中所言：早在"20世纪50年代晚期，在DDB服务期间，有才华的人能在公司成就他们既有创意又能攻陷敌人阵地的作品，其实那时定位及策略就几乎是无意识地被百分之百地认为是创作过程的第一步"①。由此可见定位实际上是现代广告策划一种内在的必然要求，因此这里特别以1963年伯恩巴克所领导DDB的这则经典广告来说明定位。

① ［美］乔治·路易斯：《蔚蓝诡计》，海口：海南出版社1996年版，第42页。

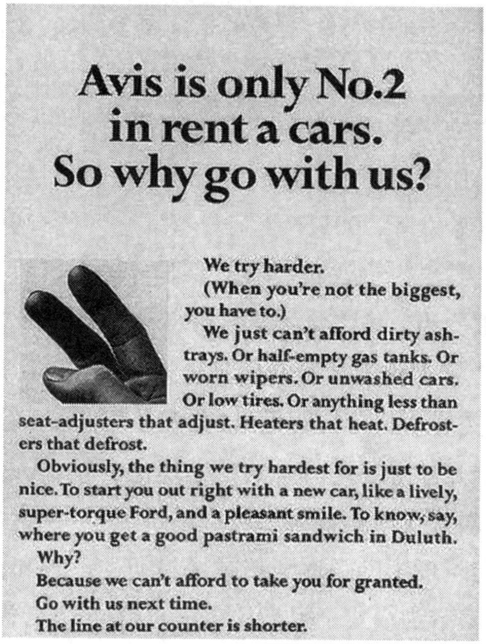

图 6－3 “我们只是第二”

“我们只是第二”(We are No. 2)是广告史上一个经典的战例(图 6－3),曾经为艾维斯出租车公司创造了辉煌的战绩,但是后来在概念转换中却黯然失利了。从它的兴衰过程中,我们可以看到定位的力量。艾维斯是一家汽车租赁公司,然而成立十多年来,一直处在经营亏损中。1962 年,它把自己的广告业务交给了由伟大的伯恩巴克主导的著名的 DDB 公司。当时在美国出租车行业,领头的是工业排行榜第五位的赫茨(Hertz)公司,艾维斯和其他企业被远远地抛在了后面。DDB 接手之后,策划了一项新的商业活动,其核心就是“艾维斯在出租车业中只是第二,所以我们更加努力。”(Avis is only No. 2 in rent a cars. So why go with us?)就是这项活动使得艾维斯的事业进入了一个高潮。在当时,还从没有过什么企业像艾维斯那样大做广告,心甘情愿的声称自己处在第二位。然而艾维斯的做法生机勃勃,不但给人以全然不同的感受,而且还打破了比较广告的禁忌,第一则广告做得非常坦白:

> 艾维斯在出租车行业中仅排名第二。那么为什么还要和我们同行呢?答案是因为我们更努力……我们只是难以接受那么脏的烟灰缸、半空的汽油桶、破旧的雨刷、总是瘪瘪的轮胎,还有该调整却不能调整的座位调节器,该加热却不能加热的热气机,该除霜却不能除霜的除霜器。

案例选编

任何能做得更好的他们都会去做。广告一遍又一遍地重复着:“当你处在第二位时,你就必须努力,否则的话……我们就会被吞并”;“艾维斯难以接受那么脏的烟灰缸”;还有“艾维斯不能接受没有擦洗干净的车”。与此同时,艾维斯所属的1 800个营业所的工作人员都配合行动,收银小姐的胸前挂着“我们更加努力”的胸牌,当顾客嘲笑时,她们依然亲切的回答“我们只是第二,我们应该更加努力。”

这项在美国成为热门话题的广告宣传,一时间家喻户晓,“我们只是第二”成了当时口头禅般的日常用语。检视这次广告活动,我们会发现其中不乏概念炒作的因素。它的最大卖点就是打破了人们的惯性思维,在接受概念上来了一次全新整合。首先,它敢于承认公司排名第二这一现实;同时,它又巧妙地把这一被动现实转化成为其优势所在。创造一个“第二”的概念,并且结合消费者的思维特性,为其注入全新的有利于自己的内容,是这次成功的一个关键。

在这次广告开始以前,出租车行业赫茨是第一,艾维斯和耐什纳尔并列第二。但“我们只是第二”却使这次广告活动变成了赫茨与艾维斯两个公司之间的事了,后来当赫茨决定对这次广告运动做出反应时,艾维斯更加有了前进的动力。因为这意味着“老大”公开正式承认了自己的竞争对手。一年多时间,艾维斯在出租车行业真正变成了“老二”,其市场的份额也增加了28%。艾维斯竟因此一改成立13年来的连续亏损纪录,据它自己承认头一年公司赢利是120万美元,第二年是260万,第三年是500万。随后这家公司被卖给了ITT公司。真正出现概念错位的是在它被卖掉之后。里斯和特劳特提出了一个有关企业竞争失误的陷阱:“忘记了使他们成功的根本”(Forgot what made them successful)缩写称之为FWMTS。在卖给ITT之后不久,艾维斯面对大好形势,认为自己不能满足于屈居第二了。于是推出了新的广告:“艾维斯要做第一(Avis is going to be No. 1)”。

从概念定位上来说,这是它错误的开始。当年艾维斯之所以成功,是因为它把自己与赫茨挂在了一起,许多营销人员认为是因为它更加努力的结果,这是错误的,如果更加努力是获得成功的法宝,那么只要埋头苦干就可以了。事实上,自那以后艾维斯曾经进行过许多形式的广告宣传,诸如:“奇才艾维斯”(The wizard of Avis)“你用不着跑遍整个机场”(You don't have to run through airports)等,但是效果并不理想。提到艾维斯人们的概念仍旧是“第二”。其实,关于什么“更努力”之类的内容人们早已忘记,剩下的只有这个概念,改变这个概念,显然就是失去了立身之本。

案例来源:卫军英:《现代广告策划》(第三版),北京:首都经济贸易大学出版社2012年版。

第七章

用创意营销引导广告创意

本章重点及学习要求

1. 创意营销的概念与内涵
2. 创新思维与创意营销的关系
3. 创意营销的三大表现特征
4. 创意营销策划中的环境适应
5. 广告策划中的整合效应与创意拓展

第一节 创新思维与创意营销

广告策划本身就是一种创造性工作,所以它对创新思维格外青睐。而广告策划过程中的创新,既是思维的创新也是营销方法的创新。因此在信息技术新的市场环境下,只有通过创新性的思维和创意性的工作,才可能策划出有创造力的广告。

一、创意营销的主要内涵

什么是创意营销?传播界对这一营销概念并没有准确解释,现行的各种策划著作基本还没有涉及它。创意(creativity)原本是广告和设计艺术中经常涉及的一个核心术语,它通过意识或者思维观念创新达成某种价值创造,在这种具有创新性意识和思维观念中,价值创造的核心不在于物品本身,而在于其所体现的某种意义要素。因此所谓创意营销,本质上就是把创意元素导入营销及营销传播过程,尤其是在互联网时代通过创新性的创意和创造,实现营销中的价值共享和利益获得。当媒体和信息不再是垄断权力,而成为一种可以免费获取的公共资源时,在无数个体化的社交媒体中和海量的信息状态下,如何达成品牌信息的传播影响力,便成了营销传播的首要任务。显然营销传播必然面临着一次本质性的回归,即通过创意来提升自己的传播力,这也就是我们所说的创意营销。

创意研究被引入到产业领域始于英国。进入 21 世纪以来,西方理论界从研究“创意”本身,逐渐延伸到整个经济和社会领域:以创意为核心的产业组织和生产活动,即“创意产业”(creative industry)、“创意资本”(creative capital);又拓展到以创意为基本动力的经济形态和社会组织,即“创意经济”(creative economy);再逐渐聚焦在具有创意的人力资本,即“创意阶层”(creative class)。这种对创意研究的延伸,代表了知识经济时代的一种必然趋向,即更加重视经济社会发展中的人本精神。正如哈佛商学院教授罗布·奥斯汀所指出的那样,“当商业变得更为依赖知识来创造价值时,工作也变得更像是艺术”。“艺术”这个隐喻,在这里代表着对“理性”(“经济人”隐喻)这个现代性范畴的突破。奥斯汀的意思是,当商业基础从现代性的“物质资本”转向后现代性的“知识”后，经济范畴的基础就从“理性”转向了“艺术”。理性范畴内物性的创新，就必然转向“艺术”范畴内生命性的创新。艺术在这里，更多代表着人的精神本身。这就是“创意”问题的根本所在。

实现创意营销的前提是创造性思维和创意性策划。对此以往经典的广告理论都有过比较充分的表述，除了各种近于模式化的诉求方法之外，在创意思维方法上也有一些指导性的规则，如常见的“头脑风暴法”和“集思广益法”等。但值得注意的是传统广告策划创意中，“策划”与“创意”常常被看作是两个分割的步骤，似乎“策划”更偏重策略的层面运作，即确定“说什么”的信息战略；“创意”则更注重于操作层面的应用，即解决“怎样说”的信息战术。这种对广告策划创意过程的简单分割，显然不利于我们所说的创意营销的思维方法。所以在创意营销的范畴中，策划创意本身是一个完整的过程，我们无法设想如果一个精心策划的广告策略，只停留在一系列干巴巴的数据和逻辑状态上时，在新的市场和信息环境中，它还会有多大的价值。同样也无法想象任何灵活的具有创造性的营销创意，仅仅只是一种表现技巧的玩弄。所以必须要用新的观念来看待广告策划创意，尤其是面对互联网所带来的信息技术现实。

互联网是一种突破物质和时空局限的生态模式，在这种生态系统中进行营销和营销传播，对意义的依赖远远大于对载体的依赖。也就是说任何营销信息在网络形态下，一旦无法引起用户的兴趣，也就不可能吸引用户的注意力，更无法促使用户的进一步参与。也许在产品经济时代，广告创意虽然也注重传播中的某种利益诉求，表达“我可以给予你什么”的利益价值，但是在互联网时代这种基于功能性的利益满足，基本上失去了进一步激发用户兴趣的能力，更谈不上在浩瀚的网络信息中实现病毒般的营销传播。所以只有为营销传播注入创意性元素，才有可能使其不至于湮灭，这就要求把营销与传播有效地统一起来，进行一种整合营销传播。

二、创新思维的两个新视角

在新的媒体环境下，这种创新离不开对媒体现实的认识，和对新的营销传播手段的运用，其本身就是观念与方法互相作用的结果。激发创新的要素很多，最为重要的就是媒介融合和互联网思维。

(一)媒体融合视角与传播创新

媒体融合(media convergence)又称之为媒介融合,这个概念最早见诸20世纪80年代,是由美国马萨诸塞州理工大学的浦尔教授提出的,其原意是指各种媒介呈现出多功能一体化的发展趋势。媒介融合概念最早提出的时候,互联网还没有出现,当时对媒介融合的认识基本上还集中在对传统媒介手段的合作和协同发展方面,因此所谓媒介融合的内容,主要就是将原先属于不同类型的媒介结合在一起。

早期对媒介融合的理解,更多的还是从新闻传播的业务形态着眼,侧重于媒介内容生产的融合和渠道传送。进入网络时代之后,伴随着媒介理论的发展,所谓"融合"的内涵又有了进一步的延展,所以我们今天讲的"媒体融合"应该包括狭义和广义两种理解:狭义的概念是指将不同的媒介形态"融合"在一起,产生"质变",形成一种新的媒介形态,如电子杂志、博客新闻等;而广义的"媒介融合"则范围广阔,包括一切媒介及其有关要素的结合、汇聚甚至融合,不仅包括媒介形态的融合,还包括媒介功能、传播手段、所有权、组织结构等要素的融合。也就是说,"媒体融合"是信息传输通道在多元化下的新的作业模式,是把报纸、电视台、电台等传统媒体,与互联网、手机、手持智能终端等新兴媒体传播通道有效结合起来,资源共享,集中处理,衍生出不同形式的信息产品,然后通过不同的平台传播给受众①。

媒体融合是信息时代背景下一种媒介发展理念,信息技术和媒介形态正处在不断变革之中,所以媒介融合的内涵和外延也在不断扩大和延伸。到目前为止,所有关于媒体整合的理念,还主要是传媒研究和传统媒体界的一种需要,对于那些诞生在新的信息技术环境中的数字媒介形态而言,因其天然的融合基因,本身并不存在这种所谓融合压力。从这个角度而言,所谓媒体融合实际上是以互联网为基础对传统媒体资源的有机整合。如果在整个数字信息技术背景下看待现有媒介形态,传统媒体形态诸如报业、广播电视业,不但早已失去霸权地位,而且随着其传播影响力的下降,在未来的发展趋势中将不断被边缘化,甚至因其盈利模式的落后而可能会失去其存在价值。所以在思考媒体融合下的传播创新时,就必须跳出传统媒介的思维,从大的信息技术格局中对此加以认识。有一点必须注意

① 参见【百度百科】"媒体融合":http://baike. baidu. com/view/1276841. htm? fr = aladdin。

的是，越是走向媒体融合，传统媒体的传播影响力就越小，而建立在原来媒体形态上的广告营销传播，其边际效益递减也会加速，与此同时媒体成本必然就要下降。这种趋势在毁灭原有媒体商业模式的同时，也同样催生广告传播在新型媒体形态中的价值重构，可以预料的是这种广告价值重构不论以何种形态出现，已不会建立在过去那种以媒介渠道对时间与空间垄断之上，而完全是凭借广告传播形式的创新来获得重生。

当然在传统大众传媒依然维持着其貌似强大的躯壳之际，媒体融合除了给传统媒体的内容传播提供了众多新途径外，实际上还带来了从体制管理、内容供应、渠道延展等多方面的创新可能。在管理机制上，融合性的全媒体为制度创新预设了可能性，尤其是对于一向缺少市场导向的中国媒体而言，为其向现代企业转型提供了空间；在新闻内容生产上，融合性的全媒体是信息整合的具体方式、报道形态，以多媒体素材集成报道；在传播渠道上，融合性的全媒体向各种平台终端强力渗透，汇聚新一代受众群；在商业模式上，融合性的全媒体是对传统媒体广告之外的市场布局的完善。融合性的全媒体平台提供多媒体产品，通过电视、广播、互联网、手机、户外电子公告牌等多渠道分销这些产品从而满足用户个性化需求，实现用户价值。也许这些融合都是传统媒体的一种被动性转型，在很大程度上它还没有跳出传统媒体自身的局限，如果结合信息技术背景下的新兴媒体形态，以纯粹市场和技术的目光来看待，也许我们不得不说是出于传统媒体一厢情愿式的这种“媒体融合”，对于它想融合的新媒体形态而言，宛然一根可有可无的鸡肋，这正如在以制导武器为核心的现代战争中，考虑它是如何与刺刀手榴弹合成作战一样没有意义？

所以在考虑媒体融合与传播创新的关系时，更应该从新兴的传播格局着眼。但从媒体作为传播介质而言，目前用户最多、传播影响力最大的两类新媒体是网络媒体（以互联网为传播介质）和手机媒体（以手机为用户终端）。新的媒体形态造就了信息开放的全新格局，不仅实现了全时空的传播可能，而且造就了一人一媒体、所有人向所有人传播的新局面，造就了信息爆炸和信息迅速更替的新局面。以数字化和互联网技术为核心的新兴媒体的发展，不断丰富着媒体传播形态，推动了各种形态的社会化媒体传播形态的形成。信息多元化和媒体多元化，在带来传播交流方便性的同时，也带来前所未有的信息平等和角色平等，我们甚至可以说正是信息民主在促进整个市场民主和社会民主。当然传播渠道的多元化、个人化以及方便性,也不可避免地会带来信息的泛滥和庞杂,从某种意义上讲这也是要求传播必须创新的一个重要原因。

（二）互联网思维与观念创新

互联网从1997年面向公众开放不过20年时间,而其真正从技术的塔顶走进大众手中则是在第一次互联网泡沫破灭的5年之后,随着Web2.0时代的到来,人与人之间开始实现双向的互动。现在我们正处在一个更新的网络时代,即由Web3.0所引导的大互联时代。典型特点是多对多交互,不仅包括人与人,还包括人机交互以及多个终端的交互。由智能手机为代表的移动互联网开端,将在真正的物联网时代盛行。真正的3.0时代一定是基于物联网、大数据和云计算的智能生活时代,实现了“每个个体、时刻联网、各取所需、实时互动”的状态,也是一个“以人为本”的互联网思维指引下的新商业文明时代①。

当然就人类文明的发展而言,这些思考本身就是人类文明长期形成的产物,并不是说因为有了互联网才有了这些思维,而是因为互联网的出现和发展,使得这些思维得以集中爆发,并因为互联网的技术支持使这些思维具备相应的现实呈现性。如果说工业社会的构成单元是有形的原子,而构成互联网世界的基本介质则是无形的比特。这就意味着,工业文明时代的经济学是一种稀缺经济学,而互联网时代则是丰饶经济学。互联网的三大基础要件——带宽、存储、服务器都将无限指向免费,所以在互联网经济中,垄断生产、销售以及传播将不再可能。这同样让我们反省以往的媒体思维,传统媒体形态的供应定价主要来自资源的垄断占有性和稀缺性上,一旦这些资源成为某种趋于无限的共享时,原有的思维出发点也许必须做出调整。从这个视角来看待互联网思维,也许我们将摆脱简单的媒体意识,甚至超越单纯的商业范畴。互联网不仅影响媒体形式的变化,而且影响经济社会以及人的行为方式,可以说是对整个社会生态系统的一大改变。

而且一个网状结构的互联网,是没有中心节点的,它不是一个层级结构。虽然不同的点有不同的权重,但没有一个点是绝对的权威。所以互联网的技术结构决定了它内在的精神,是去中心化,是分布式,是平等。平等是互联网非常重要的基本原则。在一个网状社会,一个“个人”跟一个“企业”的价值,是由连接点的广度跟厚度决定的。连接越广、连接越厚,价值越大,这也是纯信息社会的基本特

---

① 参见【百度百科】“互联网思维”: http://baike.baidu.com/subview/10968540/13580621.htm? fr = aladdin。

征，信息含量决定价值。所以在互联网状态下，开放变成一种生存的必须手段，不开放，就没有办法去获得更多的连接。由此导致的互联网商业模式，必然是建立在平等、开放基础之上，互联网思维也必然体现着平等、开放的特征。平等、开放意味着民主，意味着人性化。从这个意义上讲，互联网经济是真正的以人为本的经济。

互联网已经渗透到企业运营的整个链条中，从基础应用（如利用 E-mail 发邮件、微信发通知、百度查信息）到商务应用（如在线协同办公、在线销售、在线客服），乃至用互联网思维去优化整个企业经营的价值链条。互联网思维成为经济社会发展最根本的商业思维，这种思维有五个关键词。

1. 便捷。互联网的信息传递和获取比传统方式快了很多，也更加丰富了。这也是为什么 PC 取代了传统的报纸电视，而手机也即将取代 PC，因为信息的获取更便捷。

2. 表达（参与）。互联网让人们表达、表现自己成为可能。每个人都有表达自己的愿望，都有参与到一件事情的创建过程中的愿望。让一个人付出比给予他更能让他有参与感。

3. 免费。网络资源的丰富性几乎涵盖了人类需要的各个方面，而且还因其开放性可以共享，如此之多的免费服务是以往从未有过的，所以免费必然具有互联网思维特质。

4. 数据思维。互联网让数据的搜集和获取更加便捷了，并且随着大数据时代的到来，数据分析预测对于提升用户体验有非常重要的价值。

5. 用户体验。用户体验就是让用户具有愉悦的亲身参与感，无论是精神还是物质方面。任何商业模式的根本都在于让用户满意，互联网可以带给用户体验满足。

第二节　创意营销的价值维度

创意营销并不是传统广告创意的简单延伸，它是广告在新媒体环境中实现营销传播价值的创新形态，媒体形态和传播方式的不同，也导致了创意营销与传统广告创意的不同。这种不同主要体现在创意观念的不同、创意手法的不同以及创意表现的不同三个方面。

一、创意营销改变传统广告观念

从传播学上来说,传统的广告创意只注意信息发送者(即信源),而忽略了信息接收者,因此也就忽略了传播过程。按照传统理论的核心观点,“广告只是为产品所做的销售信息。从事广告的人员事实上不过是推销产品或劳务而已”①。所以广告的主要任务似乎就是简单的“让我告诉你”,这个“我”就是产品,而“你”就是消费者。但是,在新的背景下情况发生了转变,这种转变主要来自于两个方面的影响。

其一,我们涉及的信息环境已经变化。在大众媒体走向分裂的过程中,广告要实现对许许多多的“分众”的信息送达,变得越来越艰难。一种零和效应的受众理论认为,“受众的注意力是有限的,并且是得失平衡的:每个媒体所获得的注意力份额是以其他媒体的损失为代价的。”② 因此,夺取营销沟通的制高点,就变成了夺取消费者关注的竞争。

其二,大量的信息导致了认知的重要性要远远超过事实。当消费者面临购买决策时,越来越多的是依赖于他们自认为重要、真实、正确无误的认知,而不是具体的、理性的思考或是斤斤计较后的结果。所以正如定位所宣称的,不是要对产品做什么,而是要对消费者的大脑和认知做什么。

在此基础上所形成的广告理念,最重要的就是实现对消费者的信息占领,当然第一步无疑是对注意力的追求。为了赢得消费者的注意力,传统广告观念中小心翼翼回避的一些表现元素这时候却变成了重要手法,一些吸引甚至讨好受众的创作手法——诸如幽默、娱乐、戏剧化——大量出现在广告中。1984 年 BBDO 广告公司副总裁和创意总监菲利普 · 杜森伯瑞(Philip Dusenberry),因运用著名摇滚歌星迈克尔 · 杰克逊为百事可乐拍摄电视广告,而备受广告及娱乐新闻界的关注。虽然也有批评认为,杜森伯瑞的广告过于依赖明星作用,而忽视了产品本身的属性。但作为一种娱乐和激情的尝试,杜森柏瑞获得了极大的成功。这一广告突破了 BBDO 公司多年以来相对比较保守的广告风格。对此 BBDO 公司董事长、总裁艾伦 · 罗森认为:

---

① [美]D. E. 舒尔茨:《广告运动策略新论》,北京:中国友谊出版公司 1994 年版,第 2 页。

② [美]托马斯 · 达文波特,等:《注意力管理》,北京:中信出版社 2002 年版,第 141 页。

> 相似的产品在开发创意战略时，风格都大致相同。利用广告词来拓展和进行市场细分也解决不了问题。所有的创意都旨在于说服别人为什么一种产品好于其他产品，并以此使自己显得权威、果断，具有竞争力。BBDO 公司很清楚地知道不能进行理性推销。我们认为广告实际上是消费者与品牌的一次接触。我们很谨慎小心地使这一接触尽可能愉快、温暖、富于人情味，而从营销战略的角度上看还很恰当。①

他的话从某种意义上反映了广告的现实。确实，这种以受众为焦点取代以产品为焦点的观念，不仅代表了一种对环境的适应，而且也为广告表现空间的拓展开辟了极大的余地。虽然在对广告表现策略认识上，仍然具有很大的差异，但是任何差异都不能掩盖这种重视受众接收的本质。然而即便如此，一个不可忽视的命题是：任何传播过程在具体操作中都面临着一个信源编码问题，具体在广告中最先出现的也就是“广告应该诉求什么”。所以在处理这种传播关系时，必须要清楚一个基本的事实，这就是从广告的营销沟通本质来讲，任何对信息注意方面的追求，根本的目的都是为了达成消费者对信息的理解和接受。因此广告信息传播的目的在于促成效果的实现，所以不能“过于强调以兴趣吸引人，甚至以牺牲产品信息为代价”，也不能“强调了边缘信息却忽略了主导信息”②。

进一步考量，在新的信息环境下，这种单纯强调“诉求”的广告策划创意模式，即便是能够创造出瞬间的吸引力，引起受众与消费者的关注，那么还能够进一步影响消费者的态度和行为吗？如果把广告策划创意的使命规定为到此为止，也许我们并不需要进一步的追究。但是从广告的营销价值而言，则要求我们必须转变长期以来所形成的策划创意习惯，进入到新的策划创意思维之中。这种思维建立的背景就是个性化时代的消费行为模式，以及网络和信息技术环境中的传播沟通，与此相对应的广告策划创意将摆脱传统模式的束缚，进入到一种全方位的对话之中，在此基础上所形成的广告策划是包括一切营销传播方式的泛广告策划，这也就是我们所说的创新思维和创意营销。

---

① ［美］R. Batra，等：《广告管理》，北京：清华大学出版社 1999 年版，第 302 页。

② 奥格威说过：“不要把钱浪费在娱乐大众上，做广告是为了销售，否则就不做广告。”R. 巴茨认为：“不要以丧失重要信息为代价去吸引注意力，因为如果在用趣味吸引人过程中，失去了对品牌的相关信息，广告则毫无用处。”具体参见卫军英：《广告：超越初级追求》，《新闻与传播研究》，2003 年第 4 期。

二、创意营销的主要表现特征

任何营销和传播其对象都是人，因此洞悉人性是营销传播永恒不变的真理，而创意营销就是要通过创意涉入人性，引爆人性。在人性深处有一种与生俱来的追求，就是对快乐的体验和参与。网络新媒体为这种人性的张扬提供了前所未有方便，与此同时也为创意营销提供了更为自由发挥的空间，因此在运用网络新媒体进行创意时，只有把握其特征才可能让创意更加具有生命力。这些特征主要表现在以下几个方面。

（一）体验化

网络新媒体状态下的营销，必须摈弃传统营销传播那种单调甚至是乏味的说教，把营销从营销者一厢情愿的推销独角戏，导入到与消费者共享的合唱之中。这就意味着网络新媒体状态下的营销，首先要关注的并不是销售结果，而是受众和消费者在营销中的情感体验过程。创意营销中的体验化，通常可以通过三种状态来实现。

一是参与性。即通过创意性设计，让受众或消费者参与到品牌之中。只要发挥创造性的尝试，这种品牌参与的形式实际上多不胜数。其实在传统营销中参与性方式也经常被运用，如有奖竞猜、品牌征名等，都属于参与性推广活动。比如，10 年前湖南卫视的选秀节目“超级女声”，运用短信参与方式，在一定程度上就是把观众的消费体验引入到过程参与中。只不过有很多传统的参与活动，往往围绕营销者的自我利益，而很难真正激发参与对象的共鸣。对于受众而言，有价值的参与，应该是对营销活动过程的享受。

二是过程性。创意营销中所谓体验的过程性就是要让创意性的参与贯穿在整个营销传播过程中，而不仅仅是停留于一个静止的点上。与传统营销传播，尤其是广告创意最后落脚在某一个具体制作之上不同，过程性注重整个营销传播的全程。比如，我们看传统营销传播中的广告，也许会产生一个想法（idea）以此形成所谓大创意，然后再通过大众媒体不断重复这个创意。但是这种不断重复的方式，实际上是排斥了过程性参与和体验，使得广告仅仅是终极表现形态的单纯表演和诉求，而任何新鲜的创意即便是再有想象力，也无法抵御多次重复所带来的接受疲软。网络新媒体实际上改变了这种广告模式，它体现了营销传播中的变化性和适应性特征，使得创意营销不再局限于单纯的结果呈现，而进入到一种过程性的参与和共享性体验。

三是互动性。所谓互动性就是营销传播过程中，在营销者与顾客以及受众之间，构建了相应的信息交流渠道，从而使得参与过程中信息的反馈更加及时、更为真切。正是因为互动性的存在，同样也提升了营销传播过程中的参与性和共享性。广告及营销传播中的互动性可以体现在两个方面：一方面是基于聆听顾客以及受众的声音而建构相应的传播形态，包括信息内容和传播方式；另一方面要与顾客以及受众建立双向性沟通渠道，以便来自顾客与受众的信息能够及时得到回馈。网络新媒体给这种互动性提供了前所未有的方便，它通过各种自媒体的发展大大地释放了媒体权力，在增加信息沟通渠道的同时，也在技术上满足了即时性、交互性、点对点、一与多、存储与搜索等信息传播交流要求。

（二）均衡化

均衡化是一个新的概念，它指的是品牌在广告营销过程中，摈弃了以往那种立足于自我利益的单向诉求，而注重于在信息沟通中建立彼此间的共识性经验。显然在媒体权力平衡的前提下，处于传播系统中的各方都具有平等的话语权，这就意味着创意营销中的平衡性，实质上就是平等性、沟通性和分享性的统一。

平等性是对创意营销中各方对信息资源和传播渠道的权力而言的。它所包含的两个核心观点是：首先，处于营销传播场中的不同角色，各自都拥有相应的媒体资源和传播渠道，这使得各方都可能通过自己的形式，表达自己的意愿和对品牌的诉求；其次，由于传播资源和传播权力的平等，必然要求传播场中的各方处在一种角色对等状态，在传播过程中保持相互之间的尊重和对话的平等。显然，由于营销传播不再拥有任何媒体霸权，传统广告强销式的话语强权也就丧失了依赖。虽然 USP（独特的销售说辞）依然不会消失，但任何口号式的广告营销，最多只能是整个创意营销的一个符号式标签，无法构成创意营销乃至实现营销价值的主体。

沟通性是创意营销中实现平衡化的基本手段，其基本内涵就是为达成传播效果，必须保证传播过程中各方具有良好的对话和交流机制。在营销传播过程中，由于各方所处的角色不同，往往导致了各自的关注点和诉求点不同，而营销传播效果的实现只能建立在彼此诉求点统一之上，因此只有运用沟通和对话，才可能弥合彼此之间信息传播中的隔阂。所以在这里沟通其实就是在传播场中，给品牌的相关利益者以自我表达和平等对话的机会，通过沟通使不同认知诉求逐渐趋同。显然只有沟通才能达成理解，进而上升到信任和对品牌的认可。

分享性也就是共享性，指的是在营销传播过程中，品牌营销者与顾客及整个受众，在营销传播过程中达成某种共鸣并共同分享品牌利益。在这里品牌不仅仅是品牌持有人的单方面意图，还必须表达某种共同利益。显然任何具有共享价值的营销传播，必然是以顾客以及受众的参与为前提，顾客与受众在参与的过程中，与营销者一起分享品牌传播所带来的满足感。比如，苹果手机的创新就具有极大的共享价值，它通过技术传播不断给消费者带来新的科技体验，这不仅仅是产品的使用功能问题，而是对创新成就的分享。所以对苹果而言，最有价值的营销传播乃至于广告创意，就是产品本身所共享的创新体验。反省传统营销广告中，很多时候营销者对营销活动的噱头设计，往往也具有一定的娱乐感，但是任何噱头设计在本质上都是营销者从自身出发，为博得推销性注意力的自我展示。

(三)趣味化

相对于体验化和平衡化而言，趣味化则更多涉及人性中的接受惯性，诉诸人们对事物感知过程中那种带有好奇和愉悦的情绪。趣味化不仅关系到创意营销的内容，而且也关系到创意营销的形式，要求营销传播过程中必须创造出某种喜闻乐见的品牌形态，以便使得这种营销传播富有乐趣，激发受众的愉悦感。趣味化可以有多种表现形态，诸如好奇性、娱乐感、幽默化以及谐趣和机智等。

在传统广告理念中，营销传播更多关注的是品牌的功能，或者是它所带来的社会化的附加效果。而实际上对于每个人而言，除了各种功能和社会性追求之外，在人的内心深处还有一种与生俱来的本质追求，那就是对娱乐和趣味的追求。所以趣味化本身可能与功能和社会附加值无关，但是它与人的喜好和接受习性有关。即便是在传统的广告创意中，相对于那些纯粹理性的诉求而言，受众更加喜欢接受那些轻松愉悦的创意。比如，杜蕾斯原本是一个私密性比较强的生活用品，在大众媒体广告中往往受到某种限制，但杜蕾斯在闻名一时的微博品牌传播中，由于充分发挥了这种社交媒体的灵活性，采取了谐趣机智和幽默化的创意营销手法，从而使得这种互动式品牌广告变成一种充满喜感和娱乐元素的趣味共享。

当然所谓趣味化作为一种创意营销方式，由于不仅涉及传播的社会影响，还涉及对品牌本身的价值认同，所以这种趣味性追求必须具有一种积极的正面效应，诉诸人的健康乐观的情怀和美好的情趣。任何试图以玩弄噱头甚至有悖于社会公理的方式,哗众取宠赚取顾客及受众关注的传播行为,其最终结果只能是对品牌传播的伤害,更谈不上是有效地创意营销。

第三节　创意营销的策划方法

创意营销是一种创新性的营销传播活动,由于其在营销传播过程中格外倚重创意思维的媒体呈现形态,所以它在本质上也是一种广告行为。但是毋庸置疑的是,创意营销的理念并不完全等同于传统广告创意观念,所以与其说它是广告创意的延伸,不如说它是用创意思想对多种营销传播形态的整合。

一、广告创意对信息环境的适应

广告的策划与创意二者在本质上是合而为一的。虽然后来在人们的习惯认识中,策划似乎更加注重谋略,即"说什么";创意则似乎偏向于对策划的细化,即侧重于"怎样说"。实际上从整个广告的策略来说,所谓策划和创意是共为一体的,尤其是在早期广告大师那里,并不存在这种分野。所以瑞夫斯、奥格威以及伯恩巴克等,只不过是不同风格的策划创意的代表。

(一)传统广告创意的局限与创新动力

经典广告创意观念最为杰出的代表,无疑是广告史上创意革命的旗手威廉·伯恩巴克。作为迄今为止的广告历史上最令人赞叹的广告天才,伯恩巴克所领导的 DDB 广告公司由于成功地为许多二流商业、服务业和汽车品牌运作广告而声名显赫。20 世纪 60 年代在广告史上被称作是创意革命时期,李奥·贝纳、大卫·奥格威,尤其是威廉·伯恩巴克,是这场创新变革的旗手。然而值得注意的是虽然伯恩巴克与奥格威和瑞夫斯等人一样,坚定地认为"广告界中的任何人如果说他的目的不是销售所广告的商品,他就是一个骗子"①,但他与前者却有所不同。比如,他认为仅仅是"独特的销售说辞"还远远不够,销售说辞只是广告的起点而不是终点。在广告表现中"还有什么东西比广告所得到注视更加实际?还有什么东西比一项信息用有用的文字与图画来刺激推动它的读者采取行动更重要?"而

① ［美］丹·海金斯:《广告写作艺术》,北京:中国友谊出版公司 1991 年版,第 6 页。

这些都必须运用创意手段来表现①。针对有关内容和形式的“说什么”与“怎样说”,他引用罗曼·罗兰在《约翰·克利斯朵夫》中的名言:“一个病人说几个字,什么也不会发生;一个健康的人说这几个字,却可能震撼世界。”他认为广告的处理方式与你所说的内容同样重要。按照伯恩巴克的观点,处理方式具有决定意义。虽然他没有具体解释“处理方式”,但是却确定不移地指出这种处理方式来自于“创造力”或者“创意”(creativity),在此基础上他又延伸出一个“原创性”的概念。伯恩巴克的观点被总结为 ROI 理论,我们在第一章的第三节已经有所介绍。伯恩巴克对广告行业的影响,很大意义上是来自于他对广告创意形式独特表现的追求,相对于瑞夫斯甚至有些令人厌烦的强销,以及奥格威反复解释承诺“说什么比怎么说更重要”,伯恩巴克却提出了形式与内容并重。那个时候内容往往指的是绘图和文案,形式则是指创意性的艺术处理方法。

如果就此简单为传统广告以及经典广告理论勾画一个轮廓的话,我们会发现其突出特点是运用大众传媒信息控制、重复某种诱导和劝服型创意表现,其两大明显特点就是:一是有赖于大众传媒传播形态,无论是创意形式还是传播手段都围绕大众传媒;二是创意的核心在于诉求,也就是诱导和劝服顾客和受众。伯恩巴克与其他各位广告大师不同的是,他意识到了广告环境已经有所变化,市场所面对的是一个年轻的非常挑剔的消费群体。在这种状况下,依靠对产品特征自说自话的灌输式的强销显然要面临挑战,必须寻找新的方式来迎合消费者。这一点无疑是广告观念创新的内在动力,因此可以说其后不久兴起于麦迪逊大道的定位观念,也可以找到伯恩巴克影响的痕迹,在伯恩巴克的广告中显然已经具备了严格的定位意识,甚至就连 90 年代之后开始流行的整合营销传播也能够从伯恩巴克那里找到蛛丝马迹。

(二)网络新媒体形态中的创意追求

互联网的发展超越了它以前所有的媒体技术,它的直接影响正如约翰·奈斯比特在其所著《大趋势——改变我们生活的十个方向》中所讲的,地球变成了一个村庄。时至今日我们看待互联网,并不仅仅只是一种媒体形态的介入,更重要的还是它引导了一种全新的生活方式和生存形态。现代人已然生活在一个网络世界中,以网络为主要依托实现各种交流与沟通。

① [美]汤·狄龙:《怎样创作广告》,北京:中国友谊出版公司 1991 年版,第 62 页。

信息环境变化中的一个显著特点是，信息渠道和信息流量大规模的增加，相应地在信息传播过程中来自各方面的噪声也明显增加。对于市场营销来讲，传播和沟通的地位越来越显得突出，但是传播和沟通变得比以往更加困难。在这样一个复杂的信息环境中，仅仅为商品设计和制作出具有实在内容的信息，甚至是围绕大众传媒建构相应的创意性表现，显然并不能真正实现营销价值。更何况在新的信息环境中，所有这些也许并不是问题的核心，营销传播面临的根本问题是，必须小心翼翼地考虑受众如何对待你所传达的信息，这应该看作是对传统广告形态及经典广告理论前所未有的挑战。

广告商面临着一个头疼的问题，首先必须使自己的信息能够受到目标受众的关注，因为他们每人每天所接触的各种商业信息难以胜数，任何缺乏吸引力的信息都必然被淹没在信息的海洋中。换句话说，决定信息价值的主动权已经不再是信源方向，而是信息接受者。于是建立在对传播效果追求之上的信息媒体，开始改变嘴脸用一种讨好式的方法迎合消费者，早在20世纪70年代初期，传播学的创始人威尔伯·施拉姆就指出："几乎全部美国商业电视，除了新闻和广告（其中很大一部分也是让人消遣）；大部分畅销杂志，除了登广告的那几页；大部分商业电影；还有报纸内容中越来越大的部分——都是以让人娱乐而不是以开导为目的的。"①这种追求的目的就是试图取悦大众，广告也不例外。为了获得受众对信息的关注，广告不断变换花样，一些符合新的信息环境的广告方式开始出现，可以说定位理论和整合营销传播理论就是这种背景下的产物。这些理论的目标就是在营销沟通中实现有效传播，争取在充满干扰的信息海洋中能够获得受众的关注，因此如何赢得消费者的注意力就成为一种广告追求。

追求注意力所表达的是对广告创意的一种膜拜，这种思想认为，只要顾客或受众注意了广告创意所表达的信息，自然就可以实现广告的目的，其思维逻辑是"信息一行为"，即广告信息必然引发态度或行为反应。但是在心理学范畴中，且不说在"信息一行为"之间有一个无法解释的"反应"黑箱，即便是创意引起顾客或受众对信息的注意，最终导致的结果也至少可能有几个：其一是按照创意预期的逻辑发展；其二是信息在短暂引起注意后没有被储存；其三是信息引起了顾客或受众的负面情绪。这说明单纯以注意力为追求的创意，并不能想当然地实现广

① ［美］威尔伯·施拉姆、威廉·波特：《传播学概论》，北京：新华出版社1984年版，第37页。

告创意的预期。由此引导出的结论是，创意营销的本质不仅是单纯的注意力追求，也就是说不能停留在有效的信息送达层面，而且还应该通过创意激发顾客或受众的品牌认同，并进而实现营销的价值。这也就是我们所说的，将营销与传播共为一体。

二、营销与传播统一的整合策划

所谓“营销即传播，传播即营销，二者共为一体”，这是舒尔茨教授在创建整合营销传播理论时所提出的一个重要命题，它意味着任何营销都包含了与顾客或受众的传播和沟通，营销过程本身也是传播沟通过程，没有实现良好的沟通营销价值也不可能实现。在这里必须特别强调的是，营销传播并不是传统意义上的促销，而是品牌与顾客以及受众之间的对话与交流，通过对话交流达成共识进而实现营销价值。从某种意义上看这是市场营销观念具有划时代意义的一个转变，同样它也为创意营销提供了发展导向。

（一）营销传播从传统促销到品牌对话

传统的营销观念中传播仅仅是被作为一个促销元素看待，它和渠道价格等并列为产品销售的基本支持。在传统营销格局下，无论是销售渠道还是媒体渠道，因其比较难以获得而成为营销中的稀缺资源，所以通常对销售力的衡量，主要是依配销通路和媒体广告。今天处于新的市场环境和信息技术中，渠道和媒体虽然也是营销传播的重要元素，但是这些要素已经变得简单且易于获取。比如，淘宝这样的网络营销平台，几乎没有什么进入门槛，它对所有的营销商而言都是平等的。这也说明在当今的市场形态中，拥有产品或者是其他销售优势也许并不是最重要的，因为实现营销价值的核心不再是传统的基于产品主体的通路促销模式，而是消费者对产品或者品牌的认同与关系。如果说传统的营销是开发出好的产品，并给予适当的定价，辅以相应的销售渠道并配合强力的促销，营销价值就可以基本实现，那么现在这一切远远不够，甚至难以行通。

因为消费者所面对的产品或者品牌大都很少具有差别性，它们在功能和使用价值上同质化的程度，与其促销和广告上的雷同模式无出二致。消费者也许注意到了产品或者品牌的信息，但是在购买的最后一刻也许又放弃了这种产品或品牌；也许消费者已经购买并且使用，但是使用经验和接触感觉却导致再次购买时的重新选择。甚至有时候依靠大量广告和促销所建立的消费者认可，很可能由于消费者亲友之间轻描淡写一句话便改变了。所以简单的促销已经很难奏效,而种种迹象揭示了一个现实:按照消费者需求形成产品、价格、通路和促销信息,这些似乎都不难完成,但是仅仅凭借这些,如果没有与消费者实现良好的沟通,营销价值也无法实现。

今天看来,这个命题在市场营销和营销传播领域应该具有一种划时代的理论意义。但是直到今天并没有受到应有的重视,尤其是在我们大学的管理学院和商学院中,许多营销专家们对此认识显然不足。营销与传播的统一意味着,以往营销专家们认定的各种营销元素,本身也都是传播元素。最直接的就是产品、价格、渠道这些要素,在整合营销传播中无一不是传播元素。邓肯的整合三角中提到整合信息的三种存在方式:计划内信息、计划外信息、产品服务信息。计划内信息是“言”,属于企业的自我宣传;产品服务信息是“行”,是品牌见诸实际的行为;计划外信息是“肯定”,属于外在对于品牌信息的肯定或者否定。可见产品、价格、渠道不仅本身具有信息构成,而且也是一个传播通道。就像一个产品的款式包装是一种传播一样,它采取什么样的价格定位,运用什么样的渠道,这本身也传达了一种品牌信息。

(二)整合营销传播实现良好沟通

整合营销传播与其说是一种传播方法,不如说是一种新型的传播观念。20世纪90年代初这个观念被正式提出来时,主要还是偏重于强化信息声音,集合多种传播工具进行一致性传播,更多强调“一个声音,一种形象”的外在表征。随着整合营销传播观念的发展,这种侧重于技术层面的信息手段和媒体渠道的整合,逐渐上升为全方位的营销传播整合,尤其是汤姆·邓肯认为提升品牌关系是整合营销传播的核心任务,并将其终极追求界定为品牌资产,这无疑是对整合营销传播架构的一种顶层设计。

如果说传统广告策划创意本质上还是围绕信息传播,并通过信息诉求建构其模式的话,那么整合营销传播观念则改变了这种导向。在整合营销传播的视野里信息传播依然重要,但是信息传播的出发点不是诉求而是交流与沟通,是建构品牌与顾客以及受众关系的一种方式。通过有效的交流与沟通,在品牌与顾客以及受众之间达成相应的共识,进而实现品牌认同强化品牌关系,最终提升品牌价值。我们至少可以从三个方面看待由此而产生的新的广告策划意识。

首先,由于策划观念和出发点的不同,也决定了整合营销传播所建构的信息形态大大地超越了传统广告的范畴,很多在传统广告策划中侧重于形式性的创意元素，诸如处于注意力需要，对标题的运用，对画面的处理，必然要让位于对顾客以及受众的尊重与关注。这就打破了以 USP 为代表的那种广告诉求导向，在对信息形态的处理上更加具有浅近平和的沟通感。其次，对消费者和受众的尊重与关注起于对其内在需求的聆听，这不仅是由于沟通和交流的需要，而且也决定了策划创意中对传播角色的重新定位，传者与受者彼此之间是一种平等互馈关系，甚至从维护顾客的角度来讲，受众的信息价值更加重于营销者。其三，由于这种整合性策划本身是对品牌关系的维护，它必然涉及对品牌信息的全方位处理，也就是说除了如传统广告那样针对媒介形态设计信息之外，还要注重通过各种各样的接触形态来处理与顾客以及受众的关系。整合营销传播正是在这点上为创意营销提供了前所未有的契机，因为所谓整合不仅仅是传播内容与信息处理方式的整合，也是各种传播手法和传播渠道的集合与优化，如以产品及服务形态实现品牌接触，通过渠道和价格达成品牌关系，这些都是传统广告创意中所没有的，但是在整合营销传播中却是创意营销取之不尽的有效资源。

三、多元创新拓展广告策划视野

毫无疑问，将营销与传播统一于一体的整合营销传播，改变了传统广告依赖于大众传媒的策划创意思维，为创意营销提供了更为广阔的创新空间。这种创新主要源于广告策划从信息内容到表现形式的变化，以及广告传播对多元化媒介手段的适应。

就信息内容而言，传统广告策划创意在信息处理过程中，无论怎样包装自己，都无法掩盖其赤裸裸的推销嘴脸。罗斯・瑞夫斯认为，广告“只不过是个人推销的一种替代方式——是大声吆喝自己商品的商人的延伸”①。同样，奥格威则更是要求广告人把自己等同于销售人员，用奥格威的话说，就是“除了销售，我们什么也不谈”。在他的讲话中不止一次强调：“我们有 22 个客户，自从他们来找我们，他们每一家的销售都有增加。”②显然，USP 理论的出发点是产品，作为产品时代的营销传播观念，其核心是每个产品都具有某种独特性，所以广告沟通就是要找到这种独特性，并将其加以放大。所以传统广告策划创意的一个核心的内容就在于确定诉求方式，即运用什么方法才可以促使消费者态度行为的转变，理性诉求和感性诉求是两

---

① ［美］罗斯・瑞夫斯：《实效的广告》，呼和浩特：内蒙古人民出版社 1999 年版，第 239 页。
② 转引自［美］马丁・迈耶：《麦迪逊大道》，海口：海南出版社 1999 年版，第 63 页。

种惯用的诉求方式。所谓理性诉求就是作用于受众的理性动机,通过一系列逻辑性判断,对产品或品牌信息加以推介,往往侧重于事实和承诺,以此赢得消费者的信任和行为反应;而感性诉求则把广告内容指向消费者的情感动机,针对其心理、社会需求或象征性需求施以影响,进而引导其情感和态度行为的转化。

但是这种传统的广告诉求模式,显然无法适应新的消费市场和媒体环境,所以广告策划创意必须要改变信息内容及其处理方式。简单地说这种改变表现在两个层面:一是在信息内容设计中重新定位自己的角色,由信息主导者转为信息追随者,由自说自话的产品推销转为关怀受众的品牌沟通。作为对受众和消费者内在需求的信息回应,广告策划首先必须学会倾听,在倾听中进行对话和沟通交流;二是由于对象不再是大众传播状态下的群体形态,这已经不是单纯市场细分意义上的分众,广告在某种意义上所面对的几乎是每一个独立的个体,这就要求采取与不同个体对话的方式来处理广告信息。网络新媒体的发展恰好为这种多元化的创意策划提供了可能,数字化技术以及社交化媒体形态,使得消费者和受众不在呈现为一种群体形态,信息传播也可以更加多样灵活。比如,建立在信息技术基础上的数据库运用,几乎可以勾画出每一个受众或消费者的消费形态,而广告创意策划也可以根据其特点为其设计信息。当然信息传播的方式也是多种多样的,诸如社交媒体中的即时互动、一对一的传播形式等,从网络社区、邮件定制到博客、微博、微信等,广告由几乎静态不变的既定模式,转而成为随物赋形的信息流动。如此广告创意营销的多元化就成为一种无所拘禁的创造,恰如行云流水一般,自然如万斛泉源,行于所当行,止于不可不止。

案例选编

案例 7-1:老字号品牌张小泉的创意传播

品牌名称:张小泉

执行时间:2022.6

执行公司:杭州沐柯公关有限公司

数字技术时代,文化消费成为不可避免的消费趋势。而在这趟文化产业数字化转型的快轨上,逐渐崛起的“Z 世代”年轻消费群体正展现出越来越强的影响力与创造力。而其中,国潮成为老字号顺应年轻人“口味”的绝佳选择。

张小泉正是看准时机,诚意发布“匠师召集令”,邀约各路能工巧匠,沉浸式体验古代技法与现代创新的完美结合,领跑国潮赛道。

案例选编

"闯关、东方奇幻剧情、数字藏品……张小泉融合时下最新玩法,将线上游戏互动与线下沉浸式活动体验互通,真正将老字号"倚老"创新玩明白了!故事开始于一座汇聚东方各行匠师的神秘大井城,一起开启"匠人、匠心、匠艺"之旅。活动会将线上、线下互联互通——线上点击H5进入大井城,同时根据玩法环节设置,线下同步沉浸式体验各式游戏,现场还有各种隐藏关卡,惊喜不断。

图7-1　张小泉H5"匠师召集令"

一、层层闯关,解锁更多古时印记

张小泉可谓在关卡设计上花足了心思。每道关卡的所在地都布置得很有"新"意,结合古建筑神韵与现代元素,游戏的设计也是趣味十足——"论花识剪":找出"伪装"后的张小泉园林剪刀并拍照;"非遗手艺":说出除张小泉外你所知道;"四方美食":见识出神入化刀技切出;"寻觅浓香":庆祝大井城咖啡师们再次现世,都足以体现张小泉在此次活动中的匠心。

图7-2　张小泉"匠师召集令"线下场景(一)

二、国潮当道，沉浸式东方奇幻

游戏设计的巧思与H5和线下场景的布置交相浑映。不仅让现场嘉宾犹如置身古代“大井城”中，内部场景更有鲜竹、假山、“汤婆子”等细节布展，让人们沉浸式体验“大井城”的热情。

图7－3　张小泉“匠师召集令”线下场景(二)

现场的场景设计也是颇具匠心，将现代设计与古风元素相结合，很好地传达了张小泉品牌的理念。搭建分为外景与阁楼内景两部分，外景整体以金色为主色调，古城外形设计，并配有张小泉品牌组训及重要发展史等。

图7－4　张小泉“匠师召集令”线下场景(三)

阁楼内景则更为清新雅致，根据不同的游戏环节，设计有宝藏楼、春悦园、小泉阁、手艺堂等场景，其中春悦园内还置有植物空间艺术家专门为此次活动设计的花艺布展，更显闲庭雅趣。

案例选编

三、“匠师道”数字藏品，限量 SSR 连接现实与未来的密匙

将传统匠心技艺与现代科技及平台巧妙结合，给大家带来属于传统文化的艺术新生，更让张小泉品牌焕发新魅力。品牌日活动中，收齐碎片打卡即可获得张小泉“匠师道”数字藏品。届时参与者们将通过线上、线下的各种互动体验，零距离体味匠人、匠心、匠艺带给我们的五感冲击，共同参与诠释新时代的匠师精神。

图 7－5　张小泉“匠师道”数字藏品

张小泉“匠师道”数字藏品旨在以匠人之匠心，展匠艺铸匠器，将传统手艺文化与现代科技联合，使传统文化焕发新生，作为品牌理念的载体，用数字化的形式进行传递。数字藏品亦将作为用户互动的工具，结合多维度传播，增加品牌藏友及消费者体验感的同时，促进品牌产品的销售。

从传播介质的角度看，张小泉品牌推出数字藏品也是将品牌的传播介质可视化，更好地成为用户关系价值转化的工具，反哺于品牌自身，让“良钢精作，创艺生活”的品牌理念以生动、灵活的方式深入人心，向社会展示中华民族的深厚传统文化和优秀创新精神。

案例选编

四、承让,国潮正当时,创艺有生活

“老字号就是一种遗产,纵向地记忆着城市的史脉与传衍。”国潮的崛起为老字号重新走上时代潮头提供了新契机。作为老字号古法与科技相结合的领跑者,如何用创新擦亮老字号的金字招牌,张小泉给出的答案是拥抱年轻人。

始创于明朝,拥有近四百年历史的张小泉品牌,一直依托传承与创新的品牌内核,坚守着自己的匠人之道,于“良钢精作”的匠心工艺中,注入新时代的高新科技力量,成为我国非物质文化遗产瑰宝中闪耀的一员。作为老字号创新的领跑者,张小泉品牌致力于将传统与科技创新相结合,其意义远不止于发展自身品牌。

“酒香不怕巷子深”的时代已成过去,更多实力过硬的老字号品牌需要“被看见”,而不是走老路子。以张小泉品牌突破性尝试为例,老字号对话新国潮,品牌价值在“老”,但发展出路在“新”。张小泉品牌的不断尝试、突破,在为其他老字号企业提供创新范本的同时,也推动了社会观念的更迭与消费的促进。

就消费者而言,年青一代消费者对国有品牌更有认同感,国人文化自觉和文化自信得以充分体现,以张小泉为首的老字号品牌在宣传自身文化底蕴的同时紧跟当下时代元素,也应随着市场的变化常更常新。

历史的车轮滚滚向前,张小泉品牌也在经历一代代的更迭,基于此,张小泉以老字号的身份玩转新营销。升级张小泉IP形象,进行品牌IP形象在多场景中应用和周边延伸;筹备融合张小泉元素,包含寻宝打卡和市集的品牌日线下体验活动;和杭州良渚文化联名开发各类产品;和变形金刚联名推出套刀产品……尝试年轻人热衷的形式,不断推陈出新,将老字号的金字招牌擦得更亮。

案例来源:4A广告门,《老字号也social解锁闯关、东方奇幻……张小泉这次玩high了!》https://mp.weixin.qq.com/s/h5na8tbVGk97f98MTR4kzw。

下编:应用篇

第八章

大数据思维及数据化营销

本章重点及学习要求

1. 大数据的概念和特点
2. 大数据对传统广告带来的改变
3. 大数据营销的主要特征
4. 大数据营销的实现过程
5. 大数据营销的八大切入点

第一节　广告进入大数据时代

数据对广告营销并不是一个陌生的概念，但大数据（big data）对于多数市场和设计出身的广告人来说，却是一个全新的名词。这个与数字媒体相伴而来的技术概念，近年来成为广告营销领域一个新的热点，由于其所具有的某种对传统的超越性和颠覆性，甚至令很多传统广告人产生望而却步之感。其实大数据并不完全是一个新鲜词汇，对于营销界来说也不能说是完全陌生的。

一、大数据的概念

早在 1980 年，未来学家阿尔文·托夫勒（Alvin Toffler）就曾经在《第三次浪潮》一书中，颂扬大数据为“第三次浪潮的华彩乐章”。而“大数据”成为互联网信息技术行业的流行词汇，则大约从 2009 年开始。被称为“大数据时代的预言家”的维克托·迈尔·舍恩伯格（Viktor Mayer-Schönberger）所著的《大数据时代》一书是国外大数据系统研究的先河之作。他前瞻性地指出，大数据带来的信息风暴正在变革我们的生活、工作和思维，必将引导思维变革、商业变革和管理变革。

舍恩伯格认为，“大数据”指不用随机分析法（抽样调查）这样的捷径，而采用所有数据的方法，大数据的核心就是预测。这个核心代表着我们分析信息时的三个转变。第一个转变就是，我们可以分析更多的数据，有时候甚至可以处理和某个特别现象相关的所有数据，而不再依赖于随机采样。第二个改变就是，研究数据如此之多，以至于我们不再热衷于追求精确度。第三个转变因前两个转变而促成，即我们不再热衷于寻找因果关系。第三点堪称是其最具洞见之处，即他明确指出大数据时代最大的转变就是，放弃对因果关系的渴求，而取而代之关注相关关系。也就是说我们认识和分析对象时，只需要知道“是什么”即可，而未必需要知道“为什么”。这一认识颠覆了千百年来人类的思维惯例，对人类的认知和与世界交流的方式提出了全新的挑战。

大数据将为人类的生活创造前所未有的可量化的维度，而关于大数据（big data）的定义，则存在多种不同的表达。全球最具权威的 IT 研究与顾问咨询公司高德纳（Gartner）所做的定义为：大数据是需要新处理模式才能具有更强的决策力、洞察发现力和流程优化能力的海量、高增长率和多样化的信息资产①。在这个定义里我们可以看到大数据的三个明显特征：其一就是它的“大”，即海量、不断增长和多样化；其二是可以帮助提升决策、洞察发现力和流程优化能力；其三则表明这种数据形态，只有运用新的处理模式才可能对此加以处理。可见“大数据”的显著特点就在于它的“大”。

那么，大数据到底有多大？

一分钟内，微博推特上新发的数据量超过10万；社交网络“脸谱”的浏览量超过600万……一天之中，互联网产生的全部内容可以刻满1.68亿张DVD；发出的邮件有2 940亿封之多；发出的社区帖子达200万个，相当于《时代》杂志770年的文字量。截止到2012年，数据量已经从TB(1024GB = 1TB)级别跃升到PB(1024TB = 1PB)、EB(1024PB = 1EB)乃至ZB(1024EB = 1ZB)级别。国际数据公司(IDC)的研究结果表明，2008年全球产生的数据量高达1.82ZB，相当于全球每人产生200GB以上的数据。而到2012年为止，人类生产的所有印刷材料的数据量是200PB，全人类历史上说过的所有话的数据量大约是5EB。IBM的研究称，整个人类文明所获得的全部数据中，有90%是过去两年内产生的。而到2020年，全世界所产生的数据规模将达到这一数字的44倍。

二、大数据的“4V”特点

舍恩伯格在《大数据时代》一书中，归纳了大数据的四个特点，分别用四个以V作为首字母的单词加以概括，故称之为“4V”特点：volume(大量)、velocity(高速)、variety(多样)、value(价值)。所谓数据体量巨大，就是从TB级别，跃升到PB级别；数据类型繁多，指数据来源于各种各样的渠道；价值密度低，商业价值高，意味着数据来源的公开性信息来源所包含的极大商业价值；处理速度快，指一般要在秒级时间范围内给出分析结果，时间太长就失去价值了。这个速度要求是大数据处理技术和传统的数据挖掘技术的最大区别。如以视频为例，连续不间断监控过程中，可能有用的数据仅仅有一两秒。

美国互联网数据中心指出，互联网上的数据每年将增长50%，每两年便将翻一番，目前世界上90%以上的数据是最近几年才产生的。此外，全世界的工业设

① 王海林：《大数据的是与不是》，《国家电网》，2015年第11期，第46－47页。

备、汽车、电表上有着无数的数码传感器,随时测量和传递着有关位置、运动、震动、温度、湿度乃至空气中化学物质的变化,也产生了海量的数据信息。物联网、云计算、移动互联网、车联网、手机、平板电脑、PC以及各种各样的传感器,无一不是数据来源或者承载的方式。认知大数据可以从以下三个层面来展开。

第一层面是理论。理论是认知的必经途径,也是被广泛认同和传播的基线。在这里从大数据的特征定义理解行业对大数据的整体描绘和定性;从对大数据价值的探讨来深入解析大数据的珍贵所在;洞悉大数据的发展趋势;从大数据隐私这个特别而重要的视角审视人和数据之间的长久博弈。

第二层面是技术。技术是大数据价值体现的手段和前进的基石。在这里分别从云计算、分布式处理技术、存储技术和感知技术的发展来说明大数据从采集、处理、存储到形成结果的整个过程。

第三层面是实践。实践是大数据的最终价值体现。在这里分别从互联网的大数据,政府的大数据,企业的大数据和个人的大数据四个方面来描绘大数据已经展现的美好景象及即将实现的蓝图。

显然理论和技术问题,并不是广告界和营销传播界关注的问题,我们更多聚焦在大数据的应用价值,即如何运用大数据来更好地帮助企业决策、赢得消费者和提高传播效率。正因为这样,近年来各种基于大数据的营销广告方式,开始进入实际操作领域,并为广告营销带来一些新的变化。

三、大数据的应用价值

最早提出"大数据"时代已经到来的机构是全球知名咨询公司麦肯锡。2011年5月,全球知名咨询公司麦肯锡全球研究院发布了一份题为《大数据:创新、竞争和生产力的下一个新领域》的报告,报告指出,数据已经渗透到每一个行业和业务职能领域,逐渐成为重要的生产因素;而人们对于海量数据的运用将预示着新一波生产率增长和消费者盈余浪潮的到来①。

麦肯锡的报告发布后,大数据除了成为计算机相关领域争相传诵的热门技术词汇外,也引起了金融、广告、营销、传播等业界和学界的高度关注。随着互联网的不断发展,数据本身是资产,这一点在业界已经形成共识。如果说云计算为数

---

① 王继业:《大数据与电力企业》,《电力信息与通信技术》,2012年,第10卷第8期。

据资产提供了保管、访问的场所和渠道，那么大数据的核心议题就在于如何盘活数据资产，使其为国家治理、企业决策乃至个人生活服务。事实上，全球互联网巨头都已意识到大数据时代数据的重要意义。包括EMC、惠普、IBM、微软在内的全球IT巨头纷纷通过收购大数据相关厂商来实现技术整合，亦可见其对大数据的重视。

从经营的价值链流程来看，生产者是有价值的，但消费者却是价值的意义所在。有意义的才有价值，如果消费者不认同就卖不出去，那么也就实现不了价值；只有消费者认同才卖得出去，才可以实现价值。大数据正是帮助我们从消费者这个源头识别意义，从而帮助生产者实现价值。无疑这就是启动内需的原理。

从组织结构层面来认识，随着具有语义网特征的数据基础设施和数据资源的发展，组织的变革越来越不可避免。大数据的导入，将推动网络结构产生无组织的组织力量。最先反映这种结构特点的，是各种各样去中心化的互联网的新应用，如RSS、维基、博客等。大数据之所以成为时代变革力量，在于它通过追随意义而获得智慧。

大数据技术的战略意义不在于掌握庞大的数据信息，而在于对这些含有意义的数据进行专业化处理。换言之，如果把大数据比作一种产业，那么这种产业实现盈利的关键，在于提高对数据的“加工能力”，通过“加工”实现数据的“增值”，在合理时间内达到撷取、管理、处理，并整理成为帮助企业经营决策有用资讯。

第二节　广告营销的数据应用

时至今日，大数据已经越来越多地被应用于广告营销领域，而这种应用带来了两个明显的变化，这就是除了对传统广告观念具有革命性的思维方式变化外，还有在技术手段运用上的变化。换句话说，只有采取新的技术工具，才可能实现大数据的广告营销价值。

一、大数据改变传统广告

广告传播的每一次跨越式发展，都离不开新的传播渠道的拓展以及新传播技术的驱动。进入网络和信息技术时代，“大数据”与“云计算”“物联网”等重要的信息科技浪潮，也必将会让传统广告产生巨大改变。

(一)广告理念:从“广而告之”到“精准营销”

在过去的很长一段时期,品牌与媒介所处的商业环境相对比较简单,品牌营销一直以传统媒体为载体,以广告为手段进行营销传播,并因此成就了众多的知名品牌。电视、广播、报纸等传统媒体广告的价值在于,通过增加品牌的曝光广度,提升其知名度与美誉度,塑造品牌影响力,进而“可能”增加产品销售额,这就是历来“品牌营销”理念所倡导的传播逻辑。正如“广告”顾名思义的解释一样,这种品牌营销借助传统媒体达到的传播效果是“广而告之”,品牌的销售效果与传播之间存在时间差,营销的传播效果也是基于事后的社会学抽样调查进行证明。因此媒体中的广告只能不断地、重复地、在多重媒体间投放,而消费者对广告的负面感受,以及广告无效论也由此而产生。

如今面对受众媒介接触习惯发生变迁,品牌竞争环境日益繁杂,广告主对准确投放和实际效果更加关切的现实,传统媒体广告因为缺乏技术优势,在营销效果表现上更加显得有些力不从心。而互联网具有先天的技术基因,这种基于媒体特点的技术优势,在受众的广告点击、消费购买等效果方面,使得互联网广告显得更加清晰准确;加之大数据的利用,网络广告更是在精准营销领域迎来革命性的变化,实现对“个众”的有效传播。尽管新媒体广告营销传播与传统媒体的营销传播并不是完全割裂与对立的,但“大数据”的运用却可以有效地避免广告的盲目性,使其传播效率提高,进而实现精准营销。广告本身是企业的投入产出行为,传播效果更具说服力,因此也给广告的运用带来更大压力。

(二)传播导向:从“媒体本位”到“受众本位”

概括言之,以往的整个广告传播的作业流程,必须依靠“媒体”运转,广告公司除了策划、制作广告内容之外,很重要的工作就是制定媒介投放策略和进行媒介购买,围绕媒体方的广告时段与版面、广告位置的差异而使用不同的投放价格和投放策略。更有甚者的是,广告主的广告投放,绝大多数都是媒体投放。

虽然广告投放也会重视不同媒介的受众差异,但始终无法直接检测广告的达到和广告产生的销售作用。随着大数据广告时代的临近,尤其 RTB 广告(实时竞价广告)的兴起,使得广告传播的核心开始围绕“人”(即受众)展开交易,买方明确受众的标签属性,卖方提供与之对应的受众的点击流量和转换率。自著名的达格玛法(DAGMAR)实施以来,广告业一贯倡导重视受众,但实际上却无法真正与受众建立更加直接的联系。信息技术和大数据的应用,让广告业实现了与目标受众直接接触的机会，使受众本位在传播选择的通路中更加明确地显现出来。

大数据营销的核心在于让网络广告在合适的时间，通过合适的载体，以合适的方式，投给合适的人。当然，正如此前每项新技术从诞生到成熟应用一样，大数据广告时代也一定会经历一段迷茫、痛苦而艰难的探索阶段。广告界迫切需要寻找"数据+营销"的复合型人才来深化商业化应用；大数据的来源和数据本身的庞杂，让习惯于通过头脑风暴提出USP（独特的销售说辞）的传统广告人毫无头绪；在人人都谈大数据营销、大数据广告的时候，如何让公众接受并认可的营销传播新规则尚未建立，而新的广告模式还处于涅槃再造的过程之中。

二、大数据营销的特点

由于互联网与移动互联网的快速发展，我们进入了一个"数字营销时代"。这一营销环境主导下的大数据分析，可以帮助企业以前所未有的速度收集用户的海量行为数据，从而分析、洞察和预测消费者的偏好，并据此为消费者提供最能满足他们需求的产品、信息和服务，以及传递准确的广告信息。

大数据营销是指通过互联网采集大量的行为数据，首先帮助广告主找出目标受众，以此对广告投放的内容、时间、形式等进行预判与调配，并最终完成广告投放的营销过程。同样，企业市场营销的费用分配方案，多数投放都可以在大数据的指引下进行，企业的多个品牌的不同消费群体差异是什么？目标消费群分布在哪里？潜在用户在哪里？消费群体有哪些数字媒体的接触习惯？消费群体容易被怎么样的广告内容吸引？企业的市场部门可以通过大数据找到他们分布的地方，然后用有创意的投放形式让他们成为企业的粉丝以及形成销售。大数据营销具有以下几个特点。

（一）多平台化数据采集

大数据的数据来源通常是多样化的，多平台化的数据采集能使对网民行为的刻画更加全面且准确。多平台采集可包含互联网、移动互联网、广电网、智能电视，未来还有户外智能屏等数据。

（二）强调时效性

在网络时代，网民的消费行为和购买方式极易在短时间内发生变化。抓住网民需求最高的那个时间点，及时进行营销非常重要。全球领先的大数据营销企业泰一指尚（AdTime）对此提出了时间营销策略，可通过技术手段充分了解网民的需求,并及时响应每一个网民当前的需求,让网民在决定购买的“黄金时间”内及时接收到商品广告。

（三）个性化营销

在网络时代,广告主的营销理念已从“媒体导向”向“受众导向”转变。以往的营销活动须以媒体为导向,选择知名度高、浏览量大的媒体进行投放。如今,广告主完全以受众为导向进行广告营销,因为大数据技术可让他们知晓目标受众现在身处何方,正在关注着什么位置的什么屏幕。大数据技术可以做到当不同用户关注同一媒体的相同界面时,广告内容有所不同,大数据营销实现了对网民的个性化营销。

（四）性价比高

和传统广告“一半的广告费被浪费掉”相比,大数据营销在最大程度上,让广告主的投放做到有的放矢,并可根据实时性的效果反馈,及时对投放策略进行调整。

（五）关联性强

大数据营销的一个重要特点在于网民关注的上一条广告与下一条广告之间的关联性,由于大数据在采集过程中可快速得知目标受众目前关注的内容,以及可知晓目前网民身在何处,这些有价信息可让广告的投放过程产生前所未有的关联性,即网民所看到的上一条广告可与下一条广告进行深度互动。

三、大数据营销的实现过程

大数据营销是在大量运算基础上的技术实现过程,大多数人对大数据营销的过程不甚清晰。事实上,国内的很多以技术为驱动力的企业也在大数据领域深耕不辍。

大数据要能运转需要三个条件:一是数据的汇集,二是数据的储存,三是数据的分析。大数据的营销价值主要体现在实时计算和跨平台计算上。事实上,早在大数据概念流行之前,互联网行业内就不乏精准广告虽然投放平台,但大多依据互联网的某一方面数据或者单一行业的数据,并且数据的更新比较滞后。如今的大数据营销,可以实现实时动态的更新,识别投放用户的行为特征和兴趣变化。更重要的是,依托多平台的数据汇总,可以掌握更深层次的用户行为数据。比如,观看电视的信息、网络搜索行为、手机 APP 访问行为等,这些数据的整合可以将网民特征定位得更精准。

进一步则可以采用“再锁定精准营销”，其所关注的是如何产生网站或广告的“回头客”，试图让那些曾经访问过某个网站但没有产生购买或有效行为的网民产生二次访问或实际购买。再锁定精准广告虽然不会帮助客户直接进一步扩大“潜在用户池”，但可以使既定潜在的用户群产生更多的实际购买，进而提升转化率。再锁定精准营销服务商上游通过购买获取网络媒体资源，下游对接客户（以电子商务客户为主）。中间核心环节需要运用大数据挖掘与算法技术，根据消费者的浏览记录、对某个网站或产品的访问频率、购买兴趣等，生成只针对某个消费者特定的精准产品广告，帮助客户与已经离开客户公司网站的访客重新建立关系，并以 CPC（按点击付费）或 CPS（按销量分成）方式计费。例如，当你浏览过京东商城某款手机页面后，虽然基于种种原因并没有购买，但当你再次登录其他网站时，会惊喜地发现你先前关注的那款手机促销广告，会特定地“为你”而出现，吸引你再次关注并影响你的购买决策。

通过大数据进行营销，还可为广告主进行最大程度的投放策略优化。它将来自不同管道的基础数据进行关联分析，形成针对不同行业的维度关系，通过对不同行业特有数据行为分析及覆盖终端的特点，从而为主流行业客户提供有针对性的多屏广告投放策略，满足广告主多种需求；还可在广告投放过程中，进行实时数据抓取与分析，形成效果报告及时向广告主反馈，以便广告主根据效果随时调整投放策略。

就广告投放而言，数字信息和网络技术从一开始就是以融合媒介形态呈现的，因此它也改变了传统的媒介壁垒。早在 2014 年 7 月中国互联网络信息中心（CNNIC）发布的第 34 次《中国互联网络发展状况统计报告》显示，手机使用率达 83.4%，首次超越传统 PC 整体 80.9% 的使用率，手机作为第一大上网终端的地位更加巩固。另据调查显示，目前中国网民用户的浏览习惯日趋“多屏终端化”，超过 90% 以上的人拥有并习惯使用两个或两个以上的屏幕终端，包括 PC、Pad、手机等。而且，在用户的使用感受中，终端间的界限正在消失，他们关注的内容在屏幕间相互流转。

相比较此前的市场调查与媒介调查而言，大数据技术的一大优势是可进行多终端的数据采集，广告主可以跨越媒介渠道的界限，真正以受众为导向进行广告营销，因为大数据技术可让他们知晓目标受众现在身处何方，正在关注着什么位置的什么屏幕，而这一切的突破口，便是大数据时代下的多屏互动营销。

案例选编

案例8-1:招商银行×愤怒的小鸟联名银行卡大数据营销

“愤怒的小鸟”手游曾经风靡全球,这一IP形象广为“泛80后”熟知,但近几年热度减退,如何重新唤起大众对小鸟IP的喜爱,提高关注度?同时,当下借记卡办卡人群趋于饱和,如何挖掘潜在受众,提升办卡转化?都成为了巨大的营销挑战!

一、营销策略

1. 营销初期策略。

借势招商银行行内及联合商家资源,打响招商银行首张亲子银行卡概念,以“亲子”概念进行输出,将单一的办卡需求转化成两张卡、三张卡,甚至四张卡的家庭办卡需求,锁定女性用户和儿童为最主要的目标受众,完成基础声量的累积。

2. 营销中期策略。

各类媒体进行覆盖传播,从大数据投放分析中,看出“泛女性”群体对此卡的热情度更高,进行深挖分析后,发现此类群体是小鸟卡推广中尚有待发掘的蓝海用户。

3. 营销后期策略。

针对“泛女性”群体,全面开展大数据投放,媒体选择上聚焦流量大且稳定的腾讯系&头条系媒体,以微信朋友圈广告为主要核心进行扩散。

二、大数据投放策略

1. 根据产品定位,为每张卡面赋予不一样的意义。

2. 通过投放测试及产品定位,锁定目标受众。

3. 选择效果类平台进行投放,将投放效益最大化。

4. 根据受众属性及媒体特性制作多套素材。

5. 根据目标受众特性,多维度优化定向条件。

三、创意策略

1. 前期创意。

(1)卡面配合“亲子”概念,分为父母卡(三张)和baby卡(四张)。父母卡以小鸟和小小鸟的互动为主画面,映射父母与孩子的亲子时光;baby卡以四只小小鸟为创意画面,四只小小鸟的呆萌形象,分别对应不同的标签,如公主baby、鬼马baby等。

(2)推出核心传播主题——Baby一张我一张,玩转亲子小时光。除了强化亲子卡的概念,还以“玩转”贴合小鸟的调性,让用户轻松的接受安利。

2. 中期创意。

(1)人群定向:基于产品初期亲子卡的定位,亲子母婴人群自然成为招商银行小鸟卡的核心目标人群。针对小鸟卡的高意向群体,通过人口属性、兴趣标签的交叉组合，清晰定位到高潜力群体进行精准投放；同时通过不同维度的年龄定向，测试“泛男女性”群体对小鸟卡的兴趣度。

（2）情感代入：针对父母群体，突出陪伴成长的元素，能够有效地拉近与目标群体的心理距离，避免生硬地推销式文案，打动父母群体内心深处的柔软，实现有效沟通。

3. 后期创意。

（1）直击受众心理：针对“泛年轻女性”群体，突出卡片本身的精美外观，如在文案中强调“少女心”“萌萌哒”，以公主baby小鸟卡作为主视觉，整体画面风格以粉红色为主调。

图8－1　招商银行×愤怒的小鸟联名银行卡（一）

（2）用户权益吸引：突出免费申领，流程简单，突出卡面，主打简洁风。

图8－2　招商银行×愤怒的小鸟联名银行卡（二）

（3）热点追踪：例如，适值俄罗斯“世界杯”期间，素材中加入了足球元素，巧妙借势“世界杯”热度；《创造101》《偶像练习生》等节目播放期间，电视剧《延禧宫略》热播期间，推出强关联素材借势。

图8－3　招商银行×愤怒的小鸟联名银行卡(三)

(4)设计制作开卡引导页:根据传播主题,提炼产品卖点,打造开卡引导页,用柔和丰富的色调,体现亲子间的温暖欢趣,并为每张卡面定制一段专属宣言,让用户产生带入感。

(5)上市首发海报:将核心卖点进行提炼,设计上市首发10版主题海报。

图8－4　招商银行×愤怒的小鸟联名银行卡上市首发海报(一)

(6)自平台发声：利用招行自平台APP、双微、分行微信、员工朋友圈作为首个发声阵地，打下坚实的声量累积。

图8－5　招商银行×愤怒的小鸟联名银行卡上市首发海报(二)

(7)节点海报：圣诞、冬至、元旦、春节等多个节点皆根据节点氛围打造主题节点海报，维持产品热度。

图8－6　招商银行×愤怒的小鸟联名银行卡节点海报

案例选编

四、执行策略

1. 中期执行。

媒体平台选择:分以下三大类媒体以效果为导向进行广告投放测试,传播扩大产品声量,带动办卡转化的同时,测试媒体投放效果,为下一阶段媒体选择及侧重提供数据对比分析。

(1)效果类:微信朋友圈、腾讯广点通、微博粉丝通、DSP。

(2)女性母婴类:美图、辣妈帮。

(3)视频类:B站。

图8-7 招商银行×愤怒的小鸟联名银行卡广告投放测试

2. 后期执行。

(1)人群定向:基于中期人群测试结果对比,"泛年轻女性"群体投放转化效果大大且优于亲子群体及男性群体,故后期主要侧重于对"泛年轻女性"群体进行不同兴趣维度的交叉对比测试。

(2)媒体平台选择:全面开展大数据投放,选择聚焦流量大且稳定的腾讯系&头条系媒体,以微信朋友圈广告为主要核心进行扩散,广点通、今日头条、抖音资源进行补充扩量,覆盖更多目标受众。

五、营销效果

卡片推出一个月后,就突破了借记卡人群饱和的瓶颈,超指标完成了10万张开卡目标,并以"史上第一张亲子银行卡"的概念,提升了用户转化的可能性,由一人办卡变成全家办卡,小小鸟的可爱形象也吸引了很多年轻女性的关注,为开卡量锦上添花。截至2018年12月,小鸟卡开卡量累计达400万张,且数据还在持续上升中,成为招商银行2018年度的爆款卡面。

案例来源:搜狐网【案例赏析】招商银行×愤怒的小鸟联名银行卡大数据营销(sohu.com)https://www.sohu.com/a/338188802_483768。

第三节　大数据思维营销策划

大数据思维代表了一种全新的研究方法和迥异于传统的市场认识逻辑。把大数据运用于市场策划和营销管理,不仅有利于准确了解客户行为并根据客户特征进行精准营销,而且可以进一步把策划延伸到对品牌关系的维护与全程管理。

一、大数据营销的八大切入点

大数据营销的八大切入点是根据新媒体营销研究学者陈永东提出的十大切入点所改写而来,在一定程度上概括了大数据营销的主要特点①。

(一)目标客户的行为与特征分析

目标客户的细分与定位,是数据分析和挖掘的基础,是搞好精准营销的关键和基础,否则会造成盲目推介、过度营销等错误。只有区分出不同的客户群,企业才有可能对不同客户群展开有效的管理并采取差异化的营销手段,提供满足这个客户群特征要求的产品或服务。

传统的客户关系管理一般关注两方面的客户数据:客户的描述性数据和行为数据。传统的市场细分变量,如人口因素、地理因素、心理因素等由于只能提供较为模糊的客户轮廓,已经难以为精准营销的决策提供可靠的依据。描述性数据类似于一个人的简历,如姓名、性别、年龄、学历等;行为数据则复杂一些,如消费者购买数量、购买频次、退货行为、付款方式等。

在大数据时代,结构性数据仅占15%,更多的是类似于购物过程、社交评论等这样的非结构性数据,并且数据十分复杂,符合4V特征。只有通过大数据技术收集和整理数据,才有可能形成关于客户的360度式数据库,不错过每一次营销机会,“啤酒与尿布”的推销理论就是一个很好的例子。显然,只要积累足够的用户数据,就能分析出用户的喜好与购买习惯,甚至做到“比用户更了解用户自己”。利用大数据技术能在收集的海量非结构信息中快速筛选出对公司有价值的信息,对客户行为模式与客户价值进行准确判断与分析,深度细分,使我

① 陈永东:《大数据营销的十大切入点》,http://blog.caijing.com.cn/expert_article－151318－62217.shtml。

们有可能深入了解"每一个人",而不止"目标人群",来进行客户洞察和提供营销策略。

（二）为精准营销提供准确的数据支撑

精准营销的概念并不新鲜。早在2005年菲利普·科特勒就提出了"精准营销"(precision marketing)这一概念,并对其进行阐述:就是公司需要更精准、可衡量和高投资回报的营销沟通,需要更注重结果和行动的营销传播计划,还有越来越注重对直接销售沟通的投资。在《市场营销原理》(*Principles of Marketing*)中,科特勒首次阐释了基于互联网的精准营销理论,他认为日新月异的科技,使一些公司勇于从传统的大众传媒沟通方式转移到更加有针对性的目标市场的互动模式,以此来不断提高沟通的效果和效率,并提出"对于营销来说,将沟通个性化,并在正确的时间,对正确的人,表达而且做出正确的事情,是至关重要的"。

但是在大数据时代到来之前,真正做到精准营销的少之又少,反而是垃圾信息泛滥。究其原因,主要就是过去名义上的精准营销并不怎么精准,因为其缺少用户特征数据支撑及详细准确的分析。相对而言,现在的RTB广告等应用就向我们展示了比以前更好的精准性,而其背后靠的即是大数据支撑。RTB是"Real Time Bidding"的缩写,意思是"实时竞价",即在每个广告展示曝光的基础上进行实时竞价的新兴广告类型。

（三）引导产品及营销活动投用户所好

如果能在产品生产之前了解潜在用户的主要特征,以及他们对产品的期待,那么你的产品生产即可投其所好。这在传统营销时代,是不可能实现的,但在大数据时代,产品的生产过程与用户爱好紧密结合,产品因用户而改变,营销的方式和渠道都可以因客户而调整,可以真正实现"投其所好"。例如,Netflix在投拍《纸牌屋》之前,即通过大数据分析知道了潜在观众最喜欢的导演与演员,结果果然捕获了大批全球观众的心。又如,《小时代》在预告片投放后,即从微博上通过大数据分析得知其电影的主要观众群为90后女性,因此后续的营销活动则主要针对这些人群展开。

（四）竞争对手监测与品牌传播决策

竞争对手在干什么是许多企业想了解的,虽然对方不会告诉你,但你却可以通过大数据监测分析得知。由于知己知彼,品牌在掌握竞争的数据监测后,可以为自身下一步品牌传播的决策找准方向。例如,可以针对竞争品牌进行传播趋势分析、内容特征分析、互动用户分析、正负情绪分类、口碑品类分析、产品属性分析等方面的监测，从而掌握竞争对手传播态势，并可以参考行业标杆用户策划，根据用户适应策划内容，甚至可以评估微博矩阵运营效果。

（五）品牌危机监测及管理支持

新媒体时代，品牌遭遇危机事件的概率也明显升高，使许多企业谈新媒体而色变，然而大数据可以让企业提前有所洞悉。研究表明，在危机爆发过程中，最需要的是跟踪危机传播趋势，识别重要参与人员，方便快速应对。大数据不仅可以帮助企业营销决策，更可以采集负面定义内容，及时启动品牌危机跟踪和预测，按照人群社会属性分析聚类事件过程中的观点，识别关键人物及传播路径，进而可以保护企业、产品的声誉，抓住源头和关键节点，并运用新媒体平台快速、有针对性地处置和回应危机信息，监测品牌危机的发展动态，快速有效地处理危机。

（六）大数据帮助改善用户体验

要改善用户体验，关键在于真正了解用户及他们所使用你的产品的状况，做最适时的提醒。大数据可以帮助你了解客户使用产品的状况，如使用频率、购买频率等，并且通过社会化媒体的互动还可以收集到客户的体验反馈，帮助企业在最短时间内改善客户体验。例如，在大数据时代，只要通过遍布全车的传感器收集车辆运行信息，在你的汽车关键部件发生问题之前，就会提前向你或4S店预警，这决不仅仅是节省金钱，而且对保护生命大有裨益。事实上，美国的UPS快递公司早在2000年就利用这种基于大数据的预测性分析系统来检测全美60 000辆车的实时车况，以便及时地进行防御性修理。

（七）社会化客户关系管理（SCRM）中的客户分级管理支持

面对日新月异的新媒体，许多企业想通过对粉丝的公开内容和互动记录分析，将粉丝转化为潜在用户，激活社会化资产价值，并对潜在用户进行多个维度的分析。大数据可以分析活跃粉丝的互动内容，设定消费者特征的各种规则，关联潜在用户与会员数据，关联潜在用户与客服数据，筛选目标群体做精准营销，进而可以使传统客户关系管理结合社会化数据，丰富用户不同维度的标签，并可动态更新消费者生命周期数据，保持信息新鲜有效。

（八）发现新市场与新趋势

基于大数据的分析与预测，对于企业家提供洞察新市场与把握经济走向都是极大的支持。例如,阿里巴巴从大量交易数据中更早地发现了国际金融危机的到来。又如,在2012年美国总统选举中,微软研究院的罗斯柴尔德(David Rothschild)就曾使用大数据模型,准确预测了美国50个州和哥伦比亚特区共计51个选区中50个地区的选举结果,准确性高于98%。之后,他又通过大数据分析,对第85届奥斯卡各奖项的归属进行了预测,除最佳导演外,其他各奖项预测全部命中。

二、大数据营销的关键是数据挖掘

我们先看一个著名的案例——“啤酒与尿布”。这个案例最早被刊登在1998年的《哈佛商业评论》中。

总部位于美国阿肯色州的世界著名商业零售连锁企业沃尔玛(Wal-Mart)拥有世界上最大的数据仓库系统。为了能够准确了解顾客在其门店的购买习惯,沃尔玛对其顾客的购物行为进行购物篮分析,想知道顾客经常一起购买的商品有哪些。沃尔玛数据仓库里集中了其各门店的详细原始交易数据。在这些原始交易数据的基础上,沃尔玛利用数据挖掘工具对这些数据进行分析和挖掘。一个意外的发现是:“跟尿布一起购买最多的商品竟是啤酒!”

这是数据挖掘技术对历史数据进行分析的结果,反映数据内在的规律。那么这个结果符合现实情况吗?是否是一个有用的知识?是否有利用价值?于是,沃尔玛派出市场调查人员和分析师对这一数据挖掘结果进行调查分析。经过大量实际调查和分析,揭示了一个隐藏在“尿布与啤酒”背后的美国人的一种行为模式:在美国,一些年轻的父亲下班后经常要到超市去买婴儿尿布,而他们中有30%~40%的人同时也为自己买一些啤酒。产生这一现象的原因是:美国的太太们常叮嘱她们的丈夫下班后为小孩买尿布,而丈夫们在买尿布后又随手带回了他们喜欢的啤酒。

既然尿布与啤酒一起被购买的机会很多,于是沃尔玛就在其一个个门店将尿布与啤酒并排摆放在一起,结果是尿布与啤酒的销售量双双增长。然而,卖场中“啤酒与尿布”的现象比比皆是,为什么“啤酒与尿布”的故事只产生在沃尔玛的卖场中?这里有两个原因和大家分享。

第一是沃尔玛先进的计算机技术。1993年美国学者阿格拉沃尔(Agrawal)提出通过分析购物篮中的商品集合,从而找出商品之间关联关系的关联算法,并根据商品之间的关系,发现客户的购买行为。阿格拉沃尔从数学及计算机算法角度提出了商品关联关系的计算方法——Aprior 算法。沃尔玛从 20 世纪 90 年代尝试将 Aprior 算法引入到 POS 机数据分析中,并获得了成功,于是产生了“啤酒与尿布”的故事。

第二是沃尔玛拥有一双锐利的慧眼。沃尔玛是一家极其讲究卖场现场管理的企业,沃尔玛创始人老沃尔顿最大的乐趣就是不停地在卖场巡视,更多地用自己的双眼而不是数据来发现事实。因此不能忽略的是,没有沃尔玛管理人员的慧眼,“啤酒与尿布”的故事也会淹没在大量的零售数据中。

虽然这个案例出现于大数据时代到来之前,但它仍是一个经典的案例。按常规思维,尿布与啤酒风马牛不相及,若不是借助数据挖掘技术对大量交易数据进行挖掘分析,沃尔玛也不可能发现这一有价值的规律。因此,比大数据更重要的是掌握数据挖掘的技术和能力。

数据挖掘是从大量数据中寻找其规律的技术,主要有数据准备、规律寻找和规律表示三个步骤。数据准备是从各种数据源中选取和集成用于数据挖掘的数据;规律寻找是用某种方法将数据中的规律找出来;规律表示是用尽可能符合用户习惯的方式(如可视化)将找出的规律表示出来。

案例选编

案例 8－2：2020 年天猫“双 11”大数据

2020 年天猫“双 11”活动有超过 25 万个品牌和 500 万商家参与,吸引了超过 8 亿消费者,是史上覆盖面最广、参与度最高的一届。

据官方数据,2020 天猫“双 11”全球狂欢季成交额达 4 982 亿,超 450 个品牌成交额过亿。2020 年的天猫“双 11”从“光棍节”变身“双节棍”,售卖周期提前至自 11 月 1 日开始,形成了更长周期的消费爆发。

图 8－8　2020 年天猫“双 11”成交额达 4 982 亿元

案例选编

“双11”当日凌晨，天猫就实时公布了“双11”狂欢季取得的最新成绩。

在最引人注目的成交额上，11月1日0点至11月11日0点30分，2020年天猫“双11”全球狂欢季的实时成交额突破3 723亿元。

图8－9　2020年天猫“双11”全球狂欢季实时成交额突破3 723亿元

11月1日0点至11月11日0点9分，苹果、欧莱雅、海尔、雅诗兰黛、耐克、华为、美的、兰蔻、小米、阿迪达斯等300个品牌成交额突破1亿元人民币。

截至11月11日0点35分，天猫“双11”狂欢季实时成交额超过1亿元的品牌已达342个，最后有30个品牌交易额超过10亿元人民币。

11月11日零点刚过26秒，天猫“双11”就迎来了流量新峰值，订单创建峰值达58.3万笔/秒，这一新纪录是2009年第一次“双11”活动的1 457倍。

图8－10　天猫“双11”订单量年年攀升

案例选编

案例来源：

1. 周兴《2020 年天猫双 11 最新数据：成交额破 3723 亿，订单峰值 58.3 万笔/秒》，《电商报》. 2020.11.11。

2. 云合《2020 天猫双 11：30 个品牌交易额超过 10 亿元》，《电商报》，2020.11.12。

3. 祝梅，郑亚丽《2020 天猫双 11 全球狂欢季成交额定格在 4982 亿元！》2020.11.11 浙江新闻客户端，https://zj.zjol.com.cn/news.html?id=1560388。

第九章

环境新媒体中的体验营销

本章重点及学习要求

1. 环境新媒体的概念与特点
2. 环境媒体的文化和商业传播价值
3. 环境新媒体的创新要素
4. 环境新媒体的应用策略
5. 广告与环境新媒体的结合形态

第一节　环境新媒体基本形态

正如“新媒体”是相对于“旧媒体”即传统媒体而言那样，新媒体的形态也是多种多样的，它不仅涉及媒体的技术手段的新，也涉及媒体表现环境的新。尤其是在广告营销越来越多元化的态势中，新媒体的“新”就具有了更多给人新型体验的内涵。

一、环境媒体与环境新媒体

（一）环境媒体

所谓环境媒体（ambient media），英文可以直译为“周围环境媒体”。很显然，“环境媒体”更强调广告与“周围环境”的关系，其创意也多从广告信息的具体传播环境出发，充分利用空间和环境中的要素来实现特有的视觉效果和传播效力。

环境媒体其实早已有之，只是在近几年才被广告业充分重视。最早是英国D&AD全球创意奖，把“环境媒体”创意设计单独作为一个奖项进行评审。此外，类似戛纳这样的国际评奖活动中，也在不同类别中设有“周围环境”（Ambient）创意奖项。根据D&AD奖评审手册，“环境媒体”项创设于2000年，以反映广告本质的转变，以及非传统媒体的增加。

虽然“环境媒体”还没有统一、明确的定义，但大致可以看出，除了报纸、广播、电视、杂志、互联网之外，凡是强调广告的发布环境或者直接从发布环境入手进行广告创作的，都可以看作是“环境媒体”。马克·奥斯汀（Mark Austin）和吉姆·艾吉森（Jim Aitchison）在他们的著作《还有人在看广告吗?》（*Is Anybody out There*?）中，这样概括“环境媒体”：适合于传播广告信息的，可以用于书写、上色、悬挂的，任何你可以借用来传递品牌联系的东西①。

（二）环境新媒体

所谓“环境新媒体”，可以理解为在传统的户外广告之外，在公共场合不断被

① 马克·奥斯汀（Mark Austin）、吉姆·艾吉森（Jim Aitchison）著，郑梭南译：《还有人在看广告吗?》，北京：高等教育出版社2005年版，转引自高艳艳、王文华：《环境媒体广告简析》，《考试周刊》，2012年第49期。

开发出来用于传播广告信息、传递品牌联系的各种介质。这些“介质”可以是一块特殊位置的广告路牌、可以是一张贴画、可以是一块电子显示屏、可以是公交车候车亭、公交车上的一个把手，甚至是活生生的人，如在人的衣服上或雨衣上印刷广告。所有使用环境为媒介进行传播的新兴的广告载体，都可以被称为环境新媒体。

有分析认为，重视环境新媒体的广告公司越来越多，是因为技术新媒体越来越多了，使得广告信息的传播渠道增加过快，而受众的注意力时间却非常有限，因此广告的传播效果是随着媒体的增加而逐渐减弱。现在，非传统媒体在广告活动中扮演的角色和分量都逐渐增加，“环境新媒体”创意实践经验也越加丰富，各色优秀作品不断呈现，从而为广告业打开了一扇缤纷多彩的创意和表现窗口。

二、环境新媒体的特点

根据环境新媒体的表现形态，其特点主要可以归结为以下几个方面。

（一）与空间紧密结合的物理媒介

从广告媒介的属性分析，传统的媒体形态，如电视、报纸、广播、杂志、网络都属于与受众生活形态相关的虚拟媒介，而只有环境新媒体是新被发现的、与受众生存空间联系紧密的物理媒介。它可能本来就存在，只是一直没有被当作环境媒体去使用，直到有人挖掘了这一潜力空间。因此，环境新媒体基本上属于资源占有型行业。因为在同一地点只能设置一个环境媒体，所以说环境新媒体是一种有限的资源。在传统的大众传播媒介发展过剩的今天，挖掘和占有基于物理空间的环境新媒体，就是拥有了一种非常珍贵的稀缺资源。

（二）区别于大众媒体的小众化传播媒介

环境新媒体所覆盖的领域多为高档写字楼液晶电视媒体、卖场液晶电视联播、公交媒体、航空媒体、医院媒体、社区媒体等，它们与传统广告所投放的大众媒体的区别之处在于，它们的传播对象是这一特定空间领域中生活和经历的特定人群，这部分人群不是传统报纸、广播、电视那样无差别、无目的性的大众，而是窄众的、小众的、分众的。以分众传播为特征的环境新媒体得到空前发展，究其原因，是广告需要针对有特定消费能力和消费需求的人群，这部分人群是广告主渴望传播的有效对象，有些甚至是在消费终端环境中，这样的广告相当于“临门一脚”，能非常有效地实现广告的效果和销售的促进。环境广告媒介的发展，使得广告对媒体的渠道选择重心也由大规模的圈地运动向精耕细作、提升管理和创意质量转化。

(三)独特的创意结合媒介

通常的媒体都必须要按照一定的工业技术标准进行制作、传播和接收,如平面图媒体有尺寸的标准,电视媒体有制式和频率的标准,互联网有网络语言的标准等。而且像电视、广播和互联网这样的电子媒体,必须要在特定条件下、利用特定的工具才可以收听收看。而环境新媒体基本不受这些限制,环境新媒体的形式几乎无限多,可以说是有限资源无限创意。

当然,尽管有这些特点,环境新媒体的优势并不是轻而易举就可以开发的。目前国内环境广告视觉设计形态,绝大部分都是传统媒体视觉信息的简化和放大,简洁、醒目、易记成为户外广告视觉设计的至高纲领,设计师延续传统媒体平面广告的思维创意,仅仅使用简单的减法,使大多数的户外广告成为空洞的"大标志+大标语+大画面"。虽然这样的环境媒体带给受众一定的视觉冲击力,却形成视觉设计的同质化,甚至引起受众的审美疲劳和厌倦心理,浪费了宝贵的媒介资源,也浪费了广告主的经费。在这点上,国外在环境新媒体的开发方面有较好的经验值得借鉴。

三、环境新媒体的传播价值

我们可以从商业和文化两个维度来看待环境新媒体的传播价值。

(一)环境新媒体的商业传播价值

根据北京大学现代广告研究所进行的全国性大型户外广告受众调查结果,中国大中城市户外广告受众的生活形态及户外广告接触习惯如下:受众日常生活的1/3是在公共环境空间度过的①。数据显示,调查对象每天用于户外的时间为5.06小时。这是个惊人的数字,也就是说如果除去睡眠的时间(按8小时计),每天大约有1/3时间都在公共环境空间度过,公共环境空间生活的时间,从某种程度上讲,就是与环境媒体可能接触的时间,这超出了与电视等其他媒体可能接触的时间。

随着经济的发展和人际交往的频繁,人们更多地走出家门,将时间用在户外。

① 陈刚、李培、余璐、李莎:《2004中国户外广告受众调查报告》,《现代广告》,2005年第4期,第14－22页。

另一方面，随着城市版图的扩大，加之交通堵塞，人们花在交通上面的时间和费用更多了。这个趋势对于环境广告的发展可谓天赐良机，环境广告逐渐成为新兴的大众媒体，正如 Asiaposter（亚洲户外）公司的 CEO 史默·伍德（Small Wood）说的："户外广告才是真正的大众媒体。不是所有人都看电视、读报纸或者上网，但是任何人只要离开家，就会看到户外广告。"①

环境新媒体的主要增长区域是"繁华商业区"街道两旁和"交通工具"，如"候车亭""地铁站""火车站、机场""高速公路""工作的地方"。显然这和上面的受众环境媒体接触时间密切相关，并且结果一致。位置一直是环境广告的生命线，从广告发布者的角度讲，环境广告的价值主要在于人流量，现在从受众行为方面也可以证实的确是这样，因为逛街时是受众接触环境媒体的黄金时间。那么除了商业区，人们对交通工具和候车亭广告的接触也很多，而且随着出行时间和频率的增加，势必还有上升的趋势。

（二）环境新媒体广告的文化传播价值

环境广告是城市的名片，是展示城市品位的舞台。看一个城市的环境广告，就能感觉这个城市的公共审美取向。环境新媒体的设立，在规划上要注重和谐，广告设置地点、大小比例、间隔密度都要考虑到与环境的和谐，以及是否给行人造成不便，让行人获得视觉享受的同时，感觉到一种人性化的体贴。比如，纽约的时代广场和拉斯维加斯，是美国环境广告最为集中的地方。那里的环境广告将各种材料和科技手段组合在一起，通过电脑控制，表现出多姿多彩的图文效果，除了视觉冲击，有些广告还配上音响和光电效果，表现力更加丰富。

环境广告的公共艺术属性，源于其公共意义的文化表述和城市的景观要求，并非完全是商业利益的衍生物。当今时代，广告的设置不是在城市环境中随意的堆积罗列，而是合理地加以运用，以更宽泛和贴近公众的表达方法，在城市公共空间中发挥着景观元素的重要作用。环境广告的定位标准要量体裁衣，做到合理利用城市公共空间，并体现对城市人文、风貌最起码的理解和尊重，用公共艺术维度视角去实现广告建设行为。

---

① 傅中承、王安霞：《基于城市公共环境的户外广告发展探析》，《河南科技》，2010 年第 1 期，第 47－48 页。

第二节 环境新媒体应用策略

环境新媒体的应用越来越普遍，而有效地发挥其传播效果关键在于创新。所以从新媒体广告策划角度讲，环境新媒体的应用策略，实际上也就是如何更加富有人性，更具有体验感的创新创意。

一、环境新媒体广告的创新要素

来自清华大学的年轻研究者夏磊在他的研究中归纳了环境广告关联环状模型①，如图 9－1 所示。

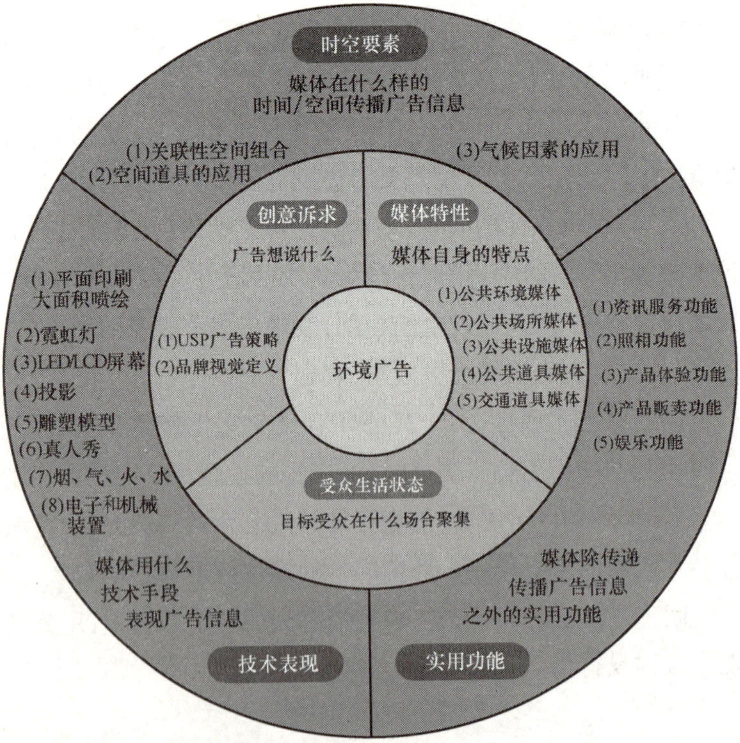

图 9－1 环境广告关联环状模型

① 夏磊：《分众传播——环境广告媒体的开发与视觉传达设计》，清华大学硕士学位论文，2005 年。

这个环状模型图形结构有两层：

第一层环是环境广告的决定性因素，其中包括广告的创意诉求、受众的生活状态、媒体的自身特点。广告的创意诉求是针对不同产品的特性总结的卖点和诉求重点，广告想说什么是广告表现形式的核心。受众的生活状态直接影响了受众经常出现的公共场合，分众传播时代选择媒体不能仅仅关注媒体的覆盖面，更要关注媒体与产品的重度消费人群的接触深度，只有选择目标受众人群深度接触的地点投放环境媒体广告，才能取得事半功倍的效果，所以受众的生活形态是选择环境媒体的决定性因素。媒体特性这里指的是媒体自身的特点，模型分成了五大类进行归纳。媒体的特性由形状、材质、数量、位置、体积等不同因素构成，是决定环境广告表现的形式载体。

第二层环是环境广告的重要因素，其中包括时空要素、技术表现和实用功能。时空要素是环境广告发布的时间和空间特点，是环境广告的外部要素。技术表现是环境广告的技术表现形式，是环境广告的皮肤。实用功能是环境媒体带给受众的真正的实惠，是增加媒体曝目率的重要因素。

从环状模型的放射状而言：放射的形状说明了因素之间的重要性区别，也决定了设计者考虑环境广告开发和设计的先后顺序；同时也强调了环境广告环状模型具有开放性和延展性特征。

通过这个环状结构图，我们归纳出环境新媒体的创新要素。

1. 受众的生活接触点。当前的广告时代，必须以受众为出发点，对受众的消费特征和受众的生活接触点的洞察是一切的起点，是挖掘新的环境媒体的首要出发点。

2. 各类公共环境中的媒介特性。不同的城市不同的发展阶段会有不同的公共环境空间。例如，地铁在一个城市中从无到有的过程，就会产生无数的可以用作环境新媒体的可能性，如楼梯、电梯、站台、地铁车厢内、地铁车体、地铁隧道内。上海就出现了地铁隧道内的广告，由几幅平面广告组成，但是随地铁运行而看到的平面广告却动态化以类似影视广告的画面出现在受众眼前。

3. 品牌信息与视觉表现创意的结合点。品牌在不同阶段不同时期会有不同的传播重点，好的广告创意需要将品牌信息有效传达，这就需要在挖掘环境新媒体的时候，充分考虑品牌的诉求和内涵，从而让广告信息能与环境本身融为一体。

4. 新技术的运用。我们现在常常挂在口上的新媒体，不外乎微博、微信等，其实观其本质都是基于互联网的技术创新，而环境新媒体虽然是物理媒介，但也依靠着新技术的不断发展而拥有了更多的实现可能性。因此，新技术也是环境新媒体的创新要素之一。

5. 环境新媒体的实用功能性。环境新媒体有时也可以借助为人们提供更多的便利和实用功能性，从而诞生或产生关注效应。

6. 时空新组合。城市的不断建设发展为环境新媒体的发展提供了无限的可能，因为城市建设过程中时间、空间的组合一直在发生变化，这些变化若为广告人所关注就有可能产生新的环境媒介。

二、环境新媒体的应用策略

随着非传统媒体在广告活动中扮演的角色和分量在逐渐增加，“环境媒体”创意实践经验也越加丰富，各种优秀的环境新媒体不断被开发和呈现，从而为广告业打开了一扇缤纷多彩的创意和表现窗口。简单归纳，环境新媒体的应用策略主要有以下几点。

（一）发掘新空间

最常见的“环境新媒体”创意就是发现新空间。主要特点就是深入生活，在产品特点和信息载体之间找到绝佳结合点，换言之，就是发现“用载体解释产品”的巧妙途径。本章第三节中展示了几幅环境新媒体广告代表作品，这些广告都有一个显著特点，那就是媒介、产品和目标受众的高度吻合。恐怕这才是这些广告成功的根本所在。

（二）常见载体的独特表达

当一种载体第一次被引入广告时，可以说是创造了一种新媒介，但被多次运用后，它就有可能成了一种大家熟悉的广告载体。但如果能对这种媒介加以创造性运用，同样会具有事半功倍的传播效力。就像手提袋，很早就被用来作广告载体，但真正能够在载体和产品之间发现一种“天然”契合点的创意却不多。这时如果能找到这样“天然”结合点，那么一个精彩的“环境媒体”创意就诞生了。

（三）时空组合创新性运用

这是指在关注广告的具体传播环境之后的创意，即在特定的传播环境中利用媒体固有的特性来服务于广告表现。

(四)广告人的行为艺术

此时的“环境媒体”创意,已经超出了载体和产品之间的静态结合,此时的创意本身就具有了很强的互动性和轰动效果:不管是旧媒体的新利用,还是产品与载体的巧结合,最终结果是一样的,那就是作品本身透露出一种极强的辐射力,让行人瞠目结舌,并议论纷纷。无意制造轰动却引来一片关注,这就是“环境媒体”创意中行为艺术的魅力。“环境新媒体”创意,需要广告人的艺术灵感和行为胆识。

环境新媒体的开发和传播过程,是一个用特定时空要素和视觉语言,来解决传播特定产品和品牌信息,并要求受众积极互动的目标的系统创作过程。因此,只有周全的考虑到品牌关联性和视觉传达效果等因素,活化各因素间的关系,才有可能赢得受众的注意力资源,获得良好的沟通效果。

第三节 环境新媒体案例体验

环境新媒体是一种用户融于环境之中的体验媒体,所以不同的环境具有不同的体验特性。为便于说明,我们根据环境新媒体的媒介特性差异,通过不同的案例体验,来分析环境新媒体的类别,为新媒体广告策划提供借鉴。

一、公共空间环境新媒体

它是在开放的公共空间中寻找并设置的环境广告新媒体,这种空间包括广场、街道、城市公园、高速公路等开阔的外部空间。公共环境媒体包括在高速路和公路两边设置的广告大牌、建筑物墙体广告、霓虹灯广告、充气模型广告、空中广告,也包括一些正在进行建筑施工和外立面改造的建筑墙面。

公共环境新媒体的主要特征是大空间和大的体量,可以充分利用面积的优势,营造巨大的视觉冲击。另外根据不同建筑的造型特点,设计媒体的形式和视觉传达的方法,也能够营造巧妙的广告效果。然而由于公共空间环境媒体的受众一般处于车行或步行的状态,因此广告适合用非常简练的视觉和文字体现凝练的广告信息。下面是一些富有创意的公共空间环境新媒体广告。

图 9－2 Coop 的涂料

名为“Coop 的涂料”的广告(图 9－2),看起来像一个油漆的广告,但实际上它是一个保险公司的广告。美国全国保险公司广告:广告牌上的油漆桶都有可能倒下来,还有什么不会发生的?灾难总是在无意中发生,无法预知,您还是买份保险吧。

由美国芝加哥李奥·贝纳广告公司创意的 Axe 男士香水的广告,把整个女生宿舍装扮成月历模样(图 9－3)。广告词是:用了俺们的香水,每天都有不同的美女。

潘婷(Pantene)广告(图 9－4)似乎不需要更多说明。为了证明潘婷的“真正强大的头发”的诉求,三条巨大的辫子在多伦多市中心出现。

显然 Penline 一定对他们的产品相当有信心(图 9－5),四个角用胶带就能将一巨型广告牌固定住,不往下掉,简直太棒了!怪不得该广告赢得了 2007 年戛纳广告奖银奖。

喜力啤酒广告(图 9－6)看似非常简单,却让人难忘。别出心裁之处在于,巧妙地利用了围挡幕布,营造出一只大手试图从后面抓住喜力啤酒瓶,喜力啤酒诱惑力可见一斑啊!

图 9-3　Axe 日历广告

图 9-4　潘婷强韧洗发水广告

图 9－5　Penline 胶带广告

图 9－6　喜力啤酒广告

二、交通工具环境新媒体

随着城市的扩张，交通运输事业急速发展，公交、地铁、火车、轮船、飞机等各种交通工具成为不同人群实现物理位移的必要手段，不同的交通工具定价各有高低的特点也明确地划分了受众人群。以公交媒体车身广告为例，公交车在城市的主要街道穿梭，是名副其实的流动广告牌，受到的注目度非常高。然而由于公交车的构造比较复杂，车的结构线对完整的画面会产生视觉干扰，而且车窗和车门能够活动，如果不考虑其自身造型和活动的特点就将平面广告移植到车身，就会造成文字断裂、图像不完整等问题，影响图像的美观，妨碍广告的传播效果。

但是随着交通工具在城市日常生活中扮演着越来越重要的作用，人们在交通上花费的时间越来越长，因此围绕交通工具和交通环境所开设的环境新媒体层出不穷，包括了公交车车内视频媒体 、公交车站牌、公交车候车亭、桥梁、隧道口、地铁隧道内等都被开发成环境广告新媒体。比如，在地铁媒体领域各国也在尝试新的广告形式，欧洲、日本和中国已经相继出现了隧道动画广告的媒体形式。经过精确计算车速，广告由 600 个内发光屏幕组成，每个屏幕相隔一定距离，将完整的 15 秒广告内容制作在屏幕上，乘客在飞驰的列车中就可以看到连贯的画面。这种广告形式迎合了受众在车厢中百无聊赖的心理状态，抓住了受众的眼球。

阿迪达斯为迎接 2006 年德国世界杯，推出了一系列大胆创新的广告，设计的广告牌特别引人注目，他们甚至冒险制造“事故”。这个特殊的广告牌展示了一个将身体弯成拱形的足球运动员横跨在马路上，形成巨型桥梁拱门，他多像一个神话中的巨人！参见图 9 – 7。

图 9 – 7　阿迪达斯世界杯隧道口广告

这则广告很是聪明，几乎改变了传统意义上广告的含义。就像图中看到的，宜家的沙发已经变成了地铁车厢的一部分。大家肯定会选择坐在一个色彩鲜艳、舒适的沙发上，这样的享受也会让人更难忘啊！参见图 9 – 8。

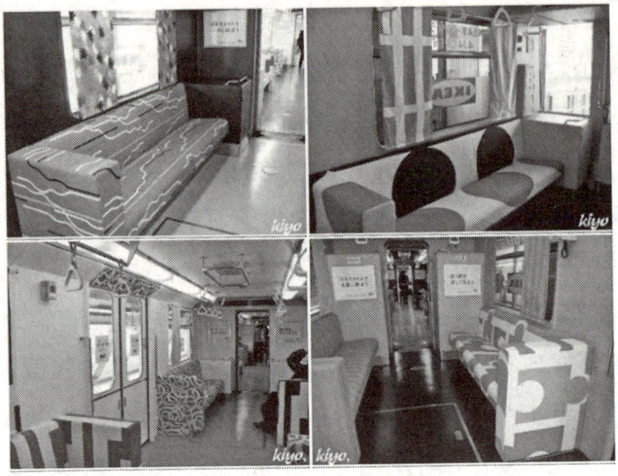

图 9－8　地铁车厢内的宜家广告

这则广告定位于那些握着啤酒就会感到身心放松的人。可以想象如果是你去握着，那可能意味着你在办公室度过了忙碌的一天，是时候轻松一下了，参见图 9－9。

图 9－9　地铁扶手广告

三、生活空间环境新媒体

生活空间与公共空间的区别是，公共空间是开放的、公众生活共有性环境，往往公共空间的环境广告幅面比较大，适合远距离观赏，而生活空间相对封闭一些，更侧重人们的日常生活必经的场所，且大多在室内，包括写字楼、住宅楼、会议中心、商场、卖场、医院、公园等。当然，这里也包括了利用公共生活场所的门、窗、楼梯电梯、检票台、候车厅、电子信息厅、电话亭、书报亭、遮阳伞等做的广告媒体，也有人称之为公共设施环境广告。

由于不同主题的生活、工作场所会有非常明确的受众定位，所以其媒体开发的速度非常快。在这种生活空间媒体面前，受众通常处于步行或站立等相对静止的状态，与媒体的距离比较近且关注的时间比较长，因此可以根据不同媒体的特点对广告产品和品牌的特征进行相对详尽的描述。

瑞典皇家歌剧院为歌剧《地狱中的奥尔菲斯》开展的广告宣传就发布在人流如织的的人行道上，画面内容是歌剧中的一个重要情节。当人们正在埋头赶路时，会突然看到面前出现一个人，似乎正从地下（地狱）逃出来。作为一种新颖的广告形式，3D 艺术广告具有在第一时间吸引眼球的独特魅力。它能在行人触及它的一瞬间，让你驻足观望，参见图 9－10。

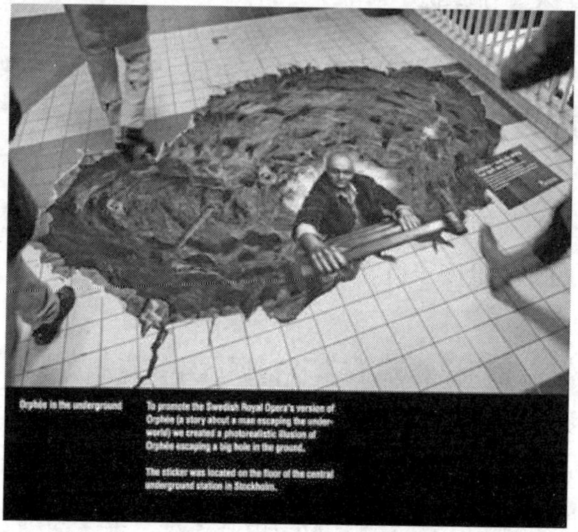

图 9－10　人行道上的歌剧广告

为一次性剃须刀做广告比较难,怎样才能让人注意到一个男人用一次性剃须刀把脸刮得干净光滑的样子?这块广告牌采用了不同的策略,一把巨大的剃须刀在一块草地上刮出了一条干净的小道,更何况你的胡须呢?参见图9-11。

图9-11　草坪上的一次性剃须刀广告

这是一个框架,你可以穿过它?是画?一个透明的广告牌?这很难说,从这张图片很难猜出耐克广告想卖什么。耐克公司希望他们的客户有穿墙而过的本领?给顾客一点遐想,他们才会记住你,参见图9-12。

四、公共道具环境新媒体

公共道具环境新媒体,较公共空间、生活空间、交通工具等来说体积更小,但种类更多,覆盖面更广,有更多的可能性和拓展空间。以下是几个运用公共道具的案例。

这是手提袋上关爱抑郁症儿童的公益广告,创意很简单也很直观,只是告诉父母,拉起孩子的手,多跟孩子待在一起,就可以很好地避免这种情况出现,参见图9-13。

公交拉手广告大家同样熟悉,但真正根据载体特点和产品特性进行有效衔接的好广告却不多见。但这里的一个设计,却实现了突破。当乘客使用这个拉手的时候就像是佩戴了手表,参见图9-14。

菲亚达的"机窗(遮光板)"广告中,当乘客要推开遮阳帘时,首先看到的是菲亚达汽车,打开车的内部,看到的则是万里晴空与浮云,参见图9-15。

图 9－12　耐克透明广告牌

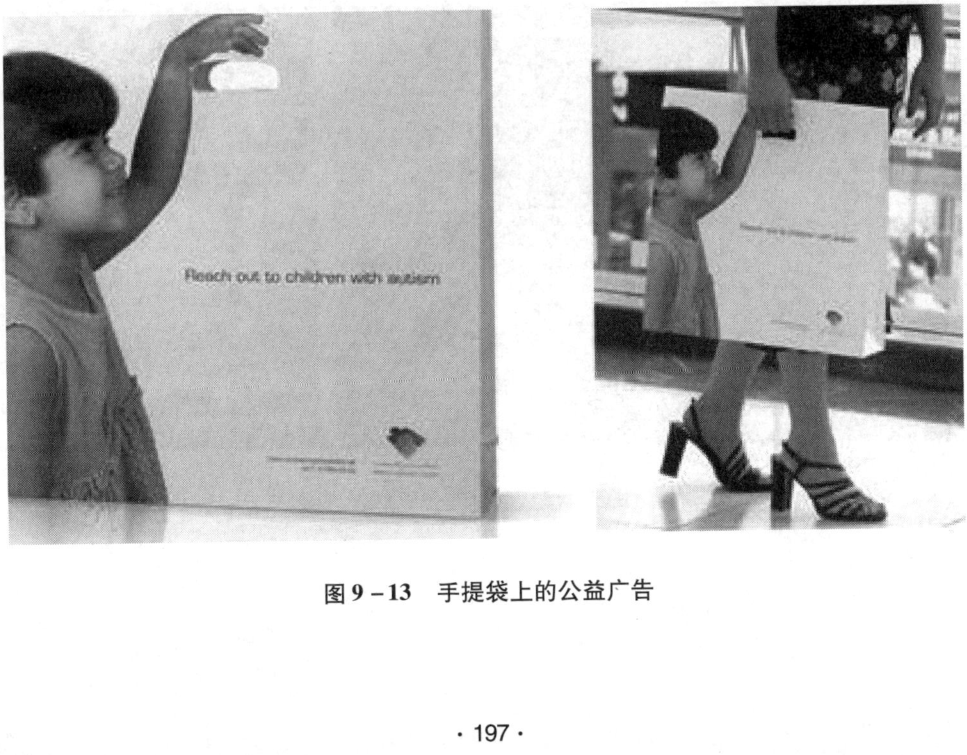

图 9－13　手提袋上的公益广告

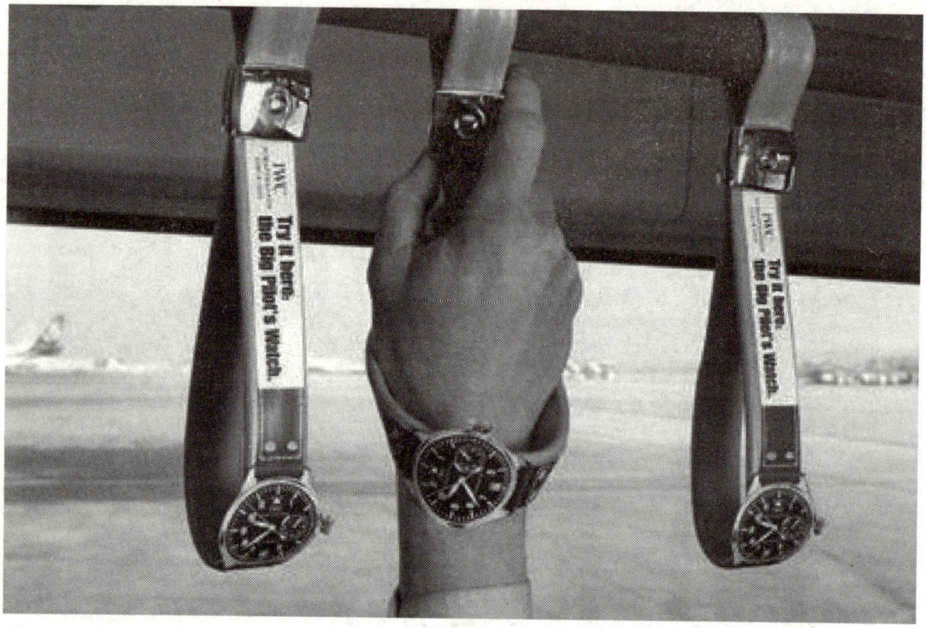

图 9-14　公交车拉手广告

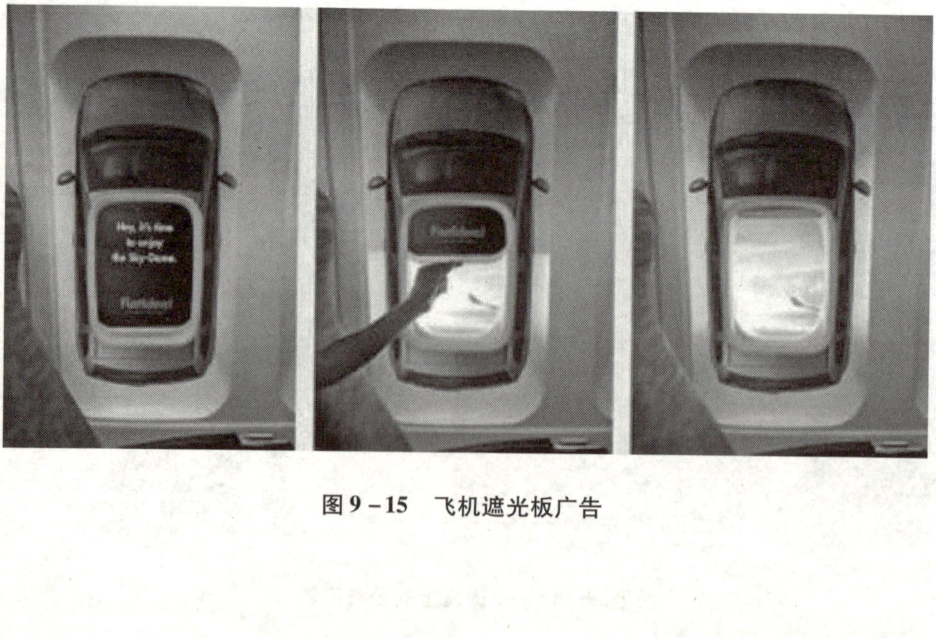

图 9-15　飞机遮光板广告

案例选编

案例9－1：剃须刀篇——剃须刀情人节活动广告传播分析

剃须刀和玫瑰放在一起你会联想到什么？国外的剃须刀品牌 Wilkinson 在情人节就开展了一次名为《胡子与玫瑰》的互动式户外广告。情人节这天，该品牌在大街上竖起了一块插满玫瑰胡子的广告牌，路过的情侣们纷纷走上前为广告牌上的男主角刮起胡子。当大家拔下一根广告牌上的“胡子”时，却发现这根“胡子”竟然是一朵娇艳的玫瑰花，获得意外惊喜的行人纷纷加入拔“胡子”的队伍中。这则广告以温情和创意营造出情人节的温馨氛围，传递了人与人之间的温暖情怀，同时也宣传了产品。

图9－16　Wilkinson 剃须刀《胡子与玫瑰》互动式户外广告

（广告现场互动情况可通过扫描下方二维码或者通过链接 https://v. qq. com/x/page/p03762vbp7d. html? sf＝uri 查看）

《胡子与玫瑰》视频二维码

第十章

网络传播与互动广告策略

本章重点及学习要求

1. 网络传播的概念与特点
2. 网络广告的优势与局限
3. 当代网络广告对互动的需求
4. 网络广告的常见形态
5. 网络广告的创意策略

第一节　网络传播的基本特点

网络传播是信息时代最具有代表意义的传播特征，它不仅在媒体技术形态上改变了传播现实，而且使社会群体的行为方式、消费特征，乃至于社会活动结构发生了根本性的变化。就信息技术的发展而言，网络传播还处在发展阶段，同样网络对广告的影响也仅仅是开始。

一、互联网的高速发展改变了传播的媒介环境

网络广告在十余年之前还是一个新型的传播概念，然而，时至今日，我们已经生活在一个以互联网为基础的社会，网络广告也成为一种高速变化的、不断被刷新认知的科技与新媒体传播的结合。

在中国互联网络信息中心（CNNIC）发布的第37次《中国互联网络发展状况统计报告》显示，截至2015年12月，我国网民规模已达6.88亿人，互联网普及率为50.3%。而在1997年10月CNNIC发布的第1次统计报告中显示，当时我国上网用户数仅为62万人，其中，大部分用户是通过拨号上网。18年间高速发展的互联网除了大规模的网民数量，更有域名、网站、带宽等互联网基础资源的迅猛增长，截至2015年12月，中国国家顶级域名“.CN”总数为1 636万个①。

广告作为一种现代社会的重要商业传播形态，它与经济的发展、媒介的发展密不可分。广告是一个名词，也是一个动词，它是广告主、媒介机构、传播目标受众之间的桥梁，广告要依赖传播媒介实现“广而告之”的过程。

我国的互联网媒介生态环境在历经了政治化生态阶段（1949—1978年），市场化生态阶段（1979—90年代末）之后，在90年代末期开始迎来网络新媒体迅速发展的数字化媒介生态环境。

以数字技术和网络技术为基础的网络新媒体，刷新了报纸、广播、电视等传统大众媒介的发展速度纪录，不仅如此，互联网还以其在传播的广度、深度和对人类生活方式的介入度等方面的优势，不断书写着人类传播史上无数的新纪录。

---

① 中国互联网络信息中心：《中国互联网络发展状况统计报告》，http://cnnic.cn/gywm/xwzx/rdxw/2015/201601/t20160122_53283.htm。

这一生态阶段也出现了很多新的现象:新媒体用户急速增长,人们改变了接收信息的习惯,媒体间界限变得模糊,信息传者与受众之间的界限被打破,媒介开始更多地走向商业化生存,传统媒介的生存压力逐渐显现。2014 年新年伊始,时任《南都娱乐周刊》主编的陈朝华发微博称,海尔发邮件通知媒体,今后不再向杂志投放硬广。陈主编戏谑道:“她(海尔)不和杂志硬广做朋友了。”更有甚者,预计 2043 年美国的报纸将会消失。虽说这是个人预言,但传统媒介在网络这一新兴媒介冲击下的发展现状可见一斑。

互联网改变了传播生态,并已成为现代人接触新闻信息的第一来源,媒介之间的相互融合已成为大的发展趋势,并出现了“融媒体”的概念。

“互联网 +”更是改变了人们的生活方式,如电子商务对人们购买方式、购买决策和分享模式所发生的根本性改变。因此,互联网同样也改变了商业传播的模式,让更多的企业转移着与消费者的接触与传播路径,并不断更新着商业传播的思维与观念。互联网本身就是一个创新创意的平台,在互联网之上创造了许多奇迹,许多创意得以萌生和发展与延伸。

二、网络传播的基本特征

正如麦克卢汉说的“不了解传播工具的作用,就不可能理解社会和文化的变迁”,互联网是以信息技术为基础的高速数据传递系统,是当代社会最重要的传播工具之一,它打破了传统媒介的传播局限,使人类得到了前所未有的解放与自由,因此,网络传播具有以下全新特征。

(一)高度的交互性

网络公众通过各种互联网页面、Web2.0 交互方式、网络软件等方式实现即时的信息双向交流、情感相互沟通,这种双向信息传播方式刷新了此前媒介的单向传播介质特征。

(二)空前的强时效性

网络传播省略了传统媒体的印刷、制作、运输、发行等中间环节,发布的信息能在瞬间传递给受众,而且网络传播的内容可以方便地实现刷新,在内容上具有极强的时效性。

(三)信息的海量性

互联网络实现了在线资源共享,任何资料库内的信息资源只要联网,都成为公众的共享资源。“云”的出现更使得海量信息与电脑硬件之间的物理空间矛盾得以解决,互联网的资源共享变得更加便利。

（四）检索的便利性

利用搜索引擎或新闻站点等多种检索方式,可以快速地获得自己所需的信息。

（五）功能的多媒体化

在如今这个媒介融合的时代,网络综合了报纸、广播、电视等传统传播方式,将文字、图片、声音、图像综合为一体,为公众提供全方位的信息。

（六）信息的再生性

网络中传播的信息可以复制或打印,成为个人信息。

（七）传播的开放性与全球性

网络的开放性体现在传播对象的平等性和传播范围的广阔性,传播在互联网上的信息则具有全球同步传播的特质。

（八）传播的选择性与个性化

网络传播的网站、形态众多,内容丰富且分工精细,网民选择范围极为宽广,每位网民都可自由选择适合的个性化网络信息接收与发布渠道。

（九）网络传播的去中心化

传统媒体传播时代,媒体掌握着媒介资源和信息资源,承担了传播信息的集散地的功能,受众需要借助媒体去认识社会、理解社会,网络时代存在着前所未有的技术逻辑的无中心化、传播主体的中心化地位消解、受众即网民的思维意识去中心化等特征。

三、网络传播的分类

网络传播的概念和特点决定了网络传播集个人传播、组织传播和大众传播于一体,既有单向传播的优势,又兼具双向传播的功能,形成一种散布型网状传播结构。

网络传播分类与大众传播有近似之处,如从应用的角度,网络传播可以分为:①网络信息传播;②网络广告传播;③网络商品交易;④网络文化艺术;⑤网络娱乐与教育。

在网络传播时代,网络传播的内容不再像传统媒体时代那样围绕新闻信息为核心，而是根据社会和网民的需求去中心化地发展，网络广告自然也就因为企业、组织的网络时代传播的这种强烈的市场需求而生。

在纷繁复杂、众声喧哗的互联网上，各类网站可以依据上述的各自应用角度，按不同社会功能进行分类。

（一）门户网站

这是最早的网站形态，由于初创时期更多地借鉴传统媒体，所以往往被看作是网络新闻媒体，即以互联网为媒介而构筑的传播平台来报道新近发生的足以吸引大多数人共同兴趣的新闻传播机构。分为两类，一类是各种传统媒体开办的以报道新闻为主的新闻网站，另一类是以互联网内容提供商转向而建立的新闻网站。

（二）商业网站

商业网站在当今网络体系中体现出最大的应用特征和商业价值，这类网站包括互联网提供商、综合服务商和电子商务平台，如门户网站、电商网站。

（三）专业网站

专业网站往往定位于具有特色型和专业指向的网站，诸如相应的行业网站、学术网站、教育网站、交友网站等，或者是由某些网络平台所办的相应频道，如综合型网站开办的网络学校、教育频道等。

（四）娱乐网站

随着人们对休闲和娱乐的追求，各种类型的娱乐休闲网站也不断出现，娱乐休闲形态也多种多样，典型的包括游戏网站、视频网站等。

（五）社交网站

即 SNS 网站，SNS 的全称是“Social Networking Services”，即社会性网络服务，专指旨在帮助人们建立以人际交往为基础的社会性网络的网站。

不论哪一类网站在网站的盈利模式构建中，都不会缺少网络广告的身影，网络广告是信息技术给传统营销带来的革命，网络传播构建了消费者与营销者的关系模型的变化，它创造出企业组织与消费者个体之间平等的一对一的对话和交流，网络为广告活动搭建了一个双向的自由空间，网络广告在营销传播中的位置凸显，已是现代营销的关键。

第二节　网络广告的主要特征

无论是就影响力还是投入总量而言,网络广告现已超越了传统媒体广告。基于网络信息技术形态的网络广告,在形式上也表现出不同于传统媒体的鲜明特征,这种特点不仅引导网络广告表现形态的变化,同时也带来广告传播理念的变化。

一、网络广告的定义

由于互联网广告形态多样,技术复杂,无论是现行广告法还是广告行业自身,都还没有明确的网络广告定义。国家工商总局广告监管司在 2015 年 9 月 1 日施行的新广告法中增加对互联网等新媒体的广告活动规范,提高监管针对性和有效性。根据《北京市网络广告管理暂行办法》第二条所述,它对网络广告是这样认识的:"本办法所称网络广告,是指互联网信息服务提供者通过互联网在网站或网页上以旗帜、按钮、文字链接、电子邮件等形式发布的广告。"

因为网络广告多种多样,针对网络广告的复杂情况,我们可以将网络广告定义分为狭义和广义两种。狭义的网络广告又被称为在线广告或者互联网广告,指利用网站或网页上的广告横幅、文本、图片、视频、链接、多媒体等方法,在互联网刊登或发布广告,通过网络传递到互联网用户的一种高科技广告运作方式。广义的网络广告除了包括以计算机为核心组成的计算机网络为媒介的广告行为外,还包括其他所有以电子设备相互连接而组成的以网络为媒介的广告行为。

二、网络广告与互动广告

当前时代,互联网广告不断创新创意,涌现了很多以计算机视觉和虚拟现实等技术为基础的网络互动广告,它使普通广告能够根据人体动作而产生相应变化,成为集趣味性和娱乐性为一体的多媒体广告。互动广告最大且最为普遍的媒介或载体就是互联网广告,所以互动广告往往是在"网站"或"网络广告条"等终端上展现在我们面前的。

互动广告的出现使网络广告真正区别于此前所有媒体上出现的广告形态和

传播方式，它应用了先进的互动传播新技术，采用了更加合理的互动传播模式，突破了时间和空间的限制，信息传播无论在量上还是在速度上都远远超过了传统广告。同时提升了消费者接收或传播广告信息的便利性、低成本性和时效性。尤其是互动广告全新建构的传受双方主体间关系，无限释放了消费者的广告参与热情，激发了他们创作广告、传播广告的欲望。由此，也形成了互动广告相对于传统广告的诸多优势。

美国互联网广告署（IAB）已更名为“美国互动广告局”，总部位于纽约，公共政策办公室位于华盛顿，由600多家媒介公司和技术公司组成，这些公司承担了美国本土86%的互联网广告销售。这一现象也从一个侧面体现了网络广告从传统广告与互联网的简单嫁接，逐渐向有互联网基因和特色的互动广告的转变发展趋势。

三、网络广告传播的优点

网络广告的优点同样也是它的特点所在，这些很大程度上体现为对于传统媒体传播中缺失性的改变。

（一）强烈的交互性与多媒体化

网络广告与传统媒体广告最大的不同就在于它给消费者提供了与广告直接互动的机会。它使受众不仅可以读、看、听，而且可以参与讨论并获得“特制”信息和特别服务的广告，这种交互性使得网络广告比传统媒体广告更具有活力。因为对广告主而言，广告的目的不仅仅是发布信息，更重要的是建立良好的客户关系、提高公司和品牌的知名度，网络广告的互动性能帮助企业、组织等广告主做到这一点。因为互动性可以带来趣味性，可提高品牌信息的亲和力，并可产生移情作用，增强受众对产品的好感。另外网络广告的载体基本上是多媒体、超文本格式文件，表现形式丰富多彩，集声、像、动画于一体，融合了传统媒体的优点，即能像广播、电视一样得到听觉和视觉的刺激，又可以获得阅读报纸、杂志等平面媒体广告产生的感受。只要受众对某种产品感兴趣，仅需点击鼠标就可以了解更多、更详细、更生动的信息，从而使消费者亲身“体验”产品、服务和品牌。

（二）传播范围的广泛性

网络广告的传播范围极为广泛，可以通过国际互联网把广告信息24小时不间断地转播到世界各地，不像传统广告往往局限于一个地区、一个时间段。他们可以在世界上任何地方的 Internet 上随时随意浏览广告信息。尤其是当前的社会,随着经济的全球化,人口的流动性越来越大,网络广告传播范围广的特性可使品牌信息持续不断地达到目标受众,让品牌突破地域限制,与现有的消费者维持稳定而长久的关系,同时为建立国际性品牌搭建坚实的平台。这些效果,传统媒体广告是无法达到的。

(三)传播内容的灵活性

在传统媒体上做广告发布后很难更改,即使可改动往往也必须付出很大经济代价。而在互联网上做广告按照需要可及时变更广告内容,当然包括改正错误。这样,经营决策的变化也能得到实施和推广。此外,网络广告可以是大众传播。如万维网上热门门户站点的首页上投放的广告,可得到全球各地上百万和上亿的受众关注,具有先明的大众传播特点。网络广告也可以是群体传播,在一些专业站点发布的广告就是一种群体传播。当以电子邮件方式传递个性化的信息时,网络广告又成了人际传播。这种多样性使网络广告极富弹性,可简单也可深入,不受版面或时间段限制,既可以在大量的消费者中激发品牌知名度,又可以对特定的目标消费者实行一对一的传播,强化其忠诚度,展开多层次的品牌塑造。

(四)传播目标的精确化

网站本身的细分化,让网络广告的广告主可以精确细分受众市场,选择有针对性的专业网站进行广告投放,区别于传统广告在大众媒体投放的粗放性。同时,通过 IP 地址及 Cookie 技术,网络广告商可以根据个人的差别将受众分类,以细分化的有差别的市场策略,确立品牌位置,将广告信息准确地发送给目标用户,以求得最佳效果,同时避免广告费的浪费。各种网络上汇集的大数据为网络广告更准确的传播提供了可能性。

(五)效果的可测性

利用传统媒体做广告,很难准确地知道有多少人接收到广告信息。而在 Internet 上做广告很容易通过服务器记录,或是用户的 Cookie,或是专用技术统计出到底有多少用户看过,以及这些用户查阅的时间分布和地域分布;更先进的测量手段能得出更详细的统计结果:广告有多少呈现次数、有多少点击率,以及点击的时间、地点甚至点击后的活动。这些数据往往即时可得,极大地方便了广告主即时监测特定品牌传播活动的效果,并对品牌传播策略加以调整,以保证品牌发展的每一步都沿着正确的方向前进,少走弯路,使品牌投资收益最大化。

四、网络广告传播的局限性

网络广告媒体与传统媒体相比具有不可比拟的优势，但它作为广告媒体也不可避免地存在某些不足或劣势。

（一）网络广告策划设计尚不成熟

由于缺乏既懂广告设计又熟悉网络传播特征的技术人才，早期网络广告的表现形式较为单调，多数是普通平面广告在网页上的静态呈现，因此不能很好地吸引受众。这在一定程度上制约了网络广告的发展。尤其是网络广告铺天盖地的当下，优秀的网络广告作品需要精心策划，包括展现形式、内容编辑、互动设计、投放网站与投放形态都需要根据广告主的要求进行专门的策划，以吸引受众的注意力、引起受众的兴趣并进行有效的传播，从而实现品牌传播价值的提升。

（二）网络广告的互动性不足

网络广告的互动性既是它的特点，也是它的趋势，但是真正优秀的网络互动广告作品却不多见。互动形式是网络互动广告作品的灵魂，它也是互动广告区别于平面广告、视频广告的关键点。互动形式直接设定哪些视听元素先出现，哪些视听元素后出现，在何种条件下以何种方式出现？而这些是由设计者根据广告目的预先设计好的。相对传统广告，它拥有着更为广阔的创作空间。它促使或引导受众在接收广告信息的过程中可以超越时间的维度直接选择自己最想看到的信息，从这种时间和空间的选择转换中让受众体会到产品的气质、特点、精神内涵，并产生美的感受，真正与广告终端互动起来，从而对产品印象深刻。而对这种交互体系的设计是现在网络互动广告发展的一大瓶颈。

（三）网络广告效果测评标准尚未统一

网络广告效果测评一般是通过点击率来体现的，但一般网页上的各种图标、链接都产生点击，一个网页常常会因有几个图表和很多的链接而产生多次点击，服务器接到的每一次请求都生成点击次数，但点击次数与网站的访问人数之间的差别是巨大的。其次，对于广告主来说，真正能够揭示广告有效的既不是点击率，也不是点透率，而是转化率，即访问者点击广告之后对目的页面所表现出的对产品、服务或品牌的兴趣，以及受到的影响。

（四）网络管理法规尚未完善

由于网络本身有无限制的发展空间，使得目前对网络媒体的管理不像对传统广告的管理那样有严密的法规可遵循。目前基本依靠行政管理和行业协会规范来进行一定的约束,如国家工商总局出台相关管理,各地地方政府的暂行管理方案以及中国广告协会的相关规定。如前提及,2016 年 9 月实施的《互联时广告管理暂行办法》对网络广告有更明确的管理规定,通过明确的法规管理对网络广告进行监督和限制,这将保证网络广告得以健康、可持续的发展。当然,由于互联网本身的发展变化非常快,因此,对网络广告的管理、监督手段也应该建立并及时修改,定期补充、完善相应的机制,以确保管理法规与现实需求相适应。

第三节　网络广告的策划创意

与传统的四大传播媒体(报纸、杂志、电视、广播)广告及近来备受垂青的户外广告相比,网络广告具有得天独厚的优势,具有高度的互动性、个性化与社群化共存、即时性与全球性相结合等特点,是实施现代营销媒体战略的重要一部分。互联网广告的快速增长是随着互联网本身的迅猛发展和现代市场营销传播需求、整合营销思维共同发展的。互联网广告的形态多样,层出不穷,且变化多端。

一、网络广告的常见形态

尽管互联网提供了表达丰富的广告创意平台,但消费者如果不登陆该主页便达不到目标。所以,网络广告的形式越来越丰富多彩,其主要目的就是吸引浏览者的注意力。根据"百度文库"对网络广告的词条解释,常见的网络广告有 20 种主要类型①。

1. 普通网幅广告(general banner),主要为 468 ×60 像素的 Gif 或 Flash 等格式的传统标准网幅广告。

2. 普通按钮广告 (general button),主要为 120 ×60、100 ×50、88 ×31、120 ×90 小型 Gif 或 Flash 等格式的网幅广告。

3. 页面悬浮广告 (floating button),在网页页面上悬浮或移动的非鼠标响应广告,形式可以为 Gif 或 Flash 等格式。

---

① 【百度文库】http://wenku. baidu. com/link? url = qFxouKt_rVMliZ6077cY2HFluIGqsWhAzVOhcr9P3KIS3_wdXLW2ojrv3bckn0rAM2G - 0liKBa5ly5g2fOLVfoqChfQQ2824XE - m4vBlCDe。

4. 鼠标响应网页网幅广告（mouse over button），在网页上悬浮网络广告。

5. 鼠标响应网页悬浮广告（mouse over floating Icon），在网页页面上悬浮或移动的鼠标响应广告，形式可以为 Gif 或者 Flash 格式。

6. 弹出窗口广告（pop-up windows），在访问网页时，主动弹出的广告窗口。

7. DHTML 动态广告，当用户打开页面时，该广告将在页面中以静态或动态的方式停留一段时间，然后，消失在屏幕上，或者以一定的轨迹缩到页面中原有的网幅广告上。

8. 长方形大尺寸广告（rectangle banner），比一般的 468×60 的网幅广告大 30% 的长方形广告，画中画广告包含其中。

9. 长横幅大尺寸广告（horizontal banner），巨幅广告的一种，长横幅大尺寸为主的网幅广告。

10. 长纵式大尺寸广告（vertical banner），即通常所说的擎天柱广告，一般利用网站页面左右两侧的竖式广告位置而设计的广告形式，是巨幅广告的一种。

11. 全屏式广告（full screen ads），用户打开浏览页面时，该广告将以全屏方式出现 3～5 秒，可以是静态的页面，也可以是动态的 Flash 效果，然后，逐渐缩成普通的 BANNER 尺寸，进入正常阅读页面。

12. 插播式网幅广告（interstitials ads），插播在网页下载过程中的一种广告。

13. 伸缩式网幅广告（retractable banner），伸缩功能通过两种方式来实现，一种是点击伸缩通栏右上角的“扩展广告”的字样，另外一种是直接点击伸缩通栏。当网友看完伸展开的广告以后，可以再次点击右上角的“收缩广告”的字样，伸展开的广告会马上收缩回去。

14. 网上视频广告（online video ads），可以直接将广告客户提供的电视广告转成网络格式，实现在线播放。

15. 网上流媒体广告（steaming media ads），以插播形式出现在 Real Media，Windows Media，Quicktime 或其他网上流媒体上。

16. 网上声音广告（online audio ads），在各种广告形式中加入声音，增强广告效果，加深受众印象，综合利用视觉、听觉效果对用户进行说服的网络广告。

17. QQ 上线弹出广告（QQ online start pop-up banner），用户登录 QQ 时，伴随立即播放的 Flash 动态广告，它同时具有自动打开、自动关闭和自动更新广告内容的特性。此类广告只在登录 QQ 时出现，广告形式的巨幅画面和动画情景使广告效果得到最佳体现。

18. QQ 对话框网幅广告(QQ interface button),它位于 QQ 用户的信息发送栏中醒目位置,以投放时间计费,能够把广告信息真正传达给每一个访问者个体。

19. QQ 对话框鼠标响应广告 (QQ interface mouse over button),依托于用户端广告的隐藏式广告,当鼠标扫过用户端 Banner 时会出现。

20. 电子邮件广告 (email ads),将广告资讯通过电子邮件的形式发送到特定用户的信箱中,收件人通过查阅邮件来获得广告讯息。

二、网络广告创意的特殊要求

网络广告创意是介于广告策划与广告表现制作之间的艺术构思活动,即根据广告所要表现的主题、所要达到的广告目标、所要影响的目标消费者,经过精心思考和策划,运用适当的视听艺术手段和网络技术将所掌握的材料进行创造性的组合以塑造具体的、可感知的形象的过程。网络广告创意与一般广告创意相比较而言,具有一些特殊要求。

(一)运用多媒体技术,增强网络广告的吸引力

网络广告具有自身的先天不足,但也有自身的优势,如含有比传统媒体广告更多的技术成分。我们在进行网络广告创意时,要善于利用。网络广告应该成为实时、动态、交互的多媒体世界,呈现出一幅丰富多彩的画面,使得广告具有文字、声音、图片、色彩、动画、音乐,电影、三维空间、虚拟视觉等所有网络媒体的功能,增强广告的吸引力,满足人们求新、求变的心理,充分调动网络受众的兴趣,使得他们在畅游网络世界时,在网络广告的指引下,充分享受网上购物的乐趣。

(二)区分不同产品,针对不同页面

目前的网络广告比较注重首页的创意,但对更深页面的创意不够重视,这是认识上的一个误区。事实上,从许多网站的经验来看,除了一些大众消费品适合在网站首页发布广告之外,对一些比较专业的产品来说,流量越大的页面,点击率越低,流量越小的页面,点击率越高。因为,越往深处,内容越专业,虽然暴露次数少,但都是有价值的暴露。

因此,在进行网络广告创意时,要区分不同产品,针对不同页面。也就是说,不同产品的广告信息适合在不同页面发布,广告创意也要针对不同页面来进行。大众消费品适应面广,适合在网站的首页发布,创意时要根据产品的特点、网站的

特点来选择适当的广告形式。而那些专业化程度比较高的产品,则适合在专业网页(或网站)上发布。创意时,除了要考虑专业网页的特点,还要考虑专业网民(即经常上这一网页的浏览者)的心理特点,他们的爱好和需求,广告信息也可以适当地专业化。

(三)争取受众反馈,促成网上购买

网络广告能达到的目标大体可分为两种:一是推广产品信息,树立品牌形象,这点与传统媒体广告相同;二是获得受众的直接反馈,这是网络广告与传统媒体广告的最大不同。我们在进行网络广告创意时,一定要努力做到能使受众反馈,最后促成购买。因为网络是唯一能够把广告 AIDA(注意、兴趣、欲望、行动)四个步骤一气呵成的媒体,随着市场环境的成熟和网络技术的进步,网络营销会逐步发展、成熟。另外,消费者对购买方便性的需求也要求网络广告与网络营销相结合。一部分工作压力较大、高度紧张的消费者会以购物的方便性为目标,追求时间、精力等劳动成本的尽量节省,特别是对于需求和品牌选择都相对稳定的日常消费品,这一点尤为突出。如果这些人在看到网上自己喜欢的产品广告后,能立即购买的话,就会大大方便消费者,大大提高广告的促销效果。

三、网络广告的创意原则

(一)互动性原则

互动性原则是网络广告最主要的特征之一。拉塞尔等(J. Thomas Russell & W. Ronald Lane)所著《Kleppner 广告教程》一书,在谈到未来广告时指出:“很难确定下一个十年将变成什么样子,但是有一点是可以肯定的,未来的广告和传播的标志就是消费者参与程度更高、控制力更强,广告和传播由单向传递向双向沟通转变。”①而互联网时代最大的变化就是信息的传播方式由过去的单向传递变为双向沟通。罗杰斯等(Shelly Rodgers & Esther Thorson)最早提出了互动广告模式(Interactive Adverting Model,IAM),他们将互联网广告互动模式分为四个层次,从上到下依次为:控制层、环节层、要素层和主要素层。广告的特性包括两种:一种是客观特性(objective features),如广告的颜色、大小和音效等,这种特性是广告主能够控制的。另一种是主观特性(subjective features),如令人激动、让人感到厌

---

① [美]J. 托马斯·罗素:《Kleppner 广告教程》,清华大学出版社 1997 年版。

烦、让人产生怜悯等特性，这种特性是由消费者控制的①。

互动模式体现了互联网与传统广告的根本区别。交互性是互联网络媒体的最大的优势，它不同于传统媒体的信息单向传播，而是信息互动传播。传统广告的定义主要是强调广告一方对另一方的信息传达，最终达到影响和劝服的目的。网络广告便是一种双向的、推拉互动式的信息传播方式，它的即时互动性主要表现在以下两个方面：①趣味性强，能实现多层次交流。②实行个体化沟通模式，提高了目标顾客的选择性。

（二）网络广告的独创性原则

不论传统广告抑或是网络广告，广告创意是广告诸要素之中最具魅力的部分，它体现了人类思维能动创造性的本质特征。独创性的一个最为显著的特征就是其不可重复性和不可模仿性。互联网时代，"复制"的成本更低、更便利，因此广告创意思维的独特性更加可贵。独创性并不是要求完全的创新，而是在品牌创意表现手法上、在传播方式的独特性、在传播渠道的独到性方面具有个性鲜明的、与众不同的创意，从在信息海量化的网络中脱颖而出，吸引目标消费者的注意力。

（三）网络广告的实效性原则

所谓网络广告的实效性，就是能够带来现实的广告效果，能给广告主带来实际的收益。评价一个广告创意是否是优秀的，通常有三种看法：①广告界、消费者、广告主都认为是好的。②既能达到促销目的，又能受到广告界、消费者、和广告客户的好评。③促销，但并没有引起舆论对广告本身的兴趣。传统广告往往只能通过销售效果的检验来得到实效的评价，网络广告因为其诞生的技术背景而使其在点击量、关注人群、影响人数、浏览量、千人成本、消费者反馈等方面具有直接有效的知晓与评估方式，因此广告界、消费者、广告主都可以在互联网平台上公开、公平地获取广告的效果信息，对网络广告的创意而言，广告效果评估中的虚假数字只是自欺欺人而已。

（四）网络广告的真实性原则

在新闻传播领域里，新闻的特点是真实、新鲜，它是新闻之所以成为新闻的最基本最本质的特征。广告虽不如新闻那样追求真实，但广告绝不是虚假的代名词，在我国广告发展史上的很长一段时间，广告经常被冠以"虚假"的头衔，

---

① Shelly Rodgers, Esther Thorson:《The Interactive Advertring Model: How User Perceive and Process Online Ads》，转引自丁新：《轮网络广告的创意策略》，渭南师范学院毕业论文，2006年。

网络本身的虚拟和匿名性也让网络上的信息真实性难以辨认，这更需要品牌在网络广告的创意中，无论是广告设计、文案创意、表现手段都要尽可能地做到真实、实事求是，因为消费者的网络口碑是很重要的广告二次传播，甚至是品牌的网络营销的重点。因此，过分地夸大其词、渲染效果显然不是网络广告创意时的明智之举。

（五）网络广告的艺术性原则

和大多数传统媒体广告一样，网络广告在进行创意设计时，也要兼顾并遵循到它的艺术性原则。广告的艺术性原则是由广告的说服功能决定的。现代广告不仅仅是告知，更是一种劝导和说服，而劝导和说服又不能是简单化的。经常会听见有人说“广告应该是一门艺术，而非科学”。

广告创意的艺术性是由广告创意的特殊性决定的，与其他许多信息发布形式相比，广告发布的时空效益比最大，也就是说广告应该是用最少的钱在最有限的空间中传达出最高效的信息。一般网络广告创意，必须充分考虑到不同网络平台的受众差异、网站整体风格和网站广告位大小等因素，运用极具创意的手法于方寸之间创造出一鸣惊人，使人过目不忘的作品。

（六）网络广告的合理性原则

合理性原则原为网络广告特征之一。正如美国波兰兹调查公司总经理阿夫朱德·波立兹所说：“想象力是一项基本的必要的条件，创作力则表示着高深的想象力，只不过要严守规则及顺时应变才能发挥而达到目的。”波立兹的观点就是从想象力的角度来分析广告创意的合理性。作为网络广告设计人员，同样也要注意，遵守广告合理性原则。也就是说，在网络广告创意时既要遵循广告本身的特殊规律，又要遵循艺术创作的一般规律，还要符合人类思想的普遍规律，而那些任何违背生活逻辑的胡思乱想都不能算真正的创意。

网络中不少创意都是充满着“无厘头”的非逻辑思维，网络广告在互联网进行表达时，不要随波逐流，要认真思考受众的体验，以及受众在观看网络广告作品后对品牌的理解、认知、联想所带来的变化。

四、网络广告的创意策略

网络广告创意及策略选择是影响广告效果的关键一环。这里不仅要确定广告所要传达的信息，而且还要确定其表现形式。要根据网络广告的目标和选择的目标群体，进行全面的综合分析和创意设计，具体来说应注意以下问题①。

（一）有吸引力的广告标题

广告标题是一句吸引消费者的带有概括性、观念性和主导性的语言。在网络广告中，“看脸”很重要，网络是读题、读图的时代，根据统计，上网者在一个网络广告版面上所花的注意力和耐性不会超过5秒钟。因此，一定要在这短短的时间内吸引人潮进入目标网页，并树立良好的品牌形象。这时广告标题的设计就显得十分重要。

（二）简洁明确的广告信息

在网络上，广告的表现方式呈现多媒体化，早期因为带宽的问题，大家可能拒绝影音、动画形式的网络广告，但当前，广告形式早已不受互联网基础设施的影响了。然而，这并不表示网络广告的内容就可以不受时间、版面的限制延长扩展下去，相反，简洁的、明确的信息更加重要，因为失去重点的内容在互联网上很可能被中途关闭而失去被完整阅读浏览的机会。

（三）强化互动性与受众体验

随着网络技术的开发，今后网络广告必定朝着互动性的方向发展。这是体现网络广告优势的必由之路。例如，M&M豆在人人网的网络广告上增加了游戏活动功能、抽奖功能、分享功能，大大提高了受众对广告的阅读兴趣。鉴于互联网受众的年轻特点，以及乐于分享、喜欢新鲜事物的特性，互动性强的网络广告大有可为。

（四）综合安排网络广告发布的时间

网络广告的时间策划是其策略决策的重要方面。它包括对网络广告时限、频率、时序及发布时间的考虑。时限是广告从开始到结束的时间长度，即企业的广告打算持续多久，这是广告稳定性和新颖性的综合反映。频率即在一定时间内广告的播放次数，网络广告的频率主要用在E-mail广告形式上。时序是指各种广告形式在投放顺序上的安排。发布时间是指广告发布是在产品投放市场之前还是之后。根据调查，消费者上网活动的时间多在晚上和节假日。针对这一特点，可以更好地进行广告时间的安排。网络广告的时间策略形式可分为持续式、间断式、实时式。网络广告时间策略的确定除了结合目标受众群体的特点外，还要结合企业的产品策略和企业在传统媒体上的广告策略。好的广告时间策略不仅能

① 王艳艳：《如何进行网络广告创意及策略选择》，http://abc.wm23.com/youmeng/85177.html。

提高广告的浏览率，还能节省广告费用。

（五）合理确定网络广告费用预算

对大部分上网企业而言，Internet 仅仅是其整体营销沟通计划的一部分。公司首先要确定整体促销预算，再确定用于网络广告的预算。整体促销预算可以运用财务能力法、销售百分比法、竞争对等法或目标任务法来确定。而用于网络广告的预算则可依据目标群体情况及企业所要达到的广告目标来确定，既要有足够的力度，也要以够用为度。

（六）确定网络广告的监测方案

在网络广告策略策划中，根据广告活动所要选择的形式、内容、表现、创意、具体投放网站、受众终端机等方面的情况，设计一个全方位的测试方案是至关重要的。在广告发布前，要先测试广告在客户终端机上的显示效果，测试广告信息容量是否太大而影响其在网络中的传输速度，测试广告设计所用的语言、格式在服务器上能否正常处理，以避免影响最后的广告效果。

总之，网络广告创意及策略选择是网络广告策划的重要内容，这一过程是一个集市场、传播、艺术、技术等众多因素综合平衡、协调选择的策划体系，其复杂性是十分明显的。

案例选编

案例 10－1：饿了么线上营销互动广告

随着生活节奏的加快，市场迎来了新一波的消费升级，外卖行业蓬勃发展，饿了么已成为外卖行业两大巨头之一。近年来，不少 H5 互动式广告和朋友圈弹窗互动式广告成为“出圈单品”。饿了么紧跟线上互动式广告热潮，在各大平台做出了良好的传播效果。

图 10－1　饿了么 H5 互动式广告

案例选编

其中,2018 年一则以第一视角展开的选择式情景剧互动式 H5 广告一经发布便迅速传播,广告中观众被代入为被妈妈催着约会相亲的“宅男”,面对与女方约会的不同场所和不同路程安排,你将会选择哪条线路呢?到最后,广告才揭示这是一则饿了么关于国庆美好生活计划的营销活动,同时打破大家对于饿了么只能点外卖的固有思维,借约会路线传播出饿了么平台除了“吃”,也能“住”,更能“玩”(该互动式 H5 广告可通过扫描下方二维码或者通过链接 http://www.theyian.com/eleme/index.html 查看)。

(扫码查看 H5 互动式广告)

在线上,饿了么花费了很大力气在各大平台抓住一切消费者可以看到的模块进行互动式宣传,除了大家习以为常的网站弹窗和应用开屏广告,饿了么也没有遗漏朋友圈推荐广告这一机遇。用流量 Idol 王一博出镜作为主角的朋友圈互动式广告也给朋友圈的大众留下了深刻印象。广告下方的一句评论“你饿了吗”仿佛你的 Idol 就在你的朋友圈一样,赢得了广大消费者的点赞与跳转网页浏览量,不失为一波完美的线上互动传播。

图 10-2　饿了么流量 Idol 王一博出镜的广告

案例选编

"双 11"期间,饿了么又一波互动式营销刷屏微博、朋友圈、抖音等平台,搜索指定关键词"1111"即可参与外卖下单或邀请好友集卡抽奖活动。集卡完成后,抽奖抽中者可开启金筷盲盒并获得帮付全年餐费的资格,这一波互动营销使得饿了么"双 11"期间的线上外卖订单量直线飙升,消费者成为传播的主体。

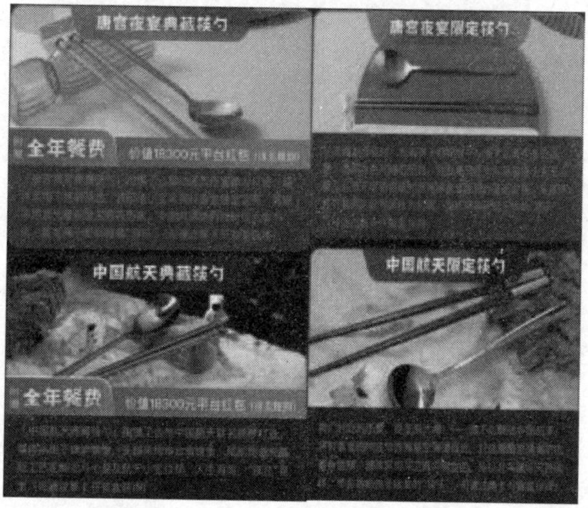

图 10－3　饿了么"双 11"互动式营销

第十一章

接触点与植入式广告策略

本章重点及学习要求

1. 接触点传播与品牌接触点管理的差异
2. 品牌接触点的沟通管理之道
3. 接触点管理背景下植入式广告兴起
4. 植入式广告的表现形态
5. 植入式广告的优势与困境

第一节 接触点与接触点管理

对于传统广告人而言，接触点是一个全新的概念。“接触点传播”的概念最早见于美国西北大学教授唐·舒尔茨所创立的整合营销传播（Integrated Marketing Communication，IMC）理论中。其后随着理论的发展，接触点管理进而成为整合营销传播的核心概念之一。

一、接触点与品牌接触点管理概念

整合营销传播理论于20世纪90年代起源于美国，主张把企业的一切营销与传播活动，如广告、促销、公关、包装、产品开发等进行一元化的整合重组，让消费者从不同的信息渠道获得对某品牌的一致信息，以增强品牌诉求的一致性和完整性。整合营销传播理论从广告心理学入手，强调目的、过程、目标、行动的统一性和一致性，在不受任何单一目标的约束和管制下，与现在的潜在顾客、现有顾客进行多方面的接触，并通过接触点向消费者传播一致的、清晰的企业形象。

所谓接触点，就是品牌与消费者产生信息接触的地方，即运送营销信息的载体。它不局限于广播、电视、报纸、杂志、户外、互联网等媒体，还包括直邮、产品本身、销售人员、店面布置、产品网站、交流产品使用体验的亲友等，只要能成为传播营销信息的载体，就可以被视为接触点，所以有关学者将品牌接触点看作是顾客与品牌实现信息关联的情境，是“品牌与相关利益者趋向某个具体接触层面的行为和体验过程”①。它致力于在统一目标的统领下，综合协调地使用各种形式的传播手段进行广告策划，传递一致的产品信息，以实现与消费者的双向沟通，建立产品与消费者长期的密切关系，从而有效地实现广告传播和产品营销的目的。只有在所有品牌接触点上传播一致的品牌信息，才能提高品牌传播的效率，快速、有效地建立起品牌个性与联想。

全球最大的单体广告公司日本电通公司2003年正式推出了“品牌接触点管理”模式。“品牌接触点管理”模式主张行之有效的品牌传播应从获取消费者“购

① 卫军英：《整合营销传播理论与实务》（第三版），北京：首都经济贸易大学出版社2012年版，第127页。

买决策体系”中的关键性接触点入手，而不是仅仅依靠一厢情愿的“定位”去强行攻占。这种传播模式带给企业最大的益处就是使企业知道品牌利益点在顾客购买决策体系中所占的位置和分量，从而知道应当如何影响其做出购买决策的过程；又使得企业知道在何处实施品牌信息传播最为简单有效，从而最大化地节省传播费用。接触点管理模式的使用，对于企业通过整合各种营销方式进行广告策划发挥了重要作用，也是一种对整合营销传播理论的实践。

消费者对于一个品牌产生购买欲望，其实是有着一个对其购买决策具有关键影响力的重要接触点所致。正如大卫·奥格威所说：品牌是“由消费者对其使用者的印象，以及自身的经验有所界定”形成的。因此，这就说明，当顾客面对品牌提供的诸多讯息时，一个“关键时刻”存在于消费者的心智中，找出了这个“关键时刻”就找到了打动顾客的关键。而品牌提供的其他讯息的作用则对消费者验证“关键时刻”的正确性和可信性起着强化和增强信心的作用。

品牌接触点包含了顾客有机会面对一个品牌讯息的情境，因此可以分为人为的、自发性的两类品牌接触点。人为的品牌接触点是指大部分经过设计的讯息，诸如广告、促销和对外发布的信息等。自发性的品牌接触点则是指那些因购买产品及服务等过程自动生成的情境，如消费环境、产品包装、服务人员等都包括在内。

二、接触点传播与品牌接触点管理的差异

有些人混淆了接触点传播与品牌接触点管理，从而产生了误解，他们认为：顾客与品牌的接触点千千万万，如果要把顾客与品牌的所有接触点都管理起来的话，那将是一个无比浩大的工程，因此，管理品牌接触点是一件不可能完成的任务。

“品牌接触点管理”模式与 IMC 中的“接触点传播”是有一些差异的，如果说 IMC 中的“接触点传播”强调接触点讯息的全面整合传播的话，那么“品牌接触点传播”模式则强调通过发掘足以影响消费者购买决策的“关键性接触点”指标为主，以满足消费者“体验”从而提升品牌传播价值链的模式。

“品牌接触点管理”模式是一个“知觉反应模式”，“品牌接触点传播”模式主张透过“消费者洞察”（consumer insights）发现顾客日常生活中对品牌各种各样的细节接触点，发现一个“关键性接触点”指标，并以此为核心来设计接触点传播

策略。而这个“关键性接触点”是需要透过洞察消费者形成需求与欲望的“心智数据库”的敏感点获取的①。

它与通常意义上的以管理细节为主的所谓“接触点管理”有着本质的区别。以管理细节为主的“接触点管理”的主要目的是减弱或消除接触点传播出的对品牌不利的负面讯息的影响。它的主要操作形式是从单向传播的过程中发现哪些地方传达出了对顾客产生不良影响的细节，纠正已经发生的错误，并对这些细节设计新的形象。

如果说一般意义上的“接触点管理”是外求法的话，那么，“品牌接触点传播”模式就是内求法。举个简单的例子，某银行发现，由于办理业务的人很多，业务办理速度较慢，顾客通常会在业务大厅里等待。以管理细节为主的“接触点管理”可能会为了使顾客的等待舒服一些，这家银行把大厅装饰得像个咖啡厅一样，期望以此获得顾客的青睐。而同样是这家银行，“品牌接触点传播”模式则会考虑银行办理业务最关注的其实是“迅速、准确”。于是这家银行以顾客为导向，按照顾客的业务种类开辟窗口，改变过去不论办理何种业务都混在一起排队的错误。同时，又通过对柜员进行倾听与沟通培训，使得柜员与顾客的沟通效率得到提高，从而加快了办理业务的速度和准确度。除此之外，还针对各网点主要客户的交通情况，在各网点设置方便通畅的私家车和自行车停放点，从而进一步强化了“迅速”的“关键接触点”。

在这个“接触点价值链”中，“迅速、准确”是顾客的“关键接触点”。分类窗口、人员素质提升、方便通畅的私家车和自行车停放点是“辅助性接触点”。这个完善的“接触点价值链”可以使顾客刚走到门口与“辅助性接触点”接触时，就能立刻在心中做出反应——这家银行效率很高！

总的说来，“品牌接触点管理”模式的特点是，透过“购买决策评价体系”的触发体系制定品牌传播策略，针对一个有明确重心的“关键时刻”进行营销，提高品牌传播的效率，所以，与传统的营销传播漫天撒网的所谓“立体轰炸”相比，“品牌接触点传播”模式则像是一个弹无虚发的神枪手，只有在瞄准了敌人要害部位的时候才会扣动扳机。

---

① 李海龙：《“品牌接触点传播模式”——强势品牌塑造与提升的解决方案（上）》，中国营销传播网，http://www.emkt.com.cn/article/234/23494-2.html。

三、品牌接触点的沟通管理之道

事实上，在我们生活中，每一次消费体验都包含了一个或者一系列品牌的接触点，而每一个品牌接触点都在传播着品牌信息，同时都会或多或少地影响消费者的购买决策。

一般而言，对于复杂程度比较高的品牌，消费者在购买过程中，接触到的品牌接触点就会比较多，因此，这类品牌的品牌传播难度就相应的增大；而对于复杂程度比较低的品牌，接触点就会相对比较少，但是在有限的接触点上影响消费者的购买决策，其难度之大也是不言而喻的。这就要求品牌管理者，必须找到关键的品牌接触点，然后释放品牌识别等方面的信息，以完成树立品牌形象和提升销售的目标。

因此，针对不同的接触点，要有目的的释放能够影响品牌认可和购买行为的品牌识别内容，并做好品牌接触点管理工作。品牌接触点管理就是要重点管理好那些能够直接影响品牌形象，或者为消费者带来美好体验，以及提升销售的“关键”品牌识别。

在进行品牌传播时，要将品牌识别内容有意识地落实到相应的品牌接触点上，让消费者在接受和体验品牌相关讯息时，清晰、一致地感受到品牌的核心内涵。使品牌信息持续不断地在所有品牌接触点上传播品牌识别，演绎品牌核心价值及相关识别，在消费者的心智中留下丰富的品牌联想和鲜明、独特的品牌个性，从而提高品牌传播效率，降低品牌建设成本。这就是品牌接触点管理的本质所在。

同时，需要强调的是，品牌接触点可以是电视广告、平面广告、终端、人员、服务等内容，也可以是消费者的某些需求点。

品牌接触点管理的一般程序与步骤是：①确认品牌接触点；②根据各品牌接触点的潜在影响力决定其优先顺序；③判断哪些品牌接触点最能得到顾客的反馈；④计算讯息控制的成本，以及每一个品牌接触点收集顾客资料的成本；⑤决定哪些接触点可以传达额外的品牌讯息，或加强有意义的对话。

四、接触点管理中须注意的问题

在进行广告策划时，进行接触点管理必须注意以下问题。

(一)统一体验主题,使组织达到"一种形象,一个声音"

客户的品牌认知与品牌态度是在综合接收到的各种信息的整体作用下形成的。客户虽然有时会主动区分哪一个信息来源更可信、更重要,如更信任电视报道而不是网络上的某个博客里的信息等。但是,顾客对某一个特定品牌的信息来源是多样化的,他会综合采纳各类接触点的信息,有时未必进行细致的区分。因此,如果某一点的信息或体验与企业的形象有差异,客户的内心就会产生不适。于是,他们很有可能就会放弃对该产品的信任。因此,企业时刻都应致力于向各个接触点传递一致的品牌信息,不仅在广告中,更要表现在商品和顾客的每次接触中。

(二)找准适当的目标顾客群

通过对消费者行为进行研究,寻找高频次接触点,形成一个接触网络。

操作过程中,管理人员首先要回答的问题是:

- 何时何地以何种方式与顾客接触?
- 在每个接触点上,实际的顾客体验是怎样的?
- 每个接触点究竟传达了什么内容?
- 有没有达到顾客的期望,有没有带给他们超乎预期的不同体验?

要回答以上一系列问题,需要进行深入的消费者调查,并从消费者调查的结果中找到问题的答案,即顾客认为哪些接触点对于他们是最重要的。这种调查可以采用观察、问卷、面谈等多种方式进行。

(三)整合各种传播途径,使传播效果最大化

消费者处在一个信息爆炸的传播社会,要实现真正的有效接触点传播,就需要在传播过程中设计"简单而真实"的体验主题,只有一个重要的体验主题时,传播内容才会更清晰、传播效果才会更有冲击力。现今媒体众声喧哗,受众注意力分散、时间被碎片化,因而单一大众媒体的广告效果有限。根据实验结果,两种媒体作用于人一次的效果,要比一种媒体作用于人两次的效果高30%。因此,优化接触时间应从不同的时间、不同的地理空间对不同的媒体进行全方位互补,即选择媒体不要贪"大",要求"准",求"合"。求"准",就是进行精准定位、精准传播,要寻找直接面对细分化消费者的媒体,要让媒体覆盖的人群越来越准确;求"合",就是组合多种媒体,让每个消费者接触到的媒体种类尽可能多,这样,就可不断提升顾客体验、强化顾客的记忆。

作为整合营销传播理论的一种实践,接触点管理模式对当前国内媒介环境下的营销传播尤其是广告策划有一定的借鉴作用。接触点管理的根本要求是提升营销传播的效果,同时也控制营销传播的费用,从而有助于企业的长远发展。

对现代消费者生活轨迹的观察和对现代消费者的购买心理的洞察,是品牌接触点管理带给我们广告策划创意的一种新思路与新方法,越来越多的沿着人们生活轨迹的广告媒介被开发出来,从早期的报纸、广播、电视、网络等大众媒介,到分众传媒、公交广告、地铁广告等各种层出不穷的户外广告媒体。现今多数的户外广告新型媒体,都与人们的生活圈、工作圈,以及两个圈层的移动互动有关,围绕生活轨迹、接触点管理,一种被称为环境媒体的户外广告形态也就应运而生了。

第二节　接触点与植入式广告

植入式广告也称作植入式营销,或者说是基于植入式广告发展而来的一种营销传播方式。指将产品或品牌及其代表性的视觉符号甚至品牌理念策略性融入媒介内容之中,构成了观众真实直观或通过联想所感知到的情节的一部分,在观众关注的状态下将商品或品牌信息传递给观众,让观众留下对产品及品牌的印象,继而达到广告营销的目的。

一、植入式广告的概念与发展

“植入式广告”是随着电影、电视、游戏等的发展而兴起的一种广告形式,它是指在影视剧情、游戏中刻意插入商家的产品或服务,以达到潜移默化的宣传效果。

植入式广告英文表述一般有三组词汇:①product placement,②branded entertainment,③branded content。其中,“product placement”最早使用,直译是产品植入,意思是将产品作为背景、道具或情景植入电影、电视等娱乐项目或节目之中,又翻译为植入性广告或隐性广告[①]。“branded entertainment”和“branded content”是近年使用频繁的词汇,直译分别是“品牌娱乐化”和“品牌内容化”。所

① 薛敏芝:《植入式广告的国际运营及国内发展趋势》,《中国广告》,2007 年第 9 期。

谓“植入式广告(product placement)又称植入式营销(product placement marketing),是指将产品或品牌及其代表性的视觉符号甚至服务内容策略性融入电影、电视剧或电视节目内容中,通过场景的再现,让观众留下对产品及品牌的印象,继而达到营销的目的”①。

由于受众对广告有天生的抵触心理,把商品融入这些娱乐方式的做法往往比硬性推销的效果好得多。这种理念与接触点管理不谋而合,都是在传统广告效果渐渐式微的背景下,运用在消费者不经意间的生活接触,使产品或服务的符号出现在消费者眼前,给消费者留下一定印象的营销方法。

从广告传播的接受效果来看,植入式广告有其必然意义,这除了传统广告本身面临着挑战,诸如受众对广告的下意识抗拒、数字化的冲击以及网络对注意力的分流之外,还有一个原因是大众的娱乐化追求。娱乐已经不仅仅是生活的调剂,而成为一种人生的根本需求,因此作为娱乐时代的营销选择,植入式营销具有必然意义。显然这可以回避很多来自传统营销传播的噪声和干扰,用一种受众更易于接受的方式愉快地推出产品。遗憾的是很多人在关注植入式营销时,仍旧用一套老的方式来衡量,最常见的是习惯于用展露频次来分析效果。其实这种效果计算方法已不能真正衡量植入式广告的效果,衡量植入式广告一定要抛开那套旧的广告效果模式。植入式营销不是传统意义上的媒介营销,所以我们建议采用一种新的观察方法,用“信息完备程度”来审视植入式广告的价值。

信息完备程度是我们在2006年针对植入式广告提出的一个独创概念,根据产品或品牌在媒体中植入的信息露出情况,即根据其所包含信息点数量的多少区分其信息完备程度。把品牌植入分为五种类型:商标、产品、态度、功能、品牌含义。在这五个信息点中,只包含前两个信息点被认为是低信息完备程度,而具有产品功能展示和品牌含义诠释的则被认为信息完备程度较高②。现在可以采用的媒体植入形式越来越多,如电影、电视、综艺节目、网络游戏,甚至是小说、音乐。植入式实际上有两个营销主体,一个是媒介内容本身,一个是所植入的广告品牌。怎样做到既有效地植入广告品牌,又自然而然地使之流贯于情节之中,这些都需要有好的创意才能够体现出价值。

随着植入式广告的发展,品牌与娱乐的连接更加深广,广告策略性地融入娱

① 薛敏芝:《经济全球化时代下的植入式广告》,《中国广告》,2005年第6期。

② 参见王文轩:《植入式广告的价值研究》,浙江大学硕士学位论文,2006年。

乐事业，不再局限于电影、电视，综艺节目、网络游戏，以及一切信息内容呈现形式都可以成为品牌信息植入的对象，如手机短信、小说、网络视频、微博、微信甚至微电影等各种媒介内容中。由于植入式广告的出现，广告不仅与娱乐的界限变得模糊，其界限正在变得难以分辨，这与“品牌娱乐化”“品牌内容化”的别称倒是更加切合了。

植入式广告与接触点管理的相似性在于，都是一种策略性展示，是通过非传统广告的重复喧嚣、毫无乐趣，暂时让消费者忘记植入式广告背后隐藏的功利性，而沉醉于对被置入物和植入场景、情节的欣赏中。其营销美学原则就是暂时隐藏营销的主角——商品、服务和观念及其有关信息的主体性，通过物质诱惑、符号美学、娱乐吸引、设置语境等，设法激活消费者的潜在需求，引导消费者心灵上的共鸣。

二、植入式广告兴起的背景

虽然植入式广告大规模兴起并受到重视是近些年的事情，但它最初的应用却是在半个多世纪以前，早在 1951 年由一代巨星凯瑟琳·赫本主演的《非洲皇后号》(*The African Queen*)上，影片中明显出现了戈登杜松子酒的商标，这大概是最早的植入式广告。电影史上最有名的植入式广告是史蒂芬·斯皮尔伯格 1982 年执导的《外星人》(*E. T. The Extra-Terrestrial*)，小主人公用一种叫“里斯”(Reeses Pieces)的巧克力豆把外星人吸引到屋子里来。《外星人》是一个里程碑，之后美国电影中的植入式广告越来越多，并越来越受到观众和业内人士的重视。眼下一般商业品牌的植入已经司空见惯。比如，电视剧《欲望都市》对美国女性时装的影响，著名时尚杂志《女装日刊》的说法是：“产业观察家认为，《欲望都市》对年青女性穿着和购物所产生的影响比任何其他电视节目都大，电影更无法与之相提并论。”这些年国内的影视尤其是冯小刚的电影，也大量频繁使用这种手法，《不见不散》、《没完没了》、《大腕》、《手机》和《天下无贼》，都可以看到诸多品牌植入的影子。

植入式广告的悄然兴起有其深刻的背景，这既包括广告投放环境的因素，又包括品牌管理的需要。具体而言，可以从以下几方面考察。

(一)品牌方面

就品牌方面来说，媒介环境复杂且投放成本加大，使得广告的效益呈下降趋势。各类媒体扩张发展,媒体总量不断刷新,加上网络媒体的海量信息,加速了受众的分化,广告发布环境日趋复杂、环境噪声增大、广告接触率严重下降,正常插播广告已经无法满足企业品牌传播的需求,软植形式能更好地传递品牌理念,也更能打动消费者。另外,处于成熟期的品牌需要以提醒的方式保持产品的销量和品牌的活力,但硬性的品牌形象广告难以持续地激发消费者的热情,连续地广告投放可能造成消费者的麻木,品牌联想缺少有效地更新,品牌容易被视作“老迈品牌”,失去年轻的消费群。

(二)媒体方面

从媒体方面来说,硬广告增值空间有限,增加植入广告能达到更好的广告收益。传统媒介盈利模式单一,90%以上的收入来自于广告,各电视频道纷纷以增加广告时长的方式或在正常电视节目中多次频繁插入广告,来维持收入增长,但是这种增长方式不但空间有限,而且影响了观众的观看效果,广电总局出台相关规定,限制电视节目单元中的广告插播,媒体方面需要植入式广告来打破这一广告发展的瓶颈。

(三)受众方面

从受众方面来说,受众注意力碎片化现象越来越明显,植入广告可以有效缓解观众视觉逃离的问题。与媒介环境复杂性相适应的是,受众在广告轰炸下,显示出越来越明显的离心倾向和逆反心理,充满对广告的不信任感。具体表现为对广告的逃避和不专注。电视甚至呈现出类似于广播的“伴随化接收”倾向,报纸出现了“读报读半截”的现象;而网络广告一方面没有发挥其“互动”的特性,另一方面又受到技术性和习惯性阻截,这使得大量的广告媒介投入出现浪费。广告的强制力与吸引力丧失,导致品牌与消费者的有效接触依赖于轰炸式投放,继而再次加剧了受众拒绝与逃避,形成一个恶性循环的怪圈。

第三节　植入式广告策略应用

植入式广告的策略应用,与其所展示的具体环境有关,情境不同,品牌的植入方式也各有不同。所以我们探讨植入式广告的应用,往往和其分类密切相关。在分类策略的基础上,进而认识操作流程。

一、植入式广告的分类应用

植入式广告可按照手法和层次来划分，如果按照手法来划分可分为以下几种。

（一）道具植入

这种方式是产品作为影视作品中的道具出现，是一种最常见的植入形式，包括主角与配角的服装、驾乘的车辆，使用的手机、电脑、各类生活用品等。

道具植入有两种基本形态：一是商品以及明显的品牌商标（logo）；二是出现有辨识度的商品的部分，未必出现logo。《变形金刚3》开头前5分钟，男主角身穿美特斯邦威的T恤演戏，虽然印花上并没有体现品牌logo，但上映前后，同款T恤在全球门店共卖出6 000多万件，创造了销售奇迹。

苹果就在“去logo化”植入，它们刻意不在电影中带出自己的logo，但他们的设计独特，哪怕是拍电脑一个部分或者是键盘的特写，观众也能意识到是苹果的产品。

在《警察故事2013》这部电影中有7个品牌的植入广告。但从头至尾，它们的logo没有刺眼地出现过。电影一开头，成龙与一位想跳楼的民工谈判，问他谁来现场他才会被说服，民工指了指背后的广告牌上的模特，说“她”。这个桥段惹来观众捧腹，但捧腹不是因为又看到广告了，而是桥段本身足够搞笑，反而起到了推波助澜的作用。而贯穿全片的联想yoga笔记本电脑，基本也没有出现清晰可见的logo，但因为它作为警匪谈判用的视频交流工具，导演为了在片中展现yoga可以折叠成各种姿势的特性，在不同的镜头中将其摆成各种姿势来体现。

然而，目前阶段，中国市场上的大多数植入品牌方仍旧希望露出自己的logo来强化观众们的记忆力。

（二）台词植入

台词广告最经典的莫过于《大腕》中李成儒那段台词：“……不是开奔驰就是开宝马，你要是开一日本车，都不好意思跟人打招呼……”像这样能成为经典对白，被老百姓广为传颂、调侃的隐形广告，其影响力无法估量。

电视剧《咱们结婚吧》的制作方和赞助商却开始“闹离婚”，就中国“植入广告第一案”对簿公堂，原因就是台词植入纠纷。四川黄老五花生酥因该剧中植入的产品、包装错误，制片方未给予足够时间审核植入情节，拒绝支付剩余费用。制片方由此将黄老五告上法庭。“我们花了40万元，就只换来女主角的一句台词‘黄老五都堵不住你的嘴啊’，连‘黄老五花生酥’都没说全。”四川黄老五食品有限公司董事长黄崇友表示。这也从一个侧面体现出关于植入品牌方与制片方的认识差距。

（三）剧情植入

剧情植入包括设计剧情桥段和专场戏等方面。剧情植入是植入广告的较高境界，品牌或产品直接参与情节的发展，在剧情的演变中承担一定的作用。在专场戏植入方面，就是安排剧中人物到品牌专卖店、加盟店购买等剧情，属于深度剧情植入的一种形式。比如，在《爱情呼叫转移2》中范伟把林嘉欣带到自己开的瑞恩珠宝店里，让她随意挑选店里的首饰佩戴，还把自己家传玉镯送给她，专卖店的整体品牌形象在镜头中完美展现。在剧情桥段方面，电视剧植入案例《王贵与安娜》中，王贵早年有备无患地为安娜购买了一份保险，多年后将投保的事告诉安娜，并告诉安娜一辈子想听的“我爱你”三个字，将剧情推向最高潮。这种情节植入使品牌的植入成为剧中人物情感的传递，既能够丰富故事情节，还能够保证植入产品被观众记住的同时形象不会受损。

（四）场景植入

即在影视画面所揭示的、容纳人物活动的场景中，布置可以展示产品或品牌信息的实物，如户外广告牌、招贴画以及在影视剧中频繁出现的固定场景等。《疯狂的石头》中，长安牌面包车冲向宝马车；可口可乐从天而降，砸入面包车内；下榻酒店、约会地点、风景区等都被很好地植入场景。

近年来热门的真人秀等综艺节目由于能较好地还原现实场景，更贴近真实生活，内容涉及人们的衣食住行用各方面，成为当前除电视剧、电影之外，又一热门植入广告的载体。《奔跑吧兄弟》、《爸爸去哪儿》和《花儿与少年》等多档季播真人秀相继受到广告商的热捧，特别是旅游景点，作为真人秀节目需要录制的场所，真人秀节目的场景又能让景点中的各种环境优势得到很好的展现，提高景点知名度的同时还有利于深度推介景区特色。

（五）音效植入

即通过旋律和歌词以及画外音、电视广告等的暗示，引导受众联想到特定的品牌。例如，各大品牌的手机都有其特定的、标志性的几种铃音和短信提示音，在影片中，观众即使不能清楚地看到手机上的品牌标志，也可以通过熟悉的铃音或是短信提示音来联想到手机的品牌；还有，现在很多品牌都有自己的品牌主题曲，听到主题曲就能使受众联想到品牌，《短信一月追》中，安排了一段剧中人物跟着电视里周杰伦的歌曲 MV 学习舞蹈的情节，而这首《我的地盘》正是“中国移动”2004 年的主题曲；还有，在影视剧画面中，安排角色观看植入品牌的电视广告，如《王贵与安娜》中，王贵在看电视的过程中欣赏中国平安的电视广告。

（六）题材植入

即为某一品牌专门拍摄影视剧，围绕着品牌的发展历史、文化理念等来叙述故事发展，用来提升品牌知名度和美誉度。如电视剧《天下第一楼》讲述全聚德烤鸭店的成长历程，《大宅门》和《大清药王》讲述同仁堂的故事。它们通过一个完整的故事情节，让观众在品味文化大餐的同时，全面了解了产品及企业，这种植入方式更容易被观众所接受。尽管企业没有明显的推销行为，但起到了非常好的宣传效果。在电视剧播出后，全聚德烤鸭店人满为患，同仁堂在人们心中的知名度和美誉度也大幅提升。

（七）文化植入

这是植入营销的最高境界，它植入的不是产品和品牌，而是一种文化，通过文化的渗透，宣传在其文化背景下的产品。国产电视剧《甄嬛传》中将东阿阿胶与中医文化结合。东阿阿胶在剧中首次出场是在温太医处。温太医在剧中多次提及东阿阿胶可以调理身体或作为珍贵赠品。阿胶广告植入频次高，但并没有让观众感到突兀。

二、植入式广告的操作流程

植入式广告的实际操作流程一般有五个步骤。

第一步：情境分析。植入情境各有不同，如在影视中植入广告，就主要从以下几个方面来着手：①分析该剧本的目标受众，如偶像剧和家庭伦理剧、儿童剧的观众对象就不同，能植入的广告品类及目标受众也完全不同；②对于导演、制片人及起用的主要演员进行了解，估计该剧本是否可以顺利完成以及发行日期、范围及受众规模；③明确该剧本所涉及的内容是否合法；④明确制片方是否具有广告植入的资格，是否有契约。

第二步：阐述植入的创意关注点。通过剧本的分析和解读，理出剧本中关键植入点并进行初步的植入创意。

第三步:开发客户。首先是确定客户方向,如《穿普拉达的女魔头》客户方向就是时装、珠宝、皮鞋等行业,而《黑客帝国》则主要是电子科技和汽车产业。根据影片的内容和目标受众,客户也要分首席赞助、主要赞助、一般赞助等几个层次,最后确定潜在客户的名单,并与之联系。客户开发要坚持在同一行业中独家植入原则和客户控制原则,即产品或品牌植入不宜过度。

第四步:宣传推广的考量。主要从两个方面考虑:一方面是制片方,即影片、电视节目或游戏等的推广宣传;另一方面是植入方,即企业,如何运用植入影片及其人物来更好地宣传推广其产品和品牌。策划一些宣传项目将影片宣传与企业的产品或品牌宣传推广结合在一起,由企业来承担费用,制片方则让演员参加。

第五步:植入执行中的协调。植入式广告运作是一个繁复的过程,代理公司要做好制片、导演等内容制作方与产品、品牌植入方的协调工作。在保证影片质量的前提下,充分满足企业方的要求。

除了以上五个步骤外,植入式广告跟其他的项目运作一样,必须签订合同,尤其对于内容版权和商标的使用要加以约定,以避免纠纷。

三、植入广告的优势与困境

(一)植入广告的优势

媒体的发展日新月异,传统媒体如电视、报纸广告价格之高却势头不减。另一方面,观众处在长期的信息爆炸中,对于传统广告形式已经产生了抗体。在这种情况下,植入式广告与传统的广告形式相比,拥有着太多的魅力。

根据视频植入广告大数据专业分析公司击壤科技的统计,2015 年上半年央视及上星卫视上的植入广告稳步发展,合计达到 1 340 万个①,不难看出,传统的硬性广告模式正面临愈发严重的“观众逃离”考验,在广告形式渐趋多元的当下,传统影视媒体广告传播效率的降低已成不争的事实。而与之对应的是,随着品牌植入市场的不断成熟,一些成功案例为广告主带来了显著的营销效果。植入广告具有以下优势。

1. 相对传统广告,观众数量与注意力都更胜一筹。植入广告的受众是以电

① http://www.jirang.com.cn/denamic/denamic_readBoWen.do?id=413。

影、电视剧、游戏等媒介载体的受众为群体基础，数量上有保证，相比于传统媒体广告时段、广告版面的注意力不足，植入式广告的受众数量甚至超过了传统媒体。从受众专注力来看，植入式广告也要优于其他媒体。

2. 植入式广告的传播效果较为理想。广告对观众的影响主要是认知、情感、行为三个层面。传统广告往往只能在认知层面影响观众，但是植入广告，由于借助了观众对电影本身的态度，而有可能将对电影的好感转为对广告品牌的好感。通过这个转变的促成，广告主采用植入式广告所得到的广告效果将会大于其他广告形式。

3. 植入式广告将有可能以最小的代价间接利用明星为自己服务。电视、电影等作品中一般都有明星演出，当品牌产品或符号与明星产生关联的时候，对普通观众和粉丝来说，明星的举手投足都可以是时尚的风向标和他们模仿的对象。广告主在向电影中植入广告的同时，所获得的效果不仅仅源于影片内容，也源自于明星效应这一趟“顺风车”。

4. 植入式广告作为整合营销传播的一部分，可以使其与其他广告、营销活动的配合达到1 +1 >2 的效果。植入广告的方式如果能跟“事件营销”结合起来，与制片方在内容制作、宣传、播出等更多的环节进行合作，将会使自身的植入式广告效果放大数倍。

5. 多屏竞争，植入内容可随平台迁移。在多屏时代，观众在时间和空间不被限制的情况下不断分流，单一媒体的广告效果会大幅度下降。而电视剧、电影、综艺节目植入广告这种形式是随内容迁移的，不受平台限制且能产生跨平台传播、多次传播的效果。

（二）植入广告面临的困境

然而，随着植入广告大军的逐渐壮大，广告主和制作方、观众之间的矛盾也日渐升级，主要围绕在植入广告质量的问题，出现了许多的矛盾与纠纷，也影响力植入广告的可持续发展。

1. 植入方式简单生硬，容易遭到反感吐槽。在现实中，广告主在影片拍摄之中生硬、直白地硬性植入广告的例子并不在少数。品牌植入在被广告主使用和认可的同时，也被观众所认知。观众变得对植入广告越来越敏感，对剧中生硬、不符合常理的广告植入非常反感。这种情形的出现是广告主和制作方的双输，既破坏了影视作品的剧情，又对提升品牌形象无益。而随着观众对影视品牌植入的要求不断提高，行业自身的不断成熟，品牌植入也应该正视问题，寻求变革。

只有产品信息植入符合消费者的生活实际时，消费者在现实中遇到相似需求时才能想到该产品。而作为品牌商也应选择适合自己品牌的影视剧等作品进行植入，最关键的一点是影视作品的目标受众要与本产品的定位消费人群高度重叠，这样才能达到精准传播的目的。比如，在《辣妈正传》中植入母婴用品，在《小爸爸》中植入亲子类日化用品，在《家有儿女》这类少年儿童剧中植入学习用品都是比较合适的。

2. 品牌植入不能喧宾夺主，影响作品的完整性与艺术性。对于品牌植入而言，其归根到底还是一种广告，但与传统广告自由发挥不同，植入广告可谓是命题作文，要在规定的情景、人物、环境、时代背景下进行创意，完成广告主的广告目标。

要使品牌和内容在同一个主题下完美呈现，既要运用好影视剧推广其产品和品牌，又要完美地呈现故事情节，不能损害影视作品的完整性、艺术性。在制片方与广告商的博弈中，在艺术与资本的权衡中，品牌植入不能喧宾夺主，一定要服从于影视作品本身，这点毋庸置疑。植入的内容过多、过滥、过于生硬，不仅会引起观众反感，而且也会损害影视作品的完整性和艺术性。在一些影视作品中，品牌呈现的方式过于简单粗劣冗长、不合情理，破坏了剧情的流畅性，这不仅无助于品牌的建构和产品的推销，反而沦为吐槽的对象。冯小刚在电影《大腕》中曾经强烈讽刺过各种植入广告，而现在冯氏的每部作品中都有大量的植入广告，电影《私人订制》的广告植入费用高达 8 000 万元，这在几年前是不敢想象的①。但是好在冯小刚对作品的分寸把握还是比较到位的，力求让植入的品牌与作品融合起来，与剧情发展关联起来。

3. 植入时机影响品牌整合营销计划。植入式广告的质量问题不仅仅是制片方的技术手段问题，也是广告植入的时机问题。此前提及植入广告的多种植入方式包括道具、台词、场景、情节植入，要提高植入式广告的质量，必然要在广告的植入程度上选择与剧情最为贴切的深度植入。深度植入的方式与电影情节和人物关系甚密，如果不在电影剧本定稿之前寻找到合作的广告主，那就意味着制片方必须要将剧本做出相应改变。事与愿违，制片方往往不能在影片策划期、剧本创作期招揽到广告。国内的品牌植入行业还是一门新兴行业，制片方、品牌方、广告

① 李雪昆：《植入广告：一句台词背后的无限商机》，中国新闻出版报，2014-04-17。

代理方的合作还在磨合之中，片方和品牌商对广告植入缺乏比较系统、细致的规划。很多品牌是在影片开拍之后才被仓促硬性植入，效果难以保证。而好莱坞电影往往在开拍半年前或更长时间，品牌商便就植入方案与片方进行商讨和谈判。

时下中国的电影植入式广告价格主要依据镜头数和曝光时长，但是如果植入广告深入，收费会有所上涨。在这个数额的前提之下，广告主需要对植入广告的电影和植入方式慎之又慎。当他们真正确定在某一部电影中植入广告的时候，也许早已错过了最佳时机。然而，广告主越早接触电影投资方和电影制片方，就面临越多的不确定因素。在电影开拍之前，剧本、导演、演员、上映时间，甚至是该部电影能否顺利完成都存在太多不确定因素。这些不确定因素，对于广告主来说就是一种风险。例如，广告主在看到剧本的时候被告知某明星将出任该片女主角，而该明星被广告主认定为与自己的产品形象十分符合。于是，广告主投入资金，在该电影中植入广告。在随后电影的筹备期中，导演认为该女明星不适合出演女主角而将其否定。广告主此时面临两个选择——要么继续植入，要么退出。如果广告主选择继续植入，则需考虑新任女主角是否符合被植入品牌形象；而如果退出，则完全打乱了整体的广告宣传①。

广告主的广告投入必然会与公司的整合营销策划方案挂钩，这意味着广告主在电影、电视等作品中植入广告的时机本身就会受到限制。例如，某广告主希望在新产品上市之机联合电视、报纸、网络和电影媒体发起一场强势的广告宣传。他们搜寻到与产品上市同期上映的所有电影，终于找到适合的一部电影，但是这部电影也许早已进入拍摄期。在这种情况下，广告主要么换掉这个最佳选择，要么只能委曲求全，在拍摄期强行植入广告。

案例选编

案例 11－1：《令人心动的 OFFER 第二季》广告植入

《令人心动的 OFFER 第二季》是腾讯视频推出的一档职场观察类真人秀，节目通过镜头的记录，将“95 后”初入职场的万般模样展现在大众眼前。

一、整体植入概况

广告招商方面，除微博、微信外，共有五个合作品牌。行业覆盖互联网、饮料、数码、衣着和食品等。其中，冠名商由上一季的京都念慈菴变成了京东。

① 吴博夫、郭金金：《中国电影植入式广告中的多重矛盾》，《今传媒》，2014 年 11 月。

案例选编

《令人心动的OFFER第二季》1-5期合作品牌			
品牌	大行业	合作项目	类型数
京东	互联网	冠名	22
康师傅	饮料	赞助	13
惠普	数码/电脑/办公用品	特约	11
新浪	互联网	--	3
彪马	衣着	赞助	8
炫迈	食品	行业赞助	12

图 11－1 《令人心动的 OFFER 第二季》1－5 期合作品牌

在前五期的节目中，广告整体植入时长相对比较平稳，植入总频次在第四期达到峰值，为 1 385 次；而受播出时长影响，第二期的植入总时长和频次最低。

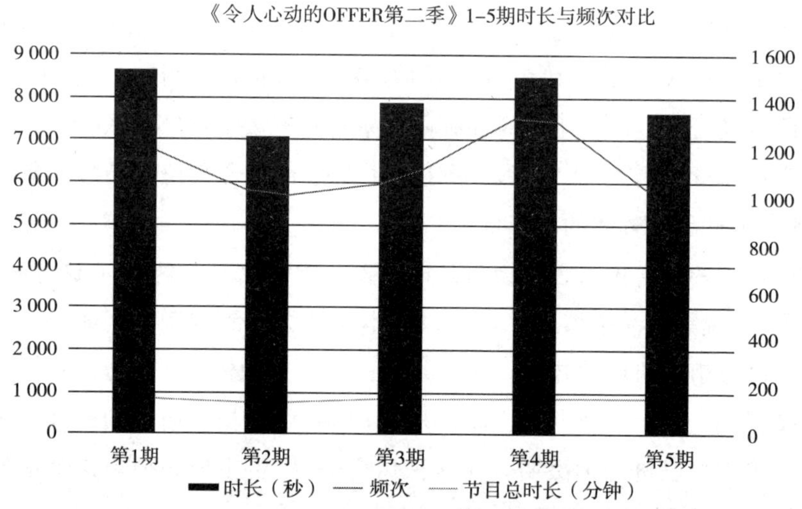

图 11－2 《令人心动的 OFFER 第二季》1－5 期时长与频次对比

在节目整体平均植入时长/频次方面，《令人心动的 OFFER 第二季》平均植入时长为7 125秒，平均植入频次为998 次。这样的数值在行业中处于什么样的位置呢？

根据击壤洞察统计，以 2020 年网络综艺真人秀招商品牌数前十的节目计算出的行业平均植入时长和频次数值分别是 4 653 秒和 456 次。

从数据上看，《令人心动的 OFFER 第二季》的平均植入时长和频次都要高于行业均值。其中，平均植入时长高于行业均值 53%，平均植入频次高于行业均值 118%。

二、各品牌整体植入对比分析

除炫迈外，各品牌植入类型以现场植入为主，后期包装权益运用为辅。其中，情景对话、产品使用、道具植入、产品摆放、原创贴片等类型各品牌运用较多。

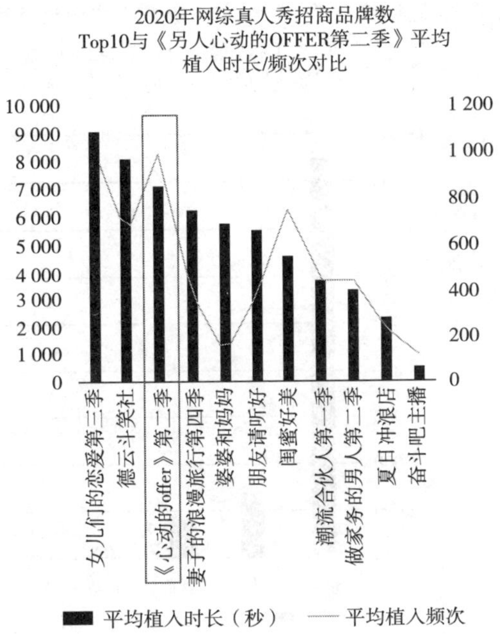

图 11－3 《令人心动的 OFFER 第二季》的平均植入时长和频次都要高于行业均值

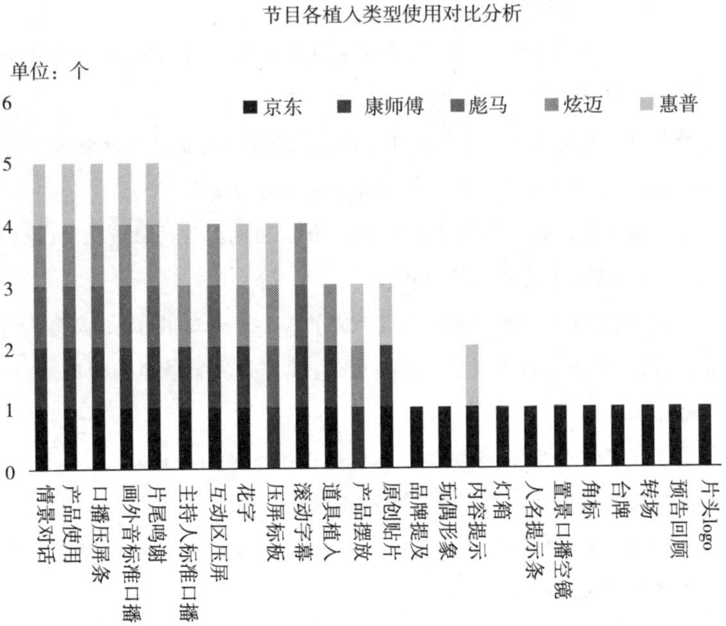

图 11－4 《令人心动的 OFFER 第二季》节目各植入类型使用对比分析

由于京东是冠名商，在时长、频次、植入类型等方面较其他品牌也更多、更丰富。

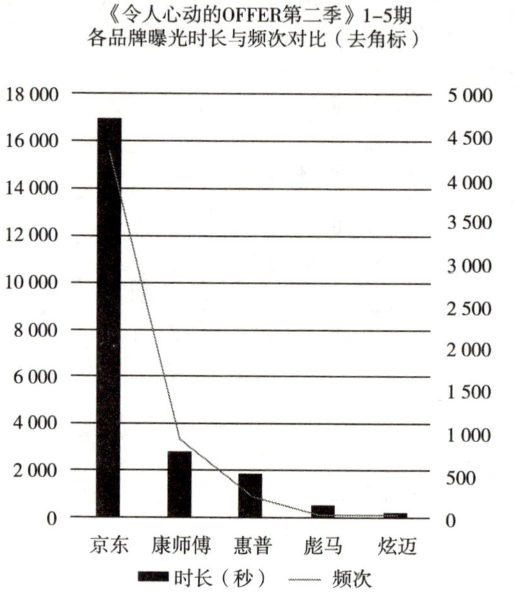

图 11－5 《令人心动的 OFFER 第二季》1－5 期各品牌曝光时长与频次对比

三、各品牌植入类型分析

京东主要通过角标、台牌、灯箱等常规植入品牌认知度，而高曝光频率的道具植入与定制化的玩偶形象也加深了观众对品牌的印象。

情景对话的时长和频次相比于道具植入等类型，量级虽然没有很靠前，但“京东花 YOUNG 灯”的概念与节目内容本身却是很好的融合。

康师傅和彪马的合作级别同为赞助，但从植入类型的数量上看，康师傅略高于彪马，但彪马后期包装占比高于康师傅。

其中，康师傅使用最多的植入类型是产品摆放和道具植入，而彪马由于产品特性等原因，使用最多的植入类型为产品使用，学员多次穿着彪马的服装，使产品得到了很好的曝光。

惠普作为特约品牌，而电脑又是职场出镜率最高的设备之一，所以，使用最多的植入类型毫无意外的是产品使用和产品摆放。由于产品属性和节目题材匹配度高，所以产品摆放的出镜频次是最高的。当然，由于单位时长不高，这也导致了产品摆放这一类型的植入总时长略低。

炫迈作为行业赞助，在植入类型的数量上是有一定优势的，但是由于产品特性原因，植入方面以后期包装为主，现场植入为辅。使用最多的植入类型是口播压屏条，

案例选编

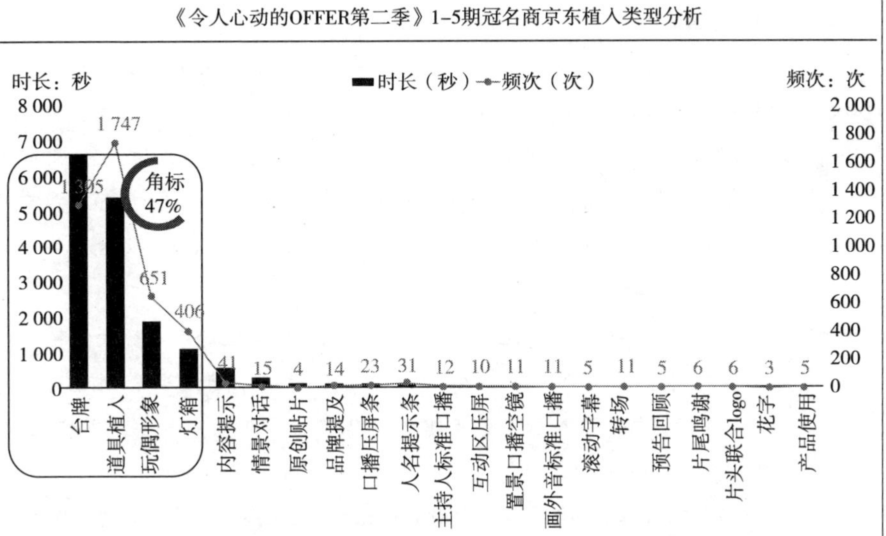

图 11－6　《令人心动的 OFFER 第二季》1－5 期冠名商京东植入类型分析

情景对话时长排名靠前，但只有一次。

京东在该节目的平均植入时长/频次都要高于行业均值。其中，平均植入时长高于行业均值 42％，平均植入频次高于行业均值 171％。

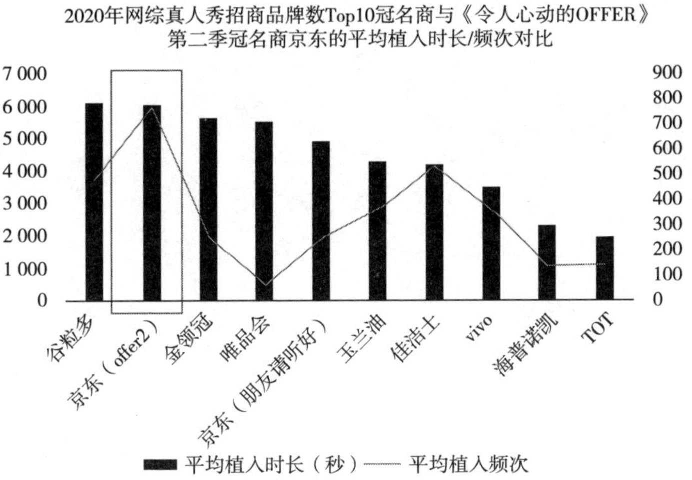

图 11－7　《令人心动的 OFFER 第二季》1－5 期京东平均植入时长/频次高于行业均值

案例选编

四、评析

1. 植入类型多样。整个节目有十多种植入类型，几乎在每个特效动作上都添加了相关的广告元素，广告呈现形式多样，植入时长和频次均高于行业均值。

2. 植入类型与品牌商产品结合恰当。食品类的植入，如康师傅，使用最多的是通过桌面放置来增加曝光率；主冠名商京东则通过常规的角标、台牌植入以及高曝光率的道具来增加观众对品牌的认识；服装类品牌彪马，则是通过实习生的穿着来展现品牌的服装产品特性。

3. 产品使用率在节目中运用较高。实习生和观察室的人都会使用植入产品且频率不低，如茶歇时，实习生会喝康师傅冰红茶，早饭也会点麦当劳，休息时会穿彪马品牌的服装。这样的植入融入了节目中，融入了实习生的正常生活中，不会显得太突兀。

4. 情景融入比较灵活。惠普电脑作为出镜率较高的设备，在实习生的办公状态中，节目组设置了一些对产品的介绍，将惠普电脑的优点通过实习生真实的工作场景来展示，具有信服力，也更容易被观众接受。

案例来源：综艺《令人心动的 OFFER 第二季》植入分析。北京击壤科技有限公司（laptry. com）http://www. jirang. com. cn/meiti. html。

第十二章

病毒营销与口碑传播策略

本章重点及学习要求

1. 病毒营销的基本要素与特点
2. 口碑营销的5T要素
3. 病毒营销、口碑营销与事件营销的异同
4. 口碑营销的独特优势
5. 病毒营销和口碑营销的策略

第一节 病毒营销概念与传播机制

近年来,网络渐渐取代传统媒体,人们对于网络和电脑、手机的依赖程度大大提升,网络聚集的人群数量迅速增大,并不断刷新达到一个前所未有的峰值,因此,许多新型的营销策略和工具都看中了网络对人的聚集和注意力的转移,以互联网为基础的病毒性营销就是其中重要的一种。

一、病毒营销的概念与起源

病毒营销(viral marketing)又称病毒式营销、病毒性营销,是一种基于人际关系网络和互联网技术的新型营销方法,也是对这种营销手段快速有效传递的一种形象比喻描述。病毒营销,是指发起人设计出与产品、品牌有关的信息,借助互联网传播迅速、影响力巨大的特点,通过巧妙接触点吸引网络用户,促使用户将这些信息主动推荐给他人,成为病毒营销的载体,依靠用户自发地进行传播,以达到宣传推广的目的。它主要是通过用户的社会人际网络,通过提供有价值的产品或服务,使信息像病毒一样传播和扩散,利用快速复制的方式传向与用户有关的数以千计、数以百万计的受众。也就是说,让每一个受众都成为传播者,让推广信息在曝光率和营销上,产生几何级增长速度的一种营销推广策略。

病毒营销是由欧莱礼媒体公司(O'Reilly Media)总裁兼 CEO 提姆·奥莱理(Tim O'Reilly)提出的。他是美国 IT 业界公认的传奇式人物,是开放源码概念的缔造者,也是病毒营销的早期采用者。他发现,一些推介会直接从一位用户传播到另外一位用户,一位用户对另一位他所认识的人传递的讯息,很可能是更为直接的、个人化的、可信的,且有意义的。这类传播方式,过去也曾被称为"口碑营销"、"口碑行销"或"口碑传播"(word-of-mouth communication)。

病毒性网络营销被认为是口碑传播在网络时代的发展。

病毒体威力的强弱则直接影响营销传播的效果。在今天这个信息爆炸,媒体泛滥的时代,消费者对广告,甚至新闻,都具有极强的免疫能力,只有制造新颖的传播内容才能吸引大众的关注与议论。张瑞敏砸冰箱事件在当时是一个引起大众热议的话题,海尔由此获得了广泛的传播与极高的赞誉,可之后又传出其他企业类似的行为,这些事就几乎没人再关注了,因为大家只对新奇、偶发、第一次发生的事情感兴趣。所以,病毒营销的内容要追求新颖、奇特、夺人眼球。

二、病毒营销的基本要素与特点

(一)病毒营销的基本要素

美国著名的电子商务顾问威尔逊(Ralph F. Wilson)博士将一个有效的病毒性营销战略归纳为六项基本要素[①],一个病毒性营销战略不一定要包含所有要素,但是包含的要素越多,营销效果可能越好。

这六个基本要素大致内容为:①提供有价值的产品或服务信息;②无须努力地向他人传递信息,目标受众乐于接收信息;③信息传递范围很容易从小向很大规模扩散;④利用目标受众和潜在受众的积极性和主动传播行为;⑤利用现有的公共传播网络,较少或基本不适用大众媒介;⑥利用别人的资源进行信息传播。

(二)病毒营销的特点

病毒营销主要是通过利用公众的积极性和人际网络,让营销信息像病毒一样传播和扩散,营销信息被快速复制传向数以万计、数以百万计的受众。它存在一些区别于其他营销方式的特点。

1. 传播信息——有吸引力的"病原体"。目标消费者并不能从"为商家打工"中获利,他们为什么自愿提供传播渠道?原因在于第一传播者传递给目标群的信息不是赤裸裸的广告信息,而是经过加工的、具有很大吸引力的产品和品牌信息,而正是这一披在广告信息外面的漂亮外衣,突破了消费者戒备心理的"防火墙",促使其完成从纯粹受众到积极传播者的变化。

网络上盛极一时的"流氓兔"证明了"信息伪装"在病毒式营销中的重要性。韩国动画新秀金在仁为儿童教育节目设计了一个新的卡通兔,这只兔子相貌猥琐、行为龌龊、思想简单、诡计多端、爱耍流氓、只占便宜不吃亏,然而正是这个充满缺点、活该被欺负的弱者成了反偶像明星,它挑战已有的价值观念,反映了大众渴望摆脱现实、逃脱制度限制所付出的努力与遭受的挫折。流氓兔的 Flash 出现在各 BBS 论坛、Flash 站点和门户网站,私下里网民们还通过聊天工具、电子邮件

---

① 陶洋、席志刚:《解析网络环境下的病毒性营销》,《商场现代化》,2007 年第 72 期。

进行传播。如今这个网络虚拟明星衍生出的商品已经达到1 000多种,成了病毒式营销的经典案例。

2. 传播成本——相对较低,传者与受众双重属性明显。病毒营销经常被称为“无成本”的营销方式。天下没有免费的午餐,任何信息的传播都要为渠道的使用支付一定的费用。之所以说病毒式营销是无成本的,主要指它利用了目标消费者的参与热情,参与到传播过程中来,传者与受众的身份不断转化,扩散传播的效果显著。但渠道使用的推广成本依然存在,只不过目标消费者受商家的信息刺激自愿参与到后续的传播过程中,原本应由商家承担的一部分推广成本因为目标消费者的参与而省略了,因此对于商家而言,病毒式营销是低成本的。

3. 传播速度——呈几何倍数的增长。大众媒体发布广告的传播方式是“一点对多点”的辐射状传播,实际上无法确定广告信息是否真正到达了目标受众。病毒式营销是自发的、扩张性的信息推广,它并非均衡地、同时地、无分别地传给社会上每一个人,而是通过类似于人际传播和群体传播的方式,将产品和品牌信息“被”消费者传递给那些与他们有着某种联系的对象群体。例如,目标受众是大学生,他读到一则有趣的关于调侃大学生生活的Flash,他的第一反应或许就是将这则Flash转发给他的同学、好友、亲人等,无数个参与的“转发大军”就构成了成几何倍数传播的主力。

4. 传播效果——高效率的接收。大众媒体投放广告有一些难以克服的缺陷,如信息干扰强烈、接收环境复杂、受众戒备抵触心理严重。而对于那些可爱的“病毒”,是受众从熟悉的人那里获得或是主动搜索而来的,在接受过程中自然会有积极的心态;接收渠道也相对比较私人化,如手机短信、电子邮件、论坛、微博、微信等。这些优势,使得病毒式营销尽可能地克服了信息传播中的噪音影响,增强了传播的效果。

5. 传播更新速度——迭代快速。网络传播的信息有自己独特的生命周期,一般都是来得快去得也快,病毒式营销的传播过程通常呈S形曲线,即在开始时很慢,当其扩大至受众的一半时速度加快,而接近最大饱和点时又慢下来。针对病毒式营销传播力衰减较快的特点,广告者一定要做好网络舆情的监测,利用好最快速传播的时间段,进行品牌的有效维护,争取将传播力转化为购买力,并尝试持续跟进的传播方案设计或新的传播信息设计。

（三）病毒营销常见的误区

1. 虽是免费传播，但推广维护需要耗费成本；

2. 传播也需要建立在实施方的推广引导上，更需要有效地策划推广传播过程；

3. 传播的内容必须健康、有趣、符合大众价值观念，而不是真正的“病毒”。

三、病毒营销的创意策划

（一）实施步骤

一般来说，我们策划一次病毒营销的实施步骤主要有如下五步：

第一步，病毒性营销方案的整体规划和设计；

第二步，病毒式营销需要独特的创意策划；

第三步，对网络营销信息源和信息传播渠道进行合理的整合利用，以有效地进行信息传播；

第四步，对病毒式营销的原始信息在易于传播的小范围内进行发布和推广；

第五步，对病毒式营销的效果进行跟踪和管理。

（二）实施要点

1. 病毒营销的产品是什么？有什么特点？

这是提炼、设计传播信息的起点，要从产品、服务、品牌、企业（组织）的实际情况和特点出发。

2. 选择好易感人群，并思考易感人群的兴趣点有哪些？

易感人群就是对传播信息的内容容易产生兴趣的特定目标人群，他们一般会有一些社会特征、人群特质的相似点。一旦锁定易感人群，我们就要发掘、思考易感人群的兴趣点。常见兴趣点包括：

A 新闻时事（社会话题、焦点人物、民生话题）

B 娱乐（电影、电视剧、音乐、体育、动漫、游戏）

C 部分消费品（汽车、手机、电脑、相机、奢侈品）

D 网络应用（微博、QQ、微信）

E 生活休闲（旅游、户外运动、健身、美容、美食、KTV）

F 专业领域等

3. 确定兴趣点的集中地，选择有效的传播途径。

兴趣点的集中地，主要是指在网络上，共同兴趣聚集的人群常常出现在哪些网络站点中。与此前相对应的兴趣点的网络集中地包括：

A 新闻时事：各门户网站首页、应用弹窗

B 娱乐：音乐网站、电影资讯网站、游戏网站、资源分享平台、视频网站

C 消费品：购物平台、门户网站、专业网站

D 网络应用：新浪微博、腾讯微博、天涯、猫扑、豆瓣、百度贴吧、QQ 群、微信群

E 生活休闲：相关论坛、主题网站

F 专业领域：专业论坛

4. 制造热点、话题。

将目标易感人群的兴趣点与热门话题、产品、品牌信息相关联的结合点融入或植入信息中，并将这些信息发布在兴趣点集中地。热点制造的五个关键点：

A 趣味内容：笑话、段子、图片、视频、短片

B 以情动人：感人事件、灾难、公共事件

C 以利诱人：优惠、折扣、小礼品、体验、有奖活动

D 话题炒作：应对某些事件的企业的某个重大举措

E 价值资料提供：免费的电子书、文档、软件。

5. 扩散路径选择、信息监测跟踪。

信息通过选定的集中地发布出去之后，会产生第一轮传播，这时候传播扩散力还较为有限，如果这一轮传播能够到达一些意见领袖、专业人士、有高传播力的人群，如娱乐界、体育界明星等，通过他们的发布而产生第二轮传播，这时因人群的知名度、影响力、社会关注度较高，就能产生爆炸式的传播速率，我们现在可以通过软件监测信息在网络上扩散的路径，并跟踪相关评论，随时关注“病毒”的发展动向。

第二节　病毒营销与口碑营销异同

口碑营销与病毒营销的高度相似性，让其在很多语境中经常是同一概念，其核心内容都是运用能“感染”目标受众的事件或信息，让受众主动成为二次传播的主体，帮助企业、组织、品牌在网络上进行事件和信息的传播，从而形成扩散传

播的效果。

一、口碑营销的概念与起源

口碑(word of mouth)源于传播学,由于在市场营销领域得到了广泛的应用,所以有了口碑营销。我们在用“口碑传播”一词的时候,更侧重表达的是从传播学角度考量信息被口口相传的事实与过程,而“口碑营销”更侧重从市场传播主体,即企业的角度出发,主动营销的意识更显著。传统的口碑营销是指企业通过用户与用户朋友、亲戚等人际关系圈的相互交流,将自己的产品信息或者品牌传播开来。

什么是口碑营销? 祁定江在《口碑营销——用别人的嘴树自己的品牌》一书中将口碑营销定义为企业或相关单位在买方市场条件下,对自己的产品或服务进行某一方面或某几方面的口碑设计,使得非生产人员如消费者、经销商等在消费或接触这些产品时所获得的实际利益超过他们的预期,通过他们向别人介绍这些产品而促进产品销量增加的一种营销活动方式①。

口碑营销的理论起源于艾利朗·卡茨(Elihu Karz)和保罗·拉沙非(Paul Lazarfeld)将近50年前的作品。他们在《个人影响》一书中比较消费者(或称用户)对消费者接触的力量与其他形式的大众传播,并假设该过程透过一种两级流动运作。某个人被视为有影响力,吸收资讯并将其传给他们接触过的人,重点是影响人物的影响力。以策略观点思考病毒营销或口碑传播的重点,关键是解决二次传播的动力和意见领袖的选取问题。

我们认为,口碑营销是指企业在调查市场需求的情况下,为消费者提供需要的产品和服务,同时制定一套口碑推广计划,让消费者自动传播公司产品和服务的良好评价,从而让人们通过口碑了解产品、树立品牌、加强市场认知度,最终达到企业销售产品和提供服务的目的。

二、口碑营销的5T要素

安迪·塞诺威兹在《做口碑》一书中通过五个T开头的英文字母,给出了一套非常清晰的口碑营销分析框架和要素,即谈论者(talkers)、话题(topics)、工具

---

① 祁定江:《口碑营销——用别人的嘴树自己的品牌》,北京:中国经济出版社2008年版,第62页。

(tools)、参与(taking part)和跟踪(tracking)[1]。

具体来说5T要素主要是指:

(一)谈论者(talkers)——是口碑营销的起点

首先是需要考虑谁会主动谈论你?指产品的粉丝、用户、媒体、员工、供应商、经销商。这一环节涉及的是人的问题以及角色设置。口碑营销往往都是以产品使用者的角色来发起,以产品试用为代表。

(二)话题(topics)——给人们一个谈论的理由

话题指产品、价格、外观、活动、代言人、事件等。其实口碑营销就是一个炒作和寻找话题的过程,总要发现一点合乎情理又出人意料的噱头让人们,尤其是让用户和潜在的用户有兴趣来讨论。这里的关键就是"讲故事的水平"。

(三)工具(tools)——如何帮助信息更快的传播

工具指网站广告、邮件、bbs、视频、微博、微信等。网络营销给人感觉最具技术含量的环节也是在这一部分,不仅需要对不同渠道的传播特点有全面的把握,而且广告投放的经验对工具的选择和效果的评估起到很大的影响。

(四)参与(taking part)——参与讨论人们关心的话题

网络中从来不稀缺话题,关键在于如何寻找到和产品价值、企业理念相契合的接触点;要对企业和品牌如何参与其中,在其中扮演什么角色进行设计。

(五)跟踪(tracking)——寻找客户的声音

这是一个事中、事后监测的环节,借助很多软件的统计功能和网络平台的后台大数据,企业很容易发现一些反馈和意见。但更为关键的是,知道人们已经在谈论你或者他们马上准备谈论你,企业可以决策下一步的措施,如确定是否需要参与话题讨论?还是试图引导讨论?抑或置之不理?

三、病毒营销、事件营销与口碑营销的异同比较

由于口碑营销与病毒营销都是借助于相互之间的群体性信息传递而形成传播的,这使其在某种意义上具有事件营销的特征。表12-1是对几种不同的营销形态特点的对比[2]。

---

① 兰波万:《口碑营销的5T法则》,《市场观察》,2009年第6期。

② 李颖琳:《病毒式营销、事件营销和口碑营销的联系和区别》,http://abc.wm23.com/bluestar/23062.html。

表 12-1　营销形态特点对比

对比点	病毒营销	事件营销	口碑营销
定义	发起人设计出与产品、品牌有关的信息，借助互联网传播迅速，影响力巨大的特点，通过巧妙接触点吸引网络用户，促使用户将这些信息主动推荐给他人，成为病毒营销的载体，依靠用户自发地进行传播，以达到宣传推广的目的	企业通过策划、组织和利用具有新闻价值、社会影响以及名人效应的人物或事件，吸引消费者的兴趣与关注，以求提高企业或产品的知名度、美誉度，树立良好品牌形象，并最终促成产品或服务的销售的手段和方式	根据市场需求为消费者提供需要的产品和服务，同时制定口碑推广计划，让消费者自动传播公司产品和服务的良好评价，从而让人们通过口碑了解产品、树立品牌、加强市场认知度，最终达到企业销售产品和提供服务的目的
相同处	1. 都是通过精心设计、用夸张的手段引起消费者的关注 2. 目的都是提升产品、服务、品牌、企业组织的知名度、美誉度，一般使用名人和事件效应 3. 带动消费者参与传播过程，主动进行分享和传播，并进一步了解产品属性 4. 一般都使用互联网平台 5. 相对广告投放的渠道费用来说，传播成本比较低		
不同处	病毒营销：它内容更多样，可以是一段文字、图片、音频、视频等不同载体，在各类媒体上都可以存在，重在吸引目标受众的注意力，提升品牌的知名度，传播持久力有时长有时短，可以在不同媒体间转移，对形式要求新颖，传播效果可控性较弱 事件营销：它会以一个情景或者生活中的一个事件来与自己的产品产生联系，突出自己产品的好处，提升知名度与好感度，一般热度持续时间不长，传播效果可控性较弱 口碑营销：更依赖产品或服务本身的质量，侧重美誉度的传播，致力于树立良好的品牌或公司形象，与人际传播联系紧密，常常在网络虚拟空间与实际生活中共同存在，持续时间比较长		

四、网络口碑营销与社会化网络

口碑营销原指通过人们之间的口耳相传进行的营销活动，如今在网络高度发展的传播社会中，口碑营销与网络结合起来，其结合的重要基础之一就是社会化网络的迅猛发展。社会化网络简称 SNS，即 social networking services，可以翻译为“社会性网络服务”，专指旨在帮助人们建立社会性人际关系网络的互联网应用服务。严格讲，国内SNS并非社会性网络服务，而是social network sites(即社交网站)，以人人网(校内网)、开心网为SNS平台代表，这只是人际关系圈在网络上发展的开始而已。

社交服务网站的发展验证了“六度分隔理论”(Six Degrees of Separation)，在此类通过对“朋友的朋友是朋友”原则的实现而得到发展的线上社交网络中，个体的社交圈会不断地扩大和重叠并在最终形成大的社交网络。社交网络平台是网络口碑营销的基础之一，其核心是关系营销。

2010年蓬勃发展的微博就是基于人与人之间的弱关系连接的。2011年腾讯则基于强关系创建了“微信”，它是一款集社交、分享、即时通讯为一体的移动网络平台。微信与手机通讯录、QQ好友的直接共享，让微信好友的“朋友圈”更具有可信赖感和稳定性，微信将内容分享给好友以及将用户看到的精彩内容分享到微信朋友圈。它提供公众平台、朋友圈、消息推送等功能，用户可以通过“摇一摇”“搜索号码”“附近的人”、扫二维码方式添加好友和关注公众平台，融合语音、视频、文字、图片传播方式，一发不可收拾地成为网路营销的“新宠”。截至2015年第一季度，微信已经覆盖中国90%以上的智能手机，月活跃用户达到5.49亿人，此外，各品牌的微信公众账号总数已经超过800万个，移动应用对接数量超过85 000个，微信支付用户则达到了4亿左右①。

无论广告是通过老伙伴如电视、报纸和广播，还是更新的媒体如手机和网络，成功的广告活动梦寐以求的就是取得消费者的信任。尼尔森2013年公布的《2013年消费者对广告信任度》报告显示，“亲友的口头推荐”持续多年仍为最信任、最具影响力的渠道。尼尔森网络调查的58个国家84%全球受访者表示这个消息来源最可靠。网络广告获得的信任在增加，68%的调查受访者指出，他们相信网络上发布的消费者意见，这种模式获得的信任度在2007年增加了7%，排名第三②。正是人类传播信息的天性，以及人们对口碑的高度信赖，在21世纪这个竞争全球化、经济一体化的知识经济时代，口碑营销作为人类的“零号媒介”，依然显示着它神奇的行销力量。

虽然我们无法知道网络广告的信任度增加与微博、微信是否有关联，但是微

① 企鹅智酷：《解密微信：微信平台首份数据研究报告》，http://tech.qq.com/a/20150127/018482.htm#p=1。

② 尼尔森：《2013年消费者对广告信任度调查》，http://www.199it.com/archives/153753.html。

博与微信的发展确实让亲友推荐从线下搬到了线上，而且更加便利，传播广度也更为迅速。正因为这样，“网络＋口碑”就成为网络口碑营销，它是指应用互联网的信息传播技术与平台，通过消费者以文字等表达方式为载体的口碑信息（其中包括企业与消费者之间的互动信息），为企业营销开辟新的通道，获取新的效益。简单地说，就是整合各种网络营销方法，包括新闻、博客、论坛、IM、WIKI、圈群、贴吧、百科、问答等在内的十几种网络传播形式与手段综合有效利用，合力形成独具成效、全面网络覆盖、信息迅速扩散的网络创新整合传播模式。

例如，在博客兴起之后，一些聪明的广告主就曾尝试将产品无偿提供给有一定影响力的博主试用，并让他们把产品使用的体验、感受写成博客文章发表，让大家共享，这大概是网络口碑营销的最初形式。随后，国内互联网上出现了几种网络口碑营销的不同平台：一是电子商务网站自我服务式的口碑营销板块，主要发布经历过网上交易的消费者的口碑信息，给新买家以购物指导，如淘宝网的“买家评论”“购物指南”等。二是专注提供日常生活类口碑信息与相应服务（＋本地生活搜索＋分类信息等）的网络口碑营销网站，如此前的口碑网、大众点评网。三是通过社区网站或网站的社区，聚合网友提供某类或几类商品的口碑信息以服务于用户，如蚂蚁社区网。此外，还有专事口碑信息搜索的网站或社区口碑营销平台。当微博风起云涌，网聚了大量用户的时候，这个既有人际弱关系为基础构建的社交关系圈层，又有各类意见领袖的存在，同时实现了信息高度开放、互动的自媒体平台，一下子就成为企业拉近与消费者距离、实现品牌网络口碑的重要载体。新浪微博也为企业提供微博企业版，实现了很多功能，如能监测、掌握网民的评价，完成与用户的对话，并通过搜索技术实时发现、引导更多的意见领袖到微博圈群中，以最终影响用户的品牌认知、评价、感受，转化为购买行为。

社交网络还有一个重要的特征是以兴趣聚合的圈群，这更是口碑营销所需要的。社会由许多个不同的、嵌套结构的圈群所组成。正所谓物以类聚、人以群分。这样的一个社群有相近的消费趋向，相似的品牌偏好，共同的话题、消费特征与关注焦点，只要影响了其中有影响力的一个人或者几个人，信息便会以几何级数的增长速度传播开来。在这个沟通手段与途径无限多样化的时代，拥有这样的消费人群的沟通平台实在太难得了。因此，口碑传播不仅仅是一种营销层面的行为，更反映了人与人之间的社交需要，有着深层次的社会心理学作为基础。它符合人们的社会需求心理，所以它比一般的营销手段更天然自发，也更加易于接受。

五、口碑营销的"STEPPS"原则

宾夕法尼亚大学沃顿商学院营销学教授乔纳·伯杰(Jonah Berger)总结的成功进行"口碑营销"的六个关键因素便是"STEPPS",他强调:"我们的品牌、生活都可以用这六步促进别人为自己点赞。"①

(一)S:社交货币(social currency)

就像使用货币能够购买到商品和服务一样,人们使用社交货币能够获得家人、朋友和同事的更多好评和更积极的印象。就好像你在朋友聚会上讲一个笑话,可以让人们认可你的机智幽默;谈论刚刚发生的财经新闻,会令你看起来消息灵通且富有内涵。这些都是所谓的社交货币的概念。乔纳·伯杰认为:"如果你的产品和思想能够使人们看起来更优秀、更潇洒、更爽朗,那些产品和信息自然被变成社交货币,被人们大肆谈论,以达到畅销的效果。"

企业运用好现有的客户会带来更多的价值,业务的开展往往就是源自现有客户的一个推荐。让客户觉得愿意主动向别人谈论这个产品、品牌,融入客户朋友圈人际交往的社交谈资,就可以让企业的业务更加成功。

(二)T:诱因(trigger)

一个品牌如何成为消费者心目中该品类的首选,有没有经常被想到、经常被提及、经常被讨论或者被推荐,消费者还需要一些诱因。

乔纳·伯杰认为,诱因会帮助激活对某种产品和信息的重复性口碑传播,其中要强调两个关键因素,"建立链接和周边环境。建立一个专属于两者之间的特定链接非常重要。在设计诱因的时候,我们也要十分注意,诱因发生的频率也会在很大程度上影响口碑传播的效果"。

(三)E:情绪(emotion)

这一原则就是让受众和消费者产生情感上的共鸣,并产生共享行为。

唤醒敬畏、消遣、兴奋等积极情绪可以增强消费者分享行为的发生,唤醒生气、担忧等消极情绪的信息也同样会激发传播。同时,大量数据表明,关于健康和教育的文章是当今世界最流行的共享话题,优质餐馆的食谱和评论也最易于被人分享。

---

① 赵怡雯:《口碑营销 STEPPS 法则》,《国际金融报》,2015 年 4 月 20 日,第 20 版。

（四）P：公共性（public）

乔纳·伯杰指出："人们都有模仿和从众的心态，社会影响会产生集群效应，所以要让你的产品足够'跳得出'，足够引起别人的注意，才能吸引更多的人选择你的产品。"

正是因为社会影响会产生集群效应，激发口碑传播与共享，乔纳·伯杰认为，增加产品和信息的公共性就要首先增加它们的可视性和公开性。例如，在苹果手机发送的每条电子邮件下面都会自动默认"发自我的 iPhone"，为自己做广告，增加了随时传播的公共性。

（五）P：实用价值（practical value）

乔纳·伯杰指出："与他人共享有用的信息，帮助他人解困，揭示真相、节省时间、给人们带来快乐、让人们更加健康，这些实用价值会增强产品和思想的传播性。"这条原则相对于社交货币和诱因来说比较容易实现。可以说在这六条原则中，实用价值是最容易被应用的，因为产品和信息总会找到在某个特定方面的实用价值，关键是如何让它脱颖而出。

为此，乔纳·伯杰举了一个非常实用的例子，那就是促销降价。例如，一件 20 元的衣服降价 5 元，你告诉消费者降价 25% 才更有诱惑力；而一台 2 000 元的笔记本电脑降价 500 元，这时你就不能再用 25%，你要非常醒目地告诉人们该商品降价 500 元！我们以 100 为分界线，决定使用百分比还是使用实际数字。

（六）S：故事（story）

乔纳·伯杰认为："故事是一种最原始的娱乐形式，故事更方便人们记忆，而且某一类的故事更方便大家记忆。"情节叙述从本质上讲比基本的事实来得更加生动，故事就像特洛伊木马一样包含了很多社交货币和有用价值的信息。人们都喜欢讲故事，相对于广告，人们很少会排斥故事。故事以最简洁的方式让人们谈论相关的产品和思想。

赛百味的广告宣传中便讲了这样一个故事：一个人通过吃赛百味三明治减肥 80 磅。这个故事不仅本身十分励志，另外还让其他潜在消费者了解赛百味的好处。你知道了它的三明治脂肪含量非常低，你可以吃的次数多一些，而且口味很多，低于 5g 脂肪的三明治的口味有 5 种，赛百味如此一来便把广告植入故事中。

六、口碑营销的独特优势

（一）可信任度高，容易影响消费决策

当代社会，人们每天都会不可避免地接触到各类广告。一些广告中的夸大、虚假成分，以及媒介中的大量垃圾信息，不但会浪费消费者的时间和精力，而且会极大地伤害消费者。所以人们对媒体广告的信赖度逐渐在下降。

一般情况下，口碑传播都发生在朋友、亲友、同事、同学等关系较为亲近或密切的群体之间。在口碑传播开始前，他们之间已经建立了一种特殊的关系和友谊，相对于纯粹的广告、促销、公关、商家的推荐等而言，口碑传播可信度要高。另外，一个产品或者服务只有形成较高的满意度，才会被广为传诵，形成一个良好的口碑。因此，口碑传播的信息对于受众来说，具有可信度非常高的特点。

在购买决策的过程中，口碑起着很重要的作用，亲朋好友的建议对消费者的最终决策起到了很大的影响作用。

一项调查表明：一个满意的消费者会引发 8 笔潜在的买卖，其中至少有一笔可以成交；一个不满意的消费者足以影响 25 人的购买意愿。人们出于各种各样的原因，热衷于把自己的经历或体验转告他人，如刚去过的那家餐馆口味如何，新买手机的性能怎样等。如果经历或体验是积极的、正面的，他们就会热情主动地向别人推荐，帮助企业发掘潜在消费者。这个特点是口碑传播的核心，也是企业开展口碑宣传活动的一个最佳理由。

（二）聚合的社交圈，营销更精确

消费者都有自己的交际圈、生活圈，而且彼此之间有一定的了解。人们日常生活中的交流往往围绕彼此喜欢的话题进行，这种状态下信息的传播者与被传播者有更多的了解，选择适当的传播内容和形式，选择彼此感兴趣的话题进行交流，信息是对方所需要的，传播自然更受欢迎，且能形成良好的沟通效果。

（三）有效提升品牌美誉度和企业形象

口碑传播不同于利用广告宣传，广告宣传仅仅是企业的一种商业行为，广告对提升品牌或企业的知名度影响比较显著，口碑是来自消费者的感知、体验和态度的总结，对于品牌和企业的美誉度、满意度、好感度的提升价值非同一般。拥有良好的口碑会成为企业的一笔巨大的无形资产，往往会在无形中对企业的长期发

展，以及企业产品销售、推广产生很大的影响。

运用口碑营销策略，激励早期使用者向他人推荐产品，劝服他人购买产品，还能形成消费者的品牌忠诚度，随着满意顾客的增多会出现更多的“信息播种机”，企业的长远利益自然也就能得到保证。

（四）直接面对消费者，使品牌更加具有亲和力

口碑营销从本质上说也是一种广告，但与传统的营销手段相比，却具有与众不同的亲和力和感染力。传统广告和销售人员宣传产品一般都是站在卖方的角度，为卖方利益服务的，所以人们往往对其真实性表示怀疑，只能引起消费者的注意和兴趣，促成真正购买行为的发生较难。而在口碑营销中，传播者是消费者，与卖方没有任何关系，独立于卖方之外，推荐产品也不会获得物质收益，因此，从消费者的角度看，相比广告宣传而言，口碑传播者传递的信息被认为是客观和独立的，被受传者所信任，从而使其跳过怀疑、观望、等待、试探的阶段，并进一步促成购买行为。

当前许多品牌都在微博、微信上开设了官方微博、微信公众号，这使品牌方第一次不用借助第三方媒介，直接面对消费者对话、互动，缩短了与用户之间的距离，可以直接、快速地掌握消费者的反馈信息，针对消费者需求及时调查与调整传播策略。企业可以从社交网络上获得最新的行业信息、品牌口碑动向，甚至发现品牌危机的信号，及时采取措施弥补自身存在的不足。

第三节　病毒营销与口碑传播策略

显然在网络营销时代，病毒营销和口碑传播，是实现营销传播价值的有效工具。在某种意义上它不仅具有信息扩展迅速、传播影响力大等特点，而且还具有成本低、可信度高的特点。因此网络营销传播，必须十分关注病毒营销与口碑传播，通过策略性的方式使传播效果达到最优化。

一、策划具有高传播力的内容

病毒营销经常被称为最省心、最省钱的广告营销方式，但是真正有效的病毒营销案例却屈指可数。究其原因，病毒营销需要“有内涵”、具有高传播力的病毒

内容。

病毒营销中的“病毒”，不一定是关于品牌本身的信息，但基于产品本身的口碑可以是“病毒”，这就要求你的产品要足够酷炫（cool），有话题附着力，这样才容易引爆流行，掀起一场口碑营销风暴。

苹果公司就是一个擅长“病毒”制造和口碑传播的公司，甚至制造出了一批酷爱 iPhone 的用户，被称为“苹果粉”或者“果粉”，而“粉丝”这个族群此前是指娱乐或体育明星的狂热爱好者。这让营销业内人士羡妒不已。这样一款手机产品虽然价格昂贵，但它提供众多个性化的功能，并且带有鲜明的符号，不让它的消费者讨论似乎都很难。在这里，消费者的口碑既关于产品本身，又是传播速度极快的“病毒”。重要的是，它总是限量供应，欲购从速。拥有它的人就是时尚达人，仿佛一夜之间便与众不同，身价倍增，他们当然更愿意在亲朋好友面前显摆，高谈阔论一番。

2007 年 10 月凡客诚品自有服装品牌网上销售的商业模式诞生。凡客诚品首先走出电子商务企业的思维定式，回归到服装品牌的定位，按照时尚品牌的方式，塑造强势品牌。凡客诚品此前不断地推广校花、超级模特的时尚大片，以奠定品牌时尚基调。2010 年 7 月，凡客诚品选择了韩寒与王珞丹作为品牌代言人，以自我表达的口吻创造了两则广告投放市场。

韩寒版广告语：

爱网络，爱自由，爱晚起，爱夜间大排档，爱赛车，也爱 29 块的 T-SHIRT，我不是什么旗手，不是谁的代言，我是韩寒，我只代表我自己。我和你一样，我是凡客。

韩寒作为 80 后知名作家，他敢说敢为、直言不讳、言语犀利、善于抨击某些灰暗虚伪的个性，与凡客对个性的诠释相融合。此次凡客邀请韩寒做代言人，打破了电子商务行业惯性，也打破了韩寒这个个人品牌在人们心中的形象。

韩寒的博客以 4 亿多的访问量高居总排行第七，这也为他成为凡客代言人奠定了基础，也是电子商务代言的一个契机。

王珞丹版广告语：

爱表演，不爱扮演，爱奋斗，也爱享受；爱漂亮衣服，更爱打折标签。不是米莱，不是钱小样，不是大明星，我是王洛丹。我没什么特别，我很特别。我和别人不一样，我和你一样。

作为一名年轻演员，王珞丹的率真个性，已经成为她的一个形象标签。从米莱塑造的率真荧屏形象，到生活中她的本色性格和率真的生活态度，为她赢得了很多人的喜爱，也让她的生活自由愉悦。率真的性格来自对自己的清醒认识：即使取得众多肯定，她依然保持本色的自我，不管名气多大，她依然是那个平易近人的女子。同时她也坚持自己的原则与个性，保持自己的独特个性、智慧与勇气。

韩寒、王珞丹都属于靠自我奋斗、努力获得成功的80后的代表，他们的个性既符合现代年轻人的成长心态，以这两位的号召力，既会吸引不少人的目光，也能和凡客品牌进行很好的融合。

凡客诚品将代言人的风格特色用这种"爱……不爱……是……不是……我是……"体裁的广告文案进行传播，个性鲜明，被称为"凡客体"。因其语句的风格鲜明、容易复制改写而受到广大网友的追捧，对个性的极致诠释让凡客体迅速走红网络，并在网络大众的发挥甚至恶搞下得到广泛传播。因此，"凡客体"成为一种"病毒"，被快速大量复制和传播，大家在关注"凡客体"的同时也关注了凡客诚品，品牌在赚足了眼球的同时，也实现了名利双收。

二、寻找专业领域中的意见领袖

倘若你是销售电脑的，那么邀请电脑专业媒体的记者来试用一番，通过他们的生花妙笔来传播产品信息，便可以以较高的可信度征服消费者；如果产品的消费人群主要是青年学生，找到班上学习成绩最好的学生或者班长、班主任来体验你的产品，提供传播渠道帮助他们发布自己的使用心得、体会，也是个不错的方法；要是你的企业主要生产农作物种子，那么找农业科技人员、村主任来讲述你的品牌故事和产品质量，就是个很好的主意。在Web 2.0时代，每个人都可能是一个小圈子里的意见领袖，关键是营销人员是否能慧眼识珠，找到这些意见领袖。

意见领袖是一个小圈子内的权威，他的观点能为拥趸们广为接受，他的消费行为能为粉丝狂热模仿。全球第一营销博客、雅虎前营销副总裁康迪（Seth Godin）认为，口碑传播者分成强力型和随意型两种，强力型主导传播的核心价值，随意型扩大传播的范围。口碑营销要取得成功，强力型口碑传播者和随意型口碑传播者都不可或缺。

让我们来看看"乐事"的口碑传播案例。乐事推出了一个向网友征集薯片口味的竞赛活动“Do Us a Flavor”(乐味一番),谐音取自“Do me a favor(帮我个忙)”,如果乐事最终决定选择某位网友推荐的薯片口味,这位获胜者将获得100万美元大奖,或得到这款口味薯片销量净利润1%的提成,参见图12-1。

图12-1 乐事薯片“帮我个忙”广告截图

2012年,活动吸引了大批“垃圾食品爱好者”参与,通过Facebook应用和短信息两种渠道,搜集了400万个口味创意。随后,乐事组织厨师、著名美食家、食品口味专家成立评审团仔细挑选并最终选中了三个最佳口味:芝士蒜香面包味、炸鸡华夫味、甜辣酱味。2013年5月,经过100余万名消费者在Facebook、Twitter上和短信中的投票评选,乐事的母公司菲多利宣布,芝士蒜香面包味获得了最终大奖,获奖人凯伦(Karen Webber-Mendham)来自威斯康星州蓝多湖,是一名儿童图书管理员。

对消费者来说,“Do Us a Flavor”活动有两层意义:一是让他们感受到自己的观点引起了企业的重视;二是让消费者参与产品开发,并发出自己的声音。通过这场营销竞赛,乐事母公司菲多利在美国地区的Facebook粉丝数量增长了3倍,公司在全美范围的销量也增长了12%。2014年1月,乐事决定再次使用这种营销方式,这次他们加入了一项新规则,让消费者给入选决赛圈的四个薯片口味进行投票,但每种新口味都必须基于乐事的三款原创口味来延展。

2014 年,乐事薯片又通过 Facebook、Twitter、Pinterest 征集新口味,其另一层意图是:通过与消费者的互动,让乐于参与的消费者获得一种满足感和社交收获,进而巩固老客户,发展新客户,形成口碑传播。

几次活动使企业大有收获。第一,是与消费者的互动。活动的参与者中,喜欢薯片的人群是主力,他们本身既是消费者又是传播者,企业实现了与消费者的近距离互动。第二,巧妙运用意见领袖参与传播。活动评审包括厨师、美食家等专业意见领袖,他们具有话语权和权威性,很多人本身就是 SNS 网站上的高粉丝人群,他们参与活动有力地提升了活动的影响力。第三,尊重消费者的态度,重视消费者的意见,让消费者心甘情愿做口碑营销的载体。第四,活动新颖有趣,具有较好的传播力,有利于品牌好感度、美誉度的提升。

三、选择合适的营销传播路径

口碑营销并不是什么营销传播领域内的新玩意,也不是解决眼下传播效果差、投资回报率低这一顽疾的救命稻草,它只是新媒介时代众多营销方式的一种。口碑营销虽然有传播成本低、可信任度高、针对性强等优点,但口碑本身具有很强的不可控性,而且还需要借助一些网络新媒体平台,并辅之以广告、辅助材料、直复营销、公关等多种整合营销方式,相互取长补短,发挥协同效应,才能使传播效果最大化。

多芬推出了一部视频短片——"你比你想象中更美",其病毒式营销获得了巨大的成功。这部广告片不仅令人振奋不已,还创造了线上营销纪录,推出后仅一个月内,浏览量就突破了 1.14 亿次。"你比你想象中更美"之所以能够获得如此优异的成绩,一部分原因要归功于联合利华公司。在其帮助下,这部短片被翻译成 25 种语言,并在其 33 个 YouTube 官方频道下播放,全球超过 110 个国家的用户都可以观看这部短片。

短片旨在寻求一个答案:在自己和他人眼中,女性的容貌到底有何差异? 多芬的调研报告显示,全球有 54% 的女性对自己的容貌不满意。萨莫拉(Gil Zamora)是 FBI 人像预测素描专家。在短片中,他和受访女性分坐在一张帘子两边,彼此看不见对方,萨莫拉根据女性对自己容貌的口头描述勾勒出她的模样。然后,他根据陌生人对同一女性容貌的口头述再描绘一张画像。之后,他把两张素描画摆放在一起做比较,结论是一个女人在他人眼里要比在她自己眼里美丽得多(图 12-2)。

短片打动了消费者的内心，在推出后的第一个月就获得了380万次转发分享。随后两个月内，多芬的YouTube频道新增了1.5万个订阅用户。此外，短片也影响到传统媒体，令纸媒、广播新闻竞相报道，甚至引发了一系列线上讨论。更令人意外的是，网上出现了不少模仿视频。2013年6月，多芬和广告代理商奥美获得了戛纳国际创意节全场钛狮奖，毋庸置疑，这是病毒式营销的一次巨大成功①。

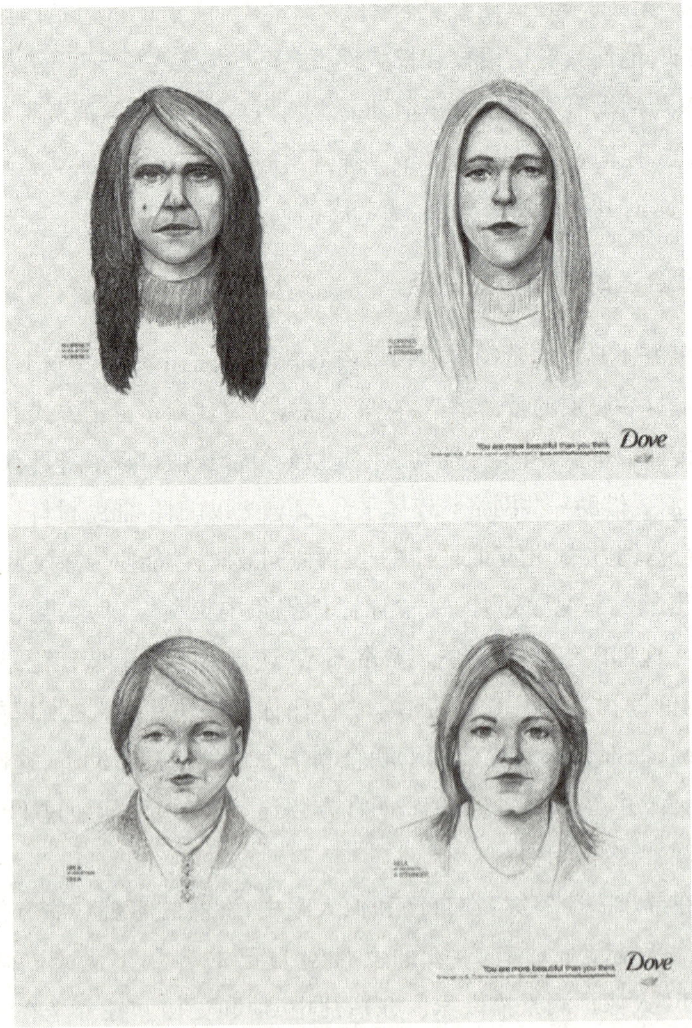

图12－2　多芬“你比你想象中更美”广告截图

---

① 阿里云：《当病毒遇到情感：10个引爆全美的线上营销》，http://www.aliyun.com/zixun/content/4_19_223401.html。

多芬选择了一个社会学实验的方法来证明一个观点“你比你想象中更美”，方法新颖有趣，实证效果让人无法质疑，与产品关联度较好，关键是它将这个复杂的内容制作成视频，在视频网站播出，以非广告的形式影响了诸多消费者。从浏览量来看，多芬的这次病毒营销无疑是成功的。

又如康师傅在2008年夏季曾以年轻人为主，整合各类网站进行营销传播的“HAPPINESS ANYWHERE 快乐不下线”主题推广活动。该品牌的目标消费群是青春、活力的一代，音乐、体育、影像、聊天、交友、游戏是他们网上活动的重要内容。于是，该活动选择了猫扑、校内、腾讯、淘宝以及重要视频网站，展开深度合作，结合各网站特点及网友使用习惯，量身定制活动传播计划。

在猫扑网推出“漫画真人秀”活动，让网友上传图片故事或给剧本配旁白，调动其娱乐互动社区黏稠度较高的年轻族群，利用他们的创新意识、搞怪爱好，激励参与。两个月内收到作品1.5万件。在当时的校内网，推出“晒照片 乐翻天”活动。通过推行“一键式”参与法，最大程度简化操作，激发用户参与乐趣，再配合校内网SNS的病毒式传播机制，推动二次传播，参与人数也超过4 000人，收到有效作品1.6万件，冰红茶产品形象更深入人心。在酷6网上开展“达人串串秀”活动，选择四位有影响力的网络红人，召集跨行业、跨年龄、跨国籍的网友“视频接龙”，用简单新颖的创意传递欢乐，让更多网友与冰红茶亲密接触。和腾讯合作的冰红茶产品与QQ企鹅形象相结合的“魔法表情主题包”，有高达360万次的下载，同时有大量用户主动转发。此外，“夏日清凉大作战”活动利用搜索引擎与网友进行沟通；淘宝网上展开“夏日清凉拍”增加活动曝光。在与各网站合作中，还植入了创新的瓶身代码扫描程序，线上线下互相拉动。同时，提供Widget下载，整合活动讯息，并在活动结束后保留与消费者持续沟通的渠道。

这次营销活动同时在网络社区（猫扑网）、视频网站（酷6网）、社交网站（校内网）、电商网站（淘宝）、搜索引擎（百度）等多种传播渠道开展，实现了针对年轻受众的网络媒体整合营销传播。一系列网络活动取得目标消费群积极回应，两个月活动期内广告总点击量超过840万次。尽管分布在不同网站接触点上的信息是碎片化的，但由于接触点无所不在，这些碎片逐渐在消费者心目中合成完整概念，塑造出康师傅冰红茶在网络上年轻具有活力的品牌形象，让康师傅冰红茶“快乐”理念深入人心。

毫无疑问，传播技术的进步让消费者从获取消费信息到最后形成购买决策的整个过程发生了变化。传统的广告理论认为,消费者购买某个产品,要经历关注、引起兴趣、渴望获得产品进一步的信息、记住某个产品到最后购买五个阶段,整个传播过程是一个由易到难、由多到少的倒金字塔模型。互联网为消费者的口碑传播提供了便利和无限时空,如果消费者关注某个产品,对它有兴趣,一般就会到网上搜索有关这个产品的各类信息,经过自己一番去伪存真、比较分析后,随即进入购买决策和产品体验分享过程。在这一过程中,可信度高的口碑在消费者购买决策中起到关键作用,这在一定程度上弥补了传统营销传播方式在促进消费者形成购买决策方面能力不足的短板。然而,要让众多消费者关注某个产品,传统广告的威力依然巨大。

四、给消费者实惠,各类奖励计划动员口碑

天下没有免费的午餐,这个道理或许每个人都明白,但人性的弱点让很多人在面对免费物品时总是无法拒绝。给消费者优惠券、代金券、折扣、增品、积分等各种各样的消费奖励,让他们帮你完成一次口碑传播过程,你的口碑营销进程也会因此大大提速。如果跟朋友分享信息,双方都能双赢,那么"让大家告诉大家"就有了动力,消费者免除了朋友间做广告的尴尬,而成为"好事齐分享",就这样不由自主地成了商家的宣传员和口碑传播者。

育儿早教类产品"巧虎"是日本倍乐生公司的拳头产品,全称为"乐智小天地"的幼教类产品来到中国短短几年时间,其核心人物"巧虎"——这只作为幼教产品贯穿始终的主人公小老虎及其品牌,风靡了大江南北。据此前北京举行的中国早教产品研讨会上业内披露的数据,巧虎在同类产品中占有率居首,大陆地区会员已超过80万。而"巧虎"也几乎成了一种社会现象,令那些重视早教的专业人士和家长们都不能无视它的存在。与巧虎的知名度相比,倍乐生商贸(中国)有限公司显得异常低调。

"乐智小天地"包含了读本、父母用书、DVD影像教材和教具(玩具)等,将适龄教学内容,通过平面、立体、视觉、听觉等多元方式进行传达。而其商品定位显然是双人群定位的作品——毕竟这些产品需要孩子的父母认可并付费。作为最亲近也是最信赖的人,父母通过与孩子一起积极地挑战新的课题,一起体验成功时的喜悦,孩子们才会茁壮地成长。幼儿不同成长阶段的发展需求是不一样的,制定符合年龄和认知程度的学习及游戏项目,以启发儿童的各种能力并培养良好

的性格和生活习惯显然是市场的空缺。从这种意义上说，巧虎的出现契合了市场的需要。

它的销售思路：一方面通过网络宣传，介绍巧虎的使用方法、召集会员，同时通过网站提供免费注册申请试用，以此获得用户地址等信息，寄送样品，为下一步攻势打下基础；一方面通过亲友介绍的方式获得潜在客户的名单和联系方式，从而通过一对一电话营销转化为自己的客户。

和很多动漫月刊一样，《乐智小天地》以月为货品交付周期，每月一期。它的每期产品中有亲子 VCD + 功能书 + 手册 + 主题玩具 + 其他一些产品。其中，每一期都会包含亲友间推荐的宣传页。核心就是“免费赠送 + 推荐有礼”。

大致内容如下：“巧虎乐智小天地虎年三重好礼免费送啦，第一，只要有宝宝的朋友注册就送适合 0 ~ 6 岁儿童的体验版 VCD，由巧虎官网免费邮寄给你，第二，参与 3 800 套正式商品抽奖，抽中即送正式版商品。第三，2009 年 3 月 1 日至 10 月 31 日出生的小朋友加送育儿小百科 + 巧虎口水巾，除此以外推荐亲友参与免费索取早教体验商品，还送多重礼品。”（图 12 - 3）。

图 12 - 3 “巧虎”分享体验广告栏截图

此外，巧虎的官网上设有巧虎宝宝版、幼幼版等分龄分段式的使用心得、巧虎宝宝的最爱、巧虎育儿好帮手等板块，分享信息参与网站互动有积分礼赠，力促巧虎会员的妈妈、爸爸们在官网、论坛、微博、微信等平台上分享体验、介绍使用心得，扩大传播与影响力（图 12 - 4）。

幼教本身是年轻父母比较感兴趣的话题，圈群明显，而且朋友圈影响比普通消费品更胜一筹，乐智小天地运用这种线上、线下口碑营销模式，让巧虎几乎在不知不觉中在中国幼教市场上名声渐显。如今，倍乐生中国更推出了巧虎系列音乐剧（舞台剧），在全国主要大中型城市巡演，在赚取门票收益的同时，又开拓了一

图 12 –4　巧虎官网上“亲友介绍”板块截图

条非常有效的线下扩张渠道，对巧虎品牌提升亦是如虎添翼。

其实，类似这种推荐方式在 Hotmail、Gmail 的推广过程中也都有使用。

又如，星巴克在移动互联时代，抓住机遇开展有效的营销传播。微信无疑是近年网聚人气最多的移动社交应用，星巴克就在微信这个新兴平台中进行尝试。

2014 年 9 月，星巴克在其微信中推出“自然醒”活动：在微信中加公众号“星巴克中国”为好友，只需发送一个表情符号，星巴克将即时回复你的心情，即刻享有星巴克《自然醒》音乐专辑，获得专为您心情调配的曲目，感受自然醒的超能力，和星巴克一同点燃生活的热情和灵感。这种创新式的互动推广获得了消费者的喜爱。

之后，星巴克又推出“星巴克闹钟”活动，以配合早餐系列新品上市。下载星巴克 APP，按下闹钟后一小时内到达星巴克门店，即可在正价购买饮料的同时，享受早餐食品半价的优惠。这一活动一经推出，便受到了广大星巴克粉丝和手机用户的青睐，在微博上被大力推荐和分享。

星巴克的思路是关注媒介发展，跟年轻网友更多互动交流，通过打造创新新颖的活动内容、交流内容吸引网友的关注，传递企业文化内涵，将年轻人的“早起”痛苦与咖啡的“提神”相对应，既表现出品牌与消费者之间真诚的交流，又体现了随时随地带来美好生活新体验和“星”乐趣。闹钟的活动更让消费者可以真实享受到折扣，使得消费者真正获益，从而获得消费者的持续关注。

五、口碑营销的八大要诀与三三法则

营销的宗旨是通过达到消费者满意而实现企业的盈利，满意顾客的口头宣传无疑是最好的广告形式。号称“零号媒介”的口碑，被现代营销人视为具有病毒特色的营销模式。口碑巨大的可信性、促销力，已经使“信息传播，口碑第一”“好口碑才是效力最好的广告形式”几乎成为所有企业的共识和梦寐以求的东西。

虽然口碑营销不可能完全取代传统的营销方法，但越来越多的人已经开始意识到它是一个节省成本的强大营销工具。通过口碑营销，企业超越了传统的广告形式，建立起一个真实的反馈环节，从而与消费者进行真正的双向沟通。不过，有一点要记住：口碑只适用于那些对消费者来说真正有用、有价值的产品和服务。好事不出门，坏事传千里。如果用口碑营销来宣传一个不怎么好的产品，结果将事与愿违。

对企业来说，口碑作为一种营销手段，更可以成为与消费者沟通的一种手段，企业要放低身段，注意倾听。企业在及时发布品牌信息的同时，一定要注意收集消费者的口碑信息，找到产品服务的不足之处，处理消费者的投诉，减少消费者的抱怨，回答消费者的问题，引导消费者口碑向好的方向传播。

有人总结过口碑营销的“八大要诀”[①]：①“口碑传播”要提供能与目标顾客的心理形成共鸣的材料；②使顾客升级为口碑传播大使；③口碑传播需要耐心的长期推展，因此要做好心理准备；④进行口碑传播，要让客户对商品或服务进行亲身体验；⑤最大限度地运用可以诱发口碑传播的宣传工具；⑥将产生口碑传播的接触点作为焦点；⑦理解口碑传播的特征，并将口碑传播与其他的营销活动加以综

---

① 优品互动：《如何做口碑营销：口碑营销八大要诀》，http://www.youpinhudong.com/news/2014926256.html。

合运用;⑧在实行口碑传播的时候,首先要明确“商品力”。

说起国内的口碑营销,不得不提的案例是“小米”。本章后的案例截自小米的自传。黎万强也总结过小米口碑营销的三个战略和三个战术,内部称为“参与感三三法则”①。

三个战略:做爆品,做粉丝,做自媒体。

三个战术:开放参与节点,设计互动方式,扩散口碑事件。

“做爆品”是产品战略。产品规划某个阶段要有魄力只做一个,要做就要做到这个品类的市场第一。产品线不聚焦难以形成规模效应,资源太分散会导致参与感难于展开。

“做粉丝”是用户战略。参与感能扩散的背后是“信任背书”,是弱用户关系向更好信任度的强用户关系进化,粉丝文化首先让员工成为产品品牌的粉丝,其次要让用户获益。功能、信息共享是最初步的利益激励,所以我们常说“吐槽也是一种参与”;其次是荣誉和利益,只有对企业和用户双方获益的参与感才可持续!

“做自媒体”是内容战略。互联网的去中心化已消灭了权威,也消灭了信息不对称,做自媒体是让企业自己成为互联网的信息节点,让信息流速更快,信息传播结构扁平化,内部组织结构也要配套扁平化。鼓励引导每个员工每个用户都成为“产品的代言人”。做内容运营建议要遵循“有用、情感和互动”的思路,只发有用的信息,避免信息过载,每个信息都要有个性化的情感输出,要引导用户进一步参与互动,分享扩散。

“开放参与节点”:把做产品、做服务、做品牌、做销售的过程开放,筛选出对企业和用户双方获益的节点,双方获益的参与互动才可持续。开放的节点应该是基于功能需求,越是刚需参与人越多。

“设计互动方式”:根据开放的节点进行相应设计,互动建议遵循“简单、获益、有趣和真实”的设计思路,把互动方式像做产品一样持续改进。2014 年春节爆发的“微信红包”活动就是极好的互动设计案例,大家可以抢红包获益,有趣而且很简单。

“扩散口碑事件”:先筛选出第一批对产品最大的认同者,小范围发酵参与

---

① 黎万强:《参与感:小米口碑营销内部手册》,中信出版社 2014 年版,第 17 页。

感，把基于互动产生的内容做成话题，做成可传播的事件，让口碑产生裂变，影响十万人、百万人更多地参与，同时也放大了已参与用户的成就感，让参与感形成螺旋扩散的风暴效应！

扩散的途径一般有两种：一是在开放的产品内部植入鼓励用户分享的机制，类似2013年现象级的休闲游戏"疯狂猜图"和"找你妹"就做得非常好，每天都有几十万条产品信息分享到微博微信等社会化媒体平台；二是官方在和用户互动的过程中，发现话题做专题的深度事件传播。

案例选编

案例12－1：京东家电618新品传播项目

该案例获得2021金旗奖整合营销战役大奖。

执行时间：2021.5.15—07.20

企业名称：京东

品牌名称：京东家电

代理公司：北京信索咨询股份有限公司

一、项目目标

京东618属京东重点促销大节点，本次项目基于京东家电重要新品线做站外社会性推广，帮助京东家电在618期间对参与的重点品牌进行推介及对其重要新品进行推广。本条新品线在618大促中拥有独立的传播线、独立的招商产品、独立的新品会场页面。本次传播皆为参与品牌与旗下的产品进行整合站外传播。

二、项目调研

随着人们生活的改善，消费者的需求也在不断发生变化，新趋势家电可以解决人们不同维度的趋势变化需求，新趋势在未来将成为生活的主流，京东新趋势家电就是要让用户提前步入好生活。

好家电要禁得起时间的考验，成为一个时代的担当。买家电要高瞻远瞩，目光长远，买符合自己需求的。买家电要有眼光，618京东新趋势家电，考虑长远，现在就买。

三、项目策划

实施策略：聚焦趋势类作为创意抓手，以"买家电长远看，选趋势新品"为核心，创意贯穿传播，在618促销节点为消费者提供"未来长远家电需求的购买建议"。

四、内容创意

1. 新品线创意海报，内容起势，以演员常远＋家电新品为主要元素，风格上采用活泼、前卫、略带艺术感的形式，凸显"焕新"，制造新品家电、潮流趋势新品的基调。

图 12-5　京东家电 618 新品线创意海报

2.“病毒”视频预热海报，以演员常远＋家电新品为主要元素，形式简单大气，凸显“焕新”，制造新品家电、潮流趋势新品的基调。

图 12-6　京东家电 618“病毒”视频预热海报

3. 邀请演员常远出演“病毒”视频，从受众人群生活洞察出发，夸张演绎生活片段，突出矛盾。利用常远作为京东家电此次视频传播的 Icon 化符号，在各个情境中作为幽默的反转突然出现，利用“常远”即“长远”的同音梗，介绍家电新品利益点的同时，解决用户长远的家电需求。

4. 京东家电 618 收官战报长图设计，以江湖、热血英雄为创意包装点进行设计，整体风格调性大气、硬核热血，有视觉冲击力。

5. 京东家电 618 收官战报长图视频，基于江湖、英雄等创意点出发，视频简单大气，由一位武林英雄出场吸引用户关注，缓缓拉开京东家电战报的序幕。

案例选编

五、项目执行

1. 话题预热：新品预热、话题预热及海报发布。以微博为阵地，家电官方账号率先发起互动，联动家电新品品牌、常远、垂直 & 娱乐向 KOL，共建话题，扩散传播。话题：#买新家电，要长远看# #原来家电还可以这样#。

2. 爆发期：TVC 发布。利用“常远”即“长远”的同音梗，介绍家电新品利益点的同时，解决用户长远的家电需求。

3. 收官战报。

六、项目评估

1. 传播期间，在全网共同打造话题词，话题#买家电，长远看#，话题阅读量 2.3 亿，讨论 6.3 万，远超热搜榜单相关话题热度。

2. 代言人相关外围话题互动量 1.2 万次，视频观看量 9.2 万次。

3. 联合微博 KOL 进行内容覆盖，提升品牌影响力，多维度创意内容破圈。

4. 话题#原来家电还可以这样#，话题阅读量 10.6 亿，讨论 29 万。

七、项目亮点

1. 聚焦家电趋势类目，以解决用户长远需求为出发点。基于家电产品理性消费及较长使用周期的特点，聚焦趋势类目作为创意抓手，以“买新家电，要‘长远’”看”为核心创意贯穿传播。在 618 促销节点为消费者提供“未来长远家电需求的购买建议”，为用户带来“趋势新家电 = 解决消费者长远生活需求的家电”的认知。

2.“病毒”视频。从受众人群生活洞察出发，夸张演绎生活片段，突出矛盾。利用常远作为京东家电此次视频传播的 Icon 化符号，在各个情境中作为幽默的反转突然出现，利用“常远”即“长远”的同音梗，介绍家电新品利益点的同时，解决用户长远的家电需求。

案例来源：案例资料由北京信索咨询股份有限公司提供，经中国公共关系网 17PR 授权。http://www.17pr.com/news/detail/205534.html。

第十三章

搜索引擎与长尾营销策略

本章重点及学习要求

1. 网络时代的搜索行为与搜索引擎营销
2. 搜索引擎的特点与存在问题
3. 策划搜索引擎营销的策略
4. 四种搜索引擎营销的创新实践
5. 基于长尾的网络联盟营销

第一节　搜索引擎的营销特征

就广告信息注意力获取而言，传统媒体广告通常是采取“被动注意”的方式获取消费者的注意。事实上消费者的信息注意力，还呈现出另一种“主动搜索”的特点。但是因为传统媒体没有为消费者提供主动搜索的技术通道，所以“主动搜索”通常被认为是传统广告信息传播中的具有极端性的信息行为①。网络和信息技术的发展改变了这种现象，而搜索引擎使得这种极端性信息传播成为营销传播的常态。

一、搜索引擎的发展与搜索引擎营销的概念

搜索引擎（search engine）是网络技术形态下的一种信息传播方式，指根据一定的策略、运用特定的计算机程序搜集互联网上的信息，在对信息进行组织和处理后，为用户提供检索服务的系统。在互联网发展的初期是没有搜索引擎的，但是随着互联网上信息的泛滥，搜索引擎出现了，它不但解决了互联网发展中的瓶颈，帮助用户及时地检索到所需的信息，更在互联网领域创造了一个又一个的奇迹。例如，全球最大的搜索引擎谷歌，每天处理的搜索超过 35 亿次，每年处理的搜索总数超过 1.2 万亿次。2004 年谷歌上市时的发行价只有 85 美元，到 2017 年谷歌已经被市场人士认为是最有可能突破万亿美元市值的公司。

搜索引擎在中国也在迅速地成长壮大。早在 2015 年中国互联网络信息中心（CNNIC）发布的《2014 年中国网民搜索行为研究报告》显示，搜索引擎是中国网民的第二大互联网应用。2014 年中国搜索引擎企业收入增长的最大动力来自于移动端收入的增长②。

截至 2015 年 12 月，我国搜索引擎用户规模达 5.66 亿人，使用率为 82.3%，用户规模较 2014 年年底增长 4 400 万人，增长率为 4.4%。截至 2015 年 12 月，在全国企业利用互联网开展营销推广中，搜索引擎营销以 47.7% 的使用率，位于

① 卫军英：《现代广告策划》（第三版），北京：首都经济贸易大学出版社 2012 年版，第 170 页。

② 2014 年中国网民搜索行为研究报告，http://www.cnnic.cn/hlwfzyj/hlwxzbg/ssbg/201410/t20141015_49326.htm。

受企业欢迎的网络营销形式第三位[①]。

2010 年谷歌宣布退出中国大陆市场之后，谷歌在中国的市场份额有明显收缩，百度成为国内搜索老大，与此同时，搜狗及 360 搜索的份额均呈上升态势。

搜索引擎营销即 SEM，是“Search Engine Marketing”的缩写。SEM 是一种网络媒介时代出现的新型的网络营销形式。无论是 PC 端还是移动端，搜索引擎都成为网民接入互联网的重要入口，庞大的应用人数和聚集效应，让搜索引擎成为互联网营销不可缺失的重要阵地。SEM 所做的就是基于搜索引擎网站，在网民对相关信息做检索的时候，有效地让企业、组织以及品牌信息进入搜索者眼前，从而实现营销和推广的目的。

搜索引擎工作可分为两个部分，即搜索引擎搜索特定网页和用户搜索特定关键词。搜索引擎营销正是从这两个部分出发来进行的，其基本思想是让用户发现信息，并通过（搜索引擎）搜索点击进入网站/网页进一步了解他所需要的信息。一般认为，搜索引擎优化设计主要目标有两个层次：被搜索引擎收录、在搜索结果中排名靠前。这已经是常识问题，简单来说 SEM 所做的就是以最小的投入在搜索引擎中获得最大的访问量并产生商业价值。多数网络营销人员和专业服务商对搜索引擎的目标设定也基本处于这个水平。但从实际情况来看，仅仅做到被搜索引擎收录并且在搜索结果中排名靠前还很不够，因为取得这样的效果实际上并不一定能增加用户的点击率，更不能保证将访问者转化为顾客或者潜在顾客，因此只能说它们是搜索引擎营销策略中两个最基本的目标。

二、基于网络时代的消费者行为分析模型

针对互联网与搜索引擎时代的消费者生活形态的变化，日本的 4A 广告公司电通提出了一种全新的消费者行为分析模型——AISAS 模式。

早在 1998 年，美国广告学家 E. S. 刘易斯提出了 AIDMA 营销法则，也就是由最开始的注意（attention），让人产生兴趣（interest）并培养欲望（desire），再形成记忆（memory）促成行动（action）的营销理论。在当前信息爆炸的网络时代，营销方式正从传统的 AIDMA 营销法则逐渐向含有网络特质的 AISAS 发展（图 13－1）。

---

① 第 37 次《中国互联网络发展状况统计报告》，http://cnnic.cn/gywm/xwzx/rdxw/2015/201601/W020160122639198410766.pdf。

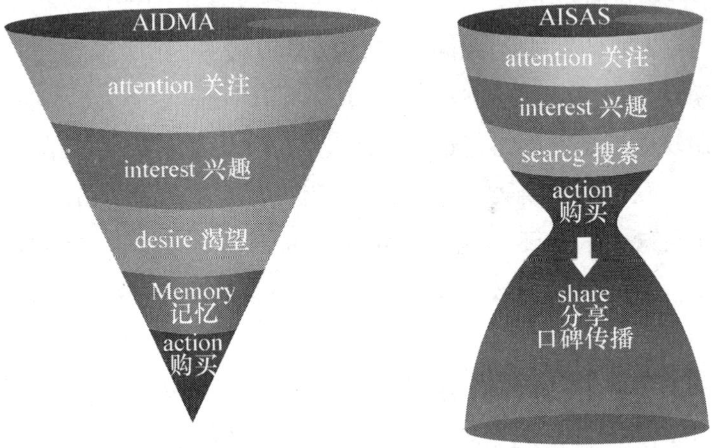

图 13－1　AIDMA 模式与 AISAS 模式的对比

Attention——引起注意

Interest——引起兴趣

Search——进行搜索

Action——购买行动

Share——人人分享

在全新的营销法则中，有两个 S，即 search（搜索）和 share（分享）被看作是具有网络特质的两大表征，代表了互联网时代搜索（search）和分享（share）的重要性。网络营销不是一味地向用户进行单向的理念灌输，这充分体现了互联网对于人们生活方式和消费行为的影响与适应性改变①。

如果说第一代互联网同电视、报纸一样承担了信息发布者的角色，网络搜索引擎则提供了与传统媒介完全不同的、主动、精准获取信息的可能性。互联网与移动应用，又进一步推动了人们的生活、工作、娱乐、学习方式的改变，在消费者的生活时钟里，收邮件、搜索信息、网络聊天、在线交易等借由互联网与手机创造的各种互动方式，同样也都已成为消费者的生活环节。这些都直接体现出消费行为

① 小岛哲郎：《电通独有的 AISAS & Cross Media Planning 手法》，《广告大观（综合版）》，2010 年第 1 期，第 26 页。

的变化。

首先,它表现为消费者主动性消费的增加。由于互联网为消费者主动获取信息提供了极大的便利,消费者在购买决策过程中,可以在互联网上搜索、收集商品/服务的信息,再决定其购买行为,进行较之以前更为理性的消费。中国互联网络信息中心历次调查数据显示,检索商品/服务等信息始终是网民使用互联网的主要内容。其次,互联网还引起了消费者心理的改变。在传统时代,营销的手段万变不离其宗,是刺激需求的手段,消费者亦在种种商品信息与营销宣传中混沌迷糊地进行着购买。在网络时代,通过搜索引擎、行业频道、行业垂直网站、专业评论网站、微博、微信等渠道,消费者有机会主动地获得其需要的信息,从而确保其尽可能进行"正确的"购买。

所有这些,都必然带来传统媒体无可取代的全新传播理念——以消费者为主体的传播——消费者不仅可以通过网络主动获取信息,还可以作为发布信息的主体,同更多的消费者分享信息。而消费者在网络上发布、分享的信息,也成为搜索信息库的组成部分,重复影响着此后的其他消费者的搜索结果与判断、决策。

三、搜索引擎营销的特点

搜索引擎营销的迅速发展源于其独特的优势,包括以下几点。

(一)受众广泛

将搜索引擎作为营销的一种模式是基于搜索引擎的庞大用户基数。百度公司在向中小企业推广其竞价广告时,是这样打消他们的疑虑的。现在百度每天要处理上亿个搜索请求,假设每天在网上搜索某个特定关键词的请求占1%,而如果发出这部分请求的用户里面也只有1%的用户看到了你的网站,再假如看到你网站的人有1%在你这里进行了交易,那对于一个中小企业,由一个关键词带来的销售量将会有数十万,这是多么惊人的一个数字①。

(二)用户主动查询,需求明确

除了庞大的潜在客户群,搜索引擎营销最大的特点还是受众的准确性。传统的营销方式往往都是想尽办法拓宽各种渠道,尽可能地接触到潜在客户,覆盖面

① 张苗苗:《搜索引擎营销在中国的应用研究》,天津大学硕士学位论文,2009年。

很广,基数很大,然而真正的转化率却比较低,并且传统的营销采用的是广告、公关等,其传播的意义大过营销。搜索引擎营销则不同,是用户主动搜索相关的信息,其中用户在搜索中所使用的关键词反映了用户对某种事物或者某个事件的关注,这就意味着用户对主动搜索的内容是有需求或潜在需求的,这些用户比传统营销中的不加区分的广大用户更有可能转化为消费者,这种关注正是搜索引擎的价值所在,也是搜索引擎营销存在和成长的关键。

(三)投放快捷、动态更新

传统广告或网络广告的发布都有一个策划、设计、排期时间,而搜索引擎营销的做法是编辑好相关的广告内容和选择好关键词后,就可以为这些关键词购买排名,在向搜索引擎提交竞价广告时只需要填写一些必要的信息,如公司和账户的信息,关键词及其描述和着陆页等即可以发布,只要事先准备好,这个过程只需要几个小时,甚至几分钟的时间,然后用户在搜索这些关键词时就会看到排在较前的公司促销广告的链接。相比较传统的广告投放过程,搜索引擎的效率更高,而且投放后能实现动态更新、随时调整。

(四)投资回报率高

现在很多企业都在运用投资回报率评价营销活动的效果,希望用最少的钱达到最好的宣传和推广效果。有调查表明,在达到业务目标方面搜索引擎营销比网页广告条更为有效。

搜索引擎营销的投资回报率高还体现在竞价排名按照每次点击付费,这就比传统广告的到达率高了许多,也避免了网络页面广告被用户屏蔽而失效的尴尬。

(五)可控性较强

搜索引擎营销的可控性主要体现在三个方面,即对广告内容、广告时间和广告成本的控制。首先广告内容是由搜索引擎广告商自己控制的,广告商有自己修改和优化广告内容的权限。这对于广告商来说非常重要。因为广告本身是一个不断测试的过程,广告商如果在运行中发现什么问题可以随时修改广告内容,这大大提高了广告的反馈效率,提高了广告的投放效果。

四、搜索引擎营销存在的问题

搜索引擎营销市场上主要存在的缺点和问题有以下几个。

(一)欺诈点击

竞价广告的成功也带来了一个严重的问题就是欺诈点击。欺诈点击是指一些不想买东西的人恶意点击公司的付费广告,从而浪费公司营销预算的行为。据调查显示,百度的平均点击欺诈率高达34%,而谷歌在应对点击欺诈方面做得相对好一些,为24.1%。

(二)商标侵权

现在中国的很多企业对于自身权利保护的意识相对较弱,尤其是在网络侵权方面。可能一些企业在还没有意识到这个问题之前,其竞争对手就已经将自己的商标作为关键词进行竞价,导致潜在客户被竞争对手一点点地挖走。搜索引擎虽然有责任去保护广告商,但是从法律上来说搜索引擎本身并没有义务去管理公司的商标,况且竞价提高对搜索引擎是有利的。

(三)公信力较低

网民互联网应用水平不断提高,使搜索用户对推广信息和广告的识别能力逐渐加强,多数搜索引擎用户已经能够分辨出搜索结果中的推广信息和广告,大大影响了网民互联网应用与企业推广效果。随着近些年媒体公开披露有关搜索虚假信息与诈骗广告的案例,很多用户对搜索推广信息和广告持怀疑态度,搜索的公信力水平与市场发展速度相比略显落后。有调查显示,对搜索引擎推广信息或广告表示信任的用户占比不足6%,高达57.2%的用户对搜索引擎广告持不信任态度。

(四)作弊行为

搜索引擎营销曾经经历了一段混乱的时期。作弊行为分为内容作弊和链接作弊两种。内容作弊主要是通过关键词堆积、隐藏文本、重复标签等手段来欺骗搜索引擎。链接作弊主要是通过群发外链、大量相同类别的外链、无意义的垃圾外链、同IP的网站做互链,从而欺骗搜索引擎。搜索引擎营销的作弊行为不仅涉及整个行业诚信等道德问题,更是一个行业亟待规范化的问题。

第二节 搜索引擎的营销策略

虽然搜索引擎已经成为一种具有影响力的网络营销手段,但是运用搜索引擎进行营销传播,无论是从使用范围上,还是从方法策略上看,都还处在应用初期。网络信息技术的发展不断引导营销传播的延伸,也必然导致搜索引擎营销的进一步发展。

一、整合营销传播下的目标设定

在我们实施搜索引擎营销之前,我们应对企业、组织或品牌有一个准确的定位,并建立好自己的企业网站、网页,需要明确网站是做什么的?是形象展示?是品牌文化传播?是官网销售?还是用户服务?因为搜索引擎营销只是提供一种渠道,让更多消费者能有机会找到你,看到你。但是,能否让他们产生兴趣、产生购买行为和分享体验,关键是你后面的营销活动、后面各种推广和传播,而搜索引擎营销的行为应该在整合营销传播的大前提下统一设置,从基于“一个声音”出发,让搜索引擎为企业或品牌做宣传推广。因此,我们需要对企业的营销方案有一个整体的战略认知,然后设定搜索引擎营销的目标。

搜索引擎营销的目标大致有以下四个层面①。

第一层是搜索引擎营销的存在层,其目标是在主要的搜索引擎/分类目录中获得被收录的机会,这是搜索引擎营销的基础,离开这个层次,搜索引擎营销的其他目标不可能实现。搜索引擎登录包括免费登录、付费登录、搜索引擎关键词广告等形式。存在层的含义就是让网站中尽可能多的网页被搜索引擎收录,也就是增加网页的搜索引擎可见性。

第二层是搜索引擎营销的表现层,它的目标是在被搜索引擎收录的基础上尽可能获得好的排名,即在搜索结果中有良好的表现。因为用户关心的只是搜索结果中靠前的少量内容,如果利用主要关键词检索时网站在搜索结果中的排名靠后,那么还有必要利用关键词广告、竞价广告等形式作为补充手段提高搜索效果。同样,如果在分类目录中的位置不理想,则需要同时考虑在分类目录中利用付费等方式实现排名靠前。

第三层是搜索引擎营销的关注层,这个目标直接表现在网站访问量指标方面,也就是通过搜索结果点击率的增加来达到提高网站访问量的目的。由于只有受到用户关注,经过用户选择后的信息才可能被点击,因此称为关注层。从搜索引擎的实际情况来看,仅仅做到被搜索引擎收录并且在搜索结果中排名靠前是不

① 冯英健:《网络营销基础与实践》,清华大学出版社2004年版。

够的，这样并不一定能增加用户的点击率，更不能保证将访问者转化为顾客。要通过搜索引擎营销实现访问量增加的目标，则需要从整体上进行网站优化设计，并充分利用关键词广告等有价值的搜索引擎营销专业服务。

第四层是搜索引擎营销的转化层，即通过访问量的增加使企业实现收益的提高。转化层是前面三个目标层次的进一步提升，是各种搜索引擎方法实现效果的集中体现，但并不是搜索引擎营销的直接效果。从各种搜索引擎策略到产生收益，期间的中间效果表现为网站访问量的增加，网站的收益是由访问量转化所形成的，从访问量转化为收益则是由网站的功能、服务、产品等多种因素共同作用而决定的。因此，第四个目标在搜索引擎营销中属于战略层次的目标。其他三个层次的目标则属于策略范畴，具有可操作性和可控制性的特征，实现这些基本目标是搜索引擎营销的主要任务。

二、中小企业搜索引擎营销的策略

在当前的实践中，搜索引擎营销的主要模式大致可以分为四种：搜索引擎优化、搜索引擎登录、关键词广告和竞价排名。其中搜索引擎优化属于企业自己可控范围内的；搜索引擎登录有免费的也有付费的，可以根据实际情况开展；关键词广告和竞价排名都是付费的。大型企业或品牌都会选择可靠的广告公司助力其开展网络营销，其中包括搜索引擎营销这一基础板块，而大多数中小企业在发展的过程中，更加迫切地需要搜索引擎营销策略，尤其是利用免费的资源来优化搜索的效果。

（一）搜索引擎优化

搜索引擎优化即"Search Engine Optimization"，简称SEO，是指通过了解各类搜索引擎如何抓取互联网页面，如何进行索引以及如何确定其对某一特定关键词的搜索结果排名等技术，来对网页进行相关的优化，提高在搜索结果页的排名，从而提高网站访问量，最终提升网站的销售能力或宣传能力的技术。搜索引擎优化工作不仅能让网站在搜索引擎上有良好的表现，而且能让整个网站看上去轻松明快，页面高效简洁，目标客户能够直奔主题，发挥出沟通企业与客户的最佳效果。

搜索引擎优化关注的是对网站的设计、建设和维护更新，做好搜索引擎优化工作同企业有效打理自己的网站是分不开的，首先要了解搜索引擎的工作原理，尽可能让搜索引擎搜索到自己的页面，尽最大努力方便访问者，寻找目标客户，迎合的是客户的方便性、高效性。

1. 网站设计优化。搜索引擎的网站设计优化要点有以下几个。

一是网页静态化。现在有很多小型网站都是动态的,里面包括很多有特色的东西,动态网页较多时,就会影响搜索引擎的收录。网页静态化可以提高浏览速度,有利于搜索引擎爬虫高效率地爬行,提高并加快搜索引擎收录。有限的方法就是常用的 ASP、PHP、JSP 等生态静态网页,这在网站中间都是实实在在存在的。如果这种方式实现比较困难,可以进行一些伪静态①。

二是网页代码规范。网页代码规范有助于 Spider 高效率爬行。我们可以让 CSS 与 HTML 分离,尽量使用 DIV + CSS,其最大的优点是代码比较简单,代码越简单搜索引擎搜索起来就越方便,搜索引擎喜欢这样的网页。

三是考虑用户习惯与网页焦点。结合企业网站的定位,不同的用户群体有不同的浏览习惯和对网页关注的焦点。我们要考虑到用户的这种习惯。有的网站喜欢在左边放导航,有的网站喜欢在右边放导航。要分析目标群体网络水平层次,分析同行业网站的布局,以及模拟用户思维,站在用户的角度进行思维,合理布局。使用工具获取网页中用户关注的焦点。在任何一个网页中,用户阅读一个网页都有自己的焦点,怎样让用户能够关注,这也是我们要考虑的。

四是网站信息。搜索引擎和各种分类目录都喜欢结构、信息完整的网站。首先网站要介绍信息,这个网站是做什么的,这个网站是怎么创建起来的,要达到什么目的,用户为什么上这个网站。还有网站的联系方式,包括线上和线下的。还有隐私保护、版权声明等。

2. 关键词优化。关键词优化主要是指将网站关键词进行分析、扩展,整理成一份关键词列表,以增加被搜索到的机会,这里包含三个步骤。

一是确定核心关键词。网站核心关键词,包括产品、信息、服务等形成核心关键词树。产品、企业名称、品牌,这些都是企业的核心关键词。

二是关键词扩展。我们要对核心关键词进行扩展,产品的多个名称,或因地域、文化造成同一物品的不同称谓,还有多样、细化的组合,相关类型、相关产品、相关词汇组合,要按这样的规则进行关键词的扩展。

三是模拟用户思维。经过这一系列的过程之后,关键词库就建立了,但是还有很多内容可能会遗漏,我们要站在用户的角度,考虑不同的人有不同的搜索习

① 张苗苗:《搜索引擎营销在中国的应用研究》,天津大学硕士学位论文,2009 年。

惯,使用的关键词可能不同。

关键词扩展工具方面,百度有它的风向标,谷歌里面包括搜索量以及一些数据。我们建立这样的关键词目的是为了将关键词部署到搜索引擎当中,在搜索过程中可以找到,所以应将不同热门程度的关键词分别部署。这一系列的关键词可以放在各个栏目、各个频道中。另外,我们将一些常用的关键词做了相关的搜索,很多时候因为一个事件或者一个行业,会产生很多种关键词,这些关键词需要我们从设计到策划、到制作整体进行,我们可以在网站上制作一个专题,用这个专题来专门关注一个话题,如“范跑跑事件”,可以建立一个“范跑跑”的专题,或者把相关的文章集中在一个专题里,成为一个热门关键词,用专题来做这方面的搜索。

3. 网站内容优化。网站内容方面,高质量的原创内容对用户、对搜索引擎都是有益的。创作的时候要制作原创内容,避免重复内容,为热点创建专题。搜索引擎可以为用户服务,让他们找到有用的信息。一定要树立这样的观点:避免重复,远离作弊,追求长效发展。

一是网页头部标签。各页面应该有独立的标题,标题包含关键字。网站中可以设定一些关键词和关键信息,这样会获得更合适的搜索。

二是网站目录结构与 URL。网站目录结构包括无力结构、逻辑结构。URL 应该合理分布并包含关键词。

三是关键词密度。这是一个非常重要的因素,这里面有一个原则,就是要优先考虑用户,语句通畅,连贯。网站中关键词的密度应该尽量控制在 2% ~8%,不同位置出现的关键词,权重均不一致。

(二)搜索引擎登录

搜索引擎登录是为了能够进入搜索引擎的索引库,保证站点的网页被搜索引擎搜索到而将站点或者 URL 提交给搜索引擎的一种模式。搜索引擎登录并不能保证网页在某个关键词的搜索结果中获得很好的排名,但是能使站点获得良好的可视性,更全面地展示站点内容。长期来看,如果广告商购买数量相同的关键词,希望获得近似的广告排名,那么搜索引擎登录比竞价排名更经济一些。

搜索引擎登录分为免费和付费两种,但是现在提供免费登录服务的网站比较少,如果有免费登录的搜索引擎,还是应该尽量利用这些免费资源,有时免费搜索引擎同样可以带来可观的效果。从 2001 年后半年开始,国内的主要搜索引擎服务提供商陆续开始了收费登录服务。收费服务自然会影响部分网站登录的积极性，不过也为网站提供了更多的专业服务，从功能上为网络营销提供了更为广阔的发展空间，从而提高了营销的效果。同样对于那些不愿花很多钱作搜索引擎关键词广告的网站来说，搜索引擎登录仍然是必须做的工作，即使已经作了竞价排名，登录一下也有利无弊，放在相对应的目录下能够保证关联性。另外如果网站在自然搜索页的排名位置足够靠前，甚至可以考虑暂停关键词广告，节约相当可观的搜索引擎广告费用。适当地选择收费登录对于网站的排名有一定的效果。

中文搜索引擎方面，百度提供免费收录服务，而且在百度登录时只需要提交站点的主页，百度就可以自动收录其他网页。其他的中文搜索引擎如搜狐、新浪等都提供付费收录服务。其中搜狐为商业性网站登录提供普通型登录和推广型登录两种方式。搜索引擎的数据库一般都很庞大，一些类目页面和关键词搜索结果中会列出大量网站，统计表明，90%以上的网民通常只点击分类搜索结果的第一页，即使是在同一页，排在前面的网站被点击数也远高于排在后面的网站，所以在分类搜索结果中排序在前对网站的宣传推广意义极大。在分类搜索引擎中，适合网站的分类目录，关键词及排序资源是有限的，尽快登录使网站从同行网站中脱颖而出，是明智的选择。

（三）竞价排名

竞价排名是搜索引擎营销中比重最大也是目前最常用的方式。竞价排名为自己某个特定的关键词设定一个价钱，从而获得较好的位置排名。竞价排名就好像一个时时进行的拍卖，商家在这里为他们希望得到的名次进行竞拍。事实上，获得较好的排名是搜索引擎营销的最终目的之一。排名的重要性不需要强调。艾瑞咨询的调查结果显示，搜索结果中排在前10名的网站占有了72%的点击率，排名第10～20名的网站拥有17.9%的点击率，而排名20名以后的网站只有10%的点击率，排在第三页以后的访问率几乎为零。竞价排名可以既快速又经济地评估广告宣传的效果，又可以快速更新、终止等，这种形式受到极大的欢迎，百度正是依靠竞价排名而迅速崛起的。

（四）关键词广告

关键词广告是指在搜索引擎中相关关键词的搜索结果页面显示广告内容，实现高级定位投放，用户可以根据需要更换关键词，相当于在不同页面轮换投放广告。在相同关键词页面，一般来说，付费高者排名靠前。一般的关键词广告与自然搜索结果是分开显示的。谷歌和百度都是将其放置在搜索结果页面的右侧。

由于网站数量剧增，任何网站都不能确保用户利用很多关键词检索时都在自然搜索结果中靠前，因为排名靠前的网站毕竟是少数，而且其信息并不一定能够满足用户的需求，所以网上营销新观察建议在可能的情况下，同时采用多种推广方式会比单一方式获得更好的效果。在自然搜索结果中排名靠前是首要的任务，在此基础上，为了增加在搜索结果中出现的机会，不妨采用竞价广告，这样可以充分发挥免费搜索和竞价排名各自的优势，从而获得更多的用户。

三、搜索引擎营销的四种创新实践

（一）BMW——根据IP地址显示搜索结果，达成品牌的本地化细分覆盖

BMW（宝马）在美国本土的搜索营销策略是激进的投放策略，即让旗下所有产品名称都置于搜索结果的第一位，并在此基础上，详细研究用户查询时可能出现的关键词组合方式，将有关产品名称的各种排列组合的关键词一并购买，并使之搜索结果排名也处于首位①。

此外，BMW与搜索运营商合作，利用搜索引擎分IP显示关键词广告的功能，联合分散在全美各城市的经销商，进行当地市场的品牌精准传播。用户输入BMW产品的名称后，在结果列表首位展示的是BMW美国的官方网站，结果列表次位展示的是当地经销商的网站。例如，用户的IP来自西雅图，第二位结果则是西雅图的经销商网站。

BMW的这一创举，首先达成了品牌的大面积覆盖，关于BMW的一切产品都排在搜索结果首位，在用户心目中树立了良好的品牌形象。其次，达成了品牌的细分覆盖，能够根据用户所属地区提供有针对性的结果，为经销商的销售带来线索。最后，BMW与经销商联合进行搜索营销，使得BMW的整体品牌形象得到高度统一，同时节省了各经销商各自为战带来的高额广告预算。

（二）美联航空——优化关键词选取，达成机票销量翻番增长

2007年第一季度，美国联合航空公司（United Airlines）充分利用搜索营销手段，在消费者形成机票购买决策前就与之充分互动，将消费者最想预先知晓的机票信息做最有效的传达，在广告预算没有增长的情况下，搜索营销产生的销售业

---

① 田欣：《搜索引擎营销案例篇：企业需知的SEM细节》，http://tech.hexun.com/2008－07－16/107477599_1.html。

绩增长两倍以上。

美联航空通过调研获知，有 65% 的消费者在做出旅行决定前，会进行至少 3 次搜索；有 29% 的消费者会进行 5 次以上的搜索。而用户关注的信息主要体现在三个层面：价格、服务和关于航空公司的详细信息。因此，针对这三个层面的信息，分别对关键词的选择以及结果的呈现方式做了优化，使消费者在决策前知晓相关的信息，从而带动了机票销量的增长。

美联航空的案例告诉我们，搜索营销能够告知客户在购买周期内关注的细节是什么，而如何把握这些细节，如能在营销活动中提升与客户的信息传达能力，并且时刻优化这些信息的呈现方式，让市场营销人员和用户保持互动，就能对销售产生实际的促进意义。

（三）兰蔻——品牌专区模式，生动传达，品牌、销售两不误

中国搜索引擎的媒体化发展，以及在为大品牌广告主服务的过程中，形成了特有的广告展示方式，即“品牌专区”模式，按照大品牌广告主的要求，将近期其要发布的详细信息展示在左侧结果列表首位，并在右侧赞助商链接的位置展示与其一致的品牌图形广告。这一模式对大品牌广告主而言，一方面能够满足其付费搜索广告的精准信息传播需求，另一方面能够满足其通过图形广告树立品牌形象的需求。

品牌专区类广告形式的出现，为大品牌广告主提供了三个方面的帮助：从帮助树立品牌来看，允许大品牌广告主自由决定搜索结果的板块内容，即允许大品牌广告主将自己的网站内容浓缩在一个搜索结果中；从帮助促进销售来看，能够实时更新产品信息，将最新的促销信息实时呈现；最后，这类广告形式还为大品牌广告主提供了良好的公关平台。新广告形式的出现，为搜索引擎营销的投放策略提供了良好的铺垫。

如若有消费者在百度搜索上敲下“兰蔻”两字，搜索结果页面最上方不再是普通的文字链接，而是兰蔻网上商城品牌专区，兰蔻网上商城链接、促销公告、商品信息等以图文并茂的形式呈现（图 13－2）。作为国内首家试水网上营销业务的化妆品品牌，兰蔻此次与百度联手，意在将搜索引擎上的潜在消费者吸入其 B2C 网站进行消费。

“通过百度的品牌专区，我们的品牌在那些搜索兰蔻的消费者面前有了更好的展示，不但能够提升品牌形象，并且为兰蔻网上商城带来了很多高质量的流量。

图 13－2　在百度网站搜索关键词“兰蔻”后的页面截图

在使用了品牌专区之后，我们大幅度地提高了品牌关键词的转化率，因此而产生的销售也相应提高了 30%。”欧莱雅副总裁兰珍珍表示。

品牌专区模式主要适用于大品牌客户，既可以进行品牌传播，又可以直接发展电子商务业务。

（四）淘宝搜索——最有效的销售促进

多年以来，我们对“搜索引擎营销”的定义都是狭义的。一想到搜索引擎，人们就会想到中外两大搜索引擎——谷歌、百度，其实我们生活中各大门户网站都有搜索功能，还有一些垂直搜索或是小型的搜索引擎如 Ask. com 等，在 SNS 网站上 Twitter、Facebook、LinkedIn 中的搜索也是很重要的，且关联性很强。我们对消费者进行研究发现，绝大多数的消费者一整天都在搜索信息，尤其是当他（她）有某商品的需求时，大多数的 80 后、90 后、00 后消费者第一个上网动作就是搜索，但是搜索引擎只是他们一部分的选择，通常如果购买意向是特定的，消费者会直接在电子商务类网站中进行搜索，如阿里巴巴、淘宝、天猫、eBay、亚马逊等，以及提供比价的搜索如一淘网等。

淘宝搜索，属于阿里巴巴旗下的搜索引擎，主要针对旗下的淘宝网进行站内搜索，为用户提供 C2C 的购物搜索结果。

眼下淘宝搜索只有两大分类项目——宝贝和店铺，并且仅仅针对淘宝站内的搜索。而百度和谷歌则面向全网抓取内容,并包括网页、新闻、视频、音乐、图片等诸多分类。不过阿里巴巴集团副总裁、淘宝网战略合作副总裁路鹏表示,淘宝搜索服务将不局限于淘宝商品的搜索,而逐渐向全网拓展。有机构抛出了这样一个观点:淘宝搜索将改变中国搜索引擎的市场格局。

在2005年以40%股份换取中国雅虎控制权的时候,阿里巴巴集团总裁马云曾经希望,一个搜索引擎能帮助阿里巴巴打通自己帝国的任督二脉。可是随着中国雅虎快速走向衰退,它未完成的使命看来要交到淘宝搜索身上了。

2009年时任淘宝搜索中心负责人、集团副总裁张忆芬就表示,搜索已成为淘宝主要收入来源,预计未来它将是淘宝重要营业收入之一。

当用户查找某一个关键词的时候,所有的宝贝在经过搜索引擎的算法后,会在页面显示出来。用户搜索一个关键词,淘宝会判定这个关键词类属于哪个类目,在这个类目下查找宝贝标题中含有这个关键词的宝贝,再经过淘宝搜索排名的规则进行排序,最后展现在淘宝的页面上。

淘宝搜索排名规则分自然搜索和人气搜索,排名规则里有多个默认的指标。例如,自然搜索是按宝贝上下架时间,宝贝是否橱窗推荐,店铺是不是消保,宝贝的人气分多少等进行排序。

2013年第三方咨询机构发布《中国互联网广告核心数据》显示,在网络广告增长整体放缓的格局下,淘宝第二季度的广告规模增幅却达到46.1%。营业收入规模上,淘宝作为广告媒体以56.1亿元排名第二,仅次于百度搜索①。以淘宝为代表的垂直搜索广告市场份额不断扩大,成为仅次于搜索引擎广告的重要媒体。根据艾瑞咨询2016年前三季度连续跟踪调研显示,搜索广告与电商广告受到政策影响较大,市场份额出现波动,但仍是中国网络广告不同形式市场份额前两强,截至2016年第三季度,搜索广告份额为27.8%,电商广告份额为24.1%②。

第三节　长尾营销与网络联盟

网络所带来的营销变革,在很大意义上是对传统营销行为和营销观念的颠

① 亿邦动力网:《淘宝广告收入单季56亿 增幅超百度搜索》,http://www.ebrun.com/20130731/78802.shtml。

② 艾瑞咨询:《2016 Q3 中国网络广告季度发展情况》,http://news.iresearch.cn/zt/265624.shtml。

覆。所以它带来的不仅仅是营销模式的变革,还直接影响了营销理论的革命性创新,长尾营销就属于网络时代所特有的一种营销特征。

一、长尾理论与长尾营销的概念

越来越多的人在讨论长尾营销,被认为是跨时代的、颠覆性的营销理论。最早提出“长尾”(The Long Tail)这一概念的,是美国《连线》杂志主编安德森(Chris Anderson)。他在2004年10月所发表的《长尾》一文中指出,长尾理论是从统计学中一个形状类似“恐龙长尾”的分布特征的口语化表述演化而来的。安德森认为,只要存储和流通的渠道足够大,需求不旺或销量不佳的产品共同占据的市场份额就可以和那些数量不多的热卖品所占据的市场份额相匹敌甚至更大①。

长尾有两个特点:细和大。细,指份额很少的市场,在以前这是不被重视的市场或没有条件重视的市场;大指的是这些市场虽然很小,但是数量众多。很多数量的微小市场占据着市场中可观的份额,这就是长尾的思想。

传统的观念中,当市场过小时,相应的收入也比较少,而开拓市场的人力成本却不见减少,因此长尾市场就很可能是个亏损的市场。而当高新信息技术出现后,用低成本甚至零成本去开拓和维持无数个小市场成为可能。

长尾营销理论是随着计算机及网络等高新技术的高速发展而发展起来的。新技术使得长尾营销成为可能,也使得长尾市场在现代企业中得到重视,并带来巨大的效益。

长尾营销理论告诉我们,非主流的利基市场也有成功的可能。互联网更告诉我们,一个个小众世界实际上是个极度丰富的世界,那些满足无数细分市场的非主流产品,经过网络搜索等“长尾商品集合器”变得易于寻找,又通过网络搜索引擎的过滤指引,鼓励人们更多地探索,而不是对纷繁的选择望而却步。长尾营销模式重视挖掘细小需求,使非主流的小众市场获得了从未有过的关注。

二、长尾营销理论产生的背景

(一)互联网搜索技术降低了产品搜寻成本

在传统商品零售时代,消费者要想从琳琅满目的货架中找到自己想要的商品

① 叶茂中:《说说长尾营销怎么用》,《现代营销(学苑版)》,2006年版10期。

是件很费神的事情。为了提高效率,消费者往往选购一些商家拟订的所谓热门商品,做出这样的选购并非完全出自消费者本意。互联网为我们带来了丰富的海量信息,也让消费者感到信息过载和不堪重负,幸好,网络技术又为我们提供了搜索引擎这一划时代的商品搜索工具,通过搜索引擎消费者可以获取数不尽的各种选择,商品搜寻成本的降低为商品的多样性提供了必要条件,使得产品的"尾巴"可以拖得越来越长。

(二)全球供应链体系的建立降低了产品存储成本

随着全球供应链体系的逐步建立,越来越多的商家尽可能地让存货集中进行销售,如沃尔玛、家乐福等大型连锁超市;最著名的亚马逊公司已经向"虚拟存货"模式扩展,将产品放在合作伙伴的仓库中,这些仓库分布在世界各个角落,随时可以提供丰富的商品。

(三)知识经济的发展提高了信息沟通的效率

知识经济的发展使得消费者拥有更多获得信息的渠道,部分降低了生产者和消费者之间的信息不对称,使得消费者更加追求个性,追求与别人不同的消费价值观,网络技术的发展更加凸显了知识经济对商品营销模式的影响。信息沟通效率的提高,消费者的个体意识增强,导致了对"长尾"商品的需求;网络时代下的个性化需求最终催生了多样化的产品生产和设计。

(四)文化的多元化与选择的个性化

经济全球化的今天,文化多元化带来了人们的个性多元化、选择的多元化,大众市场被分割为许多的小众化、专业化的市场,人们个性化的选择越来越多,越来越便利,满足这种个性化需求的产品和服务也就应运而生,互联网降低了个性化产品与服务的供给成本,无论是卖方还是买方,都为人们带来了无限选择的可能,长尾由此变得更细更长。

买方通过网络节约了大量的搜寻成本、获得了满足自己个性化需求的商品和服务;企业开展网络营销可使利基市场的分销商通过搜集和积累消费者的大量信息,经过处理后预测消费者的需求并精确定位,有针对性地制作营销信息,以达到说服消费者购买的目的。

三、长尾营销的成功实践案例

作为世界最大的搜索引擎,谷歌为数以百万计的小企业和个人打广告。过去这些“芝麻”们从来没有被强势的大众媒体重视过，也很少有广告商愿意为他们做广告。而现在这些人却可以帮着谷歌打广告，同样谷歌也从中取得了巨大的效益。

亚马逊网上书店有成千上万种书，其中一小部分畅销书占据总销量的一半，而另外绝大部分的书虽说单个销量很小，但凭借其种类繁多却积少成多，占据了整个总销量的另一半。过去传统实体书店，由于面积有限，根本不可能堆放那些卖不动的书籍，而只能白白错失这块市场。当当网、亚马逊都是图书销售的大型网站，其网站上所列的图书种类已经远远超过了传统书店的容纳量，而这些原本“卖不动”的图书却撑起了半边天，现在实体书店的生存困境也就非常容易理解了。

苹果公司的 iTunes 在线音乐商店获得了巨大的成功。如果消费者只想听一首歌曲，为何要强迫其去购买整张 CD 呢？苹果正是看透了这一商机，在网站上为用户提供正版单曲销售。就是这 99 美分和 15 美元的差距，使得苹果目前已经卖出了 5 亿首单曲，同时其 MP3 播放器 iPod 的销售量也借此在不断攀升。

eBay 开创了一种买主同时也是卖主的史无前例的商业模式，让数量众多的小企业和个人通过它的平台进行小件商品的销售互动，从而创造了惊人的交易量和利润。淘宝，有人称它为中国的 eBay，而淘宝却创造了比 eBay 更多的奇迹。2014 年 11 月 12 日，阿里巴巴公布了淘宝在“双十一”全天的交易数据：天猫淘宝“双十一”全天成交金额为 571 亿元，其中在移动端交易额达到 243 亿元，物流订单 2. 78 亿，销售覆盖 217 个国家和地区。新的网上零售交易纪录诞生。

它的成功让人们看到，只要将尾巴拖得足够长，就会聚沙成塔，产生意想不到的惊人效果。拣芝麻的成功者不断增加，长尾理论的支持者也不断地增加。他们似乎让我们看到了在传统市场下不可动摇的经典的“二八定律”，在互联网出现后，在互联网的促力下，“二八定律”开始有了被动摇的可能性。

长尾理论有其特殊性，要满足某些条件才能使之有效。著名营销策划人叶茂中认为，长尾理论要有效必须具备两个要素：足够的存储和流通的渠道，并且市场维护成本要尽可能小。计算机和网络技术高度发展使之得以实现。因此，我们看到大批“长尾理论”的获利者都是互联网企业，传统市场中“二八定律”依旧大行其道。

四、基于“长尾理论”的网络联盟营销

相对于传统网络广告运营模式，网络联盟这一新型的广告营销模式的出现为网络广告市场带来了巨大的发展动力。它基于长尾理论之上，要义是将主要的精力和力量集中于某个特定的目标市场，通过对某一消费市场进行细分和精准的定位，或细致地针对某一个细分市场，创造出某一类别产品和服务的营销优势。这种市场可以不是热门获利市场，但却可以积少成多，这也正是网络联盟营销的特点。

网络联盟营销（affiliate marketing），也叫联盟营销、网络广告联盟，是一种按营销效果付费的网络营销方式，即商家（又称广告主，在网上销售或宣传自己产品和服务的厂商）利用专业联盟营销机构（百通联盟平台）提供的网站联盟服务拓展其线上及线下业务，扩大销售空间和销售渠道，并按照营销实际效果支付费用的新型网络营销模式。

在全球首先试水网盟的是亚马逊。在中国，目前，百度网盟拥有30多万家网站，而谷歌联盟虽立足全球市场，却退出了中国大陆，盘石网盟是全球最大的中文网站联盟，三者似有三足鼎立之势。网站联盟营销最注重传播范围和效果，只有选择适合自己的网站联盟媒体才能达到有效的营销目的。

根据广告主与联盟平台关系进行分类，网盟可以分成以下三类。

1. 自建型广告联盟：指以推广自己的产品为主的广告联盟，如金山联盟，MOP联盟，QIHOO联盟、当当联盟等。此类联盟建立的目的比较明确，即为了扩大市场占有率或提升销售额。

2. 第三方广告联盟：联盟平台没有自身产品，以推广别人的产品和品牌为主的联盟，如智易营销、亿起发、黑马帮等联盟，此类联盟处于中间的位置，链接广告主和联盟会员，收入为提供广告服务的佣金费用。

3. 综合型广告联盟：联盟拥有自己的产品，不仅推广自己的品牌和产品而且还推广其他广告主的品牌和产品或通过其他联盟推广自己的品牌和产品，如百度、新浪、搜狐、雅虎、金山等①。

---

① 什么是网络广告联盟，http://hi.baidu.com/juebeiwang/blog/item/478bbf4fa01948c2d1c86af6.html。

五、网络联盟营销的优势与问题

总结起来，网络联盟营销不仅拥有网络广告的主要优点，相比较之下，最重要的还是具有精准营销和效果营销两大营销优势。

这种基于长尾理论精髓的营销模式为网络联盟营销带来的了显而易见的根本优势，概括起来可以分为以下六个方面[①]。

1. 充分实现了具有针对性的投放方式。网络联盟营销可以依靠联盟的组织结构进行有效的数据积累和优化，并通过一定技术手段，按照联盟会员特点和级别进行网络广告的匹配和投放指导。

2. 广告的投放策略十分灵活多变，广告主有能力根据自身的预算条件和广告实际需求，灵活地制定出符合自身要求的投放组合。

3. 具有多样化的广告表现形式和组织购买方式。可以自由选择，采用多种多样的广告形式、付费方式，实现广告主和网络媒体的双向选择，保证各方利益达到最大化。

4. 这种营销方式的管理成本较低，可以实现网络广告的聚合来体现长尾价值，并且参与的各方只需要负责自身的投放和管理工作即可。

5. 技术支持上拥有其独立的投放监测系统，能够非常有效地提高网络广告的管理效率和投放效果，充分保证了各方的利益。

6. 可以迅速实现并完成投放，运用的性价比较高，充分拓展放宽了广告信息的传播范围，有效地提高了传播效率。

当前，我国网络联盟营销存在的问题，主要为行业规范问题以及诚信问题。此外，它的产业链不够成熟，各个网络联盟平台的广告主资源存在重合率较高的问题，许多网络联盟、广告主和站长之间存在着不可避免的利益纠纷与矛盾，网络联盟的网站会员在联盟的产业链中仍处于较为被动的依赖地位，并且议价的能力不强。

自 2002 年百度联盟成立以来，联盟分成从最初的 413 万元逐年递增，达到 2014 年的 71.73 亿元。在 2015 年百度联盟峰会上，百度联盟发展部总经理邓明生表示，2015 年百度联盟分成预计将达到 120 亿元。2014 年，百度搜索市场份额较竞争对手的优势进一步扩大，无处不在的百度搜索框无时无刻不在将网民的搜

---

① 马英艳：《基于长尾理论的网络广告联盟研究》，哈尔滨工业大学硕士论文，2009 年。

索需求转换为高价值的流量。流量转化方面，原生广告日均展现量达到20亿次，消费转化实现日均400万元；搜索推荐日均展现量达到5亿次，消费转化实现日均100万元；同时，RTB交易模式的建立，也大幅提升了百度联盟的流量变现能力，这也促进了联盟伙伴将更多流量托付给百度，在生态体系内形成良性的循环。由此可见，以“长尾理论”为基础，以网络技术为发展契机，搜索引擎营销与网络联盟营销正在逐渐成为网络营销中的生力军。

案例选编

案例13－1：麦包包搜索引擎优化的分析

麦包包诞生于2007年9月，由意大利近百年历史的箱包家族集团VISCONTI DIFFUSIONE SNC提供天使基金而设立，致力于打造箱包时尚新模式，为中国消费者提供高性价比的多品牌时尚箱包产品（图13－3）。

图13－3　麦包包官网截图

麦包包是国内近年迅速成长起来的在线零售电子商务网站，其销售额每年都以几何级的数字在增长。作为销售型的电子商务网站，最重要的是获取庞大的潜在客户，而搜索引擎成为其主要来源。可以说，麦包包能取得如此好的销售业绩，很大程度上取决于其搜索引擎营销上的成功。目前，麦包包网站的“女包”“淘宝”“淘宝网”“淘宝商城”“开心网”等非常热门的高流量词汇在百度、谷歌等主流搜索引擎均有非常好的排名，这些热搜词为麦包包网带来了每日数以亿计的访问和无数的潜在客户（图13－4）。

图 13－4　麦包包百度搜索页面截图

下面我们来具体看看麦包包网站 SEO 优化的成功之处。

1. 网站主关键词（目标关键词）精准到位：标题和描述（deion）发力够狠。

麦包包网站的标题和描述设置相当精准，且语句通顺简洁。显然，麦包包对自己的用户群体分析得很透彻，用户主题把握得很精准。搜索淘宝网、淘宝商城、开心网、包包，都是有购物趋势、时尚、消费能力非常强的年轻人，因此麦包包把这些搜索量非常大，用户群体集中的热门搜索词作为网站关键词。这里特别要提对搜索引擎分词组合法的灵活运用，如“淘宝网商城”可以拆分为“淘宝”“淘宝商城”。至于描述，虽然谷歌明确说不使用描述作为排名因素，但是它是直接显示在搜索结果中给用户看的，而且通过描述中关键词的堆砌获得百度很好排名的反面例子很多，所以，描述对于网站关键词排名或多或少还是有帮助的。

案例选编

2. 注重细节，关注用户体验，该 Alt 的坚决 Alt。

Alt 属于是一个用于网页语言的参数属性，是当 HTML 元素本身无法被渲染时，就显示 Alt(替换)文字作为一种补救措施。Alt 的添加不仅有利于搜索引擎蜘蛛抓取相关信息，同时也利于提升网站访问用户的体验。例如，其 logo 的 Alt 属性的设置——麦包包：时尚包包流行第一站，淘宝网包包优秀网商！

3. 链接(Nofollow)属性应用。

麦包包网站对于链接属性的运用非常灵活，除了给注册、登录、购物车、去结算等没有实际内容和意义的链接添加链接属性外，最新动态新闻、包包专题促销页面，最新评论，底部的新手指南、如何付款、配送方式、常见问题、售后服务、联系我们等，以及合作联盟的图片链接全部链接掉了，不过特别要说明的是友情链接页面没有添加链接。我们知道，用链接告诉索引擎此链接不跟踪，且不传递链接的权重，尤其是对于这种大型的电子商务网站，链接可以极大地提高爬虫(Baiduspider、Googlebot 等)的工作效率，让爬虫在有限的时间内去抓取重要的、有实际意义的页面！

4. 网站结构：树形结构，层级控制在三层内。

树形结构是一种对搜索引擎很友好的网站结构，便于搜索引擎蜘蛛逐层访问和抓取。URL 链接方面，麦包包大部分使用静态链接，层级一般控制在三个层级之内，像女包栏目页 http://www. mbaobao. com/k - women，荧光之夜卡包页面 http://www. mbaobao. com/pshow - 1109017603. html 等；就算是搜索结果页面，也不包含无效参数。

5. 外链及锚文本建设：麦包包网外链建设很到位。

麦包包网站建立了大量的外链，其锚文本形式也多样化。进而善于借势，借力发力。麦包包网站的主关键词都是挺热门的词汇，而且很多词直接取自淘宝网、开心网，这些词本身就囊括了目标用户群。话说阿里与百度不和，因此有人顾虑：百度会不会为难麦包包。这种顾虑是有道理的，但是目前这种顾虑是多余的，这得益于其网站 SEO 优化团队的领导及麦包包的友好政策，再加上麦包包在百度每年也有不小的广告投放。

案例来源：艾瑞网：《网站 SEO 优化案例：麦包包搜索引擎营销案例解析》，http://column. iresearch. cn/b/201011/316030. shtml。

第十四章

社会化媒体营销及其策略

本章重点及学习要求

1. 社会化媒体营销的类型与特点
2. 社会化媒体的营销价值分析
3. 整合营销传播下的社会化媒体营销
4. 基于关系的社会化媒体营销要点
5. 实现互动与体验的主要方略

第一节　社会化媒体营销特征

网络信息技术的发展，彻底终结了大众传媒的霸权时代，传统广告策划中作为信息传播主导的大众媒体，进而被形形色色的社会化媒体所取代。社会化媒体的崛起，代表了营销传播完全进入分众化和个性化的时代，同时也意味着以往广告运作的最大成本——媒体购买，将让位于更具有创造性的媒体创意。

一、社会化媒体营销的概念

现阶段，我们指称的社会化媒体(social media)，主要是指以 Web2.0 为基础，赋予用户极大参与空间的新型媒体，它是允许人们撰写、分享、评价、讨论和相互沟通的工具和平台。人们在生活中所接触的社会化媒体多种多样，如 Facebook 、Twitter，在国内典型的有开心网、人人网、微博、微信等。除此之外，QQ、论坛、贴吧、博客、音乐分享、视频分享、导购网站以及百科、问答等也都可以纳入社会化媒体的范畴。

社会化媒体营销(social media marketing)就是利用这些新兴的以网络人际关系为核心的社会化媒体网络，以及其他的互联网协作平台作为媒介传播和发布资讯，从而形成的营销、销售、公共关系和客户关系服务维护及开拓的一种方式。社会化媒体营销是集广告、促销、公关、推广为一体的营销手段，是典型的整合营销行为。社会化媒体主要特点是网站内容大多由用户自愿提供(UGC)，而用户与站点不存在直接的雇佣关系①。

微博、社交网站及论坛等互联网应用用户规模在前几年快速增长，并达到饱和，目前已经开始出现减少的趋势。而微信等以移动和社交为基础的平台应用则发展稳定。根据 2015 年 8 月 19 日新浪微博发布的 2015 年第二季度财报显示，微博月活跃用户达到 2.12 亿人，但是，与 2014 年 12 月的数据相比，当时我国微博用户规模已达到 2.49 亿人，而这个数字较 2013 年年底减少了 3 194 万人 ②。

根据此前刚刚公布的腾讯网 · 企鹅智酷与清华大学新闻与传播学院新媒体

① 邓乔茜、王丞、周志民:《社会媒体营销研究述评》,《外国经济与管理》,2015 年第 1 期。

② 中国互联网络信息中心,www. cnnic. com. cn。

研究中心联合发布的《众媒时代:2015 中国新媒体发展趋势报告》显示,微信已成为获取新闻的第一社交平台。

截至 2015 年第一季度末,微信每月活跃用户已达到 5.49 亿人,用户覆盖 200 多个国家、超过 20 种语言。此外,各品牌的微信公众账号总数已经超过 800 万个,移动应用对接数量超过 85 000 个。微信已不单单只是一个手机应用,它已经覆盖 90% 以上的智能手机,并成为人们生活中不可或缺的日常使用媒介工具。

根据 DCCI 发布的《中国数字营销趋势报告》调查数据显示:2015 年,无论是在 PC 端还是在移动端,社交媒体都是最受广告主青睐的媒体类型。在被调查广告主 2015 年的营销预算中,社交媒体获得了 PC 端营销预算的约 1/5,移动端预算的约 1/4①。

二、常见的社会化媒体类型

常见的社会化媒体包括以下几种。

博客:也叫网络日志,是一种通常由个人管理、不定期张贴新的文章的网站。博客是历史最悠久的社会化媒介,它拥有"公民记者"(博客人不必是专业记者,却可以撰写发布新闻)的别名。在国内主要的博客网有新浪、网易和搜狐等。

微博:即微型博客的简称,国外有著名的 Twitter,国内有新浪与腾讯两大门户的微博平台。通俗地说,微博与博客是相似的,它们都提供了这样一个平台,你既可以作为观众,在上面浏览你感兴趣的信息,也可以作为发布者,在上面上发布内容供别人浏览。由于发布的内容较短,有 140 字的限制,因此得名微博。微博是第一个将人际传播与大众传播完美结合的社交媒介。

社交网站:即社会性网络服务(Social Networking Service,SNS),专指帮助人们建立社会性网络的互联网应用服务。社交网站与上述媒介不同的地方在于其首要目的与功能是社交:使人们建立并发展关系。国外的有 Facebook,国内有人人网。

视频分享网站:指在完善的技术平台支持下,为互联网用户提供在线流畅发布、浏览和分享视频作品服务的网站。随着科技的发展,摄影器材及互联网得到了较大的普及,从而使得短片资讯大行其道。这使得网民由传统的接收信息者,

---

① 《2015 年中国广告主数字营销调查》,www.dcci.com.cn/。

变成信息发布者,令信息收视从电视逐渐转移至电脑荧幕。相比电视的“权威”性,网络视频网站所创造的环境是自由、开放以及富有个性的。世界上最著名的视频网站是YouTube,在国内也有诸多强手,如土豆、优酷等。

网络社区:很多时候也被称为论坛,但其形式可以是大多数社交媒介。网络社区是指一群拥有共同兴趣、爱好、经验或是目的的人,通过各种形式的电子网络、新闻组群、聊天室、论坛或博客等方式组成的一个社区,社区成员可以彼此沟通、交流并获取、分享信息。互联网的社区化是未来的主趋势。

即时通讯:即IM,是基于互联网的即时交流消息的服务,常见的有MSN、腾讯QQ、微信等。IM以点对点的传播方式为主,突出对话,强调关系,虽然微信公众平台可以大范围“广播”信息,但这仅仅只是一种附加功能,与本来就是大众传播工具的微博是有区别的。

微信:英文名为WeChat,是腾讯公司于2011年1月21日推出的一个为智能终端提供即时通讯服务的免费应用程序,可以发送语音短信、视频、图片和文字,同时,也可以使用通过共享流媒体内容的资料和基于位置的社交插件“摇一摇”“漂流瓶”“朋友圈”“公众平台”“语音记事本”等服务插件。目前,微信是移动社交媒体中的领导者。截至2015年第一季度,微信已经覆盖中国90%以上的智能手机,月活跃用户达到5.49亿人。

中国社会化媒体格局是世界上最为独特及动态化的多种分类格局之一,专门致力于社会化媒体的凯度(Kantar Media CIC)公司从2008年起每年发布一次中国的社会化媒体格局图,一直备受业界关注,图14-1是该公司公布的2019中国社会化媒体生态概览。虽然随着发展,图中有一些媒体形态已经改变甚至消亡,但社会化媒体如此丰富并且快速迭代,不断推陈出新的发展现状却从另一个侧面证明了社会化媒体的蓬勃发展。

三、社会化媒体营销的特点

社会化媒体是一种基于用户关系的信息分享、传播以及获取的综合平台。因此,社会化媒体营销以用户为中心,制定客户规划,真正理解和分析用户的行为和需求。相较于传统网络营销,社会化媒体营销具有如下几大特点。

(一)信任度高

通过社会化媒体平台用户之间的传播,营销内容的真实性和可信性更高。

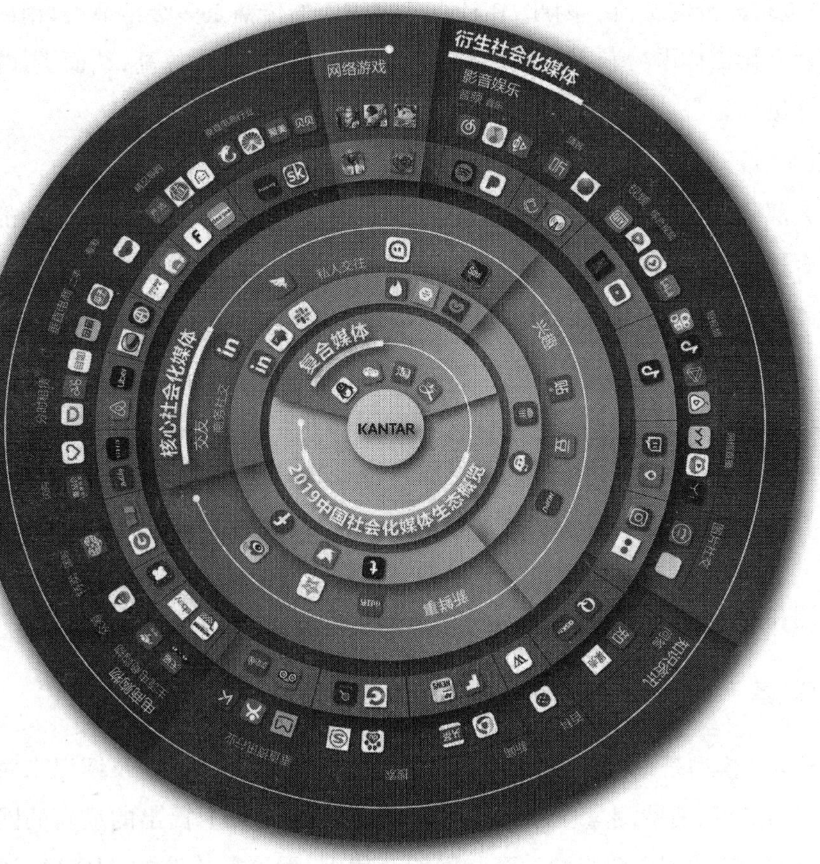

图 14－1　Kantar(凯度)2019 中国社会化媒体生态概览①

(二)主动参与性强

社会化媒体可以激发感兴趣的用户主动地参与和反馈,用户不仅是信息的接收者,同时也是信息的发出者。因此,企业通过社会化媒体进行社会化媒体营销时,能获得来自用户的口碑,这些属于免费媒体(earned media),使得用户自发地成为企业的宣传者。

(三)多级传播

在社会化媒体中,人们可以很快地形成一个社区,并以某种共同话题为连接

①见凯度发布的《2019 年中国社会化媒体生态概览白皮书》https://www. cbndata. com/report/1813/detail? isReading = report&page = 1。

基础，进行充分的交流。因此，在社会化媒体上的传播是多级传播，营销内容可以通过社会化媒体平台获得多次扩散，使信息扩散速度大大提高，从而更加高效，传播范围更大。

(四)门槛低

大部分的社会化媒体都可以免费参与，且参与和利用社会化媒体中的内容几乎没有任何障碍。企业可与用户之间进行直接的、透明的沟通和交流；企业也可以监测到目标受众的属性、偏好以及反馈信息。

(五)监控难

一方面，企业对于社会化媒体平台中的企业相关信息掌控难度加大，一旦出现负面信息，就很难人为地把控其发展方向、速度和结果，可能给企业带来重大损失。另一方面，通过社会化媒体平台能够获取的营销效果监测数据往往只是用户覆盖量、转载量、评论量、搜索量等，但其质量如何，效果如何，美誉度如何，都是难以监测和定论的。

四、基于 SICAS 模型的社会化媒体营销价值分析

SICAS 模型是中国互联网第三方研究数据平台 DCCI① 在长期以来对网络用户的行为追踪、消费测量、触点分析和数字洞察的基础上提出的最新的网络消费行为模型。在 Web2.0 与移动互联网的时代下，无论是传统的 AIDMA，还是基于 Web1.0 阶段网络环境的 AISAS，都已不能追上消费者前进的步伐，取而代之的便是 SICAS。

SICAS 模型即 Sense—Interest & Interactive—Connect & Communication—Action—Share(品牌与用户相互感知—产生兴趣并形成互动—建立联系并交互沟通—产生购买—体验并进行分享)，该模型主要由以下几个关键点。

Sense：在 AIDMA 下，消费者只是被动地接收信息；在 AIASA 下，消费者在接收信息的同时，也开始进行具有主动性的搜索；到了 SICAS，则变成了消费者感知目标的过程，通过感知来寻找与自己相匹配的目标，消费者具备完全的主动性。

Interest & Interactive 与 Connectt & Communication：SICAS 强调基于连接的对话，消费者与企业的互动与沟通是关键，消费者想告诉企业他们想要什么，企业则

① http://www.dcci.com.cn/。

必须知道。

Share:乐于分享是互联网时代下网络用户的一个突出特征。与 AIASA 相同的是,与他人分享同样是 SICAS 模型中的重要环节,而且虽然分享位于整个模型的尾端,实际上却是无数个新循环的开始:分享是新的消费行为的源头。

在移动互联时代,社会化媒体营销处于 SICAS 模型下,用户与企业对社会化媒体都更为青睐。

第一,社会化媒体能帮助企业准确定向目标客户。社交网络掌握了用户大量的信息,抛开侵犯用户隐私的内容不讲,仅仅是用户公开的数据中,就有大量极具价值的信息。不只是年龄、工作等一些表层的东西,通过对用户发布和分享内容的分析,可以有效地判断出用户的喜好、消费习惯及购买能力等信息。此外,随着移动互联网的发展,社交用户使用移动终端的比例越来越高,移动互联网基于地理位置的特性也将给营销带来极大的变革。这样通过对目标用户的精准人群定向以及地理位置定向,我们在社交网络投放广告自然能收到比在传统网络媒体更好的效果。

第二,社会化媒体的互动特性可以拉近企业与用户的距离。互动性曾经是网络媒体相较传统媒体的一个明显优势,但是直到社会化媒体的崛起,我们才真正体验到互动带来的巨大魔力。在传统媒体投放的广告根本无法看到用户的反馈,而在网络上的官方或者博客上的反馈也是单向或者不即时的,互动的持续性差。往往是我们发布了广告或者新闻,然后看到用户的评论和反馈,而继续深入互动难度很大,企业与用户持续沟通的渠道不顺畅。而社交网络使我们有了企业的官方微博,有了企业的人人网官方主页,在这些平台上,企业和顾客都是用户,先天的平等性和社交网络的沟通便利特性使得企业和顾客能更好地互动,打成一片,形成良好的企业品牌形象。此外,微博、微信等社交媒体是一个天然的客户关系管理系统,通过寻找用户对企业品牌或产品的讨论或者埋怨,可以迅速地做出反馈,解决用户的问题。如果企业官方账号能与顾客或者潜在顾客形成良好的关系,让顾客把企业账号作为一个朋友的账号来对待,那企业获得的价值是难以估量的。

第三,社会化媒体的大数据特性可以帮助我们低成本地进行舆论监控和市场调查。在社交网络出现以前,企业对用户进行舆论监控的难度很大。而如今,社交媒体在企业危机公关时发挥的作用已经得到了广泛认可,任何一个负面消息都是从小范围开始扩散的，只要企业能随时进行舆论监控，可以有效地降低企业品牌危机产生和扩散的可能。通过对社交平台大量数据的分析，或者进行市场调查，企业能有效地挖掘出用户的需求，为产品设计开发提供很好的市场依据，在社交网络出现以前，这几乎是不可能实现的，而如今，只要拿出些小礼品，在社交媒体做一个活动，就会收到海量的用户反馈。

第二节　社会化媒体营销要略

随着微博、微信等社会化媒体的快速发展和用户的高速增长，越来越多的企业、品牌、公共服务机构甚至政府单位都加入到运用社会化媒体进行营销和传播的行列。著名调查机构 DCCI 发布的《中国数字营销趋势报告》调查数据显示：无论是在 PC 端还是在移动端，社交媒体是最受广告主青睐的媒体类型。

一、准确认知社会化媒体营销的传播学理据

（一）社会化媒体营销的基础是关系链

社会的构成元素是人和组织，而社会能够称之为社会的关键则是人及人、人与组织及组织与组织之间的关系链。我们处于网络社会时代，那么在社会化属性日益增强的互联网中，关系链自然是社会化媒体最重要的组成部分。社会化媒体营销的一个显著优势就是用户对于信息的信任度高，而信任度高的原因就是社交关系链。我们只有很好地利用了用户的社交关系链，才能发挥社会化媒体营销的优势。

（二）社会化媒体营销一定要重视内容的传播力与互动性

既然知道了关系链对于社会化媒体营销成败的关键作用，我们就要考虑如何利用关系链。我们可以考虑建立与目标受众之间的关系链，但是关系链的建立需要艰难而漫长的过程，显然，更好的手段是利用用户之间既有的关系链，在关系链的某一个点注入信息，通过关系网迅速传播。然而就像电流需要电压才能传输一样，没有传播动力的内容即使投入关系网中，也激不起一丝涟漪。对于社会化媒体营销来讲，最困难和最重要的就是增大营销内容的传播动力。

（三）社会化媒体营销内容传播的扩散方式多样化

营销内容有了传播动力，你只需要依靠自己的优势资源将内容的“石块”投入用户关系链组成的“池塘”中，涟漪便一圈连一圈甚至一圈叠一圈的迅速传播出去。而营销内容传播的启动方式可以是多样化的，这要看自己的优势和能够利用的资源。社会化媒体营销可以通过不同社交媒体平台，可以通过公众号和大号、明星、业界 KOL 以及粉丝的转发，击中关系链中的任意一个点，都可以作为传播的开端，这个开端可以是单点，但最好是多点同步启动传播，这样的叠加效应将更明显。

（四）社会化媒体营销可以进行低成本的精准传播与市场监控

通过社交网络，企业可以以很低的成本组织起一个庞大的粉丝宣传团队，而粉丝能带给企业多大的价值呢？举一个例子，小米手机如今有着庞大的粉丝团队，数量庞大的米粉成为小米手机崛起的重要因素，每当小米手机有活动或者出新品，这些粉丝就会奔走相告，做足宣传，而这些，几乎是不需要成本的！如果没有社交网络，雷军想要把米粉们组织起来为小米做宣传，必然要花费极高的成本。此外，社会化媒体的公开信息也可以使我们有效地寻找到意见领袖，通过对意见领袖的宣传攻势，自然可以收获比大面积撒网更好的效果。

随着社交网络的普及，社交网络的大数据特性得到了很好的体现。企业通过社交媒体上得到大量的直接来自用户的体验报告和反馈，同时可以对企业、品牌的社会舆论进行相对低成本的监控，从而一定程度上预防危机的发生。而企业如果能做好社交网络的数据分析与处理，也能从中受到很大的好处，尤其是在精准营销方面。

社会化媒体在营销方面的优势显而易见，但是同时也还有很多问题存在。比如，社会化媒体营销的可控性差，投入产出比难以精确计算等。不过随着社交网络时代的到来，社会化媒体营销的体系也必然会逐渐完善，所以，每一个营销人都不能选择躲避它，我们要直面这个新的挑战。

但是，如此受青睐的社会化媒体营销究竟该怎么做？那么多的预算金额究竟怎么花才能产生营销效果？在社会化营销的过程中，却总是伴随着各种困惑。

社会化媒体营销如何深入？移动社会化媒体如何介入？社会化大数据如何驾驭？成为各大企业亟待思考和解决的问题。

二、以整合营销传播作为深入社会化媒体核心的策略手段

在互联网时代，媒体数量的增加和信息传播不断呈现碎片化的特征，品牌传播的声音非常纷杂，由此带来了消费者与品牌传播之间的沟通困境：在信息爆炸时代，如何以最小的成本建立与消费者的品牌沟通路径也成为企业的一大难题。

在社会化媒体众声喧哗的网络媒体时代，整合营销传播的思路就是事半功倍的关键所在。以营销目标为出发点，整合各类网络、移动端媒介，包括门户、搜索、视频、论坛、SNS、微博、微信等各类媒介平台。用户分散在各个不同的社会媒介平台，整合营销传播的思路可以帮助企业、品牌更好地聚集用户，加强到达与影响，因此，社会化媒体营销必定要"点"和"面"一起抓。社会化媒体用户是真实的精准用户，对这些用户的营销，一方面可以通过搭建各种终端平台（包括 WAP 网站、APP 应用、微博以及微信平台）来增加与用户的沟通接触面。另一方面，可以通过不同终端功能，强化对每一个用户的深度服务，让每一个用户都能成为口碑传播点。

大量用户同时保持多个不同社会化媒体的使用习惯，整合思维导向，能聚集不同社会化媒体用户的参与，而用户主导的营销主思路也意味着营销应该围绕用户的互动分享习惯开展，以此为触发点。同时，用互动整合驱使营销目标聚焦，获取营销效果。互动整合，需要从策略、资源与数据三个维度同时入手，保证互动整合目标的实现。

案例选编

案例 14－1：好面汤决定，好汤在里面

这是统一汤达人品牌针对年轻一族所推出的一项活动（图 14－2）。在"人人网"推出的网站与线下有奖促销相结合的同时，还通过新浪官方微博及活动网站，以更加直接及创新的方式与消费者进行互动。旨在激发他们对汤达人的热情，引导他们对汤达人好汤好食材的了解。基于产品特色的汤为主线，结合与好友互动的方式——将人人网好友选为"食材"制成汤，在游戏互动中宣传产品特色。

活动形式：活动与人人网账户绑定，只要以人人用户的身份登录活动官方页面参与活动即可。通过登录官方活动网页，选择三款汤达人产品中的一款开始制作，将好友选择为对应食材，添加选择理由后即可完成制作。最后可通过分享按钮，将成品分享到人人网新鲜事或微博，并有机会得到奖品。

活动时间：2012 年 11 月 26 日—2012 年 12 月 25 日

图 14－2　好面汤决定,好汤在里面

此外,汤达人还通过创意视频和线下美女派发等话题与活动,推动汤达人品牌的传播,整合了线上线下多种传播方式,合力为品牌传播发力。两个月点击超过 200 万次,超过 200 家网站与媒体自发转载。

三、重视改善用户体验，优化用户的交互行为

纵观 Twitter 2013 年连续推出的若干种广告产品，有一个最关键的核心原则就是“用户体验中心”，具体点说就是“如何帮助企业在更好用户体验的基础上开展微博营销行为”“帮助企业掌握用户需求并且更好地满足用户需求”。社交媒体看上去或许很简单，但是却有助于企业跨越那一道与消费者之间始终存在的鸿沟。

一家研究机构分析了 Twitter 的跟随者、Facebook 的好友以及 Email 的订阅者，发现 Twitter 的跟随者更有购买，以及创造品牌评论和回复意见的可能性，E-mail的订阅者次之，Facebook 则最差①。

品牌开展社会化媒体营销需要考虑以下几个层面。

1. 我们需要了解某个社交媒体平台的产品特性以及用户交互特性。

2. 我们需要了解某个社交媒体平台上的用户对于品牌跟随的态度是怎样的，他们出于什么目的跟随并与该品牌互动，并且他们倾向于创造什么样的内容和自己的朋友分享。

3. 品牌如何订立在这个社交媒体平台上的核心营销目标（树立品牌形象和提升品牌影响力不能是唯一且单一目标）。

4. 企业是否在整体的组织架构以及运营机制上已经做好足够的准备去帮助自己实现目标。

在社会化媒体平台上，“用户”与“品牌”并不对立，很多的数据表明，用户是愿意在社交媒体上跟随品牌并且与品牌互动的，前提是，我们必须以满足用户体验和需求为先导，而这是微博、微信等平台甚至所有社交媒体平台设计商业产品和广告主开展商业营销活动的出发点。例如，2013 年的夏天，仿照在澳大利亚的营销动作，可口可乐在中国推出可口可乐昵称瓶，昵称瓶在每瓶可口可乐瓶子上都写着“分享这瓶可口可乐，与你的__________。”这些昵称有白富美、天然呆、高富帅、邻家女孩、大咔、纯爷们、有为青年、文艺青年、小萝莉等。这种昵称瓶迎合了中国的网络文化，使广大网民喜闻乐见，于是几乎所有喜欢可口可乐的人都开始去寻找专属于自己的可乐（图 14 – 3）。

---

① 《社会化媒体营销须满足用户体验和需求》，http://www.vecn.com/shehuihuameiti/。

图 14－3　可口可乐昵称瓶

当年中国艾菲奖（EFFIE AWARDS，大中华区）的全场大奖就被《可口可乐昵称瓶》收入囊中。很多人认为这是社会化营销的经典案例，是基于社会化媒体的力量完成了销售量提升的奇迹；但也有人表示在推出昵称瓶后，自己反而对购买可口可乐产生了抗拒心理。可口可乐昵称瓶的成功显示了线上线下整合营销的成功，品牌在社交媒体上传播，网友在线下参与购买属于自己昵称的可乐，然后再到社交媒体上讨论，这一连贯过程使得品牌实现了立体式传播。当然，作为一个获得了 2013 年艾菲奖全场大奖的创意，可口可乐昵称瓶更重要的意义在于——它证明了在品牌传播中，社交媒体不只是广告活动的配合者，也可以成为创意与执行的核心。

首先，这个案例成功的关键在于，可口可乐根据用户特征修改了原有包装。让它更贴近用户喜好。从这一点来说，社会化媒体确实发挥了巨大的作用。因为如果没有社会化媒体的存在，单靠传统媒体无法收集到如此全面大量的昵称。

其次，从营销节奏来看，可口可乐首先针对意见领袖进行产品投放，符合传统广告的特点。结合明星效应，利用明星、社会名人在社会化网络上的活跃度，制造信息高点。通过分布式的信息投放，引起公众兴趣。

最后，更换了全新包装的昵称瓶产品大量投放市场。在大量的产品投放过程中，使用私人定制的形式制造稀缺信息，引发公众对于产品的渴望，并引发二次讨论，最终促进了整个产品的销量。

继昵称瓶、歌词瓶之后，2015 年可口可乐再次在标签上玩出新花样，将消费者熟知的台词印在瓶身上，和生活场景紧贴在一起，表白神器、道歉神器、孤独神器……每个人都能在台词瓶中，找到自己的专属回忆。而这一活动如何在社交媒体上引发关注呢？可口可乐以亲民路线，全面营造一种新式的双向沟通，通过一系列的策略、互动、创意和执行，带动消费者发现可口可乐台词瓶让分享更有戏，使消费者内心产生情感共鸣，让可口可乐台词瓶走入消费者的内心，旨在让更多的消费者关注台词瓶，加深品牌好感度，通过独具洞察力的创意互动策略，引发粉丝自动转发、评论和回复，取得出色的营销传播效果，最终将互动成果转变为商业价值，增加销量。可口可乐在社交媒体平台上展开了一场“可口可乐台词瓶”的精彩互动，成为新一季的互动传播经典案例！

四、内容驱动仍是社会化媒介营销的王道

内容营销其实是去销售化的沟通艺术。社会化媒介是企业与消费者沟通的最佳渠道之一，自当是应该把内容驱动做到极致。当然，首先是洞察市场、洞察消费者，创建内容迎合受众的核心需求及欲望。

如果想使得社会化媒体策略真正有效，还需要理解社交生态，了解社会化媒体中用户的心理。在产出内容之前，需要在众多平台中找到适合的细分领域中的那一个社交媒体。

一般来说，大多数粉丝只会对提供的内容感兴趣，因此应该专注于创建培育受众的内容并吸引受众的注意力，而不是将社会化媒体仅仅当作一个投放平台。

例如，New Balance 的《致匠心》视频在朋友圈广为分享过（图 14－4），分析其缘由，内容的把控是值得借鉴的[①]。

> 人生很多事急不得，你得等它自己熟。我 20 出头入行，30 年写了不到 300 首歌，当然算是量少的。我想 一个人有多少天分，跟他出什么样的作品，并无太大关联。天分我还是有的，我有能耐住性子的天分。
>
> 人不能孤独地活着，之所以有作品，是为了沟通，透过作品去告诉人

① 《New Balance 社交营销不谈鞋子谈生活》，http://madbrief.com/archives/16919。

图 14－4　New Balance《致匠心》广告截图

家心里的想法，眼中看世界的样子，所在意的、珍惜的。所以，作品就是自己，所有精工制作的对象。最珍贵，不能替代的就只有一个字“人”，人有情怀、有信念、有态度。所以，没有理所当然，就是要在各种变量可能之中，仍然做到最好。

世界再嘈杂，匠人的内心绝对必须是安静安定的，面对大自然赠予的素材，我得先成就它，它才有可能成就我。我知道，手艺人往往意味着固执、缓慢、少量、劳作，但是这些背后所隐含的是专注、技艺、对完美的追求。所以，我们宁愿这样，也必须这样，也一直这样，为什么，我们要保留我们最珍贵的，最引以为傲的。一辈子，总是还得让一些善意执念推着往前，我们因此能愿意去听从内心的安排，专注做点东西。至少对得起光阴岁月，其他的就留给时间去说吧。

这是睽违已久的李宗盛为运动品牌 New Balance 最新广告《致匠心》写作并亲自诵读的一段旁白。3 分 31 秒的视频里，画面从李宗盛过渡到一位来自 New Balance 工厂的工匠，交替出现的两个人各自聚精会神地雕琢着手中的作品：李打磨木材制成吉他，工匠细搓慢捻做出鞋子，大量的近景使用、细节展现，向人们清晰地展示了“匠人”的工作方式。

自述的文案时有触动人心的地方，如说到精工物件最珍贵的地方就在于人，因为人有信念、情怀、态度等，再如，人一辈子得做点东西至少对得起光阴岁月。

文案牢牢抓住人对于完美的追求之心，迅速引起观看者的共鸣。

这则视频火起来很大一部分原因是它抓住了社交媒体和年轻人的特点。首先，启用明星音乐人李宗盛作为视频主角，李宗盛入行30年，写了近300首歌，在音乐人中不算多产，但是他对于音乐的专注，对于细节的把控，对于完美的追求，却是音乐人最珍贵的品质。这表明他要做的绝对不是粗制滥造的音乐，而是要对得起光阴岁月的艺术作品。这样一个明星，与新百伦想要表现自己的产品并非是粗制滥造的产品特质非常吻合。

这不是一则自说自好的产品广告视频，而是一则欣赏赞扬人性中美好品质的视频，人的情怀、信念、态度，赋予作品以独一无二的价值。这让每个视频的欣赏者多少都会感觉到自己的珍贵和价值。

正如一些业内人士所评价的，整段视频没有任何一处提到New Balance的鞋子做工如何精良、品牌如何优质这样的字眼，但却通过李宗盛对在做吉他的时候对于原材料的不将就、对吉他细节的痴迷来暗示New Balance对品质与细节的把控，以此来为New Balance鞋子做工的精良背书。

视角独特、情感细腻带来了非常好的传播效果。虽然官方并没有公布《致匠心》的具体播放数，但它在微信等社交媒体上的病毒式传播足以证明此次营销的成功。就像当初“本来生活”对于“褚橙”品牌的成功塑造，很多时候一项产品或品牌的广为人知、深入人心不需要广告自说自好，更多的是要体现一种情怀和信念，发掘出人性中最美好的点滴，以此打动人心。

如果说《致匠心》是New Balance从人性着眼打造的一出内心戏，那《华生逆袭夏洛克》做的事情则主要是讨好16～25岁的年轻消费群体。

这些“目标受众”们不难看出，本片将焦点对准的是当下十分火热的一部英剧《神探夏洛克》，与之搭上关系后首先有了火的基因，再配以具有创意的故事情节、滥俗却又煽情的求婚桥段，无疑可以十分讨巧地获得年轻群体的高度关注。在这段视频中，New Balance最新一季的主打产品年轻系列574毫无违和感地嵌入了男女主角的爱情故事中，可谓契合度极高。这段视频也引发了年轻消费群体的自发传播，最后使产品特性与视频一起被精准地推送到了目标消费群的视野中。

这两个成功的案例让人不得不感叹，重新回到中国市场约7年之后，New Balance似乎终于找到了一种方式来与消费者取得共鸣，那就是社会化媒体营销。

在此之前，New Balance 一直苦于无法将自己在美国市场横行的“慢跑生活方式”这一理念同样地在中国贯彻下去，而竞争对手耐克却以组织夜跑、赞助马拉松等活动轻易打开了中国的跑鞋市场。现在，强大的社交网络则为 New Balance 打开了另一片天地，接地气的素材 + 明星效应 + 足以打动人的文案 + 精致的视频桥段 + 与消费者形成互动的内容设计，叠加起来就是一部好的作品，传播效果相对传统媒体更是呈几何级增长。

不难想象，尝到“甜头”之后的 New Balance 将会继续减少传统媒体的投入、加大在新媒体端的预算和投放，而这也是包括耐克、阿迪达斯、彪马等国际运动品牌下一步传播计划的题中之意。

第三节　社会化媒体营销案例

社交媒体的自媒体属性以及多样化形态，大大改变了传统广告的单一形式。社交媒体形态下的广告策划，本身就是媒体形态与内容表达的创意融合。面对方兴未艾的社交媒体广告策划创意，也许通过案例形式说明其特征是最有效的表述方式之一。

虎嗅网曾总结过 2014 年社会化媒体营销案例①，其中第一大类是基于强关系的社会化媒体营销案例，包括当年开始爆红的微信红包、以玩图为主的脸萌 APP、手机游戏《围住神经猫》；第二大类是借助弱关系的社会化媒体平台进行内容传播的案例，包括冰桶挑战、韩寒的《后会无期》电影营销、蓝翔技校的段子等；第三类是线上传播影响到线下传播的案例，如《小苹果》在广场舞界的热播、小米的微信客服等。

一、微信红包——社会化媒体“强关系”连接的实践案例

微信红包诞生于 2014 年年初，事实上，微信红包并不是社交红包的始创者，1 月23 日小年夜，支付宝在微信红包之前推出了一个功能“发红包”和“讨彩头”，我们没法判断微信是否借鉴了支付宝的这个功能，但三天后微信红包上线，并迅

① 寻空：《从微信红包到支付宝十年账单：由 2014 十大案例看社会化营销的趋势》，https://www.huxiu.com/article/104951/1.html。

速以不可逆转之势引爆微信，它的第二轮爆发在春节期间，很多人甚至因此改变了春节发红包的习惯。

不考虑微信是否借鉴了支付宝的创意，单拿微信红包这个产品本身来说，它是一次不折不扣的创新，颠覆了传统的发红包方式，让中国人发红包的习惯借助微信这个强关系平台（这也是支付宝先有创意，但却没能引爆的原因）更加便利地实现。微信红包的成功正阐述了徐志斌的“信息在关系链中流动”的理论。

二、脸萌 APP——社会化媒体主打“趣味”

2014 年夏天的某个时刻，打开微信通讯录，你会发现很多朋友的头像都变成了有趣的二次元生物，细看后你会发现这些头像和你的朋友本人颇为神似，造成这种局面的是一款诞生不到半年的 APP——脸萌（图 14－5）。脸萌是一款漫画工具类产品，很多人是漫画的爱好者，但因为本身不善于画画，因而并不能享受绘画的乐趣，脸萌的出现使这些人快速上手，并在较短时间内做出专属于自己的漫画头像，而当这样的头像出现在微信中时，便迅速引起大批新用户的兴趣。这种病毒式传播让其在较短时间内就在 APP Store 上排名榜首。

图 14－5 脸萌 APP 截图

三、围住神经猫——手机游戏与社交媒介的结合

《围住神经猫》最早的模型实际上是日本游戏设计师 Taro Ito 2007 年制作的"黑猫"(Chat Noir),2014 年一个小团队在此基础上重新开发并命名为《围住神经猫》后,同样借助微信这个强关系平台使它突然迅速爆红。《围住神经猫》成功的创意点在于简单而又容易吸引人,这几乎是任何一个人都可以快速上手的游戏,你不需要复杂的攻略,也不需要高难度的操控,而只需要几分钟时间简单地点击屏幕就可以了。《围住神经猫》虽不是一个原创的创意,但却把这个创意进行了很好的改良,让用户体验更有优势(图 14－6)。

图 14－6　《围住神经猫》游戏截图

四、冰桶挑战——社会化媒体的"话题"接力

冰桶挑战无疑是 2014 年夏天最具话题性的事件,冰桶挑战的初衷旨在让更多人知道被称为 ALS(肌萎缩性脊髓侧索硬化症)的罕见疾病,同时也达到募款帮助治疗的目的,一开始它并没有大规模传播,但在许多明星参与后,它的关注度开始呈指数级增长,并迅速扩散到全球(图 14－7)。

图 14－7　冰桶挑战截图

冰桶挑战的成功很像微博上一个火爆内容的传播：好的内容（普及 ALS 的公益举动）加上大批舆论领袖的助推，并且这些舆论领袖一个接力一个，源源不断，它就像转发这条微博并@3 位好友的现实版。社会化网络让冰桶挑战漂洋过海由美国传到中国，试想，如果没有社会化媒体，这样规模的传播能达成吗？

五、跨界韩寒——舆论领袖的营销盛宴

社会化媒体让娱乐明星、体育明星、政界学界名人们甚至各行各业的 KOL 们的营销从未像今天这样便利，作为《后会无期》的导演，国民岳父韩寒也利用微博营销了一把。幽默犀利是韩寒作为作家的语言风格，这使他天然具备“段子手”的属性，而重要的是他时常与网友互动甚至不惜自黑，在整个《后会无期》（图 14－8）的拍摄和宣传期间，韩寒毫不疲倦地发博持续引发关注。

“后会无期，相聚有时，7 月 24 日上映。”——5 月 29 日 9 点 05 分，韩寒发出了这样一条微博。24 小时之后，它获得了 33 万转发，9 万评论，以及 15 万次点赞，而 7 月 16 日电影上映前，韩寒在微博上发布电影主题曲《平凡之路》MV 后，沉寂多年的歌手——朴树的声音瞬间在微博激起浪潮，最终这条微博被转发超过 40 万次，评论超过 12 万次，《平凡之路》也成了电影上映前最有利的宣传工具。最终《后会无期》的票房超过 6 亿元，并战胜了“一生的对手”——郭敬明的《小时代 3》，作为韩寒的处女座电影，《后会无期》无疑取得了巨大的成功，而达成这一

图 14 -8 《后会无期》电影海报

切微博上的内容功不可没。

六、挖掘机技术哪家强——全民自发创造内容

如果说近年来，社会化营销有哪个大规模传播战役比得上凡客体的话，那一定是“挖掘机技术哪家强”了(图 14 -9)，并且它有过之而无不及。但与凡客体相比，蓝翔的传播又有所不同，凡客体的火爆更多是源于提前策划，而“挖掘机技术哪家强”的火爆更多是源于自发。“挖掘机技术哪家强”的引爆路线更像是“杜甫很忙”或“元芳，你怎么看”，它们的出现时间远早于它们的火爆的时间(蓝翔最早便由于“挖掘机技术哪家强？中国山东找蓝翔”的广告词而小有名气)，但在某一个时刻，它们毫无预兆地被网友们各种调侃，再创作，然后在社会化媒体平台上引起了全民恶搞。蓝翔段子的成功最重要的原因在于社交网络上大量网友源源不断地自发创造内容，这些内容很大程度上提升了蓝翔的网络声量。从某种意义上讲，“挖掘机技术哪家强”是“凡客体”之后又一个用户创造内容的成功案例。

七、小苹果——社交网络到真实社交的大众狂欢

从《最炫民族风》到《江南 style》再到《小苹果》(图 14 -10)，近年来我们几乎每年都会被一些神曲洗脑，一位音乐人方礼君曾指出这种洗脑神曲火热的原因：“一般舞曲都是四三拍的，相对复杂，但《小苹果》和《最炫民族风》等‘神曲’都是四四拍或者四二拍，‘咚咚咚咚’，节奏的律动感更强，也相对简单，特别容易带动

图 14-9 《挖掘机技术哪家强》网络截图

情绪。"当然《小苹果》的火热除了音乐本身的原因,MV 搞笑、夸张的拍摄形式也为其传播贡献颇大,这首 MV 甚至还将那位跳舞的韩国某不知名艺人带火了一把。《小苹果》在今夏掀起的热浪甚至还从社交网络攻入真实的社交中,在广场——这个现代人聚集最多的社交场合,《小苹果》成功地与《最炫民族风》《荷塘月色》等歌曲成为最受中老年舞者欢迎的曲目。当然《小苹果》最大的受益者当属电影《老男孩之猛龙过江》,作为肖央和王太利的首部长电影,它的最终票房突破了 2 亿元。

图 14-10 《小苹果》MV 截图

八、小米客服 9:100 万——社会化媒体客服功能的受益者

新媒体营销策略方案怎么会少了小米的身影？小米 logo 见图 14－11。“9:100 万”的粉丝管理模式，据了解，小米手机的微信账号后台客服人员有 9 名，这 9 名员工最大的工作时每天回复 100 万粉丝的留言。

图 14－11　小米 logo

每天早上，当 9 名小米微信运营工作人员在电脑上打开小米手机的微信账号后台，看到用户的留言，他们一天的工作也就开始了。其实小米自己开发的微信后台可以自动抓取关键词回复，但小米微信的客服人员还是会进行一对一的回复，小米也是通过这样的方式大大地提升了用户的品牌忠诚度。相较于在微信上开个淘宝店，对于类似小米这样的品牌微信用户来说，做客服显然比卖掉一两部手机更让人期待。

当然，除了提升用户的忠诚度，微信做客服也给小米带来了实实在在的益处。黎万强表示，微信同样使得小米的营销策略方案、客户关系管理成本开始降低，过去小米做活动通常会群发短信，100 万条短信发出去，就是 4 万元的成本，微信做客服的作用可见一斑。

第十五章

策略整合以及计划与预算

本章重点及学习要求

1. 广告创意及策略整合的内涵
2. 创意与策略整合的方法
3. 广告预算和广告效益
4. 广告预算的计算方法
5. 新媒体对广告效果评估的影响

第一节　广告创意的策略整合

现代广告在过去100余年的发展中，已经形成了严格的运作规范，尤其是在广告策略与创意方面，发展和创立了许多行之有效的模式规律。但是随着市场和媒体环境的变化，广告手段和广告形态也不断变化，而现代营销对广告的要求也有别于过去。因此新媒体时代的广告创意，在很大程度必须依赖于策略性的整合。

一、广告创意及策略整合的内涵

所谓广告创意与策略整合，并不是一个传统的既定概念，在很大程度上它是整合传播与品牌营销时期的产物，尤其是在新媒体营销传播语境中的新型表述。如果说传统的大众传媒广告，其基点主要依赖于定位，以及由定位延展开来的策略性媒体展示，进而通过信息注意和信息促动达成消费态度和行为的变化，那么在今天的市场和技术态势中，要实现这一目标的难度更大，何况在此背景下对广告的可能性预期也发生了变化。

传统广告创意的单一诉求方式，必然涉及几个问题：广告功能实现手段与多种营销传播要素，广告传播的媒体成本过高，广告的可信度不断降低，广告策略的随机性对品牌形象的损害，等等。因此如何有效地进行广告创意与策略整合，就成为一个不能回避的问题。所谓广告创意的策略性整合，在这里至少包含了三层依次递进的含义。

首先，就宏观而言，整合是对广告创意进行系统性的策略规划，包括对创意目标、创意原则、创意方式以及创意传播途径等，在可能性空间进行有目的性的选择。一般而言，传统广告基于告知性和示范性的信息展示，其最受关注的就是形成直接的促销效果。但是在新的媒体环境中，由于媒体和信息已经由稀缺资源转为极度过剩的选择性资源，试图单纯通过信息告知型示范获得成功的可能几乎已经不存在，因此基于USP式的简单定位、对广告目标的单纯设定、对媒体手段的简单运用等，往往都很难获得预期效果。比如，从时间维度上看传统广告可以回避产品或者企业的历史，将其塑造成为一个屏幕上光辉的英雄，但是在网络环境中这些过往的历史却很容易受到追溯；从空间维度上传统定位方式可以集中于对某一单纯区域营销推广，但是网络互联互通以及虚拟空间的拓展，包括电子商务对实体的整合，则彻底打破了以往的营销视域。所以只能通过策略和创意的有效整合，才可能实现营销价值。

其次，在策略性的创意整合过程中，由于具体涉及多种传播形式的整合运用，所以必须确保多种传播渠道信息的一致性和协同性。问题就在于营销传播渠道不同，往往广告创意形态也不同，所以达成一致性和协同性整合并不容易。尤其是在新媒体环境下，网络信息技术引导的营销传播，有两个十分明显的转化：一是它的即时性与深广性，二是它的互动性和变化性。所以大卫·奥格威和罗斯·瑞夫斯那种简单的创意重复模式，可能只是一种代价昂贵而收效甚微的营销方式。广告不再是一成不变的既定形态，因此不能再奢望告知性和示范性的传统广告展示，奢望借助一句广告语、一幅招贴画、一个视频片段等，便实现直接的促销效果。处于新媒体环境中的广告是多元的，即便是通常所说的网络广告也是千姿百态，在大多数情况下还处于动态的变化之中。所以如何整合这种形形色色的广告，使其具有一致性和协同性，很大程度上依赖于网络新媒体营销传播中，对品牌与人之间角色互动的理解。

最后，基于以上认识，自然就涉及策略与创意的整合，本质上必须摆脱广而告之的思维依赖，寻求信息互动交流中的品牌与用户之间的关系建构。以网络新媒体为代表的新型广告，必须与它的对象实现对话，必须给新媒体用户留下共享和互动空间。这里必须要注意的是，所有的对话、互动和共享，几乎都是在过程中完成的，所以策略往往在很多意义上更具有基本的指向性，而创意在某种程度上则表现出不同以往的即兴式创新和激发式创造。为了保证这种更富于互动激发的创意具有整合效应，就必须努力保证广告过程中有变化而不失内核，必须保证时间意义上的前后一致、空间意义上的彼此呼应。由此广告的内核发生了一个根本的转变，即由传统注重于营销效果的广告转为注重关系效果的广告，而关系效果的基本内核就是品牌与用户体验。

二、策略主导下的广告创意延伸

显然，当我们进一步涉及创意及策略整合这个概念时，其理解已经远远超越传统广告的认识范畴，因此在这里广告所指的即是营销传播。而所谓策略与创意同样也属于两个不同层次的概念范畴，如果说策略的价值更加侧重于营销传播的方向性指导，那么创意更大程度上则是营销传播丰富变化的战术应用。

营销传播自其发轫之时，便包括了广告、公关、促销、人员推销等形式。随着这些基于不同沟通方式的丰富，营销传播手段也越来越多种多样。而整合营销传播观念的确立，则是将营销传播视角从简单的手段变化，到本质和核心内容的转化。手段和方法无论怎样丰富，但万变不离其宗，这个宗就是品牌价值与品牌关系，而与这一核心相关联的就是接触点，各种媒体和非媒体的接触点。所以整合不论在网络环境还是非网络环境中，本质上就是有效的协调和运用各种接触形态，通过接触点管理实现品牌关系和品牌价值的最大化。因此这里所讲的所有战术性创意延伸，都必须遵循为实现品牌关系所建立的基本策略。换句话说就是一切多姿多彩的创意，根本目的都在于维护品牌关系，提升品牌价值。而与此相关的策略性策划，就是如何维护品牌并使其价值不断提升。

三、创意及策略整合的基本方法

信息技术和大数据运用，为现代广告策划提供了一条全新的路径，在很大程度上我们已经可以摆脱传统的市场研究方法，而直接从网络空间和数据库的应用中展开策略创意。按照我们所确定的认知方法，这种基于策略与创意整合的策划方法，大致可以如图 15 - 1 所示。

从这个模型中，我们可以看出一种与传统广告策划截然不同的操作思路，并且从中看到过去我们习惯的那种市场分析、广告目标、定位以及创意和媒体组合概念，都被淡化甚至被放弃了，代之而来的是一些新的概念：数据库与数据分析、品牌价值与品牌关系、接触形态与接触点管理、顾客参与及创意互动等。可以说所有这些具有价值性的概念，构成了新媒体导向中广告策划的基本路径。我们可以做具体如下阐释。

（一）品牌与品牌发展基本策略

这是所有营销传播的基点所在，也是各种策略和创意所围绕的核心。不论制定什么样的策略，创意如何延伸，都不能脱离这个核心。如果说品牌价值和品牌关系是远点所在的话，策略就是发展品牌的基本方向。每一次策划都必须明确，品牌所处的环境地位与发展阶段，并据此确定应该运用什么样的策略。所谓策略说到底就是基于品牌利益的综合规划，品牌利益意味着长远营销战略与现实营销

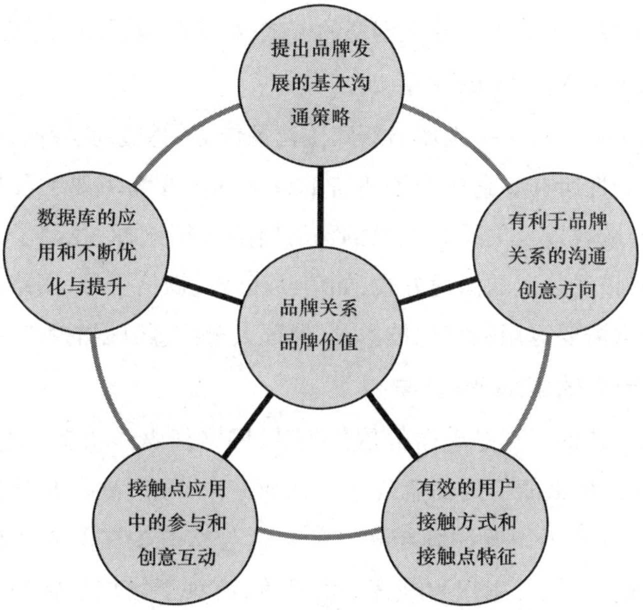

图 15－1 整合性策略与创意运作模型

收益的综合考虑，提升品牌价值的根本要求就在于维护并不断提升品牌与顾客以及所有用户的关系。

（二）数据与数据库的运用

随着媒体多元化以及市场的不断细分，大众营销越来越趋于定向营销，过去那种借助于简单的市场调研方式寻求市场整体构成的做法，所能获得的最多只是一种残缺不全的市场印象。事实上大数据和数据库的应用，不仅摆脱了以往市场调研样本狭小的局限，而且也直接改变了寻求大规模营销指向的策略追求。广告的策略和创意不仅具有明确的指向性和多元性，而且完全可以通过一对一模式实现互动性沟通。同样运用信息化的数据库营销，在很大程度上也有利于渠道的整合。比如，电子商务就有效地将信息流、商贸流、金融流完整地整合在一起，最为典型的就是以淘宝天猫为代表的营销平台。

（三）创意方向和创意沟通

根据既定的策略模式确定创意方向和创意沟通形式，这应该属于战术层面的问题，大多情况下都涉及一些具体的操作策略。比如，怎样通过沟通形成鲜明的品牌调性？在沟通过程中怎样有效地引导用户参与？如何设计良好的用户体验过程？互动过程中的及时反馈和经验分享等。因为新媒体条件下沟通方式多种多样，所以如传统广告般进行预先创意的方式，在实际应用中几乎已经很难奏效。

（四）接触方式和接触点管理

多样化的接触方式不仅表现出新媒体营销传播的复杂性特征，同时也展示出其所提供的便利性所在。它撇开了传统的以大众传媒为主要手段的传播接收方式，根据品牌与顾客以及关系利益人的沟通特点进行选择，找到了一个比较适合自身、适合当时市场状况的沟通方式，如信函、赠券、微信公号、网络社群等。管理这些接触点通常需要运用数字化技术，以保证大量信息数据的及时有效处理。

（五）互动交流与体验参与

不能把营销传播看作是单向的信息传达，网络新媒体状态下的广告，不是从“信源”到“信宿”那么简单的信息传递。任何一个品牌，欲提升其价值就必须维护好品牌关系，就必须做好品牌与顾客的对话与交流。在多元选择的网络环境中，通过体验式参与提升用户和顾客的满意度，有利于增加品牌黏度和对顾客的吸引力。除了设计具有创意性的参与和体验方式，保持互动与交流本身就是一种参与和分享。

第二节　广告预算与效益评估

广告预算是企业广告计划对广告活动费用的匡算，它规定了广告计划期内广告活动所需的费用总额、使用范围和使用方法。预算作为一种投入，必然要涉及其使用方法和使用效果，因此对广告预算的效益评估，就是必然的投入产出考量。

一、广告预算的内涵和内容

早在 1971 年，美国广告学专家肯尼斯·朗曼（Kenneth Longman）就提出，理想的广告宣传活动，应该是以最小的投入取得最大的广告效果，当广告达到一定效果时，追加的广告投入就是一种资源的浪费①。科学地制定广告预算，使广告效果最大化，是广告主和广告公司共同的要求。广告预算通常包括以下内容。

① 许青安：《整合营销传播：不只是广告这么简单》，《现代营销（学苑版）》，2005 年第 4 期。

(一)广告市场调研费

广告市场调研费包括广告调研、咨询费用,购买统计部门和调研机构的资料所支付的费用,广告效果检测费用等。

(二)广告策划、设计、制作费

广告策划、设计、制作费主要包括广告策划、设计人员的报酬,广告设计制作的材料费用、工艺费用、运输费用等。

(三)广告媒体费

广告媒体费主要指购买媒体的版面、时间和空间租用或购买的费用等,这是广告费用支出中最大的一部分。

(四)广告行政费用

广告行政费用包括广告人员的工资、办公费、广告活动业务费、公关费,与其他营销活动的协调费用等。

通常广告预算的费用主要是根据广告公司为广告主提供的服务内容来确定的,因此广告预算具体包含哪些内容,需要支付多少费用,是通过双方合同来约定的。有些广告公司是以收取月费、年费的方式,为客户提供服务,而多数广告公司仍是以项目计费,但项目也有策划案、设计制作、全案的区别,因此具体的服务项目内容不一样,预算也就不同。

二、新媒体环境对广告预算的影响

随着中国整体经济和消费能力的提升,近年来无论是央视还是各大卫视频道的广告费用都在逐年增加,面临市场的不断变化,广告主也在重新审视广告的预算投入和结构分配。广告主不再有钱任性投广告,而是会越来越关注广告的投放效果和投资回报率。尤其是国际品牌,它们一般都有自己规范的媒介预算和购买的体系,面对新媒体的变化格局,它们也在适应新的环境而做出改变。从广告投放的媒体终端看,移动端渗透不断加深,主要媒体移动端收入占比不断提升,移动端价值凸显。整体的变化趋势是,品牌在新媒体端的广告预算会增加,会尝试一些更加具有创意性的广告策略,更多线上线下互动的策划,会更欣赏集品牌展示和终端销售为一体的整合性互动营销传播,在媒介的预算和购买上变得更加理性和科学。

据艾瑞咨询 2016 年 4 月发布的中国网络广告监测报告数据显示,2015 年度中国网络广告市场规模已经突破 2 000 亿元大观，达到 2 093. 7 亿元，同比增长 36. 0%。随着网络广告市场发展不断成熟，未来几年的增速将趋于平稳，预计至 2018 年整体规模有望突破 4 000 亿元①。广告主预算继续向数字媒体倾斜，对网络广告的需求也更加多元，多方因素共同加速了网络广告市场规模的进一步扩大。2015 年，不同行业的网络广告在内容、表现形式、广告主结构上均呈现了差异化发展的趋势。

市场研究公司 GroupM 2016 年 3 月的报告显示，互联网广告 2016 年有望占据中国广告总开支的 48. 7%，而这一数字在五年前还仅为 14. 8%②。可见，中国广告主已经充分意识到消费者对互联网的热情，尤其是在移动互联网领域。从在线视频到淘宝购物，再到微信聊天、图书服务和生活缴费，互联网为普通民众提供了许多便利。报告同时显示，中国的电视广告开支 2015 年降至 35. 7%，比 2014 年减少 4%，预计 2016 年还将减少 4. 5%，而五年前，电视在所有广告开支中的占比是 56. 8%。值得注意的是，新媒体广告投放中，广告媒介的费用比重开始下降，广告策划、策略的费用比重逐渐增加。

三、制定广告预算的方法

由于企业及产品类型不同，加上企业决策人员的决策风格也各不相同，对广告预算的编制方法也各自不同。另外，需提请注意的是，一个整体的品牌或年度广告预算的编制，与某一项广告策划运作的预算编制也大不一样。整体的广告预算往往是对企业长期营销活动中，营销成本与利润收益的综合预算，而某一项广告运动的费用预算，往往是对达到具体目标的经费投入意向，有时它是由广告策划部门根据市场目标达成而提出的；有时则完全是由企业决策部门提出一个金额可能性，再由广告策划部门对这些金额进行合理的分配。大体而言，编制预算从习惯倾向上，由于企业自身原因及对市场预期和风险承受的考虑，所使用的方法也各有优劣。

（一）简单惯用的比率法

比率法通常基于某种可测定的事实或数量的百分比，有代表性的比率基础是

① 艾瑞咨询：《2015 年中国网络广告市行业年度监测报告》，http://www.iresearch.com.cn/report/2566.html。

② 新浪科技：《互联网广告今年或占中国广告半壁江山》，http://tech.sina.com.cn/i/2016-03-21/doc-ifxqnski7799591.shtml。

销售百分比、毛利百分比以及净收入百分比。另外有一种销售单位法与之相近，也常被归于比率法之中。比率法的最大优点是使用简单，便于计算，广告投放清楚，量入为出。其明显的不足是，对广告费用预算比较机械，在实际使用中容易忽略市场和营销形式的变化。

1. 销售百分比法。这一方法在现实中使用最为普遍。对于销售比较稳定的公司，运用此种方法较为有利，可以基于过去销售状况并根据对未来的销售预期加以制定。其计算方法相当简单，以前一年销售的一定比率，或预测来年销售的一定比率，作为广告费用预算支出。

比如，某公司上年销售额为 1 000 万元，其中广告拨款为 5%，根据这一情况，在不重复的前提下，广告预算就是：

$$1\ 000 \times 5\% = 50(\text{万元})$$

如果按照市场发展和企业目标，预计销售额提高到 1 500 万元，为开拓市场，广告比率需提高一个百分点，则广告预算应为：

$$1\ 500 \times (1+5)\% = 90(\text{万元})$$

在运用销售百分比法时，要尽量注意避免其先天的缺点，当销售好时，广告费用增加；销售不好时，广告费反而减少。其在实际中形成了本末倒置，使广告变成销售的结果，这与“广告应产生销售”的基本理念正好相反。

2. 净收入百分比法。净收入是公司销售的纯利润，以净收入作为确定广告费用的基数，取出其中的固定比例作为广告费用，采用这一方法的也较多。其最大优点是，可以量入为出，尽量回避风险。

3. 毛利百分比法。这种方法使用比较普遍，即以公司或品牌的毛利百分比为准。所谓毛利就是销售额减去产品成本的剩余值，以此来计算广告费用所占的比例。这种方法与销售百分比的不同主要在于基数不同，其他基本接近。毛利百分比法在运用中也有过去和预期两种倾向。

例如，某公司上年销售毛利为 1 000 万元，而以其中 15% 做广告，这样广告预算就可定为 150 万元。

（二）瞄准对手的竞争对比法

这种方法认为某品牌所提议的广告支出，与竞争者的广告支出有所关联，因其基本构想是将产品所拥有的市场占有率与广告投资相关联，也与产品类别中全部广告投资的占有率关联。其所运用的假设是，在特定产品类别中的广告，与其他广告之间相不排斥。换句话说,某品牌的饮料广告主要是与其他品牌的饮料广告争夺消费者的注意,它并不与汽车、计算机、白酒类广告形成竞争。因此,某一品牌的广告占有率直接关系着品牌注意力,并最终导致市场占有率。在此情况下,广告的预算必须要参照竞争对手,以吸引更多的受众注意。这种方法在成熟期产品中运用比较多,它往往是在单纯百分比法之后,再根据竞争程度做出估算。

竞争对比法在操作上也很简单。计划者只要有针对性地了解竞争对手的市场占有和广告投放情况,然后根据自己的市场目标决定本公司广告预算的额度,或者保持现有竞争地位,或者形成某种竞争优势。运用这种方法制定广告预算,要求公司必须具有较为雄厚的实力,财务基础和销售基础良好,可以根据市场变化随时调整预算。其优点是能够充分适应市场,有利于在短期之内获得强有力的市场竞争地位。其明显不足是,它假定市场竞争是一对一关系,往往带有很大盲目性,在操作上容易导致浪费。有时注意了竞争对手情况,却忽略了整个营销环境对销售的制约。另外,要确切掌握竞争对手的广告投入情况也有一定困难。

(三)注重效益的资本投资法

把广告支出作为公司的一次资本投资,这一观念已受到企业界的相当关注,尤其在经济处于低谷时期更是如此。这种方法的着眼点是,广告是企业的一项投资成本,所以要有投资回收,或以花费在广告上的资本的某种回收为基准而评估广告预算。由于其投资观念本身所具有的特质,投资回收要求能够测定。资本投资法可以分两步进行。

第一步,为特定广告方案测定资金成本。这里不仅研究金钱成本,也研究其利用价值。

第二步,计算广告投资回收折损率。执行方式是计算未来每一时期的投资回收率,并计入因时间因素所造成的损失,直到所投入的资金全部回收为止。这些估计的回收或现金流量均以折损率计算,然后可知投资经过一定时间之后的实际价值。计算公式为:

$$PV = \frac{1}{(1+r)^n}$$

PV ——每元回收相当于投入的现值;

n ——在将来的期间;

r ——实际利率(或资金成本)。

投出的资金必须要等一段较长时间才能收回，其明显效果是降低了将来回款的现值。相应的是，当资金成本增加时，未来回款的现值因而降低。

这种方法最大优点是在与其他资金支出比较时，能使广告主对广告投资回收有正确的看法。缺点是在预算中对广告目的缺少关联，同时在许多情况下，广告主不能正确决定在某一时期中广告的价值所在，甚至无法确定广告在多久的时间内予以何等程度的重视。

（四）经验判断的任意支出法

这种方法又称作武断拨款法。顾名思义，任意支出法就是由广告支出决策人，借以往的经验和个人对市场的判断做出广告费用支出预算。这一方法在操作上虽然不甚科学，但许多企业却乐于采用，在中国尤为普遍。这一方法并未考虑广告所要达成的目的，或者要从广告中取得什么满意的结果。通常由企业决策人或财务部门经由某种形式的执行判断来决定，主要表现在以下几个方面。

1. 企业决策人决定。由企业决策人确定预算，一般是按照可能取得的金额来进行分配，将其中一部分划为广告经费。这些费用有时是因为品牌需要或者公司需要，但也不尽如此。在此状况下广告策划人员真正要关心的，只是如何分配金额，并适当地控制广告，而不是决定广告预算。

2. 按承受力支出。采用这样一种预算方法，往往是由于企业决策人相信公司或某一品牌在多大程度上可以负担起一定金额的广告预算。采取这一决策的主要因素，通常是希望并相信广告预算作为对品牌的投资能够回收预期的利润值。处在这种情况下时，广告策划人员所涉及的也仅止于分配与控制预算，并不涉及预算决策。

3. 竭尽所能投入。这种预算决策往往出现在某种特别时刻，企业必须依靠广告才能获取市场，或者公司或品牌处于垂败的边缘，除了广告其他的拯救方法都已尝试过。当此之际，对广告费用的预算则与销售、利润，甚至投资回收毫无关联。其基本意图只是保住市场，或在广告战中压倒竞争对手。这种情况在现实中有很大风险，但运用这种铤而走险的方式出奇制胜的案例也不鲜见。在电脑科技领域一度相当成功的巨人高科技公司（脑白金前身），在其创业之初曾有过这样的情形。其时由史玉柱几人拼凑的资金早已捉襟见肘，但是他仍决定将最后一搏的赌注压在广告上，利用当时媒介广告先刊播再付款的机会，在财务预算早已是负数的账上，又大大透支一笔广告款。奇迹由此诞生，不到一个月订货款纷至沓来，于是这笔款又被悉数投入到广告中，如此几番循环，巨人智能软件终于畅销一时，短短几年间在珠海竖起了一个高科技发展的奇迹。

（五）强调控制的目标达成法

传统的广告预算方法都存在着这样那样的不足与脆弱之处，检视其原因不外乎两个方面：其一，它们都不能把预算的焦点放在欲完成的“工作”上面；其二，所需要的资料难以获得。20 世纪 60 年代目标管理理论成形时，一种旨在更加科学有效地进行预算的方法被提了出来，即目标达成法，又称之为目标与任务法（objective and task approach）。这种方法回避了上述预算方式的缺点和不足，把预算置之于整个营销计划之中。它在营销规划中，完成了市场分析和研究之后就设定营销目标，其中包括广告策划所要达到的目标，这样就自然形成了广告所要完成的任务，而广告预算决定就是执行这些广告任务所需的资金成本。

目标与任务法所遵循的基本精神是“零基预算”，也就是预算的建立从零开始，不必去考虑去年的预算情况。要求每一项预算都要与其所达成的“任务”密切相关，是实现目标的必然要求。其预算程序如下。

1. 界定任务。以营销目标为基础，界定广告所要达成的目标及任务。这些任务必须是具体的个别的工作，相互之间要能区分开来。比如，广告目标是把潜在顾客的偏好提高到 20%，而任务则是在有线电视上持续一个月的广告播出，并在当地晚报上每周两次共四周刊登有关推荐广告。

2. 决定成本。按照执行广告任务的媒介支出和其他费用，计算出广告成本金额。

3. 方案排序。实现目标的方案要加以评估和排列，按照其重要程度给以排序。所谓重要性就是指方案所贡献的达成目标的程度。

4. 决定预算。将各项方案的成本加以汇总，然后形成最后预算。由此检视，此前将方案加以排序的一个很重要原因，就在于万一汇总之后预算超出了负担程度，则可以依照由轻到重的方向删除次要的方案。

目标与任务法的优点显而易见。它配合并实现了营销规划程序的行进方向，具有严密的系统性和逻辑性；同时它是针对具体任务分配经费，在预算上以零为基点，可以有效回避以往失误的重演，并保证广告费既不会浪费也不至于不足。当然，它也有其必然的缺点，就是没有对每个任务执行的最适程度提出一个指导方针。因为在以目标作为前提的情况下，广告目标往往难以量化，无法提供准确的依据。另外，由于广告媒介传播中存在着多种偶然性因素，有时很难准确估算广告效果。

怎样编制广告预算，匡算出多少广告费总额才算合理，迄今为止并没与一个完全为大家所接受的标准方法。为了使广告预算尽可能的科学，并符合广告计划的需要，在编制广告预算时有八个字应加以考虑：预测、协调、控制、效益。所谓预测，就是通过对市场变化趋势的预测、消费者需求预测、市场竞争性发展预测和市场环境变化的预测，对广告任务和目标提出具体的要求，制定相应的策略，从而较合理地确定广告预算总额。所谓协调，就是把广告活动和市场营销活动结合起来、以取得更好的广告效果；同时完善广告计划，实施媒介搭配组合，使各种广告活动紧密结合，有主有次合理地分配广告费用。所谓控制，就是根据广告计划的要求，合理地、有控制地使用广告费用，及时检查广告活动的进度，发现问题，及时调整广告计划。所谓效益，就是要讲究广告投入的效果，研究广告费的使用是否得当，有无浪费，并根据变化及时调整广告预算。

四、广告效果的含义与三个层面

（一）广告效果的含义

广告效果有狭义、广义之分。狭义的广告效果是指广告所获得的经济效益，广告传播促进产品销售的增加程度，也就是广告带来的销售效果。广义的广告效果，是指广告活动目的的实现程度，广告信息在传播过程中所引起的直接或间接变化的总和，包括广告的经济效益、心理效益和社会效益等。

（二）广告效果的三个层面

广告效果的三个层面，即广告的经济效果、心理效果和社会效果。

1. 广告的经济效果，也叫广告的销售效果，指的是一则广告发布后，所产生的对该产品销售起到的促进作用。也就是说，广告是否吸引、说服更多消费者对某一品牌商品、服务发生购买行为，进而扩大销售额，增加企业利润，提升品牌知名度，形成品牌价值。广告经济效果被视为企业广告活动的最基本效果，也是企业投放广告的基本目的，以及企业进行效果测评的主要内容。

2. 广告心理效果，是消费者心理对广告传播活动的反应程度，属于即时效果，具体可以分为到达效果、认知效果、记忆效果、购买行为效果，分别以到达率、认知率、记忆率、购买率来表示。由于思维和意识的不可控，广告的心理效果也是广告主最难把握和预测的一种效果。在国外的广告效果研究中,心理效果的研究最早,成果也最丰富。学界常用的经典理论有两种:一种是美国广告学家科利(Russell H. Colley)于1961年提出的著名的DAGMAR理论:即Awareness—知名,Comprehension—理解,Conviction—确信,Action—行动;另一种是由美国广告学家刘易斯(E. S. Lesis)1898年提出的AIDMA法则,即Attention—注意,Interest—兴趣,Desire—欲望,Memory—记忆,Action—行动。相比较而言,前者侧重消费者对产品的态度和信任,后者更强调广告诉求在刺激购买欲望方面的作用①。

3. 社会效果是在社会人文环境领域内广告传播活动所产生效果的长期积累,其宣扬的新生活理念、新消费方式、流行文化等具有时代特色的精神符号对消费者进行潜移默化的影响,不可避免地影响社会整体道德水平、公民精神面貌、文化素养、价值观念等。

广告传播活动产生的效果不是单一的,而是不同时期、不同环境中产生的不同层次、不同程度、不同角度的多种效果并存。因此,广告效果的实现过程是一个从低到高、由表及里、由潜在到不断深化、层层递进的过程。

广告效果评估在现代广告中有着非常重要的作用,具体作用如下。

(1)广告信息传播之后所产生的效果的科学评价。从世界范围的广告发展来看,在20世纪90年代以前,人们对广告效果的测定与评价往往是凭借经验、直觉进行主观判断。

(2)为实现广告效益提供可靠的保证。广告效果的测定,可以检查和验证广告目标是否正确,广告媒体的运用是否合适,广告的发布时间与频率是否得当,广告主题是否突出,广告创意是否感人,广告预算是否合理等。

(3)为企业营销活动提供决策依据。广告效果的测定能客观地反映广告活动的传播效果和促销效果,检验广告单位广告业务能力的真实水平,因而,这种测定可以为企业营销活动提供决策依据。

五、新媒体对广告效果评估的影响

网络媒介的广告使信息的获取、反馈变得更加及时,而且通过网络的监测系

---

① 张元圆:《媒介融合背景下广告效果研究》,湖南大学硕士论文,2010年。

统可以准确地统计出网络广告的浏览量和点击量,对广告效果的评价有了更准确的数据支持,使企业可以更有效地获取效果评价,并能在第一时间修改营销方案,即时做出宣传效果研究,增强广告的投放效果,达到高效的交易目的。

作为新媒介技术背景下传媒发展的必然趋势,它影响的不仅仅是广告的传播媒介,与媒介有关的各种生产活动都将发生变化,以媒介为载体的广告传播同样如此。从传者到受众、从内容到形式、从渠道到噪音,与广告效果息息相关的要素发生质变或量变,直接或间接地影响了广告效果的三个层面——心理效果、经济效果和社会效果。

但首当其冲的是,新媒体改变了广告效果的评估方式。当前的广告监测,主要包括了解广告投放的状况、广告投放策略的分析、广告的效果评价;是广告主了解广告市场动态、媒介构成、竞价品牌的广告投放量等信息最直接有效和客观的手段。

新媒体广告效果监测的特点在于可以运用代码植入、网络浏览数据、搜索引擎大数据、网络电商大数据等网络监测方式,实时显示所发布广告的曝光度、达到率、点击率、互动率、购买率,并对消费者的年龄、性别、社会层次等进行对应分析,并可以对广告的后续行为进行追踪监测和持续效果分析,从而为更精准地实现营销传播和广告策略调整提供依据。

六、新媒体广告效果关联的收费方式①

电视、广播按播出频道、播出时段和时长计费,报纸、杂志、户外按版面位置和大小计费,那么互联网和移动互联网的广告如何计费呢?

门户网站一般采用综合计费方法,即以广告发布位置、广告形式为基础对广告主征收固定费用。搜索引擎则是以关键字竞价排名、按效果付费的网络推广方式和包月计费等方式。

同时新媒体还有很多新的计费方式,多数是与广告效果进行挂钩的,主要的计费方式有以下几种。

1. CPM(cost per mill-impression),按展示付费,即每千人印象成本,是一种展示付费广告,只要展示了广告主的广告内容,广告主就为此付费。如微博在用户信息流中曝光千次进行计费。

---

① 张闯:《身为一个新媒体运营,你必须知道这些广告平台》,http://mt.sohu.com/20160418/n444814239.shtml。

2. CPC(cost per thousand click-through),按点击付费,即每千人点击成本。理论上,当网民点击一次广告时,广告主才需要支付费用。费用从广告主现金账户中扣除。如关键词广告一般采用这种定价模式,比较典型的有谷歌的 AdSense for Content、百度联盟的百度竞价广告以及淘宝的直通车广告。

3. CPA(cost per action),即每行动成本,是一种按广告投放实际效果计价的方式,即按回应的有效问卷或订单来计费,而不限广告投放量。这种计价方式对于网站而言有一定的风险,但若广告投放成功,其收益也比 CPM 的计价方式要大得多。

4. CPE(cost per experience),按体验付费,是一种新的关于广告营销的计费方式。如按照微博在用户信息流中发生的有效互动(互动包括:转发、点击链接、加关注、收藏、赞)计费。

5. CPS(cost per sales),按销售付费,以实际出售产品数量来计算广告费用,这种广告适合购物类、导购类、网址导航类的网站,需要精准的流量才能带来转化。凡客的网站联盟是这种广告付费形式的典型代表。

6. CPT(cost per time),按时长付费,是一种以时间来计费的广告,国内很多的网站都是按照"一个月多少钱"这种固定收费模式来收费的,这种广告形式很粗糙,无法保障客户的利益。但是 CPT 的确是一种很省心的广告,能给网站、博客带来稳定的收入。阿里妈妈的按周计费广告和门户网站的包月广告都属于这种 CPT 广告。

相比而言,CPM 和 CPT 对网站有利,而 CPC、CPA、CPS 则对广告主有利。目前比较流行的计价方式是 CPM 和 CPC,最为流行的则为 CPM。

七、网络广告效果评价方法①

网络广告的效果评价方法,相对而言是近年来才开始的。其最初所沿用的是传统的广告效果评价方法,随着网络广告的不断丰富,网络广告的评价方法也需要进一步深化。

(一)对比分析法

在网络上要根据不同形式的网络广告采取不同的分析方法。例如,标志广告

① 丁荣荣:《网络营销的广告效果监测与评价》,吉林大学硕士学位论文,2010 年。

和按钮广告，由于除了涉及点击率和回应率的效果外，还涉及品牌形象方面的效果，因此既可以利用跟踪统计的技术进行分析，也可以利用传统的对比分析法来进行效果评价。很多企业制作的网络标志广告点击率虽然低但仍然选择这种方式进行宣传；品牌形象在提升过程中很难获得准确的量化统计，但是传统广告效果评价时采用的对比分析法可以及时获取网络广告投放前后的形象对比。

（二）加权计算法

所谓加权计算法就是在投放网络广告后的一定时间内，对网络广告产生效果的不同层面赋予权重，以判别不同广告所产生效果之间的差异。权重的设定对最后的计算结果影响很大，每次点击的权重设定不一样其结果就会不一样。所以权重的确定需要对浏览量、点击量与实际购买量的比例进行准确统计分析，要在大量统计材料分析后得出一个准确统计结果。这种方法实际上是对不同广告形式、不同投放媒体、不同投放周期等情况下的广告效果的比较，而不仅仅反映某次广告投放所产生的效果。显然，加权计算法要建立在对广告效果有基本监测统计手段的基础之上。

（三）点击率与转化率

点击率是网络广告最基本的评价指标，也是反映网络广告最直接、最有说服力的量化指标。现在网页上的广告数量太多，造成浏览者浏览网页时一扫而过不予理睬；或者经常登录同一网页已对网络广告有了印象不会每次都进行点击；再有可能不会在网上点击广告而是通过其他方式进行了解等，因此点击率不能直接反映出网络广告的投放效果，需要通过转化率来进行。转化率是与点击率相关的另一个指标，用来反映观看而没有被点击的广告产生的效果。现在由点击广告形成的转化率在降低，而观看网络广告形成的转化率却在上升。所以点击率虽不能真实地反映网络广告的效果，但由它产生的转化率仍有评价价值。

（四）效果成本指标

互联网是实现点对点宣传的互动媒体，这种媒体传播信息的特点使网络广告的效果不仅停留在广告印象（用户被动看到广告）和广告点击（用户主动点击广告）上，而且渗透到企业营销的全过程中。根据整个营销过程中消费者对产品从认知到购买的整个思想行为的反映来了解点击网络广告后的行为，这种对点击网络广告后的行为分析就是效果成本分析（CPA）。通过这些行为分析可以修正广告的计划和实施方向，指导企业完善营销体系，增加企业的利润。

八、大数据在广告效果评价中的应用

当下，随着互联网技术和大数据应用的迅猛发展，技术型（量化）营销和程序化广告逐渐成为现代营销模式中的重要组成部分。

大数据的出现实现了广告公司对广告传播效果的精确评估，使其从传统的以报刊发行量、电视收视率、网络点击率以及产品营销量为主的评估指标，转向了通过对广告数据的全流量采集，甚至是对特定目标受众、目标群体的直接评估活动，来获取更加细化、更加全面、更加精确的广告效果评估信息。例如，AdMonitor 中国是第一个以目标受众为核心的在线广告评估系统。通过对在线广告活动的追踪，AdMonitor 提供到达人群及后续行为的受众分析，同时可精确测量互联网广告对目标受众的到达率、到达频次。又如，IGRP（Internet Gross Rating Points，即互联网毛评点）广告评估和优化平台，它是全球知名品牌使用最广泛、数据处理量最大的平台，能描绘出目标受众特征，从而为在线广告活动提供更有效的 ROI 分析和优化建议。大数据在广告效果评价中的应用主要有以下三个方面。

（一）以大数据为支撑的广告效果评估的挖掘

依靠功能强大的数据挖掘技术和评估软件，网络空间中的大数据分析与整理已经变为现实，能够对具体的广告效果评估提供必要的指导。随着大数据应用的不断发展，不久的将来将会真正实现网络大数据与广告整个传播活动的完美结合，进行即时广告信息定位、即时广告创意与制作、即时广告投放与广告效果评估，并在已有的互动、交流的信息传播优势的基础上，进入一个更加快捷、更加精准的传播阶段。这也是我国互联网广告未来的发展趋势。

（二）大数据在广告整合传播中的应用

网络空间数量庞大的受众分散在各个“角落”，享受着即时聊天、网络游戏、网络新闻、BBS 以及社交网络之类的应用服务。依靠传统营销手段和营销技术，广告公司很难实现对分散化、碎片化目标受众的聚合，但进行整合营销传播活动，以实现对目标受众尽可能广泛的覆盖和尽可能频繁的说服活动，又是广告公司必须要完成的工作。因此，大数据在广告整合传播活动中的应用，包括发现目标受众的位置、整理目标受众的信息特征、制定针对目标受众的信息传播策略以及实施具体的广告传播活动等，推动广告活动在网络空间中的整合传播，由此实现对分散化、碎片化的目标受众最大程度的聚合。

（三）重塑以大数据为“纽带”的新媒体广告运作体系

通过对国外以大数据为主的广告运作体系的分析可以看出，大数据对于广告的影响不仅仅体现在提供简单的数据参考方面，而且以精准化、聚合性为目标，对整个广告运作过程产生了颠覆性的影响，由此产生了一种新的新媒体广告运作体系。比如，美国社交定向广告（social retargeting）公司 Radium One，便是通过挖掘社交网络上的用户数据和互动关系，通过多维模型研究消费者的群体行为特征，由此为品牌找到其具有关联属性的消费者群体（social clusters），并根据其互动关系来定向投放广告，形成扩散式、社交式的广告信息传播效果。这便是建立在大数据挖掘与整理基础之上所形成的一种广告运作体系①。

第三节　策划文案与计划编制

无论是广告策略策划还是具体的创意策划，付诸执行层面时，都必须要有一个用于操作指导的策划文案。广义而言，所有广告策划形成的文本都可称之为广告策划文案，既包括我们通常所说的广告策划书，也包括用于具体创作的创意文案。前者属于完整的广告计划文本，后者则通常是广告创作文稿。这里主要介绍作为广告策划的架构性文本，也就是具有策略性和创意指导意义的广告策划书。

一、完整的广告计划文本

完整广告计划的体现形式就是广告策划书，这是对广告策略及其实施步骤系统性的说明，也有称之为广告计划书。广告策划书是广告运作不可缺少的文本，其编制目的就是有理有据地说明在即将到来的广告活动中，你所建议的是什么，建议的理由何在。那么究竟什么是广告策划书呢？我们至少可以从几方面认识它。

（一）它是指导广告行动的纲领性文件

广告策划书即包括了某一具体产品或品牌的背景、历史及其过去为此所做的广告的执行记录，同时也是在未来广告活动期间对系列营销传播的建议方案。因

① 窦光华：《大数据在广告营销中的应用策略》，《青年记者》，2014 年第 12 期。

此必须明确展示广告运作策略和对创意的思考,通过文字形式表述广告运作步骤,在整个广告活动期间成为正式的行动指导文件。

(二)它解释并阐述如何发展成为一个计划的逻辑和理由,及其机会所在

通过分析企业或产品所面对的问题与机会点,策划人员将说明其所建议的计划应该如何解决这些问题,并且怎样利用这些机会点。因此它在组织相应的数字和实证资料的同时,还必须以清晰的思路提纲挈领地运用实证资料,并尽可能地展示出强大的统摄力和说服力。

(三)它是广告主为其产品或品牌所作财务承诺的文件见证,是广告费用具体开支的纲要清单

由于一项具有一定规模的广告运动涉及的经费数额巨大,所以广告策划对企业的财务支出计划非常重要。除此之外,策划书作为一种预算性文件,对已经核准的开支也提供了书面的控制,并限制此款项按照既定方针届时计划投放。

从这个意义上看,广告策划书不仅仅是广告策划人员对广告策划结果的一项系统性总结,它还是广告策划方面向广告主提供的一项工作成果。它标志着广告策划阶段已经结束,这项总结式的文件就是策划的基本结论,正式提交广告主。广告主可以通过广告策划书了解广告策划运作结果,检查广告策划工作,并根据策划书来判定其对广告策略和广告计划的决策是否符合自己的要求。

虽然在广告策划过程中,撰写广告策划书是策划的最后一项工作,但它的重要性比之此前的一系列工作毫不逊色,甚至更加重要。一个富有逻辑实证和严密策略性的策划报告,不仅集中了广告策划的价值所在,是广告策划人的心血努力所成,而且可以带给广告主信任和认同。在一个精心策划的广告运动中,策划报告的完成还只是对方案的建议,只是走完了第一步。一个广告策划方案,能不能得到广告决策者的认同和肯定,这是其能否付诸实行的关键。如果一个策划在提交决策者之后,因其缺少足够的说服力和客户认可的现实可行性,受到了否决或被置诸几旁,那么广告运动的实施也就无从谈起。从这里可以看出广告策划方案的重要性,它绝不是对前期各种策划工作的一种简单汇总,而是一种呈交广告决策者的有理有据、具有逻辑说服力的承诺。它衔接着广告运作的一个极其重要的环节,这就是取得客户的认同与信任。

二、广告策划书的形式与内容

虽然广告策划书长期以来已经形成了一种比较固定的格式,但是我们却不得不说这种司空见惯的格式并不是广告策划一成不变的写作八股。广告策划本质上是为了提出并说明有价值的广告策略,因此只要有利于策略表达和发展创意的策划文本,可不拘形式,都可以看作是合格的广告策划文案。

广告策划书的基本内容就是完整叙述广告策略及其执行过程,大体来说它是按照广告策略的产生和操作过程的逻辑顺序进行的。其主体包括三个方面:其一,策略产生的基础。包括市场调查、产品研究以及竞争分析等。其二,广告以及促销策略。这是在调查研究基础上所提出的广告思路和信息传播方式,包括广告目标确定、广告定位策略、创意表现策略、媒体策略以及相关的促销策划等。其三,广告执行策略。这是保证广告策略得以实施的具体操作方案,包括根据策略要求所制定的媒介投放计划、人员安排、经费预算以及对广告效果的监控等。

由于广告策划书是广告策划运作结果的全部总结,所以广告策划运作的各个环节的内容和决策结果都会在广告策划书中体现出来。但是我们一再强调,广告策划书不是广告策划各个环节的简单汇总,它是一个系统有机的广告策略提出和实施规划的说明文件,因此在内容上就具有自身独立的逻辑层次发展脉络。广告策划书事实上提供了一个策略性的决策过程,以及要完成策略的计划步骤。一般而言,发展一个计划最好的方法,是首先略述计划过程中各基本步骤的要点,从而使每一步骤尽可能清晰地呈现出来。发展一个广告计划,并做出相应的决策,实际上是以合乎逻辑的次序所采取的一系列相互关联的步骤,在前一个步骤没有完成之前,后面的步骤便不能进行。就内容而言,广告策划不能空泛或者只是一些原则性指导,而必须把切实可行的策略与清晰明确的思路结合起来,只有这样才会得到认可。这就涉及广告策划书的写作方式和层次构成的问题。

三、广告策划书的写作要素

虽然广告策划是一项创造性的工作,其本身在思维方法上具有极大的发散性特征,但是广告策划书的写作却不能脱离一些必然要素,这也就是说,广告策划书在写作中同样具有属于自己的技巧要求。我们对广告策划书的主要构成部分加以简要概括,其中对各要素的罗列基本上体现了广告策划决策的思维方法和决策过程。

（一）执行摘要

这是广告策划方案的摘要或简明概括。摘要在内容上应以广告决策人员能快速阅读并了解广告策划的基本要点为首要目的。通常最高层次的决策人员只关注广告方案的概述，他们认为广告策划人员是广告专家，更具体的细节由其自己把握。如果决策人员对广告方案的某一部分或者多个部分有不同看法，他们可以具体翻阅这一部分并审阅其细节。因此，概述作为摘要，内容只涉及提议要点的最重要部分。比如，预算多少、广告基本策略、广告运动、周期、促销活动等。

（二）情势分析

这部分是广告策划中有关策略的实证支持，通常情况下这部分是广告策划方面最投入精力的地方。但是就一个有说服力的广告策划书而言，这部分根据具体情况可详可略。现在流行的写法是，一份策划书中情势分析所占据的篇幅远远超过其他部分，这在某种意义上也是种喧宾夺主甚至是主次不分。不论是调研数据、品牌现状，还是其他分析资料，关键不在于其背景和来源，而在于简要地表达策略提出的必然逻辑。

（三）策略意图

这部分应该明确说明索要达成的基本目标，以及达成目标的方法和基本路径，属于整个广告策划的核心部分。所谓策略意图，一般指广告运作所促成的品牌传播目标。要把描述性与数据性相结合，如对于目标达成要努力运用可测量性的术语，列明沟通所要完成的具体任务。由于策略并不单纯是目标，还包含达成目标的方式信息策略、媒介接触策略、操作策略等。有经验的广告策划人，显然应该将策划书的重心放在这里。

（四）创意指导

这是广告策略的进一步延展，它在具体化广告传播信息内容的同时，也对信息以及不同的信息渠道给予必要的设定，实际上已规定了广告创作的类型、风格以及创作主旨，并且为具体广告的发布提出了决策性的传播建议。网络及社交媒体进一步促进了广告、公关、促销等营销传播形式的跨界应用，因此策略性的创意指导，同样意味着对不同营销传播手段的创意性综合。

（五）计划评估

所谓计划部分主要是指广告策划的具体操作方案，涉及广告策略进一步应用中的可行性细节,它规定了广告运动的时间、地点和程序,并在此基础上提出适中的广告预算。而评估则属于对广告括动效果的认定,是对广告策略及运作方案提出效果预测和计划监控。在广告的策略性运作中,广告的效果评估和监控可以根据实际需要,分置为前期、中期、后期等不同形式。

广告策划书是广告策划的阶段性成果,但并不是广告运作的终点。广告策略通过广告策划方案给予呈现,因此出色的广告策划书必须策略明确、思路清晰、计划合理。广告策划始终围绕的一个因果链就是“问题—如何解决”,这是其营销传播策略的核心,也是广告策划书构成的内在逻辑。这个策略核心必须具有吸引力和问题破解力,具有令人豁然开朗并为之一振的突出亮点。当然任何策划方案还都只处在策略阶段,在执行过程中由于情况的变化,它也难免会遇到适应性调整的问题,但通常情况下只要是经过科学规划的方案,其营销传播的核心基点并不会动摇,一些细节性的调整也往往只是为了保证执行更加有效。正是在这个意义上,我们说当一份富有策略性的广告策划方案确定之后,同样也就意味着广告的运作实际上已经展开。

主要参考文献

1. 彼得·保罗,等. 消费者行为与营销战略[M]. 大连:东北财经大学出版社,2000.

2. 阿伦斯·威廉. 当代广告学[M]. 北京:华夏出版社,2001.

3. 安德森·克里斯. 长尾理论[M]. 北京:中信出版社,2006.

4. 奥格威·大卫. 一个广告人的自白[M]. 北京:中国友谊出版公司,1991.

5. 巴特拉·吉弗等. 广告管理[M]. 北京:清华大学出版社,1999.

6. 贝尔齐·乔治,贝尔齐·麦克尔. 广告与促销:整合营销传播展望[M]. 大连:东北财经大学出版社,2000.

7. 波特·迈克尔. 竞争战略[M]. 北京:华夏出版社,1997.

8. 达文波特·托马斯,等. 注意力管理[M]. 北京:中信出版社,2002.

9. 邓肯·汤姆,莫里亚蒂·桑德拉. 品牌至尊[M]. 北京:华夏出版社,2000 .

10. 邓肯·汤姆. 整合营销传播:利用广告和促销建树品牌[M]. 北京:中国财政经济出版社,2004.

11. 狄龙·汤. 怎样创作广告[M]. 北京:中国友谊出版公司,1991.

12. 费斯克·约翰,等. 关键概念——传播与文化研究词典[M]. 北京:新华出版社,2004.

13. 冯英健. 网络营销基础与实践[M]. 北京:清华大学出版社,2004 年 10 月第二版.

14. 海金斯·丹. 广告写作艺术[M]. 北京:中国友谊出版公司,1991.

15. 霍普金斯·克劳德. 科学的广告[M]. 北京:新华出版社,1998.

16. 凯勒·莱恩·凯文. 战略品牌管理[M]. 3 版. 北京:中国人民大学出版社,2009.

17. 考夫特·库尔特. 格式塔心理学原理[M]. 杭州:浙江教育出版社,1997 .

18. 科特勒·菲利普. 营销管理[M]. 12 版. 上海:上海人民出版社,2006.

19. 黎万强. 参与感:小米口碑营销内部手册[M]. 北京:中信出版社,2014.

20. 里斯·艾尔,特劳特·杰克. 定位[M]. 北京:中国财经出版社,2002.

21. 路易斯·乔治. 蔚蓝诡计[M]. 海口:海南出版社,1996.

22. 罗素·托马斯. Kleppner 广告教程[M]. 北京:清华大学出版社,1997.

23. 马谋超,等. 广告与消费心理学[M]. 北京:人民教育出版社,2000.

24. 迈耶·马丁. 麦迪逊大道[M]. 海口:海南出版社,1999 .

25. 麦克卢汉·马歇尔. 理解媒介[M]. 北京:商务印书馆,2003.

26. 祁定江. 口碑营销——用别人的嘴树自己的品牌[M]. 北京:中国经济出版社,2008.

27. 瑞夫斯·罗斯. 实效的广告[M]. 呼和浩特:内蒙古人民出版社,1999.

28. 邵培仁. 媒介管理学[M]. 北京:高等教育出版社 2005.

29. 舍恩伯格·迈尔·维克托. 大数据时代[M]. 杭州:浙江人民出版社,2013.

30. 施拉姆·威尔伯,波特·威廉. 传播学概论[M]. 北京:新华出版社,1984.

31. 施拉姆·威尔伯,波特·威廉. 传播学概论[M]. 北京:新华出版社,1984.

32. 舒尔茨,等. 整合营销传播[M]. 呼和浩特:内蒙古人民出版社,1999.

33. 舒尔茨,凯奇. 全球整合营销传播[M]. 北京:中国财政经济出版社,2004.

34. 舒尔茨. 广告运动策略新论[M]. 北京:中国友谊出版公司,1994.

35. 卫军英. 广告经营管理[M]. 北京:北京大学出版社,2012.

36. 卫军英. 现代广告策划[M].3 版. 北京:首都经济贸易大学出版社,2010.

37. 卫军英. 营销的律动:卫军英谈营销传播[M]. 北京:首都经济贸易大学出版社,2014.

38. 卫军英. 整合营销传播:观念与方法[M]. 杭州:浙江大学出版社,2005.

39. 卫军英. 整合营销传播理论与实务[M].3 版. 北京:首都经济贸易大学出版社,2012.

40. 西沃卡·朱丽安. 美国广告 200 年经典范例[M]. 北京:光明日报出版社,2001 .

41. 辛普·特伦斯. 整合营销沟通[M]. 北京:中信出版社,2003.

42. 张金海.20 世纪广告传播理论研究[M]. 武汉:武汉大学出版社,2002.

43. 百度百科等相关网络资源.

44. DCCI 互联网数据中心.

45. 金旗奖 https://gfa. goldenflagaward. com/.

46. 中国互联网络信息中心 www. cnnic. com. cn 中国互联网发展报告.